Borgmeyer · Grundlagen der Digitaltechnik

Grundlagen der Digitaltechnik

von Prof. Dipl.-Ing. Johannes Borgmeyer

Mit 195 Bildern, 65 Tabellen und 37 Übungsbeispielen
mit ausführlichen Lösungen

Carl Hanser Verlag München Wien

Prof. Dipl.-Ing. Johannes Borgmeyer
Fachhochschule Konstanz

Die Deutsche Bibliothek – CIP-Einheitsaufnahme

Borgmeyer, Johannes:
Grundlagen der Digitaltechnik : mit 65 Tabellen und 37
Übungsbeispielen mit ausführlichen Lösungen / Johannes
Borgmeyer. – München ; Wien : Hanser, 1997

ISBN 3-446-15624-0

Dieses Werk ist urheberrechtlich geschützt.
Alle Rechte, auch die der Übersetzung, des Nachdrucks und der Vervielfältigung des
Buches oder Teilen daraus, vorbehalten. Kein Teil des Werkes darf ohne schriftliche
Genehmigung des Verlages in irgendeiner Form (Fotokopie, Mikrofilm oder einem
anderen Verfahren), auch nicht für Zwecke der Unterrichtsgestaltung – mit Ausnahme
der in den §§ 53, 54 URG ausdrücklich genannten Sonderfälle –, reproduziert oder unter
Verwendung elektronischer Systeme verarbeitet, vervielfältigt oder verbreitet werden.

© 1997 Carl Hanser Verlag München Wien

Druck und Binden: Wagner, Nördlingen
Umschlaggestaltung: Susanne Kraus, München
Printed in Germany

Vorwort

Das vorliegende Lehrbuch, welches zum Teil an Hand von Skripten meiner Lehrveranstaltung „Digitaltechnik" an der Fachhochschule Konstanz entstand, vermittelt in systematischer Weise die Grundlagen der Digitaltechnik und eignet sich sowohl zur Begleitung der Vorlesung an Fachhochschulen, Technischen Hochschulen und Universitäten als auch zum Selbststudium. Das Buch wendet sich insbesondere an Studierende in den Fachrichtungen der Elektrotechnik und der Technischen Informatik und enthält viele Übungsbeispiele mit ausführlichen Lösungen, die den theoretischen Lehrstoff vertiefen und das Selbststudium erleichtern. Mit den Kenntnissen dieses Buches wird der Studierende in der Lage sein, selbständig digitale Schaltungen zu entwerfen.

Die Digitaltechnik erlangte in den letzten Jahrzehnten immer größere Bedeutung und hat die Analogtechnik bereits in vielen Bereichen fast vollständig verdrängt. Mit dem Begriff „moderne Elektronik" ist heutzutage allgemein die Digitaltechnik gemeint. Kenntnisse der Digitaltechnik sind auch Grundvoraussetzungen für die Einarbeitung in die Computertechnik. Das Lehrbuch behandelt daher auch Grundkenntnisse, die für das Verständnis des Aufbaus und der Funktionsweise digitaler Rechenanlagen unerläßlich sind.

Das Kapitel 1 beinhaltet eine systematische Einführung in die Zahlensysteme. Um das Verständnis der Zahlendarstellung und der Arithmetik in digitalen Rechenanlagen zu erleichtern, sind die Darstellung von Dualzahlen in Fest- und Gleitkommadarstellung sowie die Arithmetik im Dualsystem besonders ausführlich behandelt.

Kapitel 2 erläutert die physikalische Darstellung von Daten und behandelt außer den wichtigen digitalen Schaltkreisfamilien der TTL- und CMOS-Technik die Tristate-Technik, die für die Datenübertragung mit Hilfe von Bussystemen in digitalen Rechenanlagen verwendet wird.

In Kapitel 3 – Schaltalgebra – werden die Grundverknüpfungen und erweiterte boolesche Verknüpfungen, die Rechenregeln und Theoreme der Schaltalgebra sowie Schaltfunktionen in Normalform und deren Vereinfachung erläutert.

Kapitel 4 behandelt die Codierung von Daten und erklärt die Eigenschaften häufig verwendeter Codes.

Das Kapitel 5 umfaßt die Besprechung wichtiger Schaltnetze. Eingehend werden Zahlenkomparator, Multiplexer, Demultiplexer, Addierer, Multiplizierer, Code-Umsetzer Codierer und Decodierer behandelt.

Das Kapitel 6 beinhaltet die Besprechung der bistabilen, monostabilen und astabilen Kippglieder. Dabei werden die verschiedenen Arten von Flipflops ausführlich erläutert.

In Kapitel 7 werden wichtige Schaltwerke wie synchroner und asynchroner Zähler, Schieberegister und Frequenzteiler besprochen.

Das Kapitel 8 umfaßt die Darstellung der verschiedenen Halbleiterspeicher, die in digitalen Rechenanlagen verwendet werden.

Kapitel 9 gibt einen Einblick in den Aufbau digitaler Schaltungen mit programmierbaren Logikschaltungen.

Da häufig bei der Verarbeitung von Daten mit Hilfe von digitalen Rechenanlagen eine Umsetzung einer analogen Darstellung in eine digitale Darstellung und umgekehrt erforderlich ist, werden in den Kapiteln 10 und 11 Digital-Analog- als auch Analog-Digital-Umsetzer behandelt.

Mein Dank gilt allen Personen, die mich bei der Verfassung dieses Buches unterstützt haben.

Steißlingen, im Januar 1997   Johannes Borgmeyer

Inhaltsverzeichnis

1 Zahlensysteme 1
  1.1 Stellenwertsysteme 1
  1.2 Polyadische Zahlensysteme 2
      1.2.1 Dezimalsystem 5
      1.2.2 Binärsysteme 5
            1.2.2.1 Dualsystem 5
            1.2.2.2 Binäres Dezimalsystem 6
      1.2.3 Polyadische Zahlensysteme mit einer Basiszahl 2^n 6
            1.2.3.1 Oktalsystem 7
            1.2.3.2 Hexadezimalsystem 7
  1.3 Umrechnung von Zahlen verschiedener Systeme 7
      1.3.1 Umrechnung von Dezimalzahlen 7
      1.3.2 Umrechnung in Dezimalzahlen 9
      1.3.3 Umrechnung von Zahlen mit einer Basiszahl 2^n 10
      1.3.4 Kennzeichnung der Zahlen verschiedener Zahlensysteme 10
  1.4 Darstellung vorzeichenbehafteter Zahlen 11
      1.4.1 Vorzeichen-Betrags-Darstellung 11
      1.4.2 Offset-Darstellung 12
      1.4.3 Darstellung negativer Zahlen durch Komplement 14
            1.4.3.1 $(b-1)$-Komplement negativer Zahlen 14
            1.4.3.2 b-Komplement negativer Zahlen 16
  1.5 Festkommadarstellung von Dualzahlen 16
  1.6 Gleitkommadarstellung von Dualzahlen 18
  1.7 Festkommaarithmetik im Dualsystem 21
      1.7.1 Addition von Dualzahlen in Festkommadarstellung 22
      1.7.2 Subtraktion von Dualzahlen in Festkommadarstellung 23
            1.7.2.1 Subtraktion mit Hilfe des Einer-Komplementes des Subtrahenden 24
            1.7.2.2 Subtraktion mit Hilfe des Zweier-Komplementes des Subtrahenden 26
      1.7.3 Multiplikation von Dualzahlen in Festkommadarstellung 26
      1.7.4 Division von Dualzahlen in Festkommadarstellung 27
  1.8 Gleitkommaarithmetik im Dualsystem 28
      1.8.1 Addition von Gleitkommazahlen 28
      1.8.2 Subtraktion von Gleitkommazahlen 29
      1.8.3 Multiplikation von Gleitkommazahlen 29
      1.8.4 Division von Gleitkommazahlen 29

2 Physikalische Darstellung von Daten 30
  2.1 Analoge Darstellung 30
  2.2 Digitale Darstellung 31

2.3 Binäre Darstellung 33
2.4 Digitale Schaltzeichen 33
    2.4.1 Logik-Zustand und Logik-Pegel 33
    2.4.2 Kennzeichen digitaler Schaltzeichen 35
    2.4.3 Positive und negative Logik 36
2.5 Digitale Schaltungstechnik 37
    2.5.1 TTL-Technik 37
        2.5.1.1 Schaltungstechnik 38
        2.5.1.2 Versorgungsspannung 41
        2.5.1.3 Ein- und Ausgangsspannungen 42
        2.5.1.4 Ein- und Ausgangsströme 43
        2.5.1.5 Lastfaktoren 43
        2.5.1.6 Übertragungskennlinie 43
        2.5.1.7 Störabstand 44
        2.5.1.8 Schaltzeiten 45
        2.5.1.9 Ausgangsstufen 46
        2.5.1.10 Gehäuseformen 50
        2.5.1.11 Baureihen 51
    2.5.2 CMOS-Technik 53
        2.5.2.1 Schaltungstechnik 53
        2.5.2.2 Versorgungsspannung 54
        2.5.2.3 Ein- und Ausgangsspannungen 55
        2.5.2.4 Ein- und Ausgangsströme 55
        2.5.2.5 Übertragungskennlinie und Störabstand ... 56
        2.5.2.6 Schaltzeiten 56
        2.5.2.7 Ausgangsstufen 56
        2.5.2.8 Baureihen 56
    2.5.3 BICMOS-Technik 57
    2.5.4 I^2L-Technik 57
    2.5.5 ECL-Technik 57
    2.5.6 GaAs-MES-FET-Technik 58

3 Schaltalgebra 59
3.1 Schaltvariable und Schaltfunktion 59
3.2 Darstellung boolescher Verknüpfungen 60
    3.2.1 Darstellung durch Schaltfunktion 60
    3.2.2 Darstellung durch Schaltzeichen 60
    3.2.3 Darstellung durch Wahrheitstabelle 61
    3.2.4 Darstellung durch Zeitdiagramm 61
3.3 Verknüpfungen mit n Schaltvariablen 61
    3.3.1 Verknüpfungen mit einer Schaltvariablen 62
    3.3.2 Verknüpfungen mit zwei Schaltvariablen 62

3.4 Grundverknüpfungen der Schaltalgebra 64
   3.4.1 UND-Verknüpfung 64
   3.4.2 ODER-Verknüpfung 65
   3.4.3 Negation 66
3.5 Zusammengesetzte boolesche Verknüpfungen 66
   3.5.1 NAND-Verknüpfung 66
   3.5.2 NOR-Verknüpfung 67
   3.5.3 Inhibition 68
   3.5.4 Implikation 68
   3.5.5 Äquivalenz 69
   3.5.6 Antivalenz 69
3.6 Rechenregeln der Schaltalgebra 70
   3.6.1 Postulate der Schaltalgebra 70
   3.6.2 Theoreme der Schaltalgebra 72
   3.6.3 Kommutatives Gesetz 74
   3.6.4 Assoziatives Gesetz 74
   3.6.5 Distributives Gesetz 74
   3.6.6 Absorptionsgesetz 74
   3.6.7 Vorrang- und Klammerregeln 75
   3.6.8 Theoreme von *De Morgan* 75
3.7 Normalformen 77
   3.7.1 Min- und Maxterme 77
   3.7.2 Disjunktive Normalform 78
   3.7.3 Konjunktive Normalform 79
3.8 Vereinfachung von Schaltfunktionen 79
   3.8.1 Vereinfachung mit Hilfe der Schaltalgebra 80
   3.8.2 Vereinfachung mit Hilfe des KV-Diagramms 80
   3.8.3 Vereinfachungsverfahren von *Quine* und *Mc Cluskey* 84
   3.8.4 Vereinfachung unter Einbeziehung von Redundanzen 85
3.9 Schaltungsvereinfachung 87
   3.9.1 Schaltungen nur mit NAND-Gliedern 88
   3.9.2 Schaltungen nur mit NOR-Gliedern 88

4 Codes 90
4.1 Begriffe 90
4.2 Numerische Codes 91
   4.2.1 Dualcode 91
   4.2.2 Gray-Code 93
   4.2.3 BCD-Codes 95
   4.2.4 Prüfbare Codes 97
      4.2.4.1 Parity-Prüfung 99
      4.2.4.2 Gleichgewichtige Codes 100

   4.2.5 Korrigierbare Codes 102
      4.2.5.1 Blockprüfung 102
      4.2.5.2 Hamming-Verfahren 103
  4.3 Alphanumerische Codes 108

5 Schaltnetze 111
  5.1 Zahlenkomparator 111
  5.2 Multiplexer 115
  5.3 Demultiplexer 127
  5.4 Addierer 128
     5.4.1 Halbaddierer 128
     5.4.2 Volladdierer 129
  5.5 Subtrahierer 131
     5.5.1 Halbsubtrahierer 132
     5.5.2 Vollsubtrahierer 133
  5.6 Multiplizierer 136
  5.7 Code-Umsetzer 139
  5.8 Codierer 142
  5.9 Decodierer 144

6 Kippglieder 147
  6.1 Flipflops 147
     6.1.1 Allgemeiner Aufbau 148
     6.1.2 Ein- und Ausgangsbezeichnungen 149
     6.1.3 Zustandsfolgetabelle 152
     6.1.4 Charakteristische Schaltfunktion 153
     6.1.5 Flipflops ohne Taktsteuerung 154
        6.1.5.1 RS-Flipflop ohne Taktsteuerung 154
        6.1.5.2 $\neg R \neg S$-Flipflop ohne Taktsteuerung ... 156
     6.1.6 Taktzustandsgesteuerte Einspeicher-Flipflops 158
        6.1.6.1 Taktzustandsgesteuertes RS-Flipflop 159
        6.1.6.2 Taktzustandsgesteuertes D-Flipflop 160
        6.1.6.3 Asynchrone Steuereingänge taktzustandsgesteuerter Flipflops 161
     6.1.7 Taktzustandsgesteuerte Zweispeicher-Flipflops 163
        6.1.7.1 RS-Master-Slave-Flipflop 164
        6.1.7.2 D-Master-Slave-Flipflop 164
        6.1.7.3 JK-Master-Slave-Flipflop 164
        6.1.7.4 T-Master-Slave-Flipflop 166
     6.1.8 Taktflankengesteuerte Flipflops 166
        6.1.8.1 Taktflankengesteuerte Einspeicher-Flipflops ... 167
        6.1.8.2 Taktflankengesteuerte Zweispeicher-Flipflops .. 167

Inhaltsverzeichnis XI

      6.1.8.3 Asynchrone Steuereingänge taktflankengesteuerter Flipflops 169
6.2 Monoflops 169
    6.2.1 Nicht nachtriggerbares Monoflop 170
    6.2.2 Nachtriggerbares Monoflop 171
    6.2.3 Verzögerungsglieder 172
6.3 Astabiles Kippglied 174
    6.3.1 Rückgekoppeltes Negations-Glied 174
    6.3.2 Astabiles Kippglied mit Schmitt-Trigger 174
    6.3.3 Quarzgesteuerter Oszillator 177

7 Schaltwerke 178
7.1 Strukturen von Schaltwerken 178
    7.1.1 Mealy-Automat 179
    7.1.2 Moore-Automat 179
7.2 Beschreibung von Schaltwerken 180
    7.2.1 Schaltfolgediagramm 181
    7.2.2 Schaltfolgetabelle 181
    7.2.3 Übergangs- und Ausgabefunktionen 182
7.3 Betriebsarten von Schaltwerken 184
7.4 Schaltwerke mit synchroner Betriebsart 186
    7.4.1 Synchroner Zähler 186
    7.4.2 Entwurf synchroner Zähler 186
    7.4.3 Register 192
    7.4.4 Schieberegister 197
        7.4.4.1 Schieberegister mit umschaltbarer Schieberichtung 199
        7.4.4.2 Schieberegister als Parallel-Serien-Umsetzer 199
        7.4.4.3 Schieberegister als Serien-Parallel-Umsetzer 200
        7.4.4.4 Rückgekoppelte Schieberegister 201
7.5 Asynchroner Zähler 202
    7.5.1 Asynchroner Vorwärtszähler im 8-4-2-1-BCD-Code 202
    7.5.2 Asynchroner Vorwärtszähler im Aiken-Code 205
7.6 Frequenzteiler 206
    7.6.1 Frequenzteiler mit geradzahligem Teilerverhältnis 207
    7.6.2 Frequenzteiler mit ungeradzahligem Teilerverhältnis 208

8 Halbleiterspeicher 210
8.1 Begriffe, Kenngrößen und Arten 210
    8.1.1 Speicherelement 210
    8.1.2 Speicherzelle 211
    8.1.3 Speicherkapazität 211
    8.1.4 Adressierung 211

8.1.5 Halbleiter-Speicherbausteine 212
8.1.6 Zeitparameter 214
8.1.7 Zusammenschaltung von Halbleiter-Speicherbausteinen 217
8.1.8 Arten von Halbleiterspeichern 218
8.2 Nichtflüchtige Halbleiterspeicher 219
8.2.1 Aufbau nichtflüchtiger Halbleiterspeicher 220
8.2.2 Read Only Memory 222
8.2.3 Programmable Read Only Memory 224
8.2.4 Erasable Programmable Read Only Memory 225
8.2.5 Electrical Erasable Programmable Read Only Memory 227
8.2.6 Flash-EPROM 228
8.3 Flüchtige Halbleiterspeicher 229
8.3.1 Allgemeiner Aufbau 229
8.3.2 Statischer, flüchtiger Halbleiterspeicher 230
8.3.3 Dynamischer, flüchtiger Halbleiterspeicher 232
8.4 Spezielle Halbleiterspeicher 235
8.4.1 Dual-Port-RAM 235
8.4.2 First-In-First-Out-Speicher 237
8.4.3 Last-In-First-Out-Speicher 240
8.4.4 Schreib-Lese-Speicher mit seriellem Zugriff 241
8.4.5 Inhaltsadressierte Halbleiterspeicher 241
8.4.5.1 Assoziativspeicher 242
8.4.5.2 Cache-Speicher 242

9 Programmierbare Logikschaltungen 243
9.1 Allgemeiner Aufbau 243
9.1.1 Programmierbare UND-Matrix 245
9.1.2 Programmierbare ODER-Matrix 247
9.1.3 Programmierbarer Eingabeblock 247
9.1.4 Programmierbare Ein-Ausgabe 248
9.1.5 Programmierbarer Ausgabeblock 249
9.2 Arten programmierbarer Logikschaltungen 250
9.2.1 Halbleiterspeicher 251
9.2.2 Programmable Array Logic 252
9.2.3 Programmable Logic Array 254
9.2.4 Erasable Programmable Logic Device 255
9.2.5 Generic Array Logic 255
9.2.6 Alterable Gate Array 255
9.2.7 Logic Cell Array 257
9.3 Schaltnetz mit programmierbarer Logikschaltung 257
9.4 Schaltwerk mit programmierbarer Logikschaltung 259

10 Digital-Analog-Umsetzer... 262
10.1 Prinzip der Digital-Analog-Umsetzung... 262
10.2 Begriffe und Kenngrößen... 269
    10.2.1 Auflösung... 269
    10.2.2 Ausgangsspannungsbereich... 269
    10.2.3 Codierung... 270
    10.2.4 Einschwingzeit... 270
    10.2.5 Genauigkeit... 271
    10.2.6 Offsetfehler... 271
    10.2.7 Verstärkungsfehler... 272
    10.2.8 Linearitätsfehler... 273
    10.2.9 Temperaturdrift... 273
    10.2.10 Monotonie... 274
    10.2.11 Glitch... 274
10.3 Verfahren der Digital-Analog-Umsetzung... 275
    10.3.1 Digital-Analog-Umsetzer mit Stromquellen... 276
    10.3.2 Digital-Analog-Umsetzer mit gewichteten Stromquellen... 279
    10.3.3 Digital-Analog-Umsetzer mit R-$2R$-Kettenleiter... 280
        10.3.3.1 Digital-Analog-Umsetzer mit R-$2R$-Kettenleiter als Stromteiler... 280
        10.3.3.2 Digital-Analog-Umsetzer mit R-$2R$-Kettenleiter als Spannungsteiler... 283

11 Analog-Digital-Umsetzer... 286
11.1 Prinzip der Abtastung analoger Signale... 286
    11.1.1 Abtast-Halte-Schaltung... 286
    11.1.2 Analog-Multiplexer... 288
11.2 Begriffe und Kenngrößen... 289
    11.2.1 Auflösung... 289
    11.2.2 Codierung... 289
    11.2.3 Eingangsspannungsbereich... 290
    11.2.4 Umsetzzeit... 290
    11.2.5 Quantisierung... 290
    11.2.6 Quantisierungsfehler... 291
11.3 Verfahren der Analog-Digital-Umsetzung... 291
11.4 Analog-Digital-Umsetzer mit dem Parallelverfahren... 292
11.5 Analog-Digital-Umsetzer mit dem Kaskadenverfahren... 294
11.6 Analog-Digital-Umsetzer mit dem Serienverfahren... 295
11.7 Analog-Digital-Umsetzer mit dem Zählverfahren... 297
    11.7.1 Analog-Digital-Umsetzer mit dem Nachlaufverfahren... 298
    11.7.2 Analog-Digital-Umsetzer mit dem Rampenverfahren... 298

        11.7.2.1   Analog-Digital-Umsetzer mit dem Ein-Rampen-
verfahren 299
        11.7.2.2   Analog-Digital-Umsetzer mit dem Zwei-Rampen-
verfahren 302
   11.7.3   Analog-Digital-Umsetzer mit dem Ladungs-Kompensations-
verfahren 305
Literaturverzeichnis 309
Sachwortverzeichnis 310

1 Zahlensysteme

Unter einem Zahlensystem versteht man die Art der Darstellung von Zahlen mit Hilfe einer begrenzten Anzahl von Zeichen und unter Verwendung eines Bildungsgesetzes. Häufig werden für den Begriff des Zahlensystems auch die genaueren Bezeichnungen Zahlendarstellungs- bzw. Zahlenbezeichnungssystem benutzt. Ein Zeichen eines Zahlensystems besteht aus einem Element aus einer zur Darstellung von Information vereinbarten endlichen Menge von verschiedenen Elementen. Die Menge der vereinbarten Zeichen eines Zahlensystems wird als Zeichenvorrat bezeichnet. Eine Ziffer ist ein Zeichen aus einem Zeichenvorrat von n Zeichen, denen als Zahlenwerte die Zahlen 0, 1, 2, ..., $n-1$ umkehrbar eindeutig zugeordnet sind.

Bei beliebiger Wahl der Zeichen und des Bildungsgesetzes zur Darstellung der Zahlen ist theoretisch eine Vielzahl von Zahlensystemen denkbar. Für die Durchführung mathematischer Operationen haben sich jedoch in der Praxis lediglich die Stellenwertsysteme, die auch Positionssysteme genannt werden, als geeignet erwiesen. Früher verwendete Zahlensysteme ohne Stellenwertprinzip, wie z. B. das römische Zahlensystem, haben sich daher nicht bewährt und werden heutzutage nicht mehr verwendet.

1.1 Stellenwertsysteme

Das allgemeine Bildungsgesetz für eine Zahl N eines Stellenwertsystems läßt sich in der Form

$$N = \sum_{s=-m}^{n-1} z_s \cdot w_s \qquad (1.1\text{-}1)$$

angeben. In dieser Gleichung bedeuten die Bezeichnungen: s Stelle der Zahl, n Anzahl der Stellen der Zahl links vom Radixpunkt (vor dem Komma), m Anzahl der Stellen rechts vom Radixpunkt (hinter dem Komma), z_s Ziffer der Stelle s und w_s Wertigkeit der Stelle s. Der Radixpunkt, für den man manchmal den Punkt, jedoch meistens das Komma als vereinbartes Zeichen verwendet, wird daher einfach als Komma bezeichnet und stellt die Grenze zwischen dem ganzen und gebrochenen Zahlenanteil dar. Der Gesamtwert einer Zahl eines Stellenwertsystems ergibt sich nach Gl. (1.1-1) aus der Summe der Produkte der einzelnen Stellen, die sich an Hand der jeweiligen Zahlenwerte der Ziffern und der zugehörigen Wertigkeiten ergeben.

Die Stellenschreibweise ist eine Darstellungsart für Zahlen, bei der der Betrag jeder Ziffer, die diese zum Gesamtwert der Zahl beiträgt, sowohl vom Zahlenwert der Ziffer als auch von der Stelle der Ziffer abhängt. Die Stelle der Ziffer ist dabei die Position, die der Ziffer innerhalb einer Folge von Zeichen, die aus Ziffern und dem Radixpunkt besteht, zukommt. Die Darstellung einer Zahl N in Stellenschreibweise lautet daher wie folgt:

$$N = z_{n-1}\, z_{n-2}\, \ldots\, z_1\, z_0\, ,\, z_{-1}\, z_{-1}\, \ldots\, z_{-m+1}\, z_{-m}\,. \tag{1.1-2}$$

Die Radixschreibweise ist dagegen eine Darstellungsart für Zahlen, bei der der Betrag jeder Ziffer, die diese zum Gesamtwert der Zahl beiträgt, als Produkt aus dem Zahlenwert der Ziffer und der zugehörigen Wertigkeit der Stelle der Ziffer angegeben wird. Entsprechend der Gl. (1.1-1) läßt sich eine allgemeine Zahl N demnach in Radixschreibweise wie folgt darstellen:

$$N = z_{n-1} \cdot w_{n-1} + z_{n-2} \cdot w_{n-2} + \ldots + z_1 \cdot w_1 + z_0 \cdot w_0 +$$
$$+ z_{-1} \cdot w_{-1} + z_{-2} \cdot w_{-2} + \ldots + z_{-m+1} \cdot w_{-m+1} + z_{-m} \cdot w_{-m}\,. \tag{1.1-3}$$

1.2 Polyadische Zahlensysteme

Die polyadischen Zahlensysteme – auch b-adische Systeme oder Radixsysteme genannt – sind Stellenwertsysteme mit speziellen Eigenschaften, die für die Durchführung mathematischer Operationen besonders geeignet sind. Die charakteristische Eigenschaft polyadischer Zahlensysteme, zu denen auch das von uns benutzte Dezimalsystem (Zehnersystem) gehört, besteht darin, daß sich der Stellenwert, der einer Ziffer innerhalb der Folge der Zeichen zukommt, von rechts nach links nach fortlaufenden Potenzen einer ganzzahligen Basiszahl b erhöht. Die Stellenwerte der einzelnen Ziffern, die auch Wertigkeiten oder Wichtungen genannt werden, ergeben sich demnach zu:

$$w_s = b^s. \tag{1.2-1}$$

An Hand der Gl. (1.1-1) läßt sich daher eine Zahl N eines polyadischen Zahlensystems wie folgt angeben:

$$N = \sum_{s=-m}^{n-1} z_s \cdot b^s, \tag{1.2-2}$$

wobei der Wert der ganzzahligen Basiszahl $b \geq 2$ beträgt. Die Anzahl der unterschiedlichen Ziffern z_s, die in einem polyadischen Zahlensystem zur Basis b benötigt werden, entspricht dabei dem Wert der Basiszahl b:

$$0 \leq z_s \leq b-1. \tag{1.2-3}$$

Bei der Radixschreibweise einer Zahl N eines polyadischen Zahlensystems zur Basiszahl b wird der Betrag jeder Ziffer, den diese zum Gesamtwert der Zahl beiträgt, als Produkt aus dem Zahlenwert der Ziffer und der der Stelle zukom-

1.2 Polyadische Zahlensysteme

menden Potenz der Basiszahl b gebildet. An Hand der Gln. (1.1-3) und (1.2-1) ergibt sich demnach die Radixschreibweise einer Zahl N eines polyadischen Zahlensystems zu:

$$N = z_{n-1} \cdot b^{n-1} + z_{n-2} \cdot b^{n-2} + \ldots + z_1 \cdot b^1 + z_0 \cdot b^0 +$$
$$+ z_{-1} \cdot b^{-1} + z_{-2} \cdot b^{-2} + \ldots + z_{-m+1} \cdot b^{-m+1} + z_{-m} \cdot b^{-m}. \quad (1.2\text{-}4)$$

Auch bei den polyadischen Zahlensystemen wird zur einfachen Darstellung der Zahlen die Stellenschreibweise nach Gl. (1.1-2) benutzt. Mit einer Anzahl s von Stellen ohne Vorzeichen lassen sich in einem polyadischen Zahlensystem zur Basiszahl b

$$Z = b^s \quad (1.2\text{-}5)$$

verschiedene Zahlen darstellen. Das Produkt aus der Anzahl der benötigten Ziffern und Stellen läßt sich als Ziffernaufwand A definieren. Die Verwendung eines polyadischen Zahlensystems mit einem geringen Ziffernaufwand in einer digitalen Rechenanlage ermöglicht eine minimale Anzahl an Speicherelementen, die benötigt werden, um die Zahlenwerte abzuspeichern. Da nach Gl. (1.2-3) die Anzahl der Ziffern der Basiszahl b des polyadischen Zahlensystems entspricht, läßt sich der Ziffernaufwand A als Produkt der Basiszahl und der Anzahl der Stellen berechnen:

$$A = b \cdot s. \quad (1.2\text{-}6)$$

Formt man Gl. (1.2-5) nach der benötigten Stellenzahl s um, so erhält man

$$s = \log_b Z = \frac{\ln Z}{\ln b}, \quad (1.2\text{-}7)$$

womit sich der Ziffernaufwand an Hand der Gl. (1.2-6) mit

$$A = b \cdot \frac{\ln Z}{\ln b} \quad (1.2\text{-}8)$$

berechnen läßt. Der geringste Ziffernaufwand ergibt sich daher unter der Bedingung, daß die erste Ableitung des Ziffernaufwands A nach der Basiszahl b Null ergibt:

$$\frac{dA}{db} = \frac{\ln Z \cdot (\ln b - 1)}{(\ln b)^2} = 0. \quad (1.2\text{-}9)$$

An Hand dieser Bedingung läßt sich die Basiszahl b des polyadischen Zahlensystems mit dem geringsten Ziffernaufwand A bestimmen:

$$\ln b = 1 \text{ bzw. } b = e. \quad (1.2\text{-}10)$$

Das polyadische Zahlensystem zur Basiszahl $b = e = 2{,}71828$ würde demnach den geringsten Ziffernaufwand aufweisen. Da jedoch für polyadische Zahlensysteme lediglich ganzzahlige Basiszahlen b in Frage kommen, berechnet sich für das polyadische Zahlensystem mit der Basiszahl $b = 3$ der geringste Ziffernaufwand. Für die Digitaltechnik hat sich jedoch das polyadische Zahlensystem zur Basis $b = 2$ – das Dualsystem – als wesentlich zweckmäßiger erwiesen, da dieses Zahlensystem lediglich die Ziffern 0 und 1 benötigt, die durch zwei entsprechende Spannungswerte – einen niedrigen und einen hohen Spannungspegel – mit Hilfe elektronischer Bauelemente besonders einfach in einer digitalen Rechenanlage dargestellt werden können. Die nachfolgende Tabelle 1.2-1 zeigt den Ziffernaufwand einiger polyadischer Zahlensysteme für einen Zahlenumfang Z zur Darstellung von 100 bzw. 256 Zahlen, sowie den, auf den natürlichen Logarithmus der Anzahl der Zahlen Z, normierten Ziffernaufwand $A / \ln Z$.

Basiszahl	Ziffernaufwand für Anzahl der Zahlen		$A / \ln Z$
	100	256	
2	13,29	16,00	2,89
e	12,52	15,07	2,72
3	12,58	15,14	2,73
4	13,29	16,00	2,89
8	17,72	21,33	3,85
10	20,00	24,08	4,34
16	26,58	32,00	5,77

Tabelle 1.2-1 Ziffernaufwand einiger polyadischer Zahlensysteme

Beispiel 1.2-1

In einem polyadischen Zahlensystem zur Basiszahl b lassen sich durch eine Anzahl s von Stellen insgesamt b^s verschiedene Zahlen Z darstellen. Wie viele Stellen werden zur Darstellung der Dezimalzahlen 0 ... 1996 im Dualsystem mit der Basiszahl $b = 2$, im Oktalsystem mit der Basiszahl $b = 8$ und im Hexadezimalsystem mit der Basiszahl $b = 16$ benötigt?

Lösung:

An Hand der Gl. (1.2-7) berechnet sich die benötigte Stellenzahl s eines polyadischen Zahlensystems zur Darstellung einer Anzahl Z von Zahlen mit $s = \log_b Z = \ln Z / \ln b$. Mit der Anzahl der Zahlen $Z = 1997$ (0 ... 1996) ergibt sich die Stellenzahl $s = \ln 1997 / \ln b$. Im Dualsystem läßt sich daher die benötigte Stellenzahl $s = \ln 1997 / \ln 2 = 10,96$ bestimmen. Da für die Stellenzahl nur eine ganze Zahl in Frage kommt, muß der berechnete Wert bis zur nächsthöheren ganzen Zahl aufgerundet werden. Im Dualsystem werden daher elf Dualstellen benötigt, mit denen aber insgesamt $Z = 2^{11} = 2048$ verschiedene Zahlen dargestellt werden können. Für das Oktalsystem berechnet sich die Stellenzahl $s = \ln 1997 / \ln 8 = 3,65$. Im Oktalsytem werden demnach vier Oktalstellen benötigt, mit denen aber insgesamt $Z = 8^4 = 4096$ verschiedene Zahlen darstellbar sind. Für die Stellenzahl im Hexadezimalsystem errechnet sich $s = \ln 1997 / \ln 16 = 2,74$. Im Hexadezimalsystem benötigt man daher drei Hexadezimalstellen, mit denen insgesamt $Z = 16^3 = 4096$ verschiedene Zahlen dargestellt werden können.

1.2 Polyadische Zahlensysteme

1.2.1 Dezimalsystem

Während unsere Vorfahren noch das polyadische Zahlensystem mit der Basiszahl $b = 12$ – das Duodezimal- bzw. Zwölfersystem – benutzt haben, wird heutzutage bis auf wenige Ausnahmen ausschließlich das polyadische Zahlensystem zur Basiszahl $b = 10$ – das sogenannte Dezimal- bzw. Zehnersystem – verwendet, welches von den Indern über die Araber zu uns gelangte. Lediglich bei der Gradmessung verwenden wir das polyadische Zahlensystem mit der Basiszahl $b = 60$, welches früher von den Babyloniern benutzt wurde. Bei der von uns verwendeten Zeitmessung besteht eine Minute aus sechzig Sekunden, und eine Stunde ist in sechzig Minuten unterteilt; dagegen besteht ein Tag lediglich aus vierundzwanzig Stunden, so daß das verwendete Zahlensystem unserer Zeitmessung nicht genau dem polyadischen Zahlensystem zur Basiszahl $b = 60$ entspricht. Das Dezimalsystem besitzt die Basiszahl $b = 10$ und verwendet die zehn Ziffern 0 ... 9. Der Zahlenwert „Einhundertdreiundzwanzig, fünfundsiebzig" läßt sich im Zehnersystem in Stellenschreibweise wie folgt angeben:

$$123{,}75 = 1 \cdot 10^2 + 2 \cdot 10^1 + 3 \cdot 10^0 + 7 \cdot 10^{-1} + 5 \cdot 10^{-2}. \qquad (1.2\text{-}11)$$

1.2.2 Binärsysteme

Alle Zahlensysteme, die unabhängig von ihrem Aufbau einen Zeichenvorrat von nur zwei Zeichen aufweisen, werden Binärsysteme genannt. Das Wort „binär" (engl.: binary) entstammt der lateinischen Sprache und bedeutet: aus zwei Einheiten bestehend, genau zweier Werte fähig bzw. zweiwertig. Einer der großen abendländischen Denker, der deutsche Philosoph und Mathematiker *Gottfried Wilhelm von Leibniz* (1646-1716), hat sich als erster mit binären Zahlensystemen beschäftigt und Einsatzmöglichkeiten dieser Zahlensysteme in mechanischen Rechenmaschinen aufgezeigt. Aber erst mit der Entwicklung elektrischer Rechenanlagen auf der Basis von Schaltelementen mit nur zwei Betriebszuständen, mit denen sich die Binärzeichen 0 und 1 besonders einfach darstellen lassen, haben die Binärsysteme eine große Bedeutung erlangt. Die Zeichen eines Zahlensystems mit einem Zeichenvorrat von nur zwei Zeichen werden Binärzeichen genannt. Die gebräuchliche Kurzform des Binärzeichens ist die Bezeichnung „Bit" (engl.: binary digit). Das Binärzeichen der Stelle mit der geringsten Wertigkeit wird LSB (engl.: least significant bit) und das Binärzeichen der Stelle mit der höchsten Wertigkeit MSB (engl.: most significant bit) genannt. Als Binärzeichen können zwar beliebige Zeichen verwendet werden, üblicherweise werden jedoch die beiden Ziffern 0 und 1 benutzt. Eine Zahl, die aus Binärzeichen besteht, wird Binärzahl genannt.

1.2.2.1 Dualsystem

Das polyadische Zahlensystem mit der kleinstmöglichen ganzzahligen Basiszahl $b = 2$ wird Dualsystem genannt. Nach der Gl. (1.2-3) werden im Dualsystem lediglich zwei Zeichen benötigt, für die die Ziffern 0 und 1 verwendet werden. Das Dualsystem gehört demnach zur Gruppe der Binärsysteme und wird häufig auch als „natürliches Binärsystem" bezeichnet. Die Stellenwerte der Ziffern einer Dualzahl ergeben sich dabei von rechts nach links an Hand steigender Potenzen der Basiszahl $b = 2$. Der dezimale Zahlenwert „Einhundertdreiundzwanzig, fünfundsiebzig" läßt sich daher beispielsweise im Dualsystem an Hand der Gln. (1.1-2) und (1.2-4) in Stellenschreibweise wie folgt darstellen:

$$123{,}75 = 1111011{,}11_2 = 1 \cdot 2^6 + 1 \cdot 2^5 + 1 \cdot 2^4 + 1 \cdot 2^3 + 0 \cdot 2^2 +$$
$$+ 1 \cdot 2^1 + 1 \cdot 2^0 + 1 \cdot 2^{-1} + 1 \cdot 2^{-2}. \qquad (1.2\text{-}12)$$

1.2.2.2 Binäres Dezimalsystem

Das Dualsystem, welches heutzutage ausschließlich in digitalen Rechenanlagen verwendet wird, ist für den Menschen auf Grund seiner Gewöhnung an das Dezimalsystem äußerst umständlich zu handhaben. Daher werden häufig bei der Ein- und Ausgabe von Daten digitaler Rechenanlagen sogenannte binär codierte Dezimalzahlen (engl.: binary coded decimal, abgekürzt BCD) verwendet. Die Darstellung jeder Dezimalziffer einer Dezimalzahl erfolgt dabei durch ein Binärwort, welches aus vier Binärzeichen besteht. Faßt man eine Folge von Zeichen, die in einem bestimmten Zusammenhang stehen, zusammen, so spricht man allgemein von einem Wort. Besteht das Wort aus lauter Binärzeichen, so handelt es sich um ein Binärwort. Von den insgesamt sechzehn möglichen Binärworten, die sich mit vier Binärzeichen bilden lassen, werden lediglich zehn Binärworte verwendet, mit denen die Dezimalziffern 0 ... 9 dargestellt werden. Die nicht verwendeten Binärworte werden Pseudodezimalen oder auch Pseudotetraden genannt. Da von der Anzahl der insgesamt sechzehn möglichen Binärwörter sechs beliebige Kombinationen als Pseudodezimalen gewählt werden können, ergibt sich als Verschlüsselung eine Vielzahl möglicher BCD-Codes, wie beispielsweise der 8421-BCD-Code, der Aiken-Code, der 3-Exzeß-Code, der 5421-BCD-Code, der White-Code usw., die in Abschnitt 4.2.3. behandelt werden.

1.2.3 Polyadische Zahlensysteme mit einer Basiszahl 2^n

Auf Grund der großen Anzahl von Dualstellen, die bereits bei der Darstellung von kleinen Zahlenwerten auftreten, ist das Dualsystem für den Menschen ungeeignet. Der Mensch ist im Umgang mit wenigen Zahlenstellen, die aber eine größere Anzahl verschiedener Ziffern aufweisen, geübt. Da sich jedoch jeweils eine Anzahl n der Gesamtzahl der Stellen einer Dualzahl zu einer Stelle des polyadischen Zahlensystems mit der Basiszahl $b = 2^n$ zusammenfassen läßt, kann so die Anzahl der Zahlenstellen, die der Mensch sich beim Umgang mit Dualzahlen merken muß, reduziert werden. Wählt man für die Anzahl der zusammenzufassenden Dualstellen $n = 3$, so erhält man durch das Zusammenfassen von jeweils drei Dualstellen eine Oktalstelle. Wird die Anzahl der zusammenzufassenden Dualstellen mit $n = 4$ festgelegt, so ergibt das Zusammenfassen von vier Dualstellen eine Hexadezimalstelle.

1.2.3.1 Oktalsystem

Das polyadische Zahlensystem mit der Basiszahl $b = 8 = 2^3$ wird Oktalsystem genannt. Nach Gl. (1.2-3) besitzt dieses polyadische Zahlensystem die acht verschiedenen Ziffern 0 ... 7, mit denen die Oktalzahlen dargestellt werden. Der dezimale Zahlenwert „Einhundertdreiundzwanzig, fünfundsiebzig" läßt sich beispielsweise im Oktalsystem wie folgt angeben:

$$123{,}75 = 173{,}6_8 = 1 \cdot 8^2 + 7 \cdot 8^1 + 3 \cdot 8^0 + 6 \cdot 8^{-1}. \tag{1.2-13}$$

1.2.3.2 Hexadezimalsystem

Für das polyadische Zahlensystem mit der Basiszahl $b = 16 = 2^4$ ist nach der DIN 44300 zwar die Bezeichnung Sedezimalsystem zu verwenden; gebräuchlicher ist jedoch die Bezeichnung Hexadezimalsystem. Da das Dezimalsystem als Zeichen nur die zehn verschiedenen Ziffern 0 ... 9 benötigt, und das Hexadezimalsystem aber sechzehn verschiedene Zeichen zur Darstellung der Hexadezimalzahlen benötigt, hat man die ersten sechs Buchstaben A, B, C, D, E und F des Alphabetes als zusätzliche Zeichen zu den Ziffern 0 ... 9 für die Koeffizienten 10, 11, 12, 13, 14 und 15 gewählt. Der dezimale Zahlenwert „Einhundertdreiundzwanzig, fünfundsiebzig" läßt sich beispielsweise im Hexadezimalsystem wie folgt angeben:

$$123{,}75 = 7B{,}C_{16} = 7 \cdot 16^1 + 11 \cdot 16^0 + 12 \cdot 16^{-1}. \tag{1.2-14}$$

1.3 Umrechnung von Zahlen verschiedener Systeme

Wie bereits erwähnt, benutzen digitale Rechenanlagen aus technischen Gründen ausschließlich das Dualsystem, da in diesem Zahlensystem die Darstellung der beiden Zeichen 0 und 1 besonders einfach durch elektronische Schaltelemente, wie z. B. Transistoren, realisiert werden kann. Auf Grund der Gewohnheit des Menschen an das von ihm verwendete Dezimalsystem ist daher häufig eine Umwandlung von Zahlen des Dual- und des Dezimalsystems untereinander erforderlich.

1.3.1 Umrechnung von Dezimalzahlen

In der Gl. (1.2-4), die die Radixschreibweise einer allgemeinen Zahl N eines polyadischen Zahlensystems beschreibt, läßt sich die Basiszahl b aus den einzelnen Ausdrücken der Gleichung ausklammern. Man erhält damit die Gleichung für eine allgemeine Zahl N eines polyadischen Zahlensystems zur Basiszahl b in der folgenden Form:

$$N = ((\ldots((z_{n-1} \cdot b + z_{n-2}) \cdot b + z_{n-3}) \cdot b + \ldots) \cdot b + z_1) \cdot b + z_0 +$$
$$+ b^{-1} \cdot (z_{-1} + b^{-1} \cdot (z_{-2} + \ldots + b^{-1} \cdot (z_{-m+1} + b^{-1} \cdot z_{-m}) \ldots)). \quad (1.3\text{-}1)$$

An Hand dieser Darstellung – dem Horner-Schema – läßt sich erkennen, daß man bei einer Umrechnung den ganzen Zahlenanteil der Dezimalzahl, der durch die erste Zeile der Gl. (1.3-1) angegeben ist, und den gebrochenen Zahlenanteil der Zahl, den die zweite Zeile der Gl. (1.3-1) dargestellt, getrennt behandeln muß. Dividiert man den ganzen Zahlenanteil durch die Basiszahl b des Zahlensystems, in das man die gegebene Dezimalzahl umrechnen möchte, so erhält man einen Quotienten und einen Rest. Der sich ergebende Rest entspricht der Ziffer z_0 der Zahl des polyadischen Zahlensystems zur Basis b. Dividiert man den Quotienten, der sich an Hand der ersten Division ergibt, durch die Basiszahl b, so erhält man wiederum einen Quotienten und einen Rest. Der Rest der zweiten Division entspricht der Ziffer z_1 der Zahl des Zahlensystems zur Basis b. Der Rest, der sich bei der Division des Quotienten jeweils ergibt, entspricht der Ziffer der Zahl mit fortlaufendem Stellenindex. Der Rest, der sich bei der n-ten Division ergibt, entspricht demnach der Ziffer z_{n-1} der Zahl des polyadischen Zahlensystems zur Basis b. Die fortlaufende Division, der sich ergebenden Quotienten, wird jeweils so lange fortgesetzt, bis der Quotient den Wert Null aufweist.

Um die Ziffern der Zahl nach dem Radixpunkt zu erhalten, muß man nach der Gl. (1.3-1) den gebrochenen Zahlenanteil der umzurechnenden Zahl mit der Basiszahl b multiplizieren. Man erhält durch die Multiplikation mit der Basiszahl b als Ergebnis eine gebrochene Zahl. Der ganze Zahlenanteil des Ergebnisses entspricht der Ziffer z_{-1} der Zahl des Zahlensystems zur Basis b. Multipliziert man den gebrochenen Zahlenanteil des Ergebnisses, der sich an Hand der ersten Multiplikation mit der Basiszahl b ergibt, wiederum mit der Basiszahl b, so erhält man als Ergebnis eine gebrochene Zahl. Der ganze Zahlenanteil des Ergebnisses stellt die Ziffer z_{-2} der Zahl des Zahlensystems zur Basis b dar. Die Multiplikation des gebrochenen Zahlenanteils mit der Basiszahl b wird so lange fortgesetzt, bis sich als Ergebnis eine ganze Zahl ergibt. Möglicherweise entsteht im Zahlensystem zur Basis b im gebrochenen Zahlenanteil eine Periode. Das Verfahren ist abzubrechen, sobald eine Ziffernperiode in der umgerechneten Zahl erkennbar ist. Es kann auch vorkommen, daß sich bei der Umrechnung eines unendlichen Bruchs einer gebrochenen Dezimalzahl eine Zahl mit endlichem Bruch im Zahlensystem zur Basiszahl b ergibt.

Beispiel 1.3-1

Rechnen Sie die gegebene Dezimalzahl 123,75 an Hand des Horner-Schemas in die entsprechende Dualzahl um.

1.3 Umrechnung von Zahlen verschiedener Systeme

Lösung:

123 : 2	=	61 + Rest 1	Ziffer z_0	= 1
61 : 2	=	30 + Rest 1	Ziffer z_1	= 1
30 : 2	=	15 + Rest 0	Ziffer z_2	= 0
15 : 2	=	7 + Rest 1	Ziffer z_3	= 1
7 : 2	=	3 + Rest 1	Ziffer z_4	= 1
3 : 2	=	1 + Rest 1	Ziffer z_5	= 1
1 : 2	=	0 + Rest 1	Ziffer z_6	= 1
0,75 · 2	=	0,5 + Übertrag 1	Ziffer z_{-1}	= 1
0,5 · 2	=	0 + Übertrag 1	Ziffer z_{-2}	= 1

Die Dualzahl, die den dezimalen Zahlenwert 123,75 aufweist, lautet $1111011{,}11_2$.

1.3.2 Umrechnung in Dezimalzahlen

An Hand des Horner-Schemas der Gl. (1.3-1) läßt sich das folgende Prinzip zur Umrechnung von Zahlen polyadischer Zahlensysteme zur Basis b in Dezimalzahlen ableiten. Man multipliziert zunächst die Ziffer der höchstwertigen Stelle z_{n-1} der gegebenen Zahl mit der Basiszahl b des Zahlensystems und addiert dazu die Ziffer der nächstniedrigeren Stelle z_{n-2} der gegebenen Zahl. Das Ergebnis dieser Berechnung wird wiederum mit der Basiszahl b multipliziert, und anschließend wird die Ziffer z_{n-3} der nächstniedrigeren Stelle der gegebenen Zahl zum Multiplikationsergebnis addiert. Dieses Verfahren wird bis zur abschließenden Addition der Ziffer der Stelle der Zahl vor dem Radixpunkt – der Ziffer z_0 – fortgesetzt. Das Endergebnis dieser Berechnungen stellt dabei den ganzen Zahlenanteil der Dezimalzahl dar. Rechts vom Radixpunkt wird mit der Ziffer z_{-m} der Stelle mit dem niedrigsten Stellenwert begonnen, die durch die Basiszahl b dividiert wird. Zu dem Ergebnis dieser Division wird anschließend die Ziffer z_{-m+1} der nächsthöheren Stelle addiert. Die Division des jeweiligen Ergebnisses und die Addition der Ziffer mit dem nächsthöheren Stellenwert wird bis einschließlich der Stelle rechts vom Radixpunkt – der Ziffer z_{-1} – fortgesetzt. Das Ergebnis dieser Berechnungen muß dann noch durch die Basiszahl b dividiert werden, so daß damit der gebrochene Zahlenanteil der Dezimalzahl zur Verfügung steht. Um den Gesamtwert der Dezimalzahl zu erhalten, müssen abschließend der ganze und gebrochene Zahlenanteil addiert werden.

Beispiel 1.3-2

Gegeben ist die Dualzahl $1111011{,}11_2$. Berechnen Sie an Hand des Horner-Schemas die entsprechende Dezimalzahl.

Lösung:

1 · 2	+ 1	= 3
3 · 2	+ 1	= 7
7 · 2	+ 1	= 15
15 · 2	+ 0	= 30

$$30 \cdot 2 + 1 = 61$$
$$61 \cdot 2 + 1 = 123$$
$$1 : 2 + 1 = 1,5$$
$$1,5 : 2 = 0,75$$
$$0,75 + 123 = 123,75$$

Die Dezimalzahl, die der Dualzahl $1111011,11_2$ entspricht, lautet 123,75.

1.3.3 Umrechnung von Zahlen mit einer Basiszahl 2^n

Da die Potenz 2^3 der Basiszahl des Dualsystems der Basiszahl $b = 8$ des Oktalsystems entspricht, lassen sich, vom Radixpunkt ausgehend, sowohl nach rechts bzw. nach links jeweils drei Dualstellen zu einer Oktalstelle zusammenfassen. Stehen für das Zusammenfassen zum Abschluß weniger als drei Dualstellen zur Verfügung, so müssen die fehlenden Dualstellen mit der Ziffer 0 aufgefüllt werden. Da die Potenz 2^4 der Basiszahl des Dualsystems der Basiszahl $b = 16$ des Hexadezimalsystems entspricht, lassen sich, vom Radixpunkt ausgehend, sowohl nach rechts bzw. nach links jeweils vier Dualstellen zu einer Hexadezimalstelle zusammenfassen. Stehen für das Zusammenfassen letztlich weniger als vier Dualstellen zur Verfügung, so müssen die fehlenden Dualstellen mit der Ziffer 0 aufgefüllt werden.

Bei der Umwandlung von Oktalzahlen in Dualzahlen ergeben sich aus einer Oktalstelle drei Dualstellen. Wandelt man eine Hexadezimalzahl in eine Dualzahl um, so ergibt eine Hexadezimalstelle vier Dualstellen. Soll eine Oktalzahl in eine Hexadezimalzahl oder eine Hexadezimalzahl in eine Oktalzahl umgewandelt werden, so bildet man zunächst an Hand der umzuwandelnden Oktal- bzw. Hexadezimalzahl die entsprechende Dualzahl. Danach wandelt man diese Dualzahl in die entsprechende Hexadezimal- bzw. Oktalzahl um.

Beispiel 1.3-3

Gegeben ist die Dualzahl $1111011,11_2$. Bestimmen Sie die entsprechende Oktal- bzw. Hexadezimalzahl. Welche Hexadezimalzahl entspricht der Oktalzahl $37,6_8$?

Lösung:

$$1111011,11_2 = 001|111|011,110_2 = 173,6_8$$
$$1111011,11_2 = 0111|1011,1100_2 = 7B,C_{16}$$
$$37,6_8 = 11111,110_2 = 0001|1111,1100_2 = 1F,C_{16}$$

1.3.4 Kennzeichnung der Zahlen verschiedener Zahlensysteme

Zur Kennzeichnung der Zahlen verschiedener polyadischer Zahlensysteme wird entweder die Basiszahl b des jeweiligen verwendeten Zahlensystems oder ein vereinbarter Buchstabe als Index der dargestellten Zahl angefügt, oder aber ein vereinbarter Buchstabe der dargestellten Zahl direkt angehängt. Dualzahlen werden durch den Buchstaben B (von Binär) gekennzeichnet. Zur Kennzeichnung der Zahlen des Oktalsystems wird entweder der Buchstabe O bzw. der

Buchstabe Q verwendet. Zur Unterscheidung des Buchstabens O und der Ziffer 0 wird in diesem Fall die Ziffer 0 mit einem Schrägstrich (∅) versehen. Für Dezimalzahlen ist als Kennzeichnung der Buchstabe D vorgesehen; da das Dezimalsystem jedoch das für den Menschen gebräuchliche Zahlensystem ist, werden Dezimalzahlen üblicherweise nicht zusätzlich gekennzeichnet. Zur Kennzeichnung von Zahlen des Hexadezimalsystems wird der Buchstabe H verwendet.

1.4 Darstellung vorzeichenbehafteter Zahlen

Die übliche Kennzeichnung positiver und negativer Zahlen durch ein Plus- bzw. durch ein Minuszeichen als Vorzeichen vor dem Betrag der Zahl kann in einer digitalen Rechenanlage nicht realisiert werden, da als Zeichen weder das Plus- noch das Minuszeichen, sondern lediglich die Ziffern 0 und 1 zur Verfügung stehen. Zur Darstellung vorzeichenbehafteter Zahlen werden in digitalen Rechenanlagen die Vorzeichen-Betrags-, die Offset-, die Einer-Komplement- und die Zweier-Komplement-Darstellung verwendet.

1.4.1 Vorzeichen-Betrags-Darstellung

Wie bereits erwähnt, läßt sich in einem polyadischen Zahlensystem zur Basiszahl b nach Gl. (1.2-5) mit einer Anzahl s von Rechenstellen eine Anzahl $Z = b^s$ Zahlen darstellen. Sollen Zahlen mit positiven als auch negativen Werten dargestellt werden, wird eine Rechenstelle für das Vorzeichen benötigt, so daß in diesem Fall für die Anzahl B der Zahlenbeträge, die unabhängig vom Vorzeichen darstellbar sind, gilt:

$$B = b^{s-1}. \tag{1.4-1}$$

Bei einer s-stelligen Vorzeichen-Betrags-Darstellung von Zahlen polyadischer Zahlensysteme werden die Rechenstellen $0 \dots s-2$ zur Darstellung des Betrags der Zahl verwendet, während das Vorzeichen dem Betrag der Zahl in der Rechenstelle $s-1$ vorangestellt wird, wie das Bild 1.4-1 zeigt. Positive Zahlen werden bei dieser Darstellungsart durch die Ziffer 0 als Pluszeichen in der Vorzeichenstelle $s-1$ gekennzeichnet, während negative Zahlenwerte dagegen die höchste Ziffer $b-1$ des verwendeten polyadischen Zahlensystems zur Basis b als Minuszeichen in der Vorzeichenstelle $s-1$ aufweisen. Dezimalzahlen weisen demnach die Ziffer 0 als positives Vorzeichen und die Ziffer 9 als negatives Vorzeichen auf, während die Ziffer 0 das Pluszeichen und die Ziffer 1 das

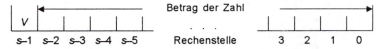

Bild 1.4-1 Vorzeichen-Betrags-Darstellung einer s-stelligen Zahl

Dezimal-zahl	Vorzeichen-Betrags-Darstellung mit s Stellen							$(2^{s-1}-1)$-Offset-Darstellung mit s Stellen							(2^{s-1})-Offset-Darstellung mit s Stellen						
	$s-1$	$s-2$	$s-3$	..		2	1	$s-1$	$s-2$	$s-3$	..	2	1	0	$s-1$	$s-2$	$s-3$	..		2	1
$-2^{s-1}+1$	1	1	1	..	1	1	1	0	0	0	..	0	0	0	0	0	0	..		0	1
$-2^{s-1}+2$	1	1	1	..	1	1	1	0	0	0	..	0	0	1	0	0	0	..		1	0
$-2^{s-1}+3$	1	1	1	..	1	1	1	0	0	0	..	0	1	0	0	0	0	..		1	1
.																					
-3	1	0	0	..	0	1	1	0	1	1	..	1	0	0	0	1	1	..		0	1
-2	1	0	0	..	0	1	0	0	1	1	..	1	0	1	0	1	1	..		1	0
-1	1	0	0	..	0	0	1	0	1	1	..	1	1	0	0	1	1	..		1	1
± 0	0	0	0	..	0	0	0	0	1	1	..	1	1	1	1	0	0	..		0	0
$+1$	0	0	0	..	0	0	1	1	0	0	..	0	0	0	1	0	0	..		0	1
$+2$	0	0	0	..	0	1	0	1	0	0	..	0	0	1	1	0	0	..		1	0
$+3$	0	0	0	..	0	1	1	1	0	0	..	0	1	0	1	0	0	..		1	1
.																					
$2^{s-1}-3$	0	1	1	..	1	0	1	1	1	1	..	1	0	0	1	1	1	..		0	1
$2^{s-1}-2$	0	1	1	..	1	1	0	1	1	1	..	1	0	1	1	1	1	..		1	0
$2^{s-1}-1$	0	1	1	..	1	1	1	1	1	1	..	1	1	0	1	1	1	..		1	1

Tabelle 1.4-1 s-stellige Darstellung vorzeichenbehafteter Dualzahlen in Vorzeichen-Betrags-, $(2^{s-1}-1)$-Offset- und (2^{s-1})-Offset-Darstellung

Minuszeichen von Dualzahlen angibt. Der darstellbare Zahlenbereich in einem polyadischen Zahlensystem zur Basiszahl b unter Verwendung einer Anzahl s von Rechenstellen einschließlich der Vorzeichenstelle berechnet sich daher allgemein mit:

$$-b^{s-1}+1 \leq N \leq b^{s-1}-1. \tag{1.4-2}$$

Die Vorzeichen-Betrags-Darstellung läßt sich auch dadurch beschreiben, daß positive Zahlen durch ihren Betrag und negative Zahlen durch ihren, um den Wert b^{s-1} vergrößerten, Betrag dargestellt werden. Im Dualsystem läßt sich mit einer Anzahl s von Dualstellen einschließlich der Vorzeichenstelle der Zahlenbereich

$$-2^{s-1}+1 \leq N \leq 2^{s-1}-1. \tag{1.4-3}$$

darstellen, wie die Tabelle 1.4-1 zeigt.

1.4.2 Offset-Darstellung

Der gesamte darzustellende Zahlenbereich nach Gl. (1.4-2), der aus dem negativen und positiven Bereich besteht, läßt sich durch die Addition einer Hilfszahl, die als Offset bezeichnet wird, in einen entsprechenden Zahlenbereich überführen, der lediglich einen positiven Bereich besitzt. Diese Art der Zahlendarstellung, die Offset-Darstellung genannt wird, hat den Vorteil, daß ledig-

1.4 Darstellung vorzeichenbehafteter Zahlen

lich positive Zahlenwerte auftreten, und bei der Verarbeitung nur der Betrag und nicht Vorzeichen und Betrag, wie bei der Vorzeichen-Betrags-Darstellung, berücksichtigt werden müssen. Eine Möglichkeit der Offset-Darstellung ergibt sich dadurch, daß man zu jedem darzustellenden Zahlenwert den Betrag der größtmöglichen, negativen Zahl addiert. In einem polyadischen Zahlensystem zur Basis b mit einer Anzahl s von Rechenstellen einschließlich der Vorzeichenstelle ergibt sich der größte negative Zahlenwert mit $-b^{s-1}+1$, so daß sich der zu addierende Offset mit $b^{s-1}-1$ ergibt. Eine vorzeichenbehaftete Zahl N wird demnach bei einer Offset-Darstellung durch ihren entsprechenden Offsetwert angegeben, für den gilt:

$$N_{\text{Offset}} = N + b^{s-1} - 1. \tag{1.4-4}$$

Da die darzustellenden Zahlen N Werte im Bereich $-b^{s-1}+1 \leq N \leq b^{s-1}-1$ aufweisen, berechnet sich der Zahlenbereich, der sich durch die Addition des Offsets $b^{s-1}-1$ zu jedem Zahlenwert ergibt, mit:

$$0 \leq N_{\text{Offset}} \leq 2 \cdot b^{s-1} - 2. \tag{1.4-5}$$

Die Zahl Null, die durch den Wert $b^{s-1}-1$ dargestellt wird, liegt bei der Offset-Darstellung in der Mitte des angegebenen Zahlenbereichs, während die größte negative Zahl $-b^{s-1}+1$ durch den Wert 0 und die größte positive Zahl durch den Zahlenwert $2 \cdot (b^{s-1}-1)$ angegeben wird. Die eigentliche Zahl läßt sich an Hand dieser Darstellung durch eine Subtraktion des Offsets von dem Wert der Offset-Darstellung berechnen.

Beispiel 1.4-1

In einer digitalen Rechenanlage sollen Dezimalzahlen mit insgesamt sechzehn Dualstellen in Offset-Darstellung angegeben werden. Welcher dezimale Zahlenbereich läßt sich damit darstellen? Welchen dualen Zahlenwerten in Offset-Darstellung entsprechen die Dezimalzahlen 123 bzw. −123?

Lösung:

Nach Gl. (1.4-5) beträgt der Zahlenbereich in Offset-Darstellung mit insgesamt sechzehn Rechenstellen $0 \leq N_{\text{Offset}} \leq 2 \cdot 2^{15} - 2$. Um den eigentlichen Zahlenbereich zu ermitteln, muß man den Offset $2^{15} - 1$ subtrahieren. Damit berechnet sich der darstellbare Zahlenbereich mit $-2^{15} + 1 \leq N \leq 2^{15} - 1$. Es lassen sich daher alle Zahlenwerte zwischen −32767 und 32767 angeben. Bei einer Darstellung mit einer Anzahl von sechzehn Dualstellen beträgt der Offset $2^{15} - 1 = 0111111111111111_2$. Der Dezimalzahl 123 entspricht daher die Dualzahl 0000000001111011_2. Um die Dezimalzahl 123 in Offset-Darstellung zu erhalten, muß man zu dieser Dualzahl noch den Offset addieren. Damit ergibt sich die Dezimalzahl 123 in Offset-Darstellung zu 1000000001111010_2. Man erhält die gegebene Dezimalzahl −123 in Offset-Darstellung, indem man von dem Offset $2^{15} - 1 = 0111111111111111_2$ die Dualzahl $123 = 0000000001111011_2$ subtrahiert. Die Dezimalzahl −123 wird demnach in Offset-Darstellung mit insgesamt sechzehn Rechenstellen durch die Dualzahl 0111111110000100_2 angegeben.

An Stelle des Offsets $b^{s-1}-1$ läßt sich auch der Wert b^{s-1} verwenden, so daß eine vorzeichenbehaftete Zahl N in diesem Fall durch ihren entsprechenden Offsetwert wie folgt angegeben wird:

$$N_{\text{Offset}} = N + b^{s-1}. \tag{1.4-6}$$

Da die darzustellenden Zahlen N Werte im Zahlenbereich $-b^{s-1}+1 \leq N \leq b^{s-1}-1$ aufweisen, berechnet sich der Zahlenbereich, der sich durch die Addition des Offsets b^{s-1} zu jedem Zahlenwert ergibt, mit

$$1 \leq N_{\text{Offset}} \leq 2 \cdot b^{s-1} - 1. \tag{1.4-7}$$

Die Tabelle 1.4-1 zeigt eine Gegenüberstellung der Darstellung vorzeichenbehafteter Dualzahlen mit Vorzeichen-Betrags-, $(2^{s-1}-1)$-Offset- bzw. 2^{s-1}-Offset-Darstellung.

Beispiel 1.4-2

Welchen dualen Zahlenwerten in einer 2^{s-1}-Offset-Darstellung entsprechen die beiden Dezimalzahlen 123 und -123, wenn zur Darstellung insgesamt sechzehn Rechenstellen zur Verfügung stehen?

Lösung:
Bei einer Darstellung mit einer Anzahl von sechzehn Dualstellen entspricht der 2^{s-1}-Offset dem Wert $2^{15} = 1000000000000000_2$. Der gegebenen Dezimalzahl $+123$ entspricht die Dualzahl 0000000001111011_2. Um die Dezimalzahl 123 in 2^{s-1}-Offset-Darstellung zu erhalten, muß man zu dieser Dualzahl noch den Offset addieren. Damit ergibt sich die Dezimalzahl 123 in 2^{s-1}-Offset-Darstellung mit 1000000001111011_2. Die Dezimalzahl -123 ergibt sich in Offset-Darstellung, indem man von dem Offset 1000000000000000_2 die Dualzahl 0000000001111011_2 subtrahiert. Die Dezimalzahl -123 wird demnach durch die Dualzahl 0111111110000101_2 in Offset-Darstellung angegeben.

1.4.3 Darstellung negativer Zahlen durch Komplement

Häufig wird zur Darstellung negativer Zahlen die Komplement-Darstellung verwendet. Das Komplement einer Zahl eines polyadischen Zahlensystems zur Basiszahl b ist die Ergänzung des Betrags dieser Zahl zu einer Hilfszahl, wobei man je nach verwendeter Hilfszahl zwischen dem $(b-1)$- und dem b-Komplement unterscheidet.

1.4.3.1 *(b–1)*-Komplement negativer Zahlen

Das $(b-1)$-Komplement einer s-stelligen negativen Zahl eines polyadischen Zahlensystems zur Basiszahl b ist die Ergänzung des $(s-1)$-stelligen Betrags dieser Zahl zu einer Hilfszahl mit dem Wert $b^{s-1}-1$:

$$N_{(b-1)\text{-Komplement}} = b^{s-1} - 1 - |N|. \tag{1.4-8}$$

1.4 Darstellung vorzeichenbehafteter Zahlen

Dezimal-zahl	(2^{s-1})-Offset-Darstellung mit s Stellen s–1 s–2 s–3 .. 2 1 0	Einer-Komplement-Darstellung mit s Stellen s–1 s–2 s–3 .. 2 1 0	Zweier-Komplement-Darstellung mit s Stellen s–1 s–2 s–3 .. 2 1 0
$-2^{s-2}+1$	0 0 0 .. 0 0 1	1 0 0 .. 0 0 0	1 0 0 .. 0 0 1
$-2^{s-2}+2$	0 0 0 .. 0 1 0	1 0 0 .. 0 0 1	1 0 0 .. 0 1 0
$-2^{s-2}+3$	0 0 0 .. 0 1 1	1 0 0 .. 0 1 0	1 0 0 .. 0 1 1
⋮	⋮	⋮	⋮
–3	0 1 1 .. 1 0 1	1 1 1 .. 1 0 0	1 1 1 .. 1 0 1
–2	0 1 1 .. 1 1 0	1 1 1 .. 1 0 1	1 1 1 .. 1 1 0
–1	0 1 1 .. 1 1 1	1 1 1 .. 1 1 0	1 1 1 .. 1 1 1
0	1 0 0 .. 0 0 0	0 0 0 .. 0 0 0	0 0 0 .. 0 0 0
1	1 0 0 .. 0 0 1	0 0 0 .. 0 0 1	0 0 0 .. 0 0 1
2	1 0 0 .. 0 1 0	0 0 0 .. 0 1 0	0 0 0 .. 0 1 0
3	1 0 0 .. 0 1 1	0 0 0 .. 0 1 1	0 0 0 .. 0 1 1
⋮	⋮	⋮	⋮
$2^{s-2}-3$	1 1 1 .. 1 0 1	0 1 1 .. 1 0 1	0 1 1 .. 1 0 1
$2^{s-2}-2$	1 1 1 .. 1 1 0	0 1 1 .. 1 1 0	0 1 1 .. 1 1 0
$2^{s-2}-1$	1 1 1 .. 1 1 1	0 1 1 .. 1 1 1	0 1 1 .. 1 1 1

Tabelle 1.4-2 s-stellige Darstellung vorzeichenbehafteter Dualzahlen in (2^{s-1})-Offset-Dual-, Einer- und Zweier-Komplement-Darstellung

Die Hilfszahl weist in allen ihren s–1 Rechenstellen die höchste Ziffer b–1 des verwendeten polyadischen Zahlensystems zur Basiszahl b auf. Die Darstellung positiver Zahlen erfolgt bei dieser Art der Darstellung wie bei der Vorzeichen-Betrags-Darstellung durch die Ziffer 0 in der Vorzeichenstelle s–1 als Ersatz für das Pluszeichen und durch den Betrag der Zahl in den anderen Rechenstellen 0 ... s–2. Negative Zahlen werden dagegen in der Vorzeichenstelle s–1 durch die höchste Ziffer b–1 des polyadischen Zahlensystems als Ersatz für das Minuszeichen gekennzeichnet, während die Rechenstellen 0 ... s–2 das $(b-1)$-Komplement des Betrags der negativen Zahl beinhalten. Da im Dezimalsystem die Ziffer 9 den höchsten Wert besitzt, spricht man in diesem Zahlensystem vom sogenannten Neuner-Komplement. Im Dualsystem weist die Ziffer 1 den höchsten Wert auf, so daß man in diesem Zahlensystem vom Einer-Komplement spricht.

Beispiel 1.4-3

Gegeben sind die Dezimalzahl –123 sowie die Dualzahl -1111011_2. Bestimmen Sie das Neuner-Komplement der Dezimalzahl und das Einer-Komplement der Dualzahl, wenn zur Darstellung jeweils sechzehn Rechenstellen verwendet werden.

Lösung:

    Dezimalzahl   –123   9999999999999876   Neuner-Komplement
    Dualzahl -1111011_2 1111111110000100_2 Einer-Komplement

1.4.3.2 *b*-Komplement negativer Zahlen

Das *b*-Komplement einer *s*-stelligen negativen Zahl eines polyadischen Zahlensystems ist die Ergänzung des (*s*–1)-stelligen Betrags dieser Zahl zu einer Hilfszahl mit dem Wert b^{s-1}:

$$N_{b\text{-Komplement}} = b^{s-1} - |N|. \qquad (1.4\text{-}9)$$

Die Hilfszahl b^{s-1} weist lediglich in der Stelle *s*–1 die Ziffer 1 und in den Stellen 0 ... *s*–2 die Ziffer 0 auf. Das *b*-Komplement einer negativen Zahl läßt sich auch mit Hilfe des (*b*–1)-Komplementes der negativen Zahl ermitteln, indem man zum (*b*–1)-Komplement in der Rechenstelle mit der niedrigsten Wertigkeit die Ziffer 1 addiert. Positive Zahlen werden bei dieser Darstellung wie bei der Vorzeichen-Betrags-Darstellung in der Vorzeichenstelle *s*–1 durch die Ziffer 0 und in den Rechenstellen 0 ... *s*–2 durch den Betrag der Zahl dargestellt. Negative Zahlen weisen dagegen in der Vorzeichenstelle *s*–1 die höchste Ziffer *b*–1 des verwendeten Zahlensystems auf; die Rechenstellen 0 ... *s*–2 enthalten das *b*-Komplement des Betrags der negativen Zahl. Bei Dezimalzahlen spricht man vom Zehner-Komplement und bei Dualzahlen vom Zweier-Komplement. Die Tabelle 1.4-2 zeigt eine Gegenüberstellung der (2^{s-1})-Offset-, Einer-Komplement- und Zweier-Komplement-Darstellung von vorzeichenbehafteten Dualzahlen. Wie der Tabelle zu entnehmen ist, unterscheidet sich die Zweier-Komplement- von der (2^{s-1})-Offset-Darstellung lediglich in der Vorzeichenstelle, der höchstwertigen Rechenstelle *s*–1.

Beispiel 1.4-4

Gegeben sind die Dezimalzahl –123 sowie die Dualzahl -1111011_2. Bestimmen Sie das Zehner-Komplement der Dezimalzahl und das Zweier-Komplement der Dualzahl, wenn zur Darstellung jeweils sechzehn Rechenstellen verwendet werden.

Lösung:

    Dezimalzahl   –123   9999999999999877   Zehner-Komplement
    Dualzahl -1111011_2 $1111111100001 01_2$ Zweier-Komplement

1.5 Festkommadarstellung von Dualzahlen

Erfolgt die Darstellung der Zahlen in einer digitalen Rechenanlage mit einer festgelegten Anzahl von Rechenstellen, bei der der Radixpunkt – das Komma bzw. der Punkt – immer an einer bestimmten Position relativ zur Rechenstelle mit der höchsten bzw. niedrigsten Wertigkeit unterstellt wird, so handelt es sich um eine Festkomma- bzw. Festpunktdarstellung. Die Durchführung der Rechenoperationen mit Zahlen in Festkommadarstellung wird Festkomma- bzw. Festpunktarithmetik genannt.

1.5 Festkommadarstellung von Dualzahlen

Bei der Festkommadarstellung vorzeichenbehafteter Zahlen lassen sich bei einer vorgegebenen Anzahl s von Rechenstellen insgesamt $s-1$ Rechenstellen für den Betrag der Zahl verwenden, da eine zusätzliche Rechenstelle für das Vorzeichen benötigt wird. Die Gesamtzahl $s-1$ der Rechenstellen, die zur Darstellung des Betrags der Zahl zur Verfügung steht, läßt sich in eine Anzahl n von Rechenstellen zur Darstellung des ganzen Zahlenanteils und eine Anzahl m von Rechenstellen zur Darstellung des gebrochenen Zahlenanteils einteilen. Zwischen den n Rechenstellen des ganzen Zahlenanteils und den m Rechenstellen des gebrochenen Zahlenanteils muß man sich den Radixpunkt denken, welcher in einer digitalen Rechenanlage nicht dargestellt werden kann, da als Zeichen nur die Ziffern 0 und 1 zur Verfügung stehen.

Die Aufteilung der Rechenstellen auf den ganzen und gebrochenen Zahlenanteil muß je nach unterschiedlichen Größen der zu verarbeitenden Zahlenwerte vom Anwender an Hand der in der digitalen Rechenanlage zur Verfügung stehenden Wortlänge festgelegt werden. Der ganze Zahlenanteil der größten zu verarbeitenden Zahl bzw. des größten Ergebnisses, der bei der Berechnung der zu verarbeitenden Zahlen auftreten kann, bestimmt dabei die Anzahl n der Rechenstellen, die zur Darstellung des ganzen Zahlenanteils verwendet werden muß. Je nach Aufteilung der Anzahl $s-1$ der Rechenstellen auf den ganzen und gebrochenen Zahlenanteil ergibt sich daher eine Begrenzung der Genauigkeit, mit der die zu verarbeitenden Zahlen bzw. die Ergebnisse dargestellt werden können. Mit einer Vorzeichenstelle und n Rechenstellen links vom Radixpunkt und m Rechenstellen rechts vom Radixpunkt läßt sich unter Verwendung der Festkommadarstellung der Zahlenbereich

$$2^{-m} \leq |N| \leq 2^n - 2^{-m} \tag{1.5-1}$$

darstellen. Der kleinste Betrag der Zahl, der sich abgesehen vom Wert Null darstellen läßt, ergibt die erreichbare Genauigkeit G der Festkommadarstellung:

$$G = 2^{-m}. \tag{1.5-2}$$

Alle Zahlenwerte $|N| < 2^{-m}$ können daher nur durch den Zahlenwert Null dargestellt werden. Bei sehr unterschiedlichen Zahlengrößen ist daher bei dieser Art der Zahlendarstellung die erreichbare Genauigkeit häufig nicht ausreichend. Das Bild 1.5-1 zeigt eine Festkommadarstellung mit 32 Rechenstellen zur Darstellung von Dualzahlen in einer digitalen Rechenanlage. Die Rechenstellen 0 ... 30 werden je nach Art der Darstellung für den Betrag, für das Einer- oder

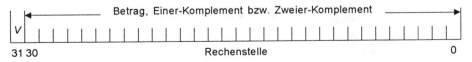

Bild 1.5-1 Festkommadarstellung mit insgesamt 32 Rechenstellen zur Darstellung von Dualzahlen in einer digitalen Rechenanlage

für das Zweier-Komplement verwendet, während die Rechenstelle 31 das jeweilige Vorzeichen V der Dualzahl beinhaltet.

Beispiel 1.5-1

Bei einer Festkommadarstellung von Dualzahlen werden insgesamt 32 Rechenstellen verwendet. Diese Rechenstellen setzen sich aus einer Vorzeichenstelle, 23 Rechenstellen links vom Radixpunkt und 8 Rechenstellen rechts vom Radixpunkt zusammen. Welcher Zahlenbereich läßt sich bei dieser Festkommadarstellung darstellen? Welche Genauigkeit wird mit dieser Darstellung erreicht?

Lösung:

Der Zahlenbereich dieser Festkommadarstellung, der abgesehen von der Zahl Null dargestellt werden kann, berechnet sich nach Gl. (1.5-1) mit $2^{-8} \leq |N| \leq 2^{23} - 2^{-8}$, welcher, mit Dezimalwerten ausgedrückt, dem Zahlenbereich $3{,}90625 \cdot 10^{-3} \leq |N| \leq 8{,}388607996 \cdot 10^{6}$ entspricht. Die erreichbare Genauigkeit dieser Darstellung beträgt nach Gl. (1.5-2) 2^{-8} bzw. $3{,}90625 \cdot 10^{-3}$.

1.6 Gleitkommadarstellung von Dualzahlen

Beim Rechnen mit wissenschaftlichen Zahlen wird ein großer Zahlenbereich zur Darstellung der Zahlen gefordert, der durch sehr unterschiedliche Werte wissenschaftlicher Zahlen bedingt ist. So stellt zum Beispiel die Avogadro-Konstante einen sehr großen Zahlenwert von 602250000000000000000000,0 (mol^{-1}) dar, während das Plancksche Wirkungsquantum einen äußerst kleinen Zahlenwert von 0,000000000000000000000000000000006626196 (Ws^2) aufweist. Um beide Zahlenwerte im Dezimalsystem in Festkommadarstellung exakt angeben zu können, werden bereits insgesamt 64 dezimale Rechenstellen (24 Rechenstellen links vom Radixpunkt und 40 Rechenstellen rechts vom Radixpunkt) benötigt. In einer digitalen Rechenanlage, die im Dualsystem arbeitet, wären beispielsweise bei einer Festkommadarstellung der oben angegebenen Zahlenwerte insgesamt 219 duale Rechenstellen (79 Rechenstellen links vom Radixpunkt und 140 Rechenstellen rechts vom Radixpunkt) erforderlich. In wissenschaftlicher Darstellung werden daher die beiden oben angegebenen Zahlenwerte der Avogadro-Konstante mit $6{,}0225 \cdot 10^{23}$ (mol^{-1}) und des Planckschen Wirkungsquantums mit $6{,}626196 \cdot 10^{-34}$ (Ws^2) durch Mantisse, Basiszahl des Zahlensystems und Exponent angegeben.

Bei der Gleitkommadarstellung, die auch Gleitpunktdarstellung genannt und in digitalen Rechenanlagen zur Darstellung gebrochener Zahlen fast ausschließlich benutzt wird, wird die Zahl N durch die Zahlenpaare M und E mit der Bedeutung:

$$N = \pm M \cdot 2^{\pm E} \tag{1.6-1}$$

1.6 Gleitkommadarstellung von Dualzahlen

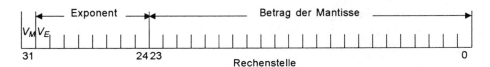

Bild 1.6-1 Gleitkommadarstellung mit insgesamt 32 Rechenstellen zur Darstellung von Dualzahlen in einer digitalen Rechenanlage

angegeben, wobei die Zahl 2 die Basiszahl des Dualsystems, M die Mantisse und E der Exponent der dargestellten Dualzahl ist. Bei der Gleitkommadarstellung von Zahlen werden m Stellen zur Darstellung der Mantisse M und n Stellen zur Darstellung des Exponenten E verwendet, während die Darstellung der Basiszahl 2 unterbleibt, da das im Rechner benutzte Dualsystem als vereinbart und bekannt vorausgesetzt wird. Das Bild 1.6-1 zeigt beispielsweise eine Gleitkommadarstellung mit insgesamt 32 Rechenstellen, bei der 24 Rechenstellen zur Darstellung der Mantisse M einschließlich ihrem Vorzeichen V_M und 8 Rechenstellen zur Darstellung des Exponenten E einschließlich dem Vorzeichen V_E verwendet werden. Die dargestellte Dualzahl N berechnet sich bei der Gleitkommadarstellung allgemein mit:

$$N = (-1)^{V_M} \cdot M \cdot 2^{(-1)^{V_E} \cdot E}. \qquad (1.6\text{-}2)$$

Die Mantisse läßt sich dabei entsprechend der wissenschaftlichen Darstellung als gebrochene Zahl oder aber auch als echter Bruch darstellen. Wird die Mantisse als gebrochene Zahl mit einer Stelle links vor dem Radixpunkt angegeben, so liegt ihr Wert – abgesehen vom Wert Null – bei Verwendung einer Anzahl m von Rechenstellen einschließlich der Vorzeichenstelle V_M im Zahlenbereich:

$$1 \leq |M| \leq 2 - 2^{-m+1}. \qquad (1.6\text{-}3)$$

Die eigentliche Stelle des Radixpunktes der Mantisse wird bei der Gleitkommadarstellung durch den Exponenten E festgelegt, der bei Verwendung einer Anzahl n von Rechenstellen für den Exponenten E einschließlich seiner Vorzeichenstelle V_E einen Zahlenbereich von

$$0 \leq |E| \leq 2^{n-1} - 1 \qquad (1.6\text{-}4)$$

aufweist. Der darstellbare Zahlenbereich, der außer der Zahl Null bei der Gleitkommadarstellung angegeben werden kann, ergibt sich daher zu

$$2^{-(2^{n-1}-1)} \leq |N| \leq (2 - 2^{-m+1}) \cdot 2^{(2^{n-1}-1)} \qquad (1.6\text{-}5)$$

mit einer Genauigkeit der Darstellung der Mantisse M von

$$G_M = 2^{-m+1}. \qquad (1.6\text{-}6)$$

Wird die Mantisse dagegen als echter Bruch angegeben, so weist die Rechenstelle links vom Radixpunkt den Wert Null auf, so daß der Wert der Mantisse im Zahlenbereich

$$2^{-1} \leq |M| \leq 1 - 2^{-m+1} \qquad (1.6\text{-}7)$$

liegt. Damit ergibt sich bei dieser Darstellung ein darstellbarer Zahlenbereich von

$$2^{-1} \cdot 2^{-(2^{n-1}-1)} \leq |N| \leq (1 - 2^{-m+1}) \cdot 2^{(2^{n-1}-1)}. \qquad (1.6\text{-}8)$$

Beispiel 1.6-1

Bei einer Gleitkommadarstellung von Dualzahlen werden insgesamt 32 Rechenstellen verwendet. Diese Rechenstellen setzen sich aus 24 Rechenstellen für die Mantisse und 8 Rechenstellen für den Exponenten zusammen, wobei die Mantisse als echter Bruch dargestellt ist. Welcher darstellbare Zahlenbereich und welche Genauigkeit der Mantisse ergeben sich bei dieser Gleitkommadarstellung?

Lösung:
Der darstellbare Zahlenbereich dieser Gleitkommadarstellung berechnet sich entsprechend Gl. (1.6-8) mit $2^{-1} \cdot 2^{-127} \leq |N| \leq (1 - 2^{-23}) \cdot 2^{127}$, welcher, mit Dezimalwerten ausgedrückt dem Bereich $2{,}938735877 \cdot 10^{-39} \leq |N| \leq 1{,}701411632 \cdot 10^{38}$ entspricht. Die Genauigkeit der Mantisse beträgt entsprechend Gl. (1.6-6) 2^{-23}; dieser Wert entspricht dem Dezimalwert $1{,}192092896 \cdot 10^{-7}$.

Da in digitalen Rechenanlagen der Radixpunkt nicht dargestellt werden kann, wird die Mantisse, wie bereits erwähnt, als gebrochene Zahl angegeben, so daß der Radixpunkt nach der ersten Mantissenstelle unterstellt wird. Damit liegt der Wert der Mantisse im Dualsystem entsprechend Gl. (1.6-3) immer im Bereich $1 \leq |M| < 2$. Da der ganze Zahlenanteil der Mantisse im Dualsystem bei dieser Art der Darstellung immer den Wert 1 aufweist, stellt er keine Information dar und kann daher entfallen. Zur Darstellung der Mantisse in digitalen Rechenanlagen reicht daher bei dieser Art der Darstellung der gebrochene Zahlenanteil aus, da sich der Wert der Mantisse als Summe des gebrochenen Zahlenanteils und dem Wert 1 berechnen läßt. Damit kann bei der Darstellung der Mantisse in einer digitalen Rechenanlage eine Stelle eingespart, und entweder als zusätzliche Mantissenstelle zur Verbesserung der Genauigkeit der Mantisse, oder als zusätzliche Exponentenstelle zur Vergrößerung des darstellbaren Zahlenbereichs verwendet werden. Der darstellbare Zahlenbereich dieser Gleitkommadarstellung ergibt sich entsprechend Gl. (1.6-5), wobei für die Stellenzahl m der Mantisse lediglich der Wert $m+1$ einzusetzen ist:

$$2^{-(2^{n-1}-1)} \leq |N| \leq (2 - 2^{-m}) \cdot 2^{(2^{n-1}-1)}. \qquad (1.6\text{-}9)$$

1.7 Festkommaarithmetik im Dualsystem

Der echte Bruch der Mantisse M_B weist einen Zahlenbereich entsprechend der Gl. (1.6-7) von

$$2^{-1} \leq |M_B| \leq 1 - 2^{-m} \qquad (1.6\text{-}10)$$

auf, wobei sich die eigentliche Mantisse M mit $M = M_B + 1$ berechnen läßt. Die Genauigkeit der Darstellung der Mantisse läßt sich mit dieser Art der Darstellung um den Wert einer Rechenstelle verbessern, so daß nach Gl. (1.6-6) gilt:

$$G_M = 2^{-m}. \qquad (1.6\text{-}11)$$

Bei dieser Art der Darstellung wird der Exponent in 2^{n-1}-Offset-Darstellung angegeben, so daß der Wertebereich entsprechend Gl. (1.4-7) im Bereich

$$1 \leq E_{\text{Offset}} \leq 2^n - 1 \qquad (1.6\text{-}12)$$

liegt. Die Zahl Null läßt sich bei dieser Darstellungsart durch den Wert Null sowohl in der Mantisse als auch im Exponenten darstellen.

Beispiel 1.6-2
Bei einer Gleitkommadarstellung von Dualzahlen, bei der insgesamt 32 Rechenstellen zur Verfügung stehen, wird die Mantisse lediglich durch ihren gebrochenen Zahlenanteil dargestellt. Die 32 Rechenstellen setzen sich aus 24 Rechenstellen für den echten Bruch der Mantisse einschließlich dem Vorzeichen der Mantisse und 8 Rechenstellen für die Darstellung des Exponenten zusammen. Welcher darstellbare Zahlenbereich und welche Genauigkeit ergeben sich bei dieser Gleitkommadarstellung? Welcher Zahlenbereich und welche Genauigkeit ergeben sich, wenn der echte Bruch der Mantisse mit 24 Rechenstellen und der Exponent mit nur 7 Rechenstellen dargestellt wird?

Lösung:
Der darstellbare Zahlenbereich einer Gleitkommadarstellung unter Verwendung von 24 Rechenstellen für den gebrochenen Zahlenanteil der Mantisse einschließlich der Vorzeichenstelle und 8 Stellen für den Exponenten einschließlich der Vorzeichenstelle berechnet sich mit Gl. (1.6-10) mit $2^{-127} \leq |N| \leq (2 - 2^{-24}) \cdot 2^{127}$, welcher, mit Dezimalwerten ausgedrückt, dem Bereich $5{,}877471754 \cdot 10^{-39} \leq |N| \leq 3{,}402823567 \cdot 10^{38}$ entspricht. Die erreichbare Genauigkeit dieser Darstellung beträgt 2^{-24} bzw. $5{,}960464478 \cdot 10^{-8}$. Der darstellbare Zahlenbereich bei einer Gleitkommadarstellung mit 24 Stellen für den gebrochenen Zahlenanteil der Mantisse und 6 Stellen für den Exponenten (Vorzeichen jeweils eingeschlossen) berechnet sich entsprechend der Gl. (1.6-10) mit $2^{-1} \cdot 2^{-64} \leq |N| \leq (1 - 2^{-25}) \cdot 2^{63}$ bzw. $5{,}421010862 \cdot 10^{-20} \leq |N| \leq 19{,}223371762 \cdot 10^{18}$. Die erreichbare Genauigkeit dieser Darstellung beträgt 2^{-25} bzw. $2{,}980232239 \cdot 10^{-8}$.

1.7 Festkommaarithmetik im Dualsystem

Die charakteristische Eigenschaft der polyadischen Zahlensysteme ist das Stellenwertprinzip. Die Wertigkeit der Ziffern der Stellen erhöht sich bei polyadischen Zahlensystemen demnach von rechts nach links nach fortlaufenden Po-

tenzen der Basiszahl b des Zahlensystems. Gerade diese Eigenschaft gestattet eine besonders einfache Durchführung der Grundrechenarten der Addition, der Subtraktion, der Multiplikation und der Division:
- die Addition mit Übertrag von einer Rechenstelle zur Rechenstelle mit dem nächsthöheren Stellenwert,
- die Subtraktion mit einer Entlehnung aus der Rechenstelle mit dem nächsthöheren Stellenwert,
- die Durchführung der Multiplikation durch eine Addition stellenverschobener Zahlenwerte,
- die Durchführung der Division durch eine Subtraktion stellenverschobener Zahlenwerte.

Die Verwendung des Dualsystems in digitalen Rechenanlagen bringt außerdem die folgenden zusätzlichen Vorteile:
- die besonders einfache und sichere Darstellung der Dualziffern 0 und 1 durch elektrische Größen mit Hilfe von elektronischen Schaltelementen, wobei die Ziffer 0 beispielsweise durch einen niedrigen Spannungswert und die Ziffer 1 durch einen hohen Spannungswert dargestellt wird,
- die besonders einfache Durchführung der Grundrechenarten,
- die besonders einfache Bildung des Einer- bzw. Zweier-Komplementes einer Dualzahl,
- die Durchführung einer Subtraktion durch eine Addition des Einer- bzw. Zweier-Komplementes des Subtrahenden zum Minuenden.

1.7.1 Addition von Dualzahlen in Festkommadarstellung

Bei der Addition zweier Dualzahlen A und B kann, abgesehen von der Rechenstelle mit dem niedrigsten Stellenwert, zu den beiden zu addierenden Ziffern der Dualzahlen noch ein Übertrag aus der vorhergehenden Rechenstelle hinzukommen. Zur Durchführung der Addition zweier s-stelliger Dualzahlen sind in digitalen Rechenanlagen insgesamt $s+1$ Rechenstellen erforderlich, da zusätzlich noch eine Reservestelle zu den Stellen zur Darstellung des Zahlenwertes zur Verfügung stehen muß, in die ein eventueller Übertrag des Ergebnisses abgelegt werden kann. Bei der Darstellung vorzeichenbehafteter s-stelliger Dualzahlen sind in einer digitalen Rechenanlage insgesamt $s+2$ Rechenstellen erforderlich, da außerdem noch eine vorangestellte Vorzeichenstelle bei der Darstellung der Zahlenwerte benötigt wird. Für die Addition von Dualzahlen gelten die Rechenregeln, die in Tabelle 1.7-1 angegeben sind. Die Addition zweier s-stelliger Dualzahlen A und B erfolgt durch eine stellenweise Addition, indem man in der Stelle mit dem niedrigsten Stellenwert beginnt und dort zunächst lediglich die Ziffern A_i, B_i addiert und die Ergebnisstelle S_i und den Übertrag C_i berechnet. In allen anderen Dualstellen rechts von der Stelle mit dem niedrigsten Stellenwert müssen dann von rechts nach links in jeder Dualstelle die Ziffern A_i, B_i und der Übertrag C_{i-1} der vorhergehenden Dualstelle addiert werden, um jeweils die Ergebnisstellen S_i und die Überträge C_i für die

1.7 Festkommaarithmetik im Dualsystem

Dualstelle s		Übertrag	Ergebnis	
Ziffer Zahl A	Ziffer Zahl B	aus Stelle $s-1$	Ziffer Stelle s	Übertrag in Stelle $s+1$
0 +	0 +	0 =	0	0
0 +	1 +	0 =	1	0
1 +	0 +	0 =	1	0
1 +	1 +	0 =	0	1
0 +	0 +	1 =	1	0
0 +	1 +	1 =	0	1
1 +	0 +	1 =	0	1
1 +	1 +	1 =	1	1

Tabelle 1.7-1 Rechenregeln der Addition im Dualsystem

Rechenstellen mit dem nächsthöheren Stellenwert der Dualzahl zur Verfügung stellen zu können.

Beispiel 1.7-1

Gegeben sind die positiven Dualzahlen A und B mit den Beträgen 10100101 und 1101001. Zeigen Sie, wie die Addition dieser Dualzahlen mit Vorzeichen in einer digitalen Rechenanlage mit einer Wortlänge von 16 Bit durchgeführt wird. Welcher Zahlenbereich läßt sich, unter der Berücksichtigung lediglich ganzer Dualzahlen, bei der gegebenen Wortlänge mit einer Festkommaaddition bearbeiten? Welcher Zahlenbereich ganzer Dualzahlen läßt sich bei der Verwendung von insgesamt 32 Rechenstellen darstellen?

Lösung:

Die 8-stellige Dualzahl A und die 7-stellige Dualzahl B werden in einer digitalen Rechenanlage mit 16 Rechenstellen jeweils mit einer Vorzeichenstelle und 15 Stellen für den Betrag der Dualzahlen dargestellt. Die Addition der beiden Dualzahlen mit 16 Rechenstellen wird daher wie folgt durchgeführt:

    0000000010100101
    <u>0000000001101001</u>
    0000000100001110

Mit insgesamt 16 Rechenstellen, die alle zur Darstellung des ganzen Zahlenanteils verwendet werden (eine Vorzeichenstelle, $n = 15$, $m = 0$) läßt sich an Hand der Gl. (1.5-1) bei einer Festkommadarstellung der Zahlenbereich $0 \leq |N| \leq 2^{15} - 1 = 32767$ darstellen. Stehen insgesamt 32 Rechenstellen zur Verfügung, so beträgt der Zahlenbereich $0 \leq |N| \leq 2^{31} - 1 = 2147483647$.

1.7.2 Subtraktion von Dualzahlen in Festkommadarstellung

Bei der Subtraktion der Dualzahl B von der Dualzahl A kann, abgesehen von der Rechenstelle mit dem niedrigsten Stellenwert, eine zusätzliche Entlehnung aus der Rechenstelle auftreten. Um ein Rechenwerk für die Durchführung der Subtraktion in digitalen Rechenanlagen einzusparen, wird die Subtraktion fast

Dualstelle s		Übertrag	Ergebnis	
Ziffer Zahl A	Ziffer Zahl B	aus Stelle $s-1$	Ziffer Stelle s	Entlehnung aus Stelle $s+1$
0	0	0 =	0	0
0	1	0 =	1	1
1	0	0 =	1	0
1	1	0 =	0	0
0	0	1 =	1	1
0	1	1 =	0	1
1	0	1 =	0	0
1	1	1 =	1	1

Tabelle 1.7-2 Rechenregeln der Subtraktion im Dualsystem

ausschließlich durch die Addition des Komplementes des Subtrahenden zum Minuenden ersetzt. Für die Subtraktion gelten die Rechenregeln entsprechend der Tabelle 1.7-2.

1.7.2.1 Subtraktion mit Hilfe des Einer-Komplementes des Subtrahenden

Die Bildung des $(b-1)$-Komplementes einer s-stelligen Zahl, welche nicht im Dualsystem vorliegt, besteht eigentlich aus einer Subtraktion der Zahl von der Hilfszahl, die den Wert b^s-1 aufweist. Im Dualsystem besteht diese Hilfszahl aus der Zahl, die in allen s Stellen die Ziffer 1 aufweist, so daß die Bildung des Einer-Komplementes einer s-stelligen Dualzahl aus der Subtraktion der Dualzahl von der s-stelligen Hilfszahl besteht. Daher ergibt sich bei der Bildung des Einer-Komplementes von Dualzahlen als Ergebnis der Subtraktion die Ziffer 1 in den Stellen im Einer-Komplement, in denen die Dualzahl die Ziffer 0 enthält. In den Stellen, in denen die Dualzahl dagegen die Ziffer 1 aufweist, ergibt sich im Einer-Komplement die Ziffer 0. Daher wird für die Bildung des Einer-Komplementes einer Dualzahl keine Subtraktion benötigt. Man erhält das Einer-Komplement einer Dualzahl durch eine sogenannte Negation jeder Stelle der Dualzahl, indem man lediglich jede Ziffer der Stellen der Dualzahl in die andere Binärziffer umwandelt. In Abschnitt 3.4.3 wird die Negation behandelt, die mit Hilfe einer einfachen elektronischen Schaltung realisiert und zur Bildung des Einer-Komplementes verwendet werden kann. Bei der Durchführung der Subtraktion mit Hilfe der Addition des Einer-Komplementes der Dualzahl wird der Betrag einer Dualzahl mit negativem Vorzeichen durch das Einer-Komplement der Dualzahl ersetzt, wobei dieses durch die zusätzliche Vorzeichenstelle, die als negatives Vorzeichen die Ziffer 1 aufweist, gekennzeichnet wird. Positive Dualzahlen werden nicht durch das Einer-Komplement ersetzt; ihre Vorzeichenstellen werden mit der Ziffer 0 gekennzeichnet. Zwischen der Vorzeichenstelle und den Stellen des Einer-Komplementes muß eine zusätzliche Reservestelle vorgesehen werden. Die Reservestelle einer positiven Zahl weist

1.7 Festkommaarithmetik im Dualsystem

die Ziffer 0 auf, während die Reservestelle einer negativen Dualzahl, die durch das Einer-Komplement dargestellt wird, durch die Negation der Dualstelle bedingt, die Ziffer 1 beinhaltet. Für das Rechnen mit dem Einer-Komplement gelten die folgenden Regeln:
1) Die Subtraktion der Dualzahlen $A - B$ wird durch die Addition des Einer-Komplementes des Subtrahenden B zum Minuenden A ersetzt.
2) Ein eventueller Übertrag der Reservestelle wird in die Vorzeichenstelle übernommen und mit den Vorzeichenziffern addiert.
3) Ein eventueller Übertrag der Vorzeichenstelle ist in die Rechenstelle mit dem niedrigsten Stellenwert zurückzuführen und dort zu addieren.
4) Weist die Vorzeichenstelle des Ergebnisses die Ziffer 1 auf, so ist das Ergebnis negativ, und der Wert das Einer-Komplement des Betrags einer negativen Dualzahl. Um den Betrag der negativen Dualzahl zu erhalten, muß in diesem Fall das Einer-Rückkomplement gebildet werden.

Beispiel 1.7-2

Es sollen die nachfolgenden Subtraktionen in einer digitalen Rechenanlage mit Hilfe der Addition des Einer-Komplementes der zu subtrahierenden Dualzahl durchgeführt werden: 19,25 − 10,75; 26,00 − 31,75; − 18,75 − 25,25. Wie viele Rechenstellen sind erforderlich? Zeigen Sie die Durchführung der Berechnungen. Geben Sie die Ergebnisse der Berechnungen in Vorzeichen-Betrags-Darstellung an.

Lösung:

Der größte ganze Zahlenanteil der zu berechnenden Zahlen beträgt 31, der in einer digitalen Rechenanlage fünf Rechenstellen benötigt. Da als gebrochene Zahlenanteile lediglich die Werte 0,00; 0,25; 0,50 und 0,75 auftreten, sind lediglich zwei Rechenstellen nach dem Radixpunkt im Dualsystem erforderlich. Zusätzlich wird noch eine Vorzeichenstelle benötigt, so daß zur Darstellung der Zahlen acht Rechenstellen ausreichen. Zur Durchführung der Addition zweier Dualzahlen mit acht Stellen sind in einer digitalen Rechenanlage insgesamt neun Rechenstellen erforderlich, da zusätzlich noch eine Reservestelle zu den Stellen der Zahlen zur Verfügung stehen muß, in die das Ergebnis, welches eine zusätzliche Dualstelle benötigt, abgelegt werden kann. Die neun Rechenstellen werden für das Vorzeichen, die Reservestelle, fünf Rechenstellen für den ganzen Zahlenanteil und zwei Rechenstellen für den gebrochenen Zahlenanteil verwendet. Der Radixpunkt wird demnach zwischen der zweiten und dritten Rechenstelle von rechts unterstellt.

```
  + 19,25   001001101      + 26,00   001101000      − 18,75   110110100
  − 10,75   111010100      − 31,75   110000000      − 25,25   110011010
            1000100001               0111101000               1101001110
```
Addition des Übertrags aus der Vorzeichenstelle zur Rechenstelle mit der niedrigsten Wertigkeit:
```
            000100010                111101000                101001111
```
Vorzeichen-Betrags-Darstellung durch Bildung des Einer-Rückkomplementes im Falle der Ziffer 1 in der Vorzeichenstelle:
```
  +  8,50   000100010      −  5,75   100010111      − 44,00   110110000
```

1.7.2.2 Subtraktion mit Hilfe des Zweier-Komplementes des Subtrahenden

Addiert man zum Einer-Komplement einer Dualzahl in der Rechenstelle mit der niedrigsten Wertigkeit noch den Wert Eins, so erhält man das Zweier-Komplement der Dualzahl. Das Zweier-Komplement einer Dualzahl läßt sich auch auf einfache Art dadurch bilden, daß man in der Rechenstelle mit dem niedrigsten Stellenwert beginnt, und nach rechts alle Stellen, in denen die Dualzahl die Ziffer 0 als auch die erste Stelle, in der die Dualzahl die Ziffer 1 aufweist, unverändert beibehält. Alle nachfolgenden Ziffernstellen links von der Stelle der Dualzahl, in der diese die Ziffer 1 aufweist, müssen dagegen negiert werden. Bei der Durchführung der Subtraktion mit Hilfe der Addition des Zweier-Komplementes wird die zu subtrahierende Dualzahl durch deren Zweier-Komplement ersetzt und in der Vorzeichenstelle mit der Ziffer 1 gekennzeichnet. Die Reservestelle von negativen Dualzahlen, die im Zweier-Komplement dargestellt werden, muß auf Grund der Negation ebenfalls die Ziffer 1 aufweisen. Positive Zahlen werden mit dem Betrag dargestellt und in der Vorzeichenstelle mit der Ziffer 0 als positives Vorzeichen gekennzeichnet. Auch die Reservestellen positiver Dualzahlen müssen die Ziffer 0 aufweisen. Für das Rechnen mit dem Zweier-Komplement gelten die folgenden Regeln:
1) Die Subtraktion der Dualzahlen $A - B$ wird durch die Addition des Zweier-Komplementes des Subtrahenden B zum Minuenden A ersetzt.
2) Ein eventueller Übertrag der Reservestelle wird in die Vorzeichenstelle übernommen und mit den Vorzeichenziffern addiert.
3) Ein eventueller Übertrag der Vorzeichenstelle bleibt dabei unberücksichtigt.
4) Weist die Vorzeichenstelle des Ergebnisses die Ziffer 1 auf, so ist das Ergebnis negativ, und der Wert das Zweier-Komplement des Betrags einer negativen Dualzahl. Um den Betrag der negativen Dualzahl zu erhalten, muß in diesem Fall das Zweier-Rückkomplement gebildet werden.

Beispiel 1.7-3

Zeigen Sie die Durchführung der Berechnungen des Beispiels 1.7-1 mit Hilfe des Zweier-Komplementes der zu subtrahierenden Dualzahl.

Lösung:

```
  + 19,25    001001101      + 26,00    001101000      - 18,75    110110101
  - 10,75    111010101      - 31,75    110000001      - 25,25    110011011
             1000100010                0111101001                1101010000
```

Vorzeichen-Betrags-Darstellung durch Bildung des Zweier-Rückkomplementes im Falle der Ziffer 1 in der Vorzeichenstelle:

```
  +  8,50    000100010      -  5,75    100010111      - 44,00    110110000
```

1.7.3 Multiplikation von Dualzahlen in Festkommadarstellung

Analog der Multiplikation von Dezimalzahlen läßt sich auch die Multiplikation von Dualzahlen auf Additionen des stellenverschobenen Multiplikanden zurück-

1.7 Festkommaarithmetik im Dualsystem

Dualstelle Zahl A		Dualstelle Zahl B		Ergebnisstelle
0	·	0	=	0
0	·	1	=	0
1	·	0	=	0
1	·	1	=	1

Tabelle 1.7-3 Rechenregeln der Multiplikation im Dualsystem

führen. Die Rechenregeln der Multiplikation im Dualsystem sind in der Tabelle 1.7-3 angegeben.

Beispiel 1.7-4

Führen Sie die Multiplikation 10,5 · 2,25 im Dualsystem durch.

Lösung:

$$10{,}5 \cdot 2{,}25 = 23{,}625$$

```
1010,10 · 10,01
       101010
      101010
      101111010 = 10111,1010
```

1.7.4 Division von Dualzahlen in Festkommadarstellung

Die Division von Dualzahlen läßt sich wie im Dezimalsystem auf eine Subtraktion des Divisors vom Dividenden und eine Stellenverschiebung zurückführen, wobei die Subtraktion noch durch eine Addition mit Hilfe des Komplementes ersetzt wird. Die Rechenregeln der Division im Dualsystem zeigt Tabelle 1.7-4.

Dualstelle Zahl A		Dualstelle Zahl B		Ergebnisstelle
0	:	0	=	nicht erlaubt
0	:	1	=	0
1	:	0	=	nicht erlaubt
1	:	1	=	1

Tabelle 1.7-4 Rechenregeln der Division im Dualsystem

Beispiel 1.7-5

Führen Sie die Division 21 : 4 im Dualsystem durch.

Lösung: 21 : 4 = 5,25

```
10101 : 100 = 10101 = 101,01
100
 101
 100
  100
  100
    0
```

1.8 Gleitkommaarithmetik im Dualsystem

Die IEEE-P-754-Norm beschreibt einen Standard für Gleitkommaarithmetik im Dualsystem, bei der der Anwender zwischen einer einfachen (engl.: single precision format) und einer doppelten Darstellungsgenauigkeit (engl.: double precision format) wählen kann. Während die einfache Darstellungsgenauigkeit mit 32 Rechenstellen (24 Rechenstellen für die Mantisse und 8 Rechenstellen für den Exponenten) arbeitet, werden bei einer doppelten Darstellungsgenauigkeit insgesamt 64 Rechenstellen (53 Rechenstellen für die Mantisse und 11 Rechenstellen für den Exponenten) verwendet. Bei beiden Darstellungsgenauigkeiten wird jeweils nur der gebrochene Zahlenanteil der Mantisse angegeben, um die Genauigkeit der Mantissendarstellung durch eine zusätzliche Rechenstelle noch weiter zu erhöhen. Die oben genannten Angaben der Rechenstellen beziehen sich lediglich auf die Darstellung der Zahlen. Die Rechenoperationen werden nach diesem Standard mit insgesamt 80 Rechenstellen durchgeführt, wobei 65 Rechenstellen für den gebrochenen Zahlenanteil der Mantisse und 15 Rechenstellen für den Exponenten verwendet werden. Die Darstellung des gebrochenen Zahlenanteils der Mantisse erfolgt dabei in Zweier-Komplement-Darstellung, während der Exponent in Offset-Darstellung angegeben wird.

1.8.1 Addition von Gleitkommazahlen

Bei der Addition zweier Dualzahlen in Gleitkommadarstellung $Y = A + B$ mit $A = M_A \cdot 2^{E_A}$ und $B = M_B \cdot 2^{E_B}$ muß zunächst die Dualzahl mit dem kleineren Exponenten an die Dualzahl mit dem größeren Exponenten angepaßt werden. Dazu wird die Mantisse der Dualzahl mit dem kleineren Exponenten um eine Anzahl von Rechenstellen nach rechts verschoben, die der Differenz der beiden Exponenten $E_A - E_B$ entspricht. Ist beispielsweise der Exponent $E_A > E_B$, so wird die Addition wie folgt durchgeführt:

$$Y = A + B = M_A \cdot 2^{E_A} + M_B \cdot 2^{E_B} = M_A \cdot 2^{E_A} + M_B \cdot 2^{-(E_A - E_B)} \cdot 2^{E_A}$$

$$= M_A \cdot 2^{E_A} + M'_B \cdot 2^{E_A} = (M_A + M'_B) \cdot 2^{E_A} = M_Y \cdot 2^{E_Y}. \quad (1.8\text{-}1)$$

Tritt bei der Addition der Mantisse M_A und der geschobenen Mantisse M'_B ein Übertrag aus der höchstwertigen Mantissenstelle auf, so muß die Ergebnismantisse M_Y noch normiert werden, so daß ihr Wert im Zahlenbereich $1 \leq |M_Y| < 2$ liegt. Die Normierung im Anschluß an eine Addition mit Mantissenübertrag besteht aus einer Verschiebung der Ergebnismantisse um eine Stelle nach rechts, wobei das Übertragsbit der Mantisse in die höchstwertige Rechenstelle geschoben wird. Da der Schiebevorgang der Mantisse um eine Stelle nach rechts einer Division durch die Zahl zwei entspricht, muß der Exponent E_Y des Ergebnisses im Fall einer Mantissennormierung noch um den Wert Eins erhöht werden.

1.8.2 Subtraktion von Gleitkommazahlen

Bei der Subtraktion zweier Gleitkommazahlen $Y = A - B$ muß zunächst die Dualzahl mit dem kleineren Exponenten an die Dualzahl mit dem größeren Exponenten angepaßt werden. Dazu wird die Mantisse der Dualzahl mit dem kleineren Exponenten um eine Anzahl von Rechenstellen nach rechts verschoben, die der Differenz der beiden Exponenten $E_A - E_B$ entspricht. Ist der Exponent $E_A > E_B$, so wird die Subtraktion wie folgt durchgeführt:

$$Y = A - B = M_A \cdot 2^{E_A} - M_B \cdot 2^{E_B} = M_A \cdot 2^{E_A} - M_B \cdot 2^{-(E_A - E_B)} \cdot 2^{E_A}$$

$$= M_A \cdot 2^{E_A} - M'_B \cdot 2^{E_A} = (M_A - M'_B) \cdot 2^{E_A} = M_Y \cdot 2^{E_Y}. \quad (1.8\text{-}2)$$

Nach der Durchführung der Subtraktion der Mantissen $M_Y = M_A - M'_B$, muß die Mantisse M_Y des Ergebnisses noch normiert werden, so daß ihr Wert im Zahlenbereich $1 \leq |M_Y| < 2$ liegt. Die Normierung im Anschluß an eine Subtraktion besteht aus einer Stellenverschiebung der Ergebnismantisse nach links, bis die höchstwertige Mantissenstelle die Ziffer 1 aufweist. Entsprechend der Anzahl der Stellenverschiebungen nach links, die eine Multiplikation der Mantisse mit der Zahl zwei darstellen, muß der Exponent E_Y des Ergebnisses noch um den Wert Eins verringert werden.

1.8.3 Multiplikation von Gleitkommazahlen

Bei der Multiplikation zweier Gleitkommazahlen $Y = A \cdot B$ müssen lediglich beide Mantissen multipliziert und die Exponenten E_A, E_B addiert werden:

$$Y = A \cdot B = M_A \cdot 2^{E_A} \cdot M_B \cdot 2^{E_B} = M_A \cdot M_B \cdot 2^{(E_A + E_B)} = M_Y \cdot 2^{E_Y}. \quad (1.8\text{-}3)$$

Nach der Durchführung der Multiplikation der Mantissen, muß die Mantisse M_Y des Ergebnisses noch normiert und der Exponent E_Y entsprechend angepaßt werden, so daß der Wert der Mantisse M_Y des Ergebnisses im Zahlenbereich $1 \leq |M_Y| < 2$ liegt.

1.8.4 Division von Gleitkommazahlen

Bei der Division zweier Gleitkommazahlen $Y = A / B$ müssen nur beide Mantissen dividiert und der Exponent E_B vom Exponenten E_A subtrahiert werden:

$$Y = \frac{A}{B} = \frac{M_A \cdot 2^{E_A}}{M_B \cdot 2^{E_B}} = \frac{M_A}{M_B} \cdot 2^{(E_A - E_B)} = M_Y \cdot 2^{E_Y}. \quad (1.8\text{-}4)$$

Nach der Durchführung der Division der Mantissen, muß die Mantisse M_Y des Ergebnisses noch normiert und der Exponent E_Y entsprechend angepaßt werden, so daß der Wert der Mantisse M_Y des Ergebnisses im zulässigen Zahlenbereich $1 \leq |M_Y| < 2$ liegt.

2 Physikalische Darstellung von Daten

Daten sind kontinuierliche Funktionen oder Zeichen, die zum Zweck der Verarbeitung Information auf Grund bekannter oder unterstellter Abmachungen darstellen. Eine von einer physikalischen Größe getragene Zeitfunktion wird Signal genannt, wenn diese Zeitfunktion eine Kenngröße besitzt, die den kontinuierlichen Wertebereich einer physikalischen Meßgröße abbildet. Das Signal stellt daher die physikalische Darstellung von Daten dar. Die Kenngröße des Signals, die die Daten beinhaltet, wird Signalparameter genannt. Der Signalparameter des Signals, der entweder aus einer kontinuierlichen Funktion oder aus Zeichen besteht, bildet die Grundlage für die Einteilung der Signale. Je nachdem, ob der Signalparameter innerhalb gewisser Grenzen jeden beliebigen Wert oder nur endlich viele, also diskrete Werte annehmen kann, spricht man von einem analogen oder von einem diskreten Signal. Verfügt der Signalparameter eines diskreten Signals nur über zwei mögliche Werte, so handelt es sich um ein binäres Signal. Digitale Signale sind diskrete Signale, bei denen die diskreten Werte des Signalparameters Zeichen eines vereinbarten Alphabets entsprechen.

2.1 Analoge Darstellung

Werden Daten durch ein analoges Signal abgebildet, so spricht man von analoger Darstellung. Die physikalische Darstellung erfolgt dabei durch ein analoges Signal, welches innerhalb eines vereinbarten Bereichs jeden beliebigen Wert annehmen kann. Das Bild 2.1-1 zeigt die Abbildung des kontinuierlichen Wertebereichs einer physikalischen Meßgröße durch den kontinuierlichen Wer-

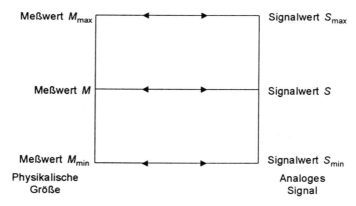

Bild 2.1-1 Abbildung des kontinuierlichen Wertebereichs einer physikalischen Meßgröße durch den kontinuierlichen Wertebereich eines analogen Signals

tebereich eines analogen Signals, bei der jedem Meßwert M im Wertebereich zwischen M_{min} und M_{max} ein analoger Signalwert S im Wertebereich zwischen S_{min} und S_{max} eindeutig umkehrbar zugeordnet wird. Die Amplitude des Signals S beinhaltet in diesem Fall die Information und ist daher der Signalparameter des analogen Signals.

In einem Analogrechner werden beispielsweise die Zahlen durch elektrische Spannungswerte dargestellt. Signalparameter des analogen Signals der elektrischen Spannung ist in einem Analogrechner daher die Amplitude der elektrischen Spannung. Einem analogen Thermometer liegt die temperaturbedingte Ausdehnung einer Flüssigkeit zugrunde, so daß der kontinuierliche Bereich der Temperatur dem kontinuierlichen Bereich der Länge des Flüssigkeitsfadens eindeutig umkehrbar zugeordnet werden kann. Bei einem elektrischen Meßgerät mit Skala und Zeiger ist der Winkel zwischen dem Bezugspunkt und dem Zeiger der Signalparameter, der dem Meßwert der physikalischen Größe entspricht. Bei der Analoguhr entsprechen der Zeit die Winkel, die die Stunden-, Minuten- und Sekundenzeiger mit der senkrechten Bezugsebene zur Zahl Zwölf bilden.

Die Genauigkeit des darzustellenden Werts der physikalischen Meßgröße wird dabei von der Genauigkeit der Darstellung des analogen Signalparameters bestimmt. Obwohl die verwendeten Signalparameter – Winkel, Länge, Amplitude usw. – innerhalb des vereinbarten Wertebereichs theoretisch beliebig viele Werte annehmen können, sind der Genauigkeit der Darstellung trotzdem physikalische Grenzen gesetzt. Auf Grund der Ungenauigkeiten der verwendeten Meß- und Anzeigegeräte und des Ablesefehlers des Betrachters ist die erreichbare Genauigkeit der analogen Darstellung in der Praxis auf 10^{-2} bis 10^{-3} begrenzt. Der Parallaxefehler beim Ablesen des Meßwertes läßt sich durch eine Skala mit unterlegtem Spiegel reduzieren. Durch eine Vergrößerung von Skala und Zeiger des Anzeigegerätes kann die Genauigkeit erhöht werden. Der nicht unerhebliche Aufwand zur Verbesserung der Genauigkeit läßt sich jedoch in der Praxis meistens nicht vertreten.

2.2 Digitale Darstellung

Werden Daten durch ein digitales Signal abgebildet, so spricht man von digitaler Darstellung. Die physikalische Darstellung erfolgt dabei durch ein digitales Signal, welches innerhalb eines vereinbarten Wertebereichs nur endlich viele diskrete Werte annehmen kann. Der kontinuierliche Wertebereich der Daten wird dabei nur durch endlich viele diskrete Signalwerte abgebildet. „Digitus" ist das lateinische Wort für Finger; „digit" bedeutet in der englischen Sprache Fingerbreite, Ziffer bzw. „digital" die Finger betreffend. Auch wir haben am Anfang unserer Schulzeit zunächst die Zahlen als Zeichen mit unseren Fingern anschaulich dargestellt. Das Bild 2.2-1 zeigt als Beispiel die Abbildung des kontinuierlichen Wertebereichs einer Meßgröße durch acht diskrete

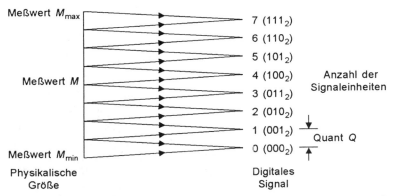

Bild 2.2-1 Abbildung des kontinuierlichen Wertebereichs einer physikalischen Meßgröße durch ein digitales Signal mit einer Anzahl von acht diskreten Signalwerten 0 ... 7

Signalwerte, die durch Zeichen, die Ziffern 0 ... 7 bzw. im Dualsystem durch die Binärwörter 000_2 ... 111_2, angegeben werden. Der gesamte Bereich der Meßgröße wird dabei quantisiert, so daß sich entsprechend einer ganzzahligen Anzahl der Grundeinheit, des Quants Q, acht Teilbereiche ergeben. Jedem Zeichen des Signalwertes ist ein Teilbereich des kontinuierlichen Wertebereichs der Meßgröße zugeordnet. Alle Meßgrößen, die jeweils innerhalb eines Teilbereichs liegen, werden in ein und denselben Signalwert abgebildet. Ein Signal, dessen Signalparameter Daten darstellt, die nur aus Zeichen bestehen, bezeichnet man als digitales Signal. Die darzustellende Größe wird demnach bei der digitalen Darstellung physikalisch durch ein digitales Signal angegeben, welches im Gegensatz zum analogen Signal jedoch nur endlich viele, diskrete Werte annehmen kann.

In einem Digitalrechner werden die Zahlen durch Ziffern dargestellt. Bei einem digitalen Meßgerät verwendet man zur Darstellung der physikalischen Meßgröße eine Anzahl Ziffern. Ein digitales Thermometer zeigt üblicherweise die Temperatur mit einer Vorzeichenstelle, zwei Dezimalstellen vor dem Komma und einer Dezimalstelle nach dem Komma ziffernmäßig an. Bei der Digitaluhr werden die Stunden, Minuten und Sekunden jeweils mit zwei Ziffernstellen angegeben.

Die Quantisierung des kontinuierlichen Wertebereichs der Meßgröße bedingt zwar einen Fehler, der als Quantisierungsfehler bezeichnet wird. Wählt man jedoch den Wert des Quantes Q sehr klein, so läßt sich eine vorgegebene Fehlergrenze einhalten. Die Weiterverarbeitung und Darstellung einer größeren Anzahl von diskreten Signalwerten, die sich bei einem geringen Wert des Quantes Q ergeben, läßt sich jedoch mit digitalen Schaltungen fehlerfrei und einfach realisieren, so daß letztlich mit einer digitalen Darstellung im Gegensatz zur analogen Darstellung größere Genauigkeiten erreicht werden können.

2.3 Binäre Darstellung

Eine digitale Darstellung, bei der der Signalparameter nur zwei diskrete Werte annehmen kann, bezeichnet man als binäre Darstellung. Das Wort „binär" bedeutet „genau zweier Werte fähig" bzw. „zweiwertig". Heutzutage werden in der Digitaltechnik ausschließlich Signalparameter mit nur zwei diskreten Werten benutzt, so daß die Bezeichnung eigentlich „Binäre Digitaltechnik" lauten müßte. Da die verwendeten Zeichen einem Zeichenvorrat von nur zwei Zeichen entstammen, werden sie Binärzeichen genannt. Die übliche Kurzform „Bit" entstammt der englischen Bezeichnung „binary digit". Als Binärzeichen können beliebige Zeichen verwendet werden. In der Digitaltechnik werden als Zeichen die Ziffern 0 und 1 benutzt. Signale, deren Signalparameter Daten darstellen, die nur aus Binärzeichen bestehen, werden Binärsignale genannt. Die beiden möglichen Zustände der Binärsignale werden auch Logik-Zustände genannt; man bezeichnet sie als 0- und 1-Zustand. Beispiele für Logik-Zustände kann der Zustand eines Schalters sein, der entweder geschlossen oder geöffnet ist, der Zustand eines Transistors, der entweder durchgeschaltet oder gesperrt ist, der Zustand einer Spannung bzw. eines Stroms, der entweder einen niedrigen oder hohen Wert aufweist. Die acht diskreten Signalwerte 0 ... 7 nach Bild 2.2-1 lassen sich durch eine Binärwort, welches aus drei Binärzeichen besteht, darstellen.

2.4 Digitale Schaltzeichen

Die Darstellung der logischen Funktion digitaler Schaltungen, die auch häufig als Logik-Schaltungen bezeichnet werden, erfolgt durch grafische Schaltzeichen, deren einfache Struktur das Bild 2.4-1 zeigt. Ein Symbol besteht dabei aus einer Kontur mit Ein- und Ausgangslinien, wobei die Ein- und Ausgänge vorzugsweise an gegenüberliegenden Seiten anzubringen sind.

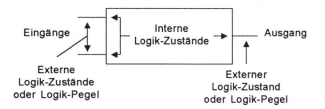

Bild 2.4-1 Struktur eines digitalen Schaltsymbols

2.4.1 Logik-Zustand und Logik-Pegel

Eine Variable, die nur endlich viele Werte annehmen kann, wird als Schaltvariable bezeichnet. Die Menge der möglichen Werte der Schaltvariablen bildet den Zeichenvorrat. Eine binäre Schaltvariable kann nur zwei Werte annehmen und beliebigen physikalischen Größen gleichgesetzt werden, für die zwei getrennte Wertebereiche definiert werden können. Diese Wertebereiche werden Logik-Pegel genannt und mit H und L bezeichnet. Der Buchstabe H wird dabei für den Logik-Pegel mit dem mehr positiven algebraischen Wert und der Buchstabe L für den Logik-Pegel mit dem weniger positiven algebraischen Wert verwendet.

Der Logik-Zustand, der innerhalb einer Symbolkontur an einem Eingang oder Ausgang angenommen wird, wird als interner Logik-Zustand bezeichnet. Der Logik-Zustand außerhalb der Kontur an einer Eingangs- oder Ausgangslinie wird externer Logik-Zustand genannt. Die binären Schaltvariablen der Ein- und Ausgänge des Schaltzeichens können entweder durch Logik-Zustände oder Logik-Pegel beschrieben werden. Der Logik-Pegel bezeichnet dabei die physikalische Eigenschaft, von der vorausgesetzt wird, daß sie einen Logik-Zustand einer binären Schaltvariablen darstellt. Die Logik-Pegel werden in der Digitaltechnik vorwiegend durch zwei unterschiedliche Spannungswertebereiche – beispielsweise einen niedrigen und einen hohen bzw. einen negativen und einen positiven Wertebereich – dargestellt. In besonderen Fällen, wie zum Beispiel bei einer Übertragung der Logik-Pegel über längere Entfernungen, werden aus Gründen der geringeren Störanfälligkeit ein hoher und ein niedriger Stromwertebereich zur physikalischen Darstellung der Logik-Pegel verwendet.

Die Erzeugung der Spannungswertebereiche erfolgt durch Transistoren, die als elektronische Schalter eingesetzt werden. Ihr Arbeitspunkt wird entweder im Sperrbereich oder im Sättigungsbereich eingestellt. Damit realisieren sie die beiden Zustände „Schalter geöffnet" und „Schalter geschlossen". Im geschlossenen Zustand des elektronischen Schalters – Transistor ist durchgeschaltet – ergibt sich ein niedriger und im geöffneten Zustand des elektronischen Schalters – Transistor ist gesperrt – ein hoher Spannungswert. Man bezeichnet die beiden Spannungswerte mit Low (L-Pegel) und High (H-Pegel). Da die Werte und Parameter elektronischer Bauelemente – Widerstände, Dioden, Transistoren usw. – herstellungsbedingten Streuungen unterliegen und auch eine Temperaturabhängigkeit aufweisen, da ferner auf den Leitungen der Logik-Pegel Spannungsabfälle und eingekoppelte Störungen entstehen, können die beiden Logik-

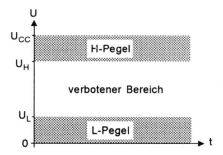

Bild 2.4-2 Spannungswertebereiche des H- und L-Pegels

2.4 Digitale Schaltzeichen

Pegel nicht durch zwei diskrete Spannungswerte, wie z. B. L-Pegel entsprechend 1 V und H-Pegel 3 V, dargestellt werden. Man verwendet daher zur Darstellung der beiden Logik-Pegel zwei Spannungswertebereiche, wobei bei der Verwendung von einem niedrigen und einem hohen Spannungswertebereich dem L-Pegel ein Wertebereich zwischen $0 \leq U \leq U_L$ und dem H-Pegel ein Wertebereich zwischen $U_H \leq U \leq U_{CC}$ zugeordnet wird, wie das Bild 2.4-2 zeigt. Der Minimalwert entspricht dabei dem Bezugspotential GND (engl.: gro$\underline{und}$) und der Maximalwert U_{CC} der Versorgungsspannung der digitalen Schaltung. Aus Sicherheitsgründen lassen sich die beiden Spannungswertebereiche zusätzlich durch einen Spannungsabstand – dem sogenannten verbotenen Bereich – voneinander trennen, so daß Spannungswerte zwischen $U_L < U < U_H$ als Logik-Pegel nicht zugelassen sind. Sie dürfen daher in einer Schaltung, abgesehen vom kurzzeitigen Auftreten beim dynamischen Zustandswechsel der Signale, nicht als statische Spannungspegel auftreten.

2.4.2 Kennzeichen digitaler Schaltzeichen

Das Bild 2.4-3 zeigt das allgemeine Schaltzeichen einer digitalen Schaltung, welches aus einer Kontur oder einer Konturkombination mit Ein- und Ausgangslinien und einem oder mehreren Kennzeichen besteht. Die mit dem Buchstaben x gekennzeichneten Stellen bezeichnen mögliche Lagen für das Funktionskennzeichen, welches vorzugsweise oben in der Mitte des Schaltzeichens anzubringen ist. Das Funktionskennzeichen macht eine Aussage über die Funktion der logischen Schaltung. An den mit den Zeichen * gekennzeichneten Stellen können zusätzliche Kennzeichen angebracht werden, die sich auf die Ein- und Ausgänge der Schaltung beziehen. Der interne Logik-Zustand bezeichnet den Logik-Zustand, der innerhalb einer Symbolkontur an einem Ein- oder Ausgang angenommen wird. Der externe Logik-Zustand bezeichnet dagegen den Logik-Zustand, der außerhalb einer Symbolkontur an einer Eingangslinie vor irgendwelchen externen Kennzeichen an diesem Eingang oder an einer Ausgangskennlinie nach irgendwelchen externen Kennzeichen an diesem Ausgang angenommen wird.

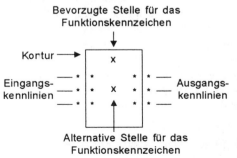

Bild 2.4-3 Allgemeines Schaltzeichen einer digitalen Schaltung

2.4.3 Positive und negative Logik

Für die Zuordnung der Logik-Zustände zu den Logik-Pegeln an den Ein- und Ausgängen der Schaltsymbole ergeben sich zwei Möglichkeiten. Die Zuordnung des H-Pegels zum Logik-Zustand 1 und des L-Pegels zum Logik-Zustand 0 wird positive Logik genannt. Die Zuordnung des H-Pegels zum Logik-Zustand 0 und des L-Pegels zum Logik-Zustand 1 wird dagegen als negative Logik bezeichnet. In Schaltplänen können die Ein- und Ausgänge der Schaltzeichen entweder durch externe Logik-Zustände oder durch Logik-Pegel beschrieben werden. Bild 2.4-4 zeigt einen Auszug von Kennzeichen der Ein- und Ausgänge aus der DIN 40900 Teil 12. Bild 2.4-4 a und b zeigen einen Ein- bzw. Ausgang ohne zusätzliche Kennzeichen. Werden in Schaltplänen die Ein- und Ausgänge der Schaltzeichen durch externe Logik-Zustände dargestellt, so kennzeichnet der Negationskreis die negative Logik, d. h., der interne 1-Zustand des Ein- bzw. Ausgangs der Schaltung korrespondiert mit dem externen 0-Zustand des Ein- bzw.- Ausgangs, wie Bild 2.4-4c an einem Eingang und Bild 2.4-4d an einem Ausgang zeigt. Bei der Verwendung von Logik-Pegeln gibt ein sogenannter Polaritätsindikator die Logik-Polarität an, so daß die negative Logik bei der Zuordnung anzuwenden ist, d. h., der interne 1-Zustand der Schaltung am Ein- bzw. Ausgang korrespondiert mit dem externen L-Pegel des Ein- bzw. Ausgangs, wie Bild 2.4-4e an einem Eingang und Bild 2.4-4f an einem Ausgang zeigt.

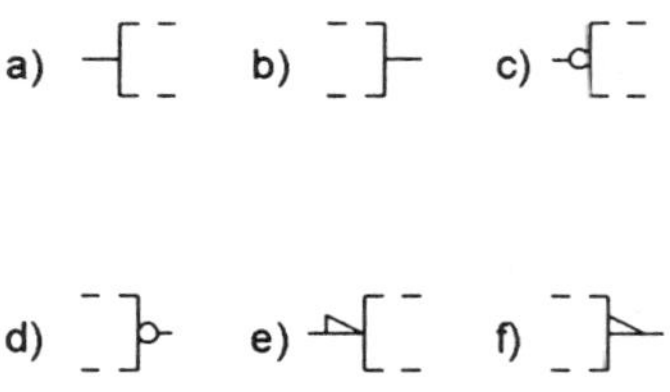

Bild 2.4-4 Kennzeichen von Ein- und Ausgängen digitaler Schaltungen
a) Eingang
b) Ausgang
c) Eingang mit Negation
d) Ausgang mit Negation
e) Eingang mit Polaritätsindikator
f) Ausgang mit Polaritätsindikator

Die unterschiedlichen Kennzeichen für Negation und Logik-Polarität dürfen in Schaltplänen nicht zusammen verwendet werden. Ausgenommen ist die Darstellung interner Verbindungen der Logik-Symbole durch Negationskreise, die bei Schaltplänen mit Logik-Polarität verwendet werden dürfen. Ist kein Kennzeichen an einem Ein- oder Ausgang vorhanden, so wird angenommen, daß der interne Logik-Zustand 1 mit dem externen Logik-Zustand 1 korrespondiert, wenn im Schaltplan das Zeichen für die Negation verwendet wird. Findet im Schaltplan hingegen das Symbol der Logik-Polarität Anwendung, so wird angenommen, daß der interne 1-Zustand mit dem externen H-Pegel korrespondiert.

Die Datenbücher der Hersteller der digitalen Schaltkreise enthalten vorwiegend die Darstellung der Schaltzeichen mit Logik-Pegeln und verwenden Polaritätsindikatoren, da sie die Werte und Toleranzen der beiden Spannungspegel – des H- und L-Pegels – angeben müssen. Die DIN 40900 enthält hingegen die Empfehlung, die Schaltvariablen der digitalen Schaltungen durch Logik-Zustände zu beschreiben und daher in den Schaltplänen Negationskreise bei den Schaltzeichen zu verwenden.

2.5 Digitale Schaltungstechnik

Für den Aufbau digitaler Schaltungen wurden verschiedene Schaltkreisfamilien entwickelt, die sich in die Gruppen Schaltungstechniken mit bipolaren bzw. unipolaren Transistoren einteilen lassen. Während die TTL-Technik (engl.: transistor transistor logic) und ECL-Technik (engl.: emitter coupled logic) bipolare Transistoren zum Aufbau der digitalen Schaltungen verwenden, werden logische Schaltungen auf der Basis unipolarer Transistoren – auch Feldeffekt-Transistoren (engl.: metal oxide semiconductor field effect transistor, abgekürzt MOS-FET) genannt – allgemein als MOS-Schaltungen bezeichnet. Die bekannteste Schaltungstechnik der Gruppe der MOS-Schaltungen ist die CMOS-Technik (engl.: complementary MOS), die komplementäre MOS-Transistoren – P- und N-Kanal-Typen – für den Schaltungsaufbau verwendet. Seit einigen Jahren gibt es auch die BICMOS-Technik (engl.: bipolar CMOS-Technik), die die jeweiligen Vorteile der bipolaren und unipolaren Transistorarten durch Einsatz beider Transistorarten in Schaltungen nutzt. Für besonders schnelle Schaltvorgänge werden seit neuester Zeit Schaltungen mit MES-Feldeffekt-Transistoren (engl.: metal semiconductor field effect transistor) hergestellt, die im Grundmaterial aus Galliumarsenid bestehen.

Eine Digitalschaltung besteht im Grundaufbau aus den Teilen Eingangsstufe mit Logik-Verknüpfung, Treiberstufe und Ausgangsstufe. Je nach Art der geforderten logischen Verknüpfung der Schaltung unterscheiden sich die Eingangsstufen der Schaltungen voneinander. Die Treiberstufe dient der Ansteuerung der Ausgangsstufe des Schaltglieds. Je nach Anforderung werden bei den Ausgangsstufen verschiedene Arten verwendet. In den folgenden Abschnitten werden Aufbau, Wirkungsweise sowie wichtige Kenndaten der am meisten verbreiteten Schaltungstechniken – der TTL- und CMOS-Technik – eingehend behandelt.

2.5.1 TTL-Technik

Die TTL-Technik ist die bedeutendste Schaltkreisfamilie mit einem Angebot von fünf verschiedenen Baureihen, die unterschiedliche Schaltgeschwindigkeiten und Verlustleistungen aufweisen. Die Schaltkreisfamilie bietet insgesamt eine Auswahl von mehr als 600 verschiedenen Schaltkreisen, wobei in einem Schaltkreis je nach Komplexität zwischen ein bis sechs einzelne Digitalschaltungen gleichen Typs zur Verfügung stehen.

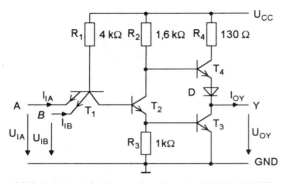

Bild 2.5-1 Schaltung des Standard-TTL-NAND-Glieds mit zwei Eingängen

Tabelle 2.5-1 Arbeitstabelle des NAND-Glieds

Eingänge B A		Ausgang Y
L	L	H
L	H	H
H	L	H
H	H	L

2.5.1.1 Schaltungstechnik

Das Bild 2.5-1 zeigt ein Schaltglied der Standard-TTL-Baureihe, welches eine NAND-Verknüpfung der Logik-Zustände an den Eingängen A und B realisiert und am Ausgang Y zur Verfügung stellt. Die boolesche Schaltfunktion der NAND-Verknüpfung wird in Abschnitt 3.4-1 behandelt. Schaltungen, die Schaltvariablen miteinander verknüpfen, werden Verknüpfungsglieder genannt; man spricht bei dieser Schaltung vom NAND-Glied. Verknüpfungsglieder werden häufig auch als Gatter bezeichnet, obwohl nach DIN 44300 der Ausdruck als mißverständlich zu vermeiden ist.

Aufbau der Schaltstufe

Die Gesamtschaltung besteht aus den Teilen Eingangsstufe mit Multi-Emitter-Transistor zur Logikverknüpfung (R_1, T_1), Treiberstufe mit Erzeugung gegenphasiger Steuersignale für die Ausgangsstufe (R_2, R_3, T_2) und Gegentakt-Ausgangsstufe (R_4, D, T_3, T_4). Die TTL-Technik besitzt verschiedene Baureihen; typisches Merkmal einiger dieser Baureihen, wie der Standard-Baureihe, ist der Multi-Emitter-Transistor zur Logikverknüpfung, der je nach Anforderung mehrere Eingänge zur logischen Verknüpfung ermöglicht. Da die Basis dieses Transistors nicht umgeladen werden muß, besitzt er außerdem den Vorteil einer geringen Speicherzeit, so daß seine Umschaltverzögerung äußerst gering ist. In der angegebenen Schaltung wird mit dem Multi-Emitter-Transistor T_1 die Beschaltung mit zwei Logik-Pegeln, den Spannungen U_{IA} und U_{IB} an den Eingängen A und B, ermöglicht. Das Signal dieser Eingangsverknüpfung steht am Kollektor des Transistors T_1 zur Verfügung und steuert die Treiberstufe an, die der Entkopplung der Ein- und Ausgangsstufe dient und die zwei gegenphasige Signale zur Ansteuerung der Ausgangsstufe erzeugt. Die hier verwendete sogenannte Gegentakt-Ausgangsstufe mit den Transistoren T_3, T_4 gestattet einen möglichst großen Ausgangsstrom der Schaltung zur Aussteuerung der Last am Ausgang Y. Von den beiden Transistoren T_3 und T_4 leitet im statischen Zustand immer nur einer, während der andere sperrt. Dadurch läßt sich der Ausgang sowohl niederohmig an Bezugspotential GND schalten, wenn T_3 leitet und T_4 sperrt (Pull-Down-Betrieb), als auch niederohmig an Versorgungsspannung U_{CC} schalten, wenn T_4 leitet und T_3 sperrt (Pull-Up-Betrieb). Neben der Gegentakt-Ausgangsstufe – dem Standard-Ausgang von TTL-Schaltungen – werden auch noch Ausgänge mit offenem Kollektor und Tristate-Ausgänge verwendet, die in Abschnitt 2.5.1.9 behandelt werden.

Wirkungsweise der Schaltstufe

Für die Erklärung der Wirkungsweise der Schaltung nach Bild 2.5-1 werden folgende Vereinfachungen angenommen. Die Kollektor-Emitter-Spannung U_{CE} eines durchgeschalteten Transistors beträgt 0,1 V und die Basis-Emitter-Spannung U_{BE} 0,7 V. Die Diodenspannung wird im Durchlaßbereich mit 0,7 V angenommen. Für den Fall, daß eine oder beide Eingangsspannungen L-Pegel aufweisen, arbeitet der Multi-Emitter-Transistor T_1 im normalen Betrieb, und seine Basis-Emitter-Diode leitet, so daß die Basis-Emitter-Spannung 0,7 V beträgt. Diese Spannung reicht nicht aus, die Basis-Kollektor-Diode des Transistors T_1 und die Basis-Emitter-Diode des Transistors T_2 durchzuschalten. Der Transistor T_2 sperrt demnach; auf Grund seines geringen Sperrstroms beträgt seine Emitterspannung nahezu 0 V und seine Kollektorspannung fast 5 V. Die Treiberstufe erzeugt demnach gegenphasige Signale am Kollektor und Emitter des Transistors T_2 zur Ansteuerung der Gegentakt-Ausgangsstufe. Dadurch wird in diesem Fall der Transistor T_3 gesperrt und der Transistor T_4 durchgeschaltet. Am Ausgang Y ergibt sich unter Berücksichtigung der Durchlaßspannung der Diode und Vernachlässigung des Spannungsabfalls am Widerstand R_4 eine Spannung von 4,2 V, die einem H-Pegel entspricht. Der Ausgang verhält sich niederohmig bezüglich der Versorgungsspannung U_{CC} und hochohmig bezüglich des Bezugspotentials GND. Für die Fälle, daß ein oder beide Eingänge der Schaltung L-Pegel aufweisen, ergibt sich damit ein H-Pegel am Ausgang. Die Arbeitstabelle des NAND-Glieds in Tabelle 2.5-1 zeigt auf der linken Seite die möglichen Kombinationen der Logik-Pegel der Eingänge A und B und auf der rechten Seite die zugehörigen Logik-Pegel des Ausgangs Y.

Wird an beide Eingänge H-Pegel angelegt, so ist das Emitterpotential des Multi-Emitter-Transistors T_1 größer als sein Kollektorpotential. Der Transistor T_1 wird dadurch in den inversen Betrieb geschaltet, d. h., Emitter und Kollektor vertauschen ihre Rollen. Die Basis-Kollektor-Diode wird dadurch leitend, so daß der Basisstrom des Transistors T_1 über den Kollektor als Basisstrom in den Transistor T_2 fließt. Der Transistor T_2 wird demnach durchgeschaltet; die Treiberstufe erzeugt gegenphasige Signale zur Ansteuerung der Gegentakt-Ausgangsstufe. In diesem Fall beträgt die Emitterspannung des Transistors T_2 auf Grund des fließenden Kollektorstroms und des verursachten Spannungsabfalls am Widerstand R_3 etwa 0,7 V, so daß die Kollektorspannung lediglich 0,8 V beträgt. Damit leitet der Transistor T_3, und seine Kollektor-Emitter-Spannung

– die Ausgangsspannung U_{OY} – beträgt 0,1 V, welches einem L-Pegel entspricht. Ohne die Diode D würde der Transistor T_4 ebenfalls leiten. Mit der Ausgangsspannung U_{OY} von 0,1 V und dem zusätzlichen Spannungsabfall von 0,7 V an der durchgeschalteten Diode müßte aber die Basisspannung des Transistors T_4 1,5 V betragen, um diesen durchzuschalten; der Transistor T_4 sperrt demnach. Der Ausgang verhält sich niederohmig bezüglich Bezugspotential GND und hochohmig bezüglich der Versorgungsspannung U_{CC}. Liegt an beiden Eingängen H-Pegel, so zeigt der Ausgang L-Pegel, wie der Arbeitstabelle in Tabelle 2.5-1 zu entnehmen ist.

Vorteile der Gegentakt-Ausgangsstufe

Die Gegentakt-Ausgangsstufe gewährleistet sowohl beim H- als auch beim L-Pegel einen niederohmigen Ausgangswiderstand. Damit verbunden ist ein hoher Ausgangsstrom bzw. eine hohe Belastbarkeit des Ausgangs. Die Umschaltschwelle der Schaltung beträgt etwa 1,5 V, denn wenn der Transistor T_4 leiten soll, so ist eine Spannung am Kollektor des Transistors T_2 erforderlich, die der Summe der Basis-Emitter-Spannung des Transistors T_4, der Durchlaßspannung der Diode und der Kollektor-Emitter-Spannung des durchgeschalteten Transistors T_3 entsprechen muß.

Nach der Erklärung der beiden statischen Zustände der Schaltung sollen nun die dynamischen Umschaltvorgänge betrachtet werden. Beim Schaltvorgang der Gegentakt-Ausgangsstufe vom L- zum H-Pegel findet ein Wechsel der Ansteuerung der Ausgangsstufe statt, so daß der zuvor gesperrte Transistor T_4 leitend und der zuvor leitende Transistor T_3 gesperrt wird. Um einen niedrigen Spannungswert für den L-Pegel am Ausgang zu gewährleisten, muß der Arbeitspunkt des Transistors T_3 weit im Sättigungsbereich liegen. Durch die große Übersteuerung wird die Speicherzeit nachteilig beeinflußt, so daß das Umschalten des Transistors T_3 vom leitenden in den gesperrten Zustand verzögert wird. Während der Transistor T_4, dessen Arbeitspunkt sich vorher im Sperrbereich befand, ohne große Verzögerungszeit den leitenden Zustand annimmt, muß zunächst die in der Basiszone des Transistors T_3 befindliche Ladung über den Widerstand R_3 abfließen, bevor dieser den Sperrzustand annimmt. Infolge dieser Verzögerungszeit leiten für einen kurzen Augenblick beide Transistoren T_3 und T_4, so daß der Widerstand R_4, abgesehen von den Sättigungsspannungen der beiden Transistoren, während dieser Zeit einen Kurzschluß der Versorgungsspannung U_{CC} verhindert. Der Widerstand R_4 muß jedoch niederohmig sein, um auch beim statischen Zustand des H-Pegels am Ausgang einen niedrigen Ausgangswiderstand der Schaltung zu gewährleisten. Daher kommt es beim Übergang vom L- zum H-Pegel am Ausgang zu einer kurzzeitigen Stromspitze auf der Versorgungsleitung der Schaltung, die im nachfolgenden Abschnitt noch behandelt wird. Beim Übergang des Ausgangs vom H- zum L-Pegel muß der Transistor T_4 vom leitenden in den gesperrten Zustand und der Transistor T_3 vom gesperrten in den leitenden Zustand übergehen. Da ein höherer Spannungsabfall und damit ein niedriger Spannungswert des H-Pegels unkritisch ist, muß der Arbeitspunkt des Transistors T_4 nicht bis in den Sättigungsbereich verlegt werden. T_4 schaltet daher wie der Transistor T_3 ohne größere Verzögerungszeit um, so daß beim Übergang vom H- zum L-Pegel am Ausgang zu keinem Zeitpunkt beide Transistoren leiten und somit keine größere Stromspitze auf der Versorgungsleitung auftritt. Die Gegentakt-Ausgangsstufe bewirkt also auch einen niedrigen dynamischen Ausgangswiderstand der Schaltung während der Umschaltvorgänge, so daß eine große Belastbarkeit des Ausgangs und kurze Schaltzeiten selbst bei geringer kapazitiver Last gewährleistet sind.

2.5.1.2 Versorgungsspannung

Die vorgeschriebene Versorgungsspannung der TTL-Schaltglieder älterer Baureihen beträgt 5 V ± 5 %, während neuere Baureihen eine Toleranz der Versorgungsspannung von ± 10 % erlauben. Der absolute Grenzwert der maximalen Versorgungsspannung beträgt 7 V. Der Widerstand R_4 in der Schaltung nach Bild 2.5-1 begrenzt zwar den Strom beim Umschalten der Gegentakt-Ausgangsstufe vom L- zum H-Pegel. Da jedoch kurzzeitig beide Transistoren T_3 und T_4 durchgeschaltet sind, tritt ein Stromimpuls auf der Versorgungsleitung auf, der die Versorgungsspannung belastet. Diese Stromspitze wird noch erhöht, da bei dem Übergang vom L- zum H-Pegel zusätzlich ein Aufladestrom der Lastkapazitäten am Ausgang hervorgerufen wird. Während die Stromspitze durch den gleichzeitigen Durchlaßzustand der beiden Transistoren nur sehr kurzzeitig auftritt, ist die Dauer des zusätzlichen Ladestroms von der Lastkapazität und dem Innenwiderstand der Versorgungsspannungsquelle abhängig.

Um die Auswirkungen dieser Stromspitzen auf die Versorgungsspannung möglichst gering zu halten, so daß die Toleranz der Versorgungsspannung eingehalten wird, muß der dynamische Innenwiderstand der Versorgungsspannungsquelle möglichst niederohmig sein. Dies erreicht man durch zusätzliche Beschaltung der Versorgungsspannung mit Kondensatoren, so daß die Spannungsquelle für höhere Frequenzen besonders niederohmig wird. Da die Stromimpulse beim Umschaltvorgang nur eine Dauer von einigen Nanosekunden aufweisen, werden Kondensatoren mit guten Hochfrequenzeigenschaften benötigt. Pro vier bis sechs Schaltkreise wird ein keramischer Kondensator mit einer Kapazität von etwa einhundert Nanofarad empfohlen, wobei für die Wirksamkeit weniger der Wert, als die kurze Zuleitung zu den Schaltkreisen auf der Leiterplatine maßgebend ist. Entladeströme der Lastkapazitäten beim Übergang vom H- zum L-Pegel belasten die Versorgungsspannung nicht; sie treten auch nur an den Bezugspotentialanschlüssen der Schaltkreise auf. Um unzulässig hohe Spannungsabfälle auf den Zuleitungen des Bezugspotentials zu vermeiden, müssen diese Zuleitungen besonders niederohmig und induktivitätsarm ausgelegt werden.

2.5.1.3 Ein- und Ausgangsspannungen

Für TTL-Schaltglieder sind Eingangsspannungen im Bereich $0\,\text{V} \leq U_I \leq 0{,}8\,\text{V}$ als L-Pegel und Eingangsspannungen im Bereich $2{,}0\,\text{V} \leq U_I \leq U_{CC}$ als H-Pegel festgelegt. Spannungswerte zwischen 0,8 V und 2,0 V sind nicht zugelassen (verbotener Bereich). Ein unnötiges Umschalten des Ausgangs durch Störsignale am Eingang und eine damit verbundene Stromspitze auf der Versorgungsleitung läßt sich dadurch vermeiden, daß man Eingänge unbenutzter Schaltungen der Schaltkreise an Bezugspotential GND schaltet. Damit läßt sich auch eine möglichst geringe Leistungsaufnahme erreichen. Ein unbenutzter Eingang einer verwendeten Schaltung läßt sich je nach Art der Eingangsverknüpfung an L- bzw. H-Pegel legen oder mit einem benutzten Eingang zusammenschalten; nachteilig bei der Zusammenschaltung mit benutzten Eingängen ist die Tatsache, daß die Belastung des Ausgangs größer wird (siehe Abschnitt 2.5.1.5), da der steuernde Ausgang in diesem Fall zwei Eingänge dieser Schaltung zu versorgen hat.

Ist an einem Eingang L-Pegel gefordert, so kann der Eingang direkt an das Bezugspotential GND geschaltet werden. Ist an einem Eingang H-Pegel verlangt, so kann der Eingang direkt an die Versorgungsspannung angeschlossen werden, wenn sichergestellt ist, daß die Versorgungsspannung den vorgeschriebenen maximalen Wert von 5 V + 5 % bzw. + 10 % je nach Baureihe nicht überschreitet. Bei einem höheren Spannungswert an einem Eingang muß durch Beschaltung eines Widerstands der Eingangsstrom auf etwa 1 mA begrenzt werden, da sonst der Transistor am Eingang zerstört wird. Da Überspannungen, auch von nur wenigen Nanosekunden Dauer, auf die die Überspannungs-Schutzschaltungen in Netzgeräten nicht ansprechen, nicht zu vermeiden sind, benutzt man einen Pull-Up-Widerstand zwischen dem Eingang und der Versorgungsspannung, um diesen an H-Pegel zu legen. Es lassen sich auch mehrere Eingänge über einen Widerstand an H-Pegel legen, allerdings darf in diesem Fall der Spannungsabfall am Widerstand nicht so groß werden, daß die Eingangsspannung den Wert von 2,0 V unterschreitet. Übliche Werte des Pull-Up-Widerstands liegen je nach Anzahl der beschalteten Eingänge zwischen einem bis einigen Kiloohm. Die meisten Schaltungen besitzen an ihren Eingängen Dioden als Schutzbeschaltung, die negative Eingangsspannungen, die durch Leitungsreflexionen entstehen, begrenzen und damit eine Störung der Funktion der Schaltung verhindern. Zum Schutz gegen statische negative Eingangsspannungen dürfen die Dioden jedoch nicht verwendet werden. Hierzu ist eine zusätzliche Beschaltung mit einer externen Diode erforderlich. Die Ausgangsspannung der Schaltungen beträgt bei einem L-Pegel $U_{OL} \leq 0{,}4\,\text{V}$ und bei einem H-Pegel $U_{OH} \geq 2{,}4\,\text{V}$. Die kapazitive Belastung eines Ausgangs sollte hundert Picofarad nicht überschreiten, damit die Funktion der Schaltung gewährleistet ist und eine Überlastung der Ausgänge durch zu hohe Auf- und Entladeströme vermieden wird.

2.5 Digitale Schaltungstechnik

2.5.1.4 Ein- und Ausgangsströme

An Hand der Schaltung nach Bild 2.5-1 läßt sich der Eingangsstrom eines Schaltglieds berechnen. Nimmt man eine Basis-Emitter-Spannung von 0,7 V an, so ergibt sich ein Eingangsstrom $I_{IL} = -1$ mA bei einer Eingangsspannung von $U_{IL} = 0,3$ V. Die Hersteller geben für diese Schaltung für den maximalen Eingangsstrom den Wert $I_{ILmax} \leq -1,6$ mA bei einer Eingangsspannung von $U_{IL} = 0,4$ V an. Ist ein oder sind beide Eingänge an H-Pegel gelegt, so wird der Transistor T_1 in den inversen Betrieb geschaltet. Dadurch ergibt sich ein Eingangsstrom, der um den Faktor der inversen Stromverstärkung des Transistors größer ist. Durch entsprechende Herstellung wird dafür gesorgt, daß der Transistor T_1 eine inverse Stromverstärkung aufweist, die viel kleiner als Eins ist. Es ergeben sich Eingangsströme nach Herstellerangabe von $I_{IH} \leq 40$ µA bei einer Eingangsspannung $U_{IH} = 2,4$ V. Für den Ausgangsstrom garantieren die Hersteller einen Strom $I_{OL} = -16$ mA bei einer Ausgangsspannung $U_{OL} = 0,4$ V.

2.5.1.5 Lastfaktoren

Die in den Datenblättern der Hersteller angegebene Ausgangsbelastbarkeit, die Ausgangslastfaktor oder auch Fan-Out genannt wird, bezieht sich auf die Fähigkeit des Ausgangs eines Schaltglieds, in eine bestimmte Anzahl von einfachen Lasten einen Strom zu liefern bzw. von einer bestimmten Anzahl einfacher Lasten aufzunehmen. Eine Lasteinheit wird dabei durch die Stromaufnahme eines Eingangs festgelegt. Der Eingangslastfaktor – auch Fan-In genannt – gibt dabei an, wievielmal so groß die Stromaufnahme eines Eingangs im Vergleich mit einem normalen Eingang ist. Für eine Schaltung der Standard-TTL-Baureihe beträgt der maximale Eingangsstrom bei einem H-Pegel $I_{IH} = 40$ µA. Beim L-Pegel kann sich ein maximaler Wert von $I_{IL} = -1,6$ mA einstellen, d. h., der Eingangsstrom fließt aus dem Eingang des Schaltglieds in den Ausgang des treibenden Schaltglieds hinein. Es handelt sich dabei um den Emitterstrom des Multi-Emitter-Transistors. Werden Eingänge in einer Schaltung intern mehrfach verwendet, so kann die Stromaufnahme um einen Faktor größer sein. Eine Schaltung der Standard-TTL-Baureihe kann am Ausgang einen maximalen Strom $I_{OH} = 0,4$ mA bei einem H-Pegel liefern und einen maximalen Ausgangsstrom $I_{OL} = -16$ mA bei einem L-Pegel aufnehmen. Der Ausgangslastfaktor beschreibt die Fähigkeit eines Ausgangs, den Steuerstrom für eine Anzahl von einfachen Lasten mit jeweils einem Fan-In $F_I = 1$ zu liefern bzw. von ihnen aufzunehmen. In der Standard-TTL-Baureihe beträgt dieser Ausgangslastfaktor $F_O = 10$. Ein Ausgang kann also beispielsweise zehn Eingänge mit einem Eingangslastfaktor $F_I = 1$ oder fünf Eingänge mit Fan-In $F_I = 2$ ansteuern.

2.5.1.6 Übertragungskennlinie

Das Bild 2.5-2a zeigt die Reihenschaltung zweier TTL-NAND-Glieder, die mit ihren digitalen Schaltzeichen mit Polaritätsindikator dargestellt sind. Der zu-

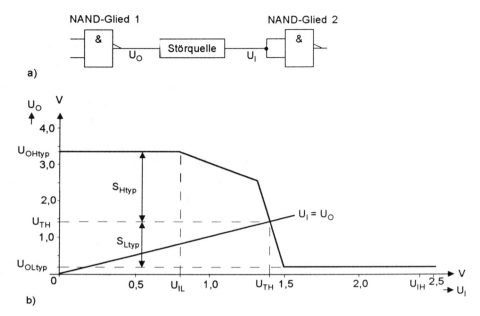

Bild 2.5-2 a) Reihenschaltung zweier NAND-Glieder
b) Übertragungskennlinie eines NAND-Glieds

lässige Spannungsbereich für den L-Pegel beträgt $0\,V \le U_I \le 0{,}8\,V$ bzw. für den H-Pegel $2{,}0\,V \le U_I \le U_{CC}$. Für die Ausgangsspannungen U_O der Schaltungen der Baureihen ist für den L-Pegel der Wertebereich $0\,V \le U_O \le 0{,}4\,V$ und für den H-Pegel der Wertebereich $2{,}4\,V \le U_O \le U_{CC}$ festgelegt. Das Bild 2.5-2b zeigt die Übertragungskennlinie eines TTL-NAND-Glieds der Standard-Baureihe mit ihren typischen Werten, die von den Herstellern angegeben werden. Es handelt sich dabei um Werte, die der Großteil der Schaltglieder aufweist. Die typischen Werte der Ausgangsspannung der Schaltung betragen $U_{OHtyp} = 3{,}3\,V$ und $U_{OLtyp} = 0{,}2\,V$. Fernerhin wird ein typischer Wert der Schwellenspannung $U_{THtyp} = 1{,}4\,V$ angegeben, bei der Ein- und Ausgangsspannung des Schaltglieds gleiche Werte aufweisen.

2.5.1.7 Störabstand

Durch die unterschiedliche Grenzwertfestlegung für die Ein- und Ausgangsspannungen der Schaltglieder ist im schlechtesten Fall (engl.: worst case) eine Störspannung von mindestens $|0{,}4\,V|$ auf einem Ausgangssignal erforderlich, damit das Eingangssignal einer von einem gestörten Ausgang angesteuerten Schaltung seinen zulässigen Wertebereich über- bzw. unterschreitet, so daß der Eingangspegel im verbotenen Bereich liegt. Dieser Sicherheitsabstand wird statischer Störabstand S genannt. Der statische Worst-Case-Störabstand ergibt sich

2.5 Digitale Schaltungstechnik

für den Fall, daß die Ausgangsspannung einen L-Pegel von 0,4 V und einen H-Pegel von 2,4 V aufweist. Der Störabstand hat für beide Pegel den gleichen Wert: $S_{Hmin} = S_{Lmin} = 0,4$ V. Als typische Störabstände berechnet sich für die Standard-TTL-Baureihe für den H-Pegel der Wert $S_{Htyp} = U_{OHtyp} - U_{THtyp} = 3,3$ V $- 1,4$ V $= 1,9$ V und für den L-Pegel der Wert $S_{Ltyp} = U_{THtyp} - U_{OLtyp} = 1,4$ V $- 0,2$ V $= 1,2$ V.

Es läßt sich auch ein dynamischer Störabstand definieren, bei dem bei gegebener kurzer Signalimpulsbreite am Eingang noch keine Änderung des Ausgangs auf Grund seiner mittleren Schalt- und Verzögerungszeit (siehe folgender Abschnitt) erfolgt. Dabei ist die Störenergie, also die Stördauer und -amplitude, maßgebend für eine Änderung des Ausgangssignals, so daß für sehr kurze Störimpulsbreiten der Wert des dynamischen Störabstands größer als der des statischen Störabstands ist.

2.5.1.8 Schaltzeiten

Die Änderung des Ausgangszustands einer digitalen Schaltung erfolgt stets zeitverzögert zur Änderung des Eingangszustands; man spricht allgemein von Schaltzeiten und unterscheidet zwischen Verzögerungs-, Anstiegs- und Abfallzeiten. Bild 2.5-3a zeigt das Zeitdiagramm eines NAND-Glieds beim Umschalten vom L-Pegel zum H-Pegel und umgekehrt. Während in der Impulstechnik die Verzögerungszeit bei 50 % des Endwertes des Signals gemessen wird, wird bei TTL-Schaltgliedern der Wert der Schwellenspannung U_{TH} als Meßpunkt verwendet. Es handelt sich dabei um die Zeit, die vom Erreichen der Schwellenspannung am Eingang ($U_I = U_{TH}$) bis zum Erreichen der Schwellenspannung am Ausgang ($U_O = U_{TH}$) vergeht. Wechselt der Ausgang vom H-Pegel zum L-Pegel, so wird die Verzögerungszeit t_{PHL} (engl.: propagation delay time) genannt. Ändert sich der Ausgang vom L-Pegel zum H-Pegel, so wird die Verzögerungszeit mit t_{PLH} bezeichnet.

Die Hersteller der Schaltglieder geben die Verzögerungszeiten mit Minimum-, Maximum- und typischen Werten an. Dabei ist zu berücksichtigen, daß die

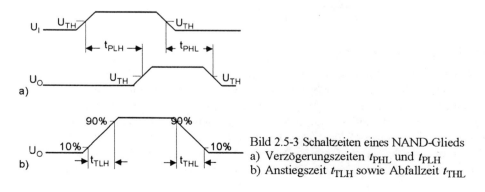

Bild 2.5-3 Schaltzeiten eines NAND-Glieds
a) Verzögerungszeiten t_{PHL} und t_{PLH}
b) Anstiegszeit t_{TLH} sowie Abfallzeit t_{THL}

Messungen bei Testbelastungen am Ausgang ermittelt werden. Größere kapazitive und ohmsche Belastungen beeinflussen diese Zeiten zusätzlich, so daß sich in Schaltungen längere Verzögerungszeiten ergeben können. Die Verzögerungszeiten zeigen auf Grund des unterschiedlichen dynamischen Widerstands der Ausgangsstufe gegen Versorgungsspannung U_{CC} bzw. Bezugspotential GND und der unterschiedlichen Ströme beim H- bzw. beim L-Pegel verschiedene Werte. Daher wird häufig die mittlere Verzögerungszeit t_p, der arithmetische Mittelwert aus den Verzögerungszeiten t_{PLH} und t_{PHL},

$$t_P = 0{,}5 \cdot (t_{PLH} + t_{PHL}), \qquad (2.5\text{-}1)$$

verwendet, die auch als Gatterlaufzeit bezeichnet wird. Die Anstiegszeit t_{TLH} und Abfallzeit t_{THL} (engl.: transition time) der Impulsflanke der Ausgangsspannung wird zwischen 10 % und 90 % des Endwertes gemessen. Bei TTL-Schaltungen wird für die Bestimmung der Flankensteilheiten ein Endwert der Eingangsspannung von 3 V zugrunde gelegt, so daß die Zeitdauer zwischen dem Anstieg von 0,3 V bis auf 2,7 V die Anstiegszeit und zwischen dem Abfall von 2,7 V auf 0,3 V die Abfallzeit ergibt, wie das Bild 2.5-3b zeigt. Als Endwert für die Ausgangsspannung wird häufig der Wert der typischen Ausgangsspannung $U_{OHtyp} = 3{,}3$ V verwendet.

2.5.1.9 Ausgangsstufen

Bei TTL-Schaltgliedern werden als Ausgangsstufe verschiedene Ausführungen eingesetzt. Die Standard-Ausgangsstufe ist die bereits erwähnte Gegentakt-Ausgangsstufe. Ferner werden noch Ausgänge mit offenem Kollektor mit Pull-Down-Betrieb und Tristate-Ausgänge verwendet. Das Bild 2.5-4 zeigt die verwendeten Kennzeichen von Ausgangsstufen der Schaltglieder.

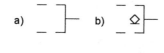

Bild 2.5-4 Kennzeichen von Ausgangsstufen digitaler Schaltglieder
a) Gegentakt-Ausgangsstufe
b) Offener Kollektorausgang mit Pull-Down-Betrieb
c) Offener Kollektorausgang mit Pull-Up-Betrieb
d) Tristate-Ausgangsstufe

Gegentakt-Ausgangsstufe

Bild 2.5-5 zeigt die Gegentakt-Ausgangsstufe, die bereits in Abschnitt 2.5.1.1 erläutert wurde. Sie ist dadurch gekennzeichnet, daß immer einer der beiden Transistoren T_1 bzw. T_2 der Stufe leitet, während der andere sperrt. Diese Schaltungsart wird auch Totem-Pole-Ausgang genannt, der beim Übergang von einem zum anderen Schaltzustand einen niedrigen dynamischen Ausgangswiderstand gewährleistet. Dadurch können auch Lastkapazitäten schnell umgeladen werden, so daß sich geringe Schaltzeiten ergeben. Nachteilig ist jedoch

2.5 Digitale Schaltungstechnik

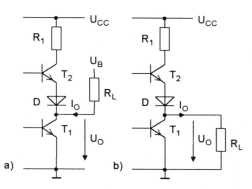

Bild 2.5-5 Schaltung der Gegentakt-Ausgangsstufe mit beschalteter Last
a) Pull-Down-Betrieb
b) Pull-Up-Betrieb

der auftretende Stromimpuls beim Übergang vom L- zum H-Pegel. Die Bilder 2.5-5a,b zeigen die Möglichkeiten der Beschaltung der Gegentakt-Ausgangsstufe mit einem zu treibenden Lastwiderstand R_L. Bild 2.5-5a zeigt den Pull-Down-Betrieb, bei dem der Lastwiderstand an eine Betriebsspannung U_B geschaltet ist. In diesem Betrieb läßt sich ein größerer Ausgangsstrom erzielen. Bild 2.5-5b stellt den Pull-Up-Betrieb dar. Der interne Kollektorwiderstand R_1 begrenzt dabei den Ausgangsstrom, so daß dieser nur einen geringen Wert aufweist. Der Pull-Up-Betrieb wird aus diesem Grund weniger als der Pull-Down-Betrieb verwendet.

Ausgang mit offenem Kollektor

Bild 2.5-6 zeigt ein Standard-TTL-NAND-Glied mit zwei Eingängen und offenem Kollektorausgang, wobei der Kollektor des Ausgangstransistors nach außen geführt ist. Die Ausgänge mit offenem Kollektor (engl.: open collector, abgekürzt OC) von TTL-Schaltungen arbeiten im Pull-Down-Betrieb; schaltet der Ausgangstransistor T_3 durch, so legt er den Ausgang niederohmig an Bezugspotential GND. Damit bei gesperrtem Transistor T_3 ein H-Pegel am Ausgang anliegt, muß man den Kollektor über einen Pull-Up-Widerstand an die Versorgungsspannung U_{CC} oder eine andere Betriebsspannung legen. Verwendet man dazu eine andere Spannung, so lassen sich beliebige H-Pegel am Aus-

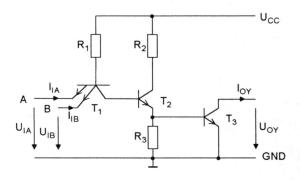

Bild 2.5-6 Schaltung des Standard-TTL-NAND-Glieds mit offenem Kollektorausgang

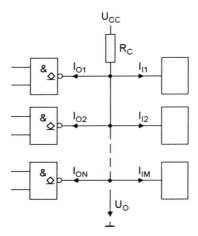

Bild 2.5-7 Zusammenschaltung von Schaltgliedern mit offenen Kollektorausgängen

gang erzeugen. Die Ausgänge von Schaltgliedern mit offenem Kollektor lassen sich zusammenschalten und über einen gemeinsamen Pull-Up-Widerstand an die Versorgungsspannung U_{CC} legen, wie das Bild 2.5-7 zeigt. Das Zeichen am Ausgang der NAND-Glieder zeigt dabei den offenen Kollektor mit Pull-Down-Betrieb an. Sperren die Transistoren der Schaltkreise am Ausgang, so ist das Ausgangssignal hochohmig gegenüber dem Bezugspotential GND und über den Widerstand R_C je nach Wert niederohmig gegenüber der Versorgungsspannung U_{CC}. Der Wert des Pull-Up-Widerstands ist dabei abhängig von der Anzahl der zusammengeschalteten Ausgänge n und der Anzahl der Eingänge m der gesteuerten Schaltglieder sowie vom Eingangslastfaktor F_I. Schaltet ein Ausgangstransistor eines der NAND-Glieder durch, so fließt durch diesen Transistor der Strom I_{OL}. Die Ströme der gesperrten Transistoren der anderen NAND-Glieder werden vernachlässigt. Für den L-Pegel am Ausgang des Transistors läßt sich daher die Maschengleichung

$$U_{OL} = U_{CC} - (I_{OL} + m \cdot F_I \cdot I_{IL}) \cdot R_{Cmin} \qquad (2.5\text{-}2)$$

angeben. Für den H-Pegel am Ausgang des Transistors gilt die Maschengleichung

$$U_{OH} = U_{CC} - (n \cdot I_{OH} + m \cdot F_I \cdot I_{IH}) \cdot R_{Cmax}. \qquad (2.5\text{-}3)$$

Damit ergeben sich für die Dimensionierung des Pull-Up-Widerstands folgende Minimal- und Maximalwerte:

$$R_{Cmin} = \frac{U_{CC} - U_{OL}}{I_{OL} + m \cdot F_I \cdot I_{IL}} \qquad (2.5\text{-}4)$$

$$R_{Cmax} = \frac{U_{CC} - U_{OH}}{n \cdot I_{OH} + m \cdot F_I \cdot I_{IH}}. \qquad (2.5\text{-}5)$$

2.5 Digitale Schaltungstechnik

Beispiel 2.5-1

Es werden vier offene Kollektorausgänge in einer Schaltung zusammengeschaltet, die vier Eingänge mit einfachem Lastfaktor F_I ansteuern. Berechnen Sie den Wertebereich des Kollektorwiderstands. Wie viele offene Kollektorausgänge lassen sich zusammenschalten, wenn acht Eingänge davon angesteuert werden müssen? Gegeben sind die Werte U_{OH} = 2,4 V, U_{OL} = 0,4 V, I_{OH} = 250 µA, I_{OL} = 16 mA, I_{IH} = 40 µA, I_{IL} = –1,6 mA.

Lösung:

Für den Minimalwert des Widerstands errechnet sich nach Gl. (2.5-4)

$$R_{Cmin} = \frac{U_{CC} - U_{OL}}{I_{OL} + m \cdot F_I \cdot I_{IL}} = \frac{5\,V - 0{,}4\,V}{16\,mA - 4 \cdot 1 \cdot 1{,}6\,mA} = 479\,\Omega$$

und für den Maximalwert nach Gl.(2.5-5)

$$R_{Cmax} = \frac{U_{CC} - U_{OH}}{n \cdot I_{OH} + m \cdot F_I \cdot I_{IH}} = \frac{5\,V - 2{,}4\,V}{4 \cdot 250\,\mu A + 4 \cdot 1 \cdot 40\,\mu A} = 2241\,\Omega\,.$$

Der Wert des Kollektorwiderstands kann im Bereich 479 Ω ≤ R_C ≤ 2241 Ω liegen. Um die Verlustleistung nicht unnötig zu erhöhen, wird man aus der E12-Widerstandsreihe einen Widerstand von 1,8 kΩ auswählen. Setzt man Gln. (2.5-4) und (2.5-5) gleich, so erhält man die Abhängigkeit der Anzahl zusammenschaltbarer Kollektorausgänge n von der Anzahl m der Eingänge und dem Eingangslastfaktor F_I. Mit den gegebenen Werten ergibt sich:

$$n = \frac{\frac{(U_{CC} - U_{OH})(I_{OL} + m \cdot F_I \cdot I_{IH})}{U_{CC} - U_{OL}} - m \cdot F_I \cdot I_{IH}}{I_{OH}} = \frac{\frac{2{,}6\,V \cdot 3{,}2\,mA}{4{,}6\,V} - 0{,}32\,mA}{250\,\mu A} = 5{,}95$$

Es lassen sich also fünf offene Kollektorausgänge parallelschalten, wenn acht Eingänge mit einfachem Eingangslastfaktor anzusteuern sind.

Tristate-Ausgang

In digitalen Rechenanlagen müssen Daten über einen Bus, der aus einer Anzahl gemeinsamer Sammelleitungen besteht, übertragen werden. An diese Sammelleitungen muß eine Anzahl von Funktionseinheiten mit ihren Ein- und Ausgängen angeschaltet werden. Wie das Beispiel 2.5-1 zeigt, reduziert sich die Anzahl der zusammenschaltbaren offenen Kollektorausgänge, wenn mehrere Eingänge anzusteuern sind. Bussysteme mit offener Kollektortechnik sind daher bei Systemen mit einer größeren Anzahl von angeschalteten Funktionseinheiten nicht mehr einsetzbar. Für Bussysteme werden in digitalen Rechenanlagen daher Funktionseinheiten mit Tristate-Ausgang verwendet, der aus einer Gegentakt-Ausgangsstufe besteht. Mit Hilfe eines zusätzlichen Freigabesignals EN (engl.: enable) kann die Gegentakt-Ausgangsstufe freigeschaltet werden, so daß an ihrem Ausgang entweder ein H- oder L-Pegel anliegt. Erfolgt keine Freigabe der Ausgangsstufe durch das Steuersignal EN, so sind beide Transistoren T_3, T_4 der Gegentakt-Ausgangsstufe gesperrt, wie dem Bild 2.5-8 zu entnehmen ist. Damit ergibt sich zu den Möglichkeiten eines L-Pegels – der Ausgang ist niederohmig bezüglich Bezugspotential GND – und H-Pegels – der Ausgang

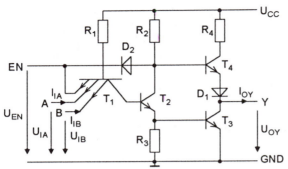

Bild 2.5-8 Schaltung des Standard-TTL-NAND-Glieds mit Tristate-Ausgang

Tabelle 2.5-2 Arbeitstabelle des NAND-Glieds mit Tristate-Ausgang

Eingänge			Ausgang
EN	B	A	Y
L	L	L	High Z
L	L	H	High Z
L	H	L	High Z
L	H	H	High Z
H	L	L	H
H	L	H	H
H	H	L	H
H	H	H	L

ist niederohmig bezüglich der Versorgungsspannung U_{CC} – noch ein weiterer dritter Zustand der Ausgangsstufe, der Threestate bzw. Tristate genannt wird. In diesem Zustand zeigt die Ausgangsstufe sowohl bezüglich Bezugspotential GND als auch Versorgungsspannung U_{CC} einen hochohmigen Widerstand, welcher als High-Impedance (High Z) bezeichnet wird. In diesem Zustand läßt sich der Ausgang sowohl auf L-Pegel als auch H-Pegel legen, ohne daß er den treibenden Ausgang, der den L- oder H-Pegel aufschaltet, nennenswert belastet. Wird ein Tristate-Ausgang im hochohmigen Zustand auf L-Pegel gelegt, so fließt lediglich ein geringer Strom aus dem Ausgang heraus; wird der Ausgang auf H-Pegel gelegt, so fließt nur ein geringer Strom in den Ausgang hinein. Es handelt sich bei diesem Strom immer um den Reststrom eines gesperrten Transistors in der Größenordnung von einigen Mikroampere. Tristate-Ausgänge dürfen unter der Bedingung zusammengeschaltet werden, daß immer nur einer der zusammengeschalteten Ausgänge freigeschaltet ist, während alle anderen Ausgänge in den hochohmigen Zustand geschaltet sein müssen. Tabelle 2.5-2 zeigt die Arbeitstabelle des NAND-Glieds mit Tristate-Ausgang. Für alle Kombinationen der Eingangssignale A und B, in denen das Freigabesignal EN den L-Pegel aufweist, befindet sich der Ausgang Y – unabhängig von den Zuständen der Eingangssignale A und B – im hochohmigen Zustand (High Z).

2.5.1.10 Gehäuseformen

Für die Schaltkreise der TTL-Baureihen werden DIL-Gehäuse (engl.: <u>d</u>ual <u>in</u> <u>l</u>ine) verwendet, welche in Plastik- oder Keramikausführung zur Verfügung stehen. Keramikgehäuse weisen eine größere Dichtheit auf, so daß sie gegen eindringende Feuchtigkeit einen besseren Schutz bieten. Der Pin-Abstand der DIL-Gehäuse hat ein 0,1-Zoll-Raster, das entspricht 2,54 mm; für TTL-Schaltkreise werden Gehäuse mit 8, 14, 16, 18 und 20 Pins verwendet. Seit einigen Jahren werden vermehrt Schaltkreise in SMD-Technik (engl.: <u>s</u>urface <u>m</u>ounted <u>d</u>evice) zur Oberflächenmontage der Schaltkreise auf den Leiterplatten eingesetzt, die in einem SO-Gehäuse (engl.: small outline) mit einem 0,05-Zoll-Rastermaß von 1,27 mm angeboten werden. Die SMD-Technik gestattet die beidseitige Bestückung der Leiterplatine mit SO-Bausteinen.

2.5.1.11 Baureihen

Jeder Schaltkreis einer TTL-Baureihe besitzt je eine Kennzeichnung für den Temperaturbereich und die Baureihe, sowie eine Bauteilnummer (z. B. 74LS00 NAND-Schaltkreis). Je nach Anwendungsfall werden Schaltkreise für verschiedene Temperaturbereiche angeboten. Es gibt den normalen Temperaturbereich (0...70) °C mit der Kennzeichnung 74, den erweiterten Temperaturbereich (−25...+85) °C mit der Kennzeichnung 84 und den militärischen Temperaturbereich (−55...+125) °C mit der Kennzeichnung 54. Die TTL-Schaltkreisfamilie besitzt acht Baureihen, von denen heutzutage noch sechs Baureihen angeboten werden, die sich in der Leistungsaufnahme, den Ein- und Ausgangsströmen, dem Fan-Out, dem Störspannungsabstand und den Verzögerungszeiten unterscheiden: die Standard-Baureihe ohne zusätzliche Kennzeichnung, die Low-Power-Baureihe mit der Kennzeichnung L, die High-Speed-Baureihe mit der Kennzeichnung H, die Schottky-Baureihe mit der Kennzeichnung S, die Low-Power-Schottky-Baureihe mit der Kennzeichnung LS, die Advanced-Low-Power-Schottky-Baureihe mit der Kennzeichnung ALS, die Fast-Baureihe mit der Kennzeichnung F und die Advanced-Schottky-Baureihe mit der Kennzeichnung AS. Die Low-Power- und High-Speed-Baureihen wurden nur von 1967 bis 1980 angeboten. Die Tabelle 2.5-3 zeigt eine Übersicht der verschiedenen Baureihen. Angegeben sind jeweils der Zeitpunkt der ersten Herstellung, die typische mittlere Leistungsaufnahme pro Gatter, typische mittlere Verzögerungszeit, Eingangsstrom beim L- bzw. H-Pegel und Ausgangslastfaktor.

	Standard	S	LS	FAST	ALS	AS
Herstellung ab Jahr	1963	1969	1971	1979	1980	1982
Schaltkreisbezeichnung	74XX	74SXX	74LSXX	74FXX	74ALSXX	74ASXX
Leistungsaufnahme [mW]	10	18	2	3,5	1	15
Verzögerungszeit [ns]	10	3	9	2,3	4	1,5
Eingangsstrom I_{ILmax} [mA]	−1,6	−2	−0,4	−2	−0,2	−0,5
Eingangsstrom I_{IHmax} [µA]	40	50	20	50	20	20
Fan-Out F_O der Baureihe	10	10	20	33	20	40

Tabelle 2.5-3 Übersicht der verschiedenen TTL-Baureihen

Standard-TTL-Baureihe

Die Standard-TTL-Baureihe, aus der alle anderen Baureihen abgeleitet sind, wurde bereits 1963 hergestellt. In dieser Baureihe wurden nahezu 200 verschiedene integrierte Schaltkreise entwickelt. Diese Baureihe wird heutzutage nur noch selten verwendet, da seit 1971 die LS-TTL-Baureihe zur Verfügung steht, die der Standard-TTL-Baureihe in allen Parametern überlegen ist.

H-TTL-Baureihe

Diese Baureihe wurde 1967 entwickelt, aber bereits 1980 wieder eingestellt, da sie durch die noch schnellere S-TTL-Baureihe überholt wurde. Durch eine niederohmige Beschaltung der Transistoren und eine Darlingtonstufe am Ausgang an Stelle des Transistors T_4 und der Diode in Bild 2.5-1 konnte die Verzögerungszeit auf 60 % im Vergleich zur Standard-TTL-Baureihe reduziert werden. Dieser Vorteil mußte aber mit einem 2,2-fachen Leistungsbedarf erkauft werden.

L-TTL-Baureihe

Durch eine hochohmige Beschaltung der Transistoren in Bild 2.5-1 wurde 1969 eine sehr leistungsarme Baureihe mit einem Zehntel des Leistungsbedarfs der Standard-TTL-Baureihe und dreifachen Verzögerungszeiten entwickelt. Die L-TTL-Baureihe wird heutzutage nicht mehr angeboten, da sie von der LS-TTL-Baureihe verdrängt wurde.

S-TTL-Baureihe

Werden bipolare Transistoren im Sättigungsbereich betrieben, so vergrößert sich dadurch die Speicherzeit der Transistoren, wie bereits im Abschnitt 2.5.1.1 bei der Beschreibung der Funktionsweise der Gegentakt-Ausgangsstufe erläutert wurde. Dieser Effekt führt zu größeren Verzögerungszeiten vor allem beim Übergang von L- zum H-Pegel. Die Schottky-Technik ermöglicht jedoch, den Arbeitspunkt der Schalttransistoren im durchgeschalteten Zustand an der Grenze zwischen aktivem Bereich und Sättigungsbereich festzuhalten, so daß der Arbeitspunkt des Transistors nicht bis in den Sättigungsbereich verschoben wird. Dieses läßt sich durch eine zusätzliche Beschaltung des Transistors mit einer Schottky-Diode, die zwischen Basis und Kollektor geschaltet ist, erreichen. Ein so beschalteter Transistor wird auch Schottky-Transistor genannt. Bei der Schottky-Diode handelt es sich um ein Bauelement mit einem Metall-Halbleiter-Übergang, welches sehr gute Schalteigenschaften aufweist. Mit Hilfe dieser Technik konnte bei 80 % mehr Leistungsbedarf im Vergleich zur Standard-TTL-Baureihe die Verzögerungszeit auf 30 % reduziert werden. Die S-TTL-Baureihe hat auf Grund dieser Tatsache die H-Baureihe vollkommen verdrängt. In dieser Baureihe werden weit über 100 verschiedene Schaltkreise angeboten.

LS-TTL-Baureihe

Durch Kombination der L- und S-TTL-Baureihe entstand 1971 die LS-TTL-Baureihe. Sie benötigt bei nahezu gleichen Verzögerungszeiten wie die Standard-TTL-Baureihe nur ein Fünftel der Leistung. Man bezeichnet sie auch als Standard-TTL-Baureihe der zweiten Generation, da sie mittlerweile über ein Angebot von mehr als 300 verschiedenen Schaltkreisen verfügt.

2.5 Digitale Schaltungstechnik

ALS-TTL-Baureihe

Die Weiterentwicklung der LS-TTL-Baureihe führte dann 1980 zur ALS-TTL-Baureihe, die sowohl eine Halbierung der Verlustleistung als auch der Verzögerungszeit brachte. Mittlerweile werden weit über 200 verschiedene Schaltkreise dieser Baureihe auf dem Markt angeboten.

F-TTL-Baureihe

Diese sogenannte FAST-Baureihe (F̲airchild a̲dvanced S̲chottky t̲echnology, abgekürzt FAST) wurde von der Firma *Fairchild* entwickelt und wird im Gegensatz zu den anderen Baureihen nur von einigen Herstellern angeboten. Diese Baureihe ist daher nicht sehr verbreitet.

AS-TTL-Baureihe

Die AS-TTL-Baureihe erreicht Schaltzeiten der Größenordnung von ein bis zwei Nanosekunden und ist damit die schnellste TTL-Baureihe. Da sie im Vergleich mit der S-TTL-Baureihe bei etwa gleichem Leistungsbedarf nur die Hälfte der Verzögerungszeit aufweist, hat sie die S-TTL-Baureihe bereits nahezu verdrängt. Allerdings verfügt diese Baureihe noch nicht über ein breites Angebot von Schaltkreisen. Vorwiegend werden Bausteine für die Mikrocomputertechnik – wie zum Beispiel Bustreiber und Multiplexer – angeboten.

2.5.2 CMOS-Technik

Die CMOS-Technik hat ihre Bezeichnung nach den verwendeten komplementären MOS-Feldeffekt-Transistoren – P- und N-Kanal-Typen in Gegentaktschaltung – erhalten. Besonders die neuen CMOS-Baureihen 74HC bzw. 74HCT, deren Schaltkreise pinkompatibel mit den TTL-Schaltkreisen sind, machen der TTL-Technik seit einigen Jahren ernsthafte Konkurrenz. Die Vorteile der CMOS-Technik gegenüber der TTL-Technik zeigen sich besonders beim geringen Leistungsverbrauch bei niedrigen Schaltfrequenzen, bei der symmetrischen Übertragungskennlinie, beim größeren Störspannungsabstand und bei den hochohmigen Eingängen, die einen hohen Ausgangslastfaktor F_O gestatten. Nachteilig im Vergleich mit der TTL-Technik sind die etwas höheren Verzögerungszeiten. Die Tatsache, daß MOS-Schaltkreise besonders empfindlich bezüglich elektrostatischer Aufladungen sind, die durch Kunstoffböden, nichtleitende Arbeitsplatten und Kleidung aus Kunstfasern hervorgerufen werden, verlangt besondere Vorsichtsmaßnahme und Handhabung.

2.5.2.1 Schaltungstechnik

Das Bild 2.5-9 zeigt ein NAND-Glied in CMOS-Technik. Bei den Transistoren T_1, T_2, T_5 und T_7 handelt es sich um P-Kanal- und bei den Transistoren T_3, T_4, T_6 und T_8 um N-Kanal-MOS-FET vom Anreicherungstyp. Die Logik-Verknüpfung wird mit den Transistoren $T_1 \ldots T_4$ realisiert, während die Transistoren T_5, T_6 bzw. T_7, T_8 zwei Negationsstufen als Ausgangspufferstufe bilden. Die

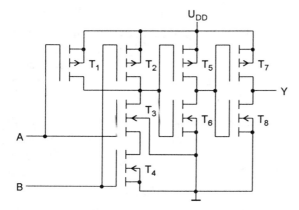

Bild 2.5-9 Schaltung des CMOS-NAND-Glieds

Drain-Source-Strecke der Transistoren ist im durchgeschalteten Zustand niederohmig, etwa (200 ... 500) Ω, während sie im gesperrten Zustand hochohmig, etwa (10 ... 20) MΩ, ist. Liegt an beiden Eingängen eine Spannung $U > U_{DD}/2$, so sperren die Transistoren T_1 und T_2, während die Transistoren T_3 und T_4 leiten. Am Drainanschluß des Transistors T_3 liegt daher nahezu Bezugspotential, so daß der Transistor T_6 sperrt, während der Transistor T_5 leitet. Dies bewirkt am Drainanschluß des Transistors T_6 eine Spannung von nahezu U_{DD}. Dadurch wird der Transistor T_8 leitend, während der Transistor T_7 sperrt, so daß am Ausgang Y nahezu Bezugspotential GND anliegt. H-Pegel an beiden Eingängen bewirkt also einen L-Pegel am Ausgang. Liegt dagegen an einem Eingang bzw. an beiden Eingängen eine Spannung $U < U_{DD}/2$, so ist einer der Transistoren T_3 und T_4 bzw. sind beide Transistoren T_3 und T_4 gesperrt, während einer der Transistoren T_1 und T_2 bzw. beide Transistoren T_1 und T_2 leiten. Am Drainanschluß des Transistors T_3 liegt daher in diesen Fällen nahezu die Spannung U_{DD}, so daß am Drainanschluß des Transistors T_6 nahezu das Bezugspotential GND und damit am Ausgang Y nahezu der Wert der Betriebsspannung U_{DD} anliegt.

2.5.2.2 Versorgungsspannung

Die CMOS-Schaltungen der älteren Baureihen können mit einer Versorgungsspannung zwischen 3 V und 15 V betrieben werden. Da die Schaltzeiten der CMOS-Schaltkreise dieser Baureihen um so größer sind, je geringer die Versorgungsspannung ist, werden nahezu keine Versorgungsspannungen unter 5 V verwendet. Die neueren Baureihen, deren Schaltkreise zu den TTL-Schaltkreisen pinkompatibel sind, benötigen eine Versorgungsspannung zwischen 2 V und 6 V; sie werden meistens, wie die TTL-Schaltkreise auch, mit einer Versorgungsspannung von 5 V betrieben. Auch bei CMOS-Schaltungen treten Stromspitzen auf, die einerseits darauf zurückzuführen sind, daß kurzzeitig beide komplementären Transistoren leiten. Außerdem müssen zusätzlich die Lastka-

2.5 Digitale Schaltungstechnik

pazitäten, die an den Ausgängen angeschlossen sind, während des Schaltzeitpunkts umgeladen werden, so daß größere Ströme hervorgerufen werden. Obwohl die Spannungsversorgung einen großen Toleranzbereich besitzt, muß aus diesen Gründen die Versorgungsspannungsquelle niederohmig sein. Wie bei den TTL-Schaltkreisen sind auch bei CMOS-Schaltungen zusätzliche Kondensatoren zwischen den Anschlüssen der Versorgungsspannungsquelle U_{DD} an den Bauteilen erforderlich.

2.5.2.3 Ein- und Ausgangsspannungen

Der Eingang einer CMOS-Schaltung besteht aus der Metall-Oxid-Halbleiterstruktur des Transistors, die einen Plattenkondensator mit der Oxidschicht als Dielektrikum bildet. Der Eingang läßt sich ersatzschaltungsmäßig durch die Parallelschaltung eines Kondensators von einigen 10^{-12} F und eines Widerstands der Größenordnung $10^{12}\,\Omega$ darstellen. Ohne Beschaltung des Eingangs bewirkt der hohe Eingangswiderstand eine Aufladung der Kapazität auf etwa den Wert $U_{DD}/2$, so daß die beiden komplementären Transistoren durchgeschaltet werden und der Strom nur durch den Widerstand der Drain-Source-Strecken der beiden Transistoren mit einem Wert von etwa $(400\ldots1000)\,\Omega$ begrenzt wird. Die Verlustleistung der Transistoren, die sonst nur kurzzeitig während des Umschaltzeitpunktes auftritt, sorgt auf Grund ihrer Dauer für eine Zerstörung der Transistoren durch thermische Überlastung. Unbenutzte CMOS-Eingänge müssen daher unbedingt an die Versorgungsspannung U_{DD} oder an Bezugspotential GND gelegt bzw. mit benutzten Eingängen zusammengeschaltet werden. Für CMOS-Schaltungen sind Eingangsspannungen in dem Bereich $-0{,}5\,V < U_I < U_{DD} + 0{,}5\,V$ zugelassen.

Wie bereits erwähnt, ist immer ein Transistor der Ausgangsstufe leitend, während der andere gesperrt ist. Auf Grund des guten Sperrverhaltens der Transistoren beträgt die Drain-Source-Spannung eines leitenden Transistors, über den nur ein geringer Sperrstrom fließt, nur einige mV. In der CMOS-Technik entspricht die Ausgangsspannung daher entweder dem Bezugspotential GND oder der Versorgungsspannung U_{DD}.

2.5.2.4 Ein- und Ausgangsströme

Auf Grund des hohen Eingangswiderstands ist der statische Eingangsstrom einer CMOS-Schaltung vernachlässigbar gering. Nur zum Zeitpunkt des Umschaltens der Ausgangsspannung muß die Eingangskapazität des oder der nachgeschalteten Schaltkreise von einigen pF auf- bzw. entladen werden, so daß ein kurzzeitiger Stromstoß auftritt, den der Ausgang liefern bzw. aufnehmen muß. Da zusätzlich im Umschaltzeitpunkt beide Transistoren der Ausgangsstufe kurzzeitig leitend sind, entsteht noch ein zusätzlicher Stromstoß. Die statische Verlustleistung von CMOS-Schaltkreisen ist daher vernachlässigbar gering, während die dynamische Verlustleistung der CMOS-Schaltkreise mit steigender Frequenz der Umschaltvorgänge zunimmt.

2.5.2.5 Übertragungskennlinie und Störabstand

Die Schwellenspannung von CMOS-Schaltungen beträgt etwa der Hälfte der Versorgungsspannung U_{DD}. Ein CMOS-NAND-Glied zeigt daher eine Übertragungskennlinie, die einen fast rechteckförmigen Verlauf aufweist. Für Eingangsspannungen $U_I < U_{DD}/2$ beträgt die Ausgangsspannung $U_O = U_{DD}$; für Eingangsspannungen $U_I > U_{DD}/2$ hat die Ausgangsspannung den Wert $U_O = 0$ V. Auf Grund der rechteckförmigen Übertragungskennlinie zeigen CMOS-Schaltungen einen optimalen Störabstand, der, durch Fertigungstoleranzen bedingt, etwa 45 % der Versorgungsspannung U_{DD} beträgt.

2.5.2.6 Schaltzeiten

Da die Ausgangsstufen der CMOS-Schaltkreise symmetrisch aufgebaut sind, weisen die Verzögerungszeiten t_{PLH} und t_{PHL} gleiche Werte auf. Im Gegensatz zu TTL-Schaltungen werden die Verzögerungszeiten bei 50 % des Endwertes – also bei dem Spannungswert $U_{DD}/2$ – gemessen. Nachteilig ist, daß die Verzögerungszeiten stark abhängig von den Lastkapazitäten und der Versorgungsspannung U_{DD} sind. Nur die neueren Baureihen 74HC bzw. 74HCT erreichen etwa die Verzögerungszeiten der LS-TTL-Baureihe.

2.5.2.7 Ausgangsstufen

Bei CMOS-Schaltungen werden als Ausgangsstufen nur Ausgangspuffer und Tristate-Ausgänge eingesetzt. Ausgänge mit offenem Drainanschluß – entsprechend den Ausgängen mit offenem Kollektor bei TTL-Schaltungen – werden nicht verwendet. Die ersten CMOS-Schaltkreise bestanden nur aus einer Eingangs- und Verknüpfungsstufe. Die Negationsstufen als Ausgangspuffer in Bild 2.5-9 waren nicht vorhanden. Das Ausgangssignal wurde direkt am Drainanschluß des Transistors T_3 abgegriffen, so daß zwischen Ein- und Ausgang eine starke Rückwirkung bestand. Die neueren CMOS-Baureihen besitzen einen Ausgangspuffer aus einer oder zwei Negationsstufen, der eine Entkopplung zwischen Ein- und Ausgang gewährleistet.

2.5.2.8 Baureihen

Auch in der CMOS-Technik gibt es unterschiedliche Baureihen: CD 4000A, CD 4000B, HEF 4000B, 74HC, 74HCT, 74AC und 74ACT. Die älteste Baureihe CD 4000A wird kaum noch verwendet. Die Baureihen CD 4000B und die verbesserte HEF 4000B können mit einer Versorgungsspannung zwischen 3 V und 15 V betrieben werden. Die CMOS-Technik kennt keinen verbotenen Eingangsspannungsbereich. Der Übergang zwischen Low- und High-Bereich liegt bei der Hälfte der Versorgungsspannung. Diese Baureihen benötigen nahezu keinen Eingangsstrom und weisen eine äußerst geringe Verlustleistung auf. Auf Grund der geringen Treiberströme der Ausgänge und der größeren Schaltzeiten haben diese CMOS-Baureihen aber für die TTL-Baureihen keine Konkurrenz dargestellt. Erst mit der Entwicklung der HC- bzw. HCT-CMOS-Baureihe ist es gelungen, die Schaltzeiten der ALS-TTL-Baureihe zu erreichen. Die HC-CMOS-Baureihe ist pinkompatibel zu den TTL-Baureihen, so daß damit eine Schaltung sowohl mit Bausteinen der HC- als auch mit Bausteinen der LS-TTL-Baureihe aufgebaut werden kann. Die HCT-CMOS-Baureihe besitzt außerdem die Schaltschwelle der TTL-Baureihe und läßt sich daher mit TTL-Schaltkreisen zusammen in Schaltungen einsetzen. Die CMOS-HC- bzw. HCT-Baureihen wurden in den letzten Jahren noch weiter verbessert, so daß die AC- bzw. ACT-Baureihen mit geringen Schaltzeiten von etwa 8 ns und höhen Treiberströmen von 24 mA zur Verfügung stehen. Tabelle 2.5-4 zeigt einen Vergleich der Verlustleistung und der Verzögerungszeit von TTL- und CMOS-Baureihen.

	TTL-Baureihen			CMOS-Baureihen	
	ALS	FAST	AS	HCT	ACT
Schaltkreisbezeichnung	74ALSXX	74FXX	74ASXX	74HCTXX	74ACTXX
Leistungsaufnahme [mW]	1	3,5	15	0,5	0,6
Verzögerungszeit [ns]	4	2,3	1,5	10	8

Tabelle 2.5-4 Vergleich der Leistungsaufnahme und Verzögerungszeit von TTL- und CMOS-Baureihen

2.5.3 BICMOS-Technik

Die BICMOS-Technik (engl.: bipolar CMOS) nutzt die guten Eigenschaften der bipolaren TTL- und der CMOS-Technik. Die Baureihe 74BCT besteht vorwiegend aus Schaltkreisen zum Treiben von Busleitungen. Die Eingangsstufe als auch die Stufe, die die boolesche Verknüpfung realisiert, sind in CMOS-Technik aufgebaut. Dadurch werden sehr geringe Eingangsströme sowie eine geringe Leistungsaufnahme erreicht. Die Ausgangsstufe, die in Schottky-TTL-Technik aufgebaut ist, gewährleistet große Treiberströme und eine geringe Verzögerungszeit.

2.5.4 I²L-Technik

Die I²L-Technik (engl.: integrated injection logic) arbeitet mit gesteuerten Konstantstromquellen. Sie eignet sich auf Grund ihres geringen Platzbedarfs für hochintegrierte Bausteine mit mittleren Schaltgeschwindigkeiten.

2.5.5 ECL-Technik

Die ECL-Technik (engl.: emitter coupled logic) erreicht sehr hohe Schaltgeschwindigkeiten. Die mittlere Verzögerungszeit der ECL-Technik liegt bei etwa

0,5 ns und beträgt damit etwa nur 30 % der schnellsten AS-TTL-Baureihe. Die Transistoren sind über den Emitter gekoppelt und werden nicht in den Sättigungsbereich geschaltet. Wesentliche Nachteile dieser Technik sind sowohl der große Leistungsbedarf von etwa 60 mW als auch der geringe Störspannungsabstand von 0,4 V.

2.5.6 GaAs-MES-FET-Technik

Die GaAs-MES-FET-Technik (engl.: gallium arsenid metal semiconductor field effect transistor) arbeitet mit Schottky-Feldeffekt-Transistoren, die mit Galliumarsenid als Substrat aufgebaut sind. Die Schaltgeschwindigkeit elektronischer Bauelemente wird wesentlich durch die Beweglichkeit der Ladungsträger – der Elektronen und der Defektelektronen – begrenzt. Galliumarsenid erlaubt auf Grund seiner um den Faktor sechs größeren Ladungsträgerbeweglichkeit gegenüber Silizium die Herstellung von elektronischen Schaltkreisen mit Verzögerungszeiten unter 100 Pikosekunden.

3 Schaltalgebra

Bereits im Jahre 1847 entwickelte der englische Mathematiker und Logiker *G. Boole* (1815-1864) eine Algebra der Logik, um logische Zusammenhänge mathematisch erfassen zu können. Diese Algebra, die logische Begriffe und ihre Verknüpfungen durch mathematische Zeichen ausdrückte und Gesetze der Algebra anwandte, wurde nach seinem Entwickler „Boolesche Algebra" genannt, um sie von der gewöhnlichen Algebra zu unterscheiden. Im Jahre 1938 erfolgte dann die Anwendung der Booleschen Algebra auf Schaltungen mit Relais durch *C. E. Shannon* und führte zum Begriff der Schaltalgebra, mit deren Hilfe sich logische Schaltungen berechnen und vereinfachen lassen.

3.1 Schaltvariable und Schaltfunktion

In der Schaltalgebra als auch der gewöhnlichen Algebra gibt es Konstanten und Variablen. Die gewöhnliche Algebra kennt Konstanten und Variablen, die unendlich viele Werte annehmen können, während in der Schaltalgebra nur die Konstanten 0 und 1 und Variablen mit den Werten 0 und 1 auftreten. Eine Variable, die nur endlich viele Werte annehmen kann, wird Schaltvariable genannt. Kann eine Schaltvariable nur die Werte 0 oder 1 annehmen, so bezeichnet man sie als binäre Schaltvariable.

Bereits mit einer Variablen lassen sich in der gewöhnlichen Algebra unendlich viele Funktionen aufstellen, während sich in der Schaltalgebra mit endlich vielen binären Schaltvariablen auch nur endlich viele Funktionen ergeben. Eine Funktion, bei der jede Argument-Variable und die Funktion selbst nur zwei Werte annehmen können, wird binäre bzw. boolesche Schaltfunktion genannt. Man bezeichnet die Schaltvariablen auch als boolesche Schaltvariablen, wobei der Ausdruck „boolesch" zusätzlich darauf hinweist, daß über binären Schaltvariablen Schaltfunktionen der Booleschen Algebra ausgeführt werden. Wird eine Schaltfunktion mit Hilfe eines Operationssymbols dargestellt, so spricht man von einer booleschen Verknüpfung, die auch als logische Verknüpfung bezeichnet wird. Digitale Schaltungen, die eine boolesche Verknüpfung von Schaltvariablen bewirken, werden Verknüpfungsglieder – Schaltglieder oder auch Gatter – genannt. Die Ausdrücke „logisch" an Stelle von „boolesch" als auch „Gatter" an Stelle von „Schaltglied" sind jedoch nach der DIN 44300 als mißverständlich zu vermeiden.

Schaltglieder verknüpfen die Schaltvariablen der Eingänge an Hand von Schaltfunktionen und erzeugen eine oder mehrere Ausgangsvariablen, die das Ergebnis der Verknüpfung angeben. Mit Hilfe der Schaltalgebra lassen sich Schaltfunktionen aufstellen und berechnen, so daß eine Analyse und Synthese von Schaltungen ermöglicht wird. Die Schaltalgebra gibt dabei lediglich Auskunft über die booleschen Schaltfunktionen der Verknüpfungsglieder; sie gestattet jedoch keinerlei Aussagen über die schaltungstechnischen Zusammenhänge, wie z. B. über Spannungswerte, Störabstände, Verzögerungszeiten und Lastfaktoren.

3.2 Darstellung boolescher Verknüpfungen

Für die Verknüpfungen der Schaltvariablen werden allgemeine Darstellungen verwendet. Die Verknüpfung kann durch eine boolesche Schaltfunktion, eine Schaltung mit Schaltzeichen oder durch eine Wahrheitstabelle dargestellt werden. Zusätzlich zu diesen Darstellungen läßt sich auch der zeitliche Verlauf der zu verknüpfenden und der verknüpften Schaltvariablen in einem Zeitdiagramm angeben. In den folgenden Abschnitten werden die möglichen booleschen Verknüpfungen mit einer bzw. mit zwei zu verknüpfenden Schaltvariablen – nachfolgend Eingangsvariablen genannt – und einer verknüpften Schaltvariablen – im Folgenden als Ausgangsvariable bezeichnet – erläutert. Die Bezeichnungen der Ein- und Ausgangsvariablen können beliebig gewählt werden. Nachfolgend werden die Eingangsvariablen mit A und B und die Ausgangsvariable mit Y bezeichnet.

3.2.1 Darstellung durch Schaltfunktion

Eine boolesche Verknüpfung läßt sich durch eine Schaltfunktion darstellen, die die Abhängigkeit der Ausgangsvariable Y von den Eingangsvariablen A, B durch die Gleichung $Y = f(A, B)$ beschreibt. In den folgenden Abschnitten werden für die booleschen Verknüpfungen der Schaltvariablen die mathematischen Zeichen der Schaltalgebra nach der DIN 66000 verwendet.

3.2.2 Darstellung durch Schaltzeichen

Eine boolesche Verknüpfung läßt sich auch durch ein Schaltzeichen darstellen, welches unabhängig von der verwendeten Schaltungstechnik ist. Das Bild 3.2-1 zeigt das Schaltzeichen eines Verknüpfungsglieds mit zwei Eingangsvariablen A und B, welches die Ausgangsvariable Y erzeugt. Die Ein- und Ausgangslinien

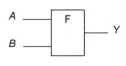

Eingangs-variable B A		Ausgangs-variable Y
0	0	X
0	1	0
1	0	0
1	1	1

Bild 3.2-1 Schaltzeichen eines Verknüpfungsglieds

Tabelle 3.2-1 Wahrheitstabelle einer booleschen Verknüpfung

des Schaltzeichens sind vorzugsweise an gegenüberliegenden Seiten der Kontur anzubringen. Das Funktionskennzeichen, welches in Bild 3.2-1 allgemein mit dem Buchstaben F bezeichnet ist, macht eine Aussage über die Schaltfunktion der booleschen Verknüpfung. Es ist innerhalb der Symbolkontur vorzugsweise oben in der Mitte oder alternativ in der Mitte der Symbolkontur anzubringen. In den nachfolgenden Abschnitten werden Schaltzeichen für Verknüpfungen verwendet, die in der DIN 40900 Teil 12 festgelegt sind.

3.2.3 Darstellung durch Wahrheitstabelle

In einer Wahrheitstabelle – auch Funktions- bzw. Wertetabelle genannt – sind die Ergebnisse der Verknüpfung für die Kombinationen der Eingangsvariablen aufgeführt, wie die Tabelle 3.2-1 zeigt. Die Wahrheitstabelle enthält auf der linken Seite alle möglichen Kombinationen der Werte der Eingangsvariablen und auf der rechten Seite die zugehörigen Werte der Ausgangsvariablen. Kann eine Kombination der Eingangsvariablen nicht auftreten oder ist es bei einer Kombination der Eingangsvariablen unerheblich, welchen Wert die Ausgangsvariable annimmt, dann wird dieses mit dem Buchstaben X in der Ausgangsvariablen gekennzeichnet; der Buchstabe X gibt dabei an, daß der Wert der Ausgangsvariablen für diese Kombination frei wählbar ist. Es macht nichts (engl.: don't care, siehe Abschnitt 3.8.4), wenn man die Ausgangsvariable in diesem Fall entweder zu 0 oder auch zu 1 wählt.

3.2.4 Darstellung durch Zeitdiagramm

Als ergänzende Darstellung von Verknüpfungen wird häufig auch ein Zeitdiagramm verwendet, welches die Abhängigkeit der verknüpften Schaltvariablen von den zu verknüpfenden Schaltvariablen in einem zeitlichen Verlauf angibt. Die Ausgangsvariable Y nimmt nach diesem Diagramm nur dann den 1-Zustand an, wenn beide Eingangsvariablen A und B den 1-Zustand aufweisen, wie dem Bild 3.2-2 zu entnehmen ist.

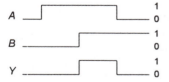

Bild 3.2-2 Zeitdiagramm einer booleschen Verknüpfung

3.3 Verknüpfungen mit *n* Schaltvariablen

Eine binäre Schaltvariable kann nur zwei Werte – auch Zustände genannt – annehmen. Die Anzahl der möglichen Zustandskombinationen K in Abhängigkeit von der Anzahl der binären Schaltvariablen n berechnet sich daher zu:

$$K = 2^n. \tag{3.3-1}$$

Wie bereits erwähnt, ergeben sich in der Schaltalgebra mit endlich vielen Schaltvariablen auch nur endlich viele Verknüpfungsfunktionen. Die Ausgangsvariable einer booleschen Verknüpfung kann für jede Kombination K der zu verknüpfenden Eingangsvariablen jeweils nur zwei Werte annehmen. Daher berechnet sich die Anzahl der möglichen Verknüpfungsfunktionen V bei n zu verknüpfenden Eingangsvariablen mit:

$$V = 2^K = 2^{(2^n)}. \qquad (3.3\text{-}2)$$

3.3.1 Verknüpfungen mit einer Schaltvariablen

Für eine boolesche Verknüpfung mit nur einer Schaltvariablen A lassen sich nach Gl. (3.3-2) vier mögliche Verknüpfungsfunktionen aufstellen, die in der Tabelle 3.3-1 mit $V_0 ... V_3$ bezeichnet sind. Bei der Verknüpfungsfunktion V_0 entspricht die Ausgangsvariable Y unabhängig von den Zuständen der Schaltvariablen A immer der Konstante 0. Bei der Verknüpfungsfunktion V_3 ist die Ausgangsvariable Y für beide Zustände der Eingangsvariablen A immer gleich der Konstante 1. Da die Ausgangsvariable Y weder im Fall der Verknüpfung V_0 noch V_3 eine Abhängigkeit von der Eingangsvariablen zeigt, haben V_0 und V_3 keine Bedeutung. Bei der Verknüpfung V_1 ist der Zustand der Ausgangsvariablen Y immer identisch mit dem Zustand der Eingangsvariablen A, wie das beispielsweise bei einem Signalverstärker der Fall ist. Als Verknüpfung hat V_1 aber auch keine Bedeutung. Als einzige Verknüpfungsfunktion mit einer Eingangsvariablen verbleibt daher lediglich V_2, bei der die Ausgangsvariable Y immer den entgegengesetzten Zustand der Eingangsvariablen A annimmt. Die Verknüpfungsfunktion V_2 wird Negation genannt; sie wird in Abschnitt 3.4.3 eingehend behandelt.

Verknüpfungs-funktion	Ausgangsvariable Y für Eingangsvariable A 0 1	Bezeichnung	Schaltfunktion
V_0	0 0	Konstante 0	–
V_1	0 1	Identität von A	$Y = A$
V_2	1 0	Negation von A	$Y = \neg A$
V_3	1 1	Konstante 1	–

Tabelle 3.3-1 Boolesche Verknüpfungsfunktionen mit einer Schaltvariablen

3.3.2 Verknüpfungen mit zwei Schaltvariablen

Für eine boolesche Verknüpfungsschaltung mit zwei Schaltvariablen A und B ergeben sich nach Gl. (3.3-2) sechzehn mögliche Verknüpfungsfunktionen, die in Tabelle 3.3-2 mit $V_0...V_{15}$ bezeichnet sind. Wie bereits im vorhergehenden Abschnitt erläutert, können die Verknüpfungsfunktionen V_0 ($Y = 0$), V_3 ($Y = B$), V_5 ($Y = A$) und V_{15} ($Y = 1$) als trivial angesehen werden; sie haben daher keine

3.3 Verknüpfungen mit n Schaltvariablen

Verknüpfungs-funktion	Ausgangsvariable Y für Kombination der Eingangsvariablen				Bezeichnung	Schaltfunktion
	$B\ A$ $0\ 0$	$B\ A$ $0\ 1$	$B\ A$ $1\ 0$	$B\ A$ $1\ 1$		
V_0	0	0	0	0	Konstante 0	–
V_1	0	0	0	1	UND-Verknüpfung	$Y = A \wedge B$
V_2	0	0	1	0	Inhibiton von A	$Y = \neg A \wedge B$
V_3	0	0	1	1	Identität von B	$Y = B$
V_5	0	1	0	0	Inhibition von B	$Y = A \wedge \neg B$
V_4	0	1	0	1	Identität von A	$Y = A$
V_6	0	1	1	0	Antivalenz	$Y = (\neg A \wedge B) \vee (A \wedge \neg B)$
V_7	0	1	1	1	ODER-Verknüpfung	$Y = A \vee B$
V_8	1	0	0	0	NOR-Verknüpfung	$Y = \neg(A \vee B)$
V_9	1	0	0	1	Äquivalenz	$Y = (A \wedge B) \vee (\neg A \wedge \neg B)$
V_{10}	1	0	1	0	Negation von A	$Y = \neg A$
V_{11}	1	0	1	1	Implikation von A	$Y = \neg A \vee B$
V_{12}	1	1	0	0	Negation von B	$Y = \neg B$
V_{13}	1	1	0	1	Implikation von B	$Y = A \vee \neg B$
V_{14}	1	1	1	0	NAND-Verknüpfung	$Y = \neg(A \wedge B)$
V_{15}	1	1	1	1	Konstante 1	–

Tabelle 3.3-2 Boolesche Verknüpfungsfunktionen mit zwei Schaltvariablen

Bedeutung. Die nachfolgend benutzten Operationszeichen $\wedge$, $\vee$ und $\neg$ in den Schaltfunktionen werden in den Abschnitten 3.4.1, 3.4.2 und 3.4.3 erklärt. Die Verknüpfungen V_{10} ($Y = \neg A$) bzw. V_{12} ($Y = \neg B$) stellen nur eine Verknüpfung jeweils einer Schaltvariablen dar, die bereits im vorhergehenden Abschnitt erörtert wurde.

Bei der Verknüpfungsfunktion V_1 – der UND-Verknüpfung: $Y = A \wedge B$ – nimmt die Ausgangsvariable Y nur dann den 1-Zustand an, wenn die Eingangsvariablen A und B den 1-Zustand aufweisen. Bei der Verknüpfungsfunktion V_2 – der Inhibition von A: $Y = \neg A \wedge B$ – befindet sich die Ausgangsvariable Y nur dann im 1-Zustand, wenn die Eingangsvariable A im 0-Zustand und B im 1-Zustand ist. Die Verknüpfungsfunktion V_4 – die Inhibition von B: $Y = A \wedge \neg B$ – zeigt im Prinzip die Funktion von V_2, nur daß die Eingangsvariablen A und B zu vertauschen sind. Die Ausgangsvariable Y ist bei der Verknüpfung V_4 dann im 1-Zustand, wenn die Eingangsvariable A im 1-Zustand und B im 0-Zustand ist. Bei der Verknüpfungsfunktion V_6 – der Antivalenz: $Y = (\neg A \wedge B) \vee (A \wedge \neg B)$ – nimmt die Ausgangsvariable Y nur dann den 1-Zustand an, wenn die Eingangsvariablen A und B jeweils unterschiedliche Logik-Zustände aufweisen. Bei der Verknüpfungsfunktion V_7 – der ODER-Verknüpfung: $Y = A \vee B$ – befindet sich die Ausgangsvariable Y in den Fällen im 1-Zustand, in denen entweder die Eingangsvariable A oder die Eingangsvariable B oder beide Eingangsvariablen den 1-Zustand aufweisen. Die Ausgangsvariable Y weist bei der Verknüpfungsfunktion V_8 – der NOR-Verknüpfung: $Y = \neg(A \vee B)$ – genau den entgegengesetzten Zustand wie bei der Verknüpfungsfunktion V_7 auf. Die Ausgangsvariable Y ist dann im 1-Zustand, wenn beide Eingangsvariablen den 0-Zustand aufweisen. Vergleicht man die Verknüpfungsfunktion V_9 mit V_6, so zeigt die Ausgangsvariable Y ebenfalls für alle Kombinationen der Eingangsvariablen den entgegengesetzten Zustand. Bei der Verknüpfungsfunktion V_9 – der Äquivalenz: $Y = (A \wedge B) \vee (\neg A \wedge \neg B)$ – befindet sich die Ausgangsvariable Y im 1-Zustand, wenn die Eingangsvariablen gleiche Logik-Zustände aufweisen. Die Ausgangsvariable Y ist bei der Verknüpfungsfunktion V_{11} – Implikation von A: $Y = \neg A \vee B$ – immer dann im 1-Zustand, wenn die Eingangsvariable A im 0-Zustand oder B im 1-Zustand ist. Die Verknüpfungsfunktion V_{13} – Implikation von B: $Y = A \vee \neg B$ – zeigt im Prinzip die Funktion von V_{11}, nur daß die Eingangsvariablen A und B zu vertauschen sind. Die Ausgangsvariable Y ist bei der Verknüpfungsfunktion V_{13} dann im 1-Zustand, wenn die Eingangsvariable A im 1-Zustand oder B im 0-Zustand ist. Der Vergleich der Verknüpfungsfunktionen V_1 und V_{14} zeigt, die Ausgangsvariable Y für alle Kombinationen der Eingangsvariablen den komplementären Logik-Zustand aufweist. Bei der Verknüpfung V_{14} – NAND-Verknüpfung: $Y = \neg(A \wedge B)$ – ist die Ausgangsvariable im 1-Zustand, wenn nicht beide Eingangsvariablen den 1-Zustand aufweisen.

3.4 Grundverknüpfungen der Schaltalgebra

Die booleschen Verknüpfungen der Schaltalgebra lassen sich durch eine Kombination aus UND-, ODER-Verknüpfungen und Negationen darstellen, wie den angegebenen Schaltfunktionen der NAND-, NOR-Verknüpfung, Inhibition, Implikation, Äquivalenz und Antivalenz in Tabelle 3.3-2 zu entnehmen ist. Die UND-, ODER-Verknüpfung und Negation werden daher als die Grundverknüpfungen der Schaltalgebra bezeichnet.

3.4.1 UND-Verknüpfung

Die boolesche Verknüpfung, deren Ausgangsvariable sich nur dann im 1-Zustand befindet, wenn alle miteinander verknüpften Schaltvariablen den 1-Zustand aufweisen, wird UND-Verknüpfung, Konjunktion oder auch Boolesches Produkt genannt. Der Ausdruck „Boolesches Produkt" entstammt der Booleschen Algebra, in der der Erfinder G. *Boole* für die UND-Verknüpfung das Multiplikationszeichen als Operationszeichen vorgesehen hat. Nach der DIN 66000 ist jedoch das Operationszeichen $\wedge$ (Sprechweise: und) zu verwenden, um Verwechslungen mit dem mathematischen Operationszeichen der Multiplikation zu vermeiden. Die UND-Verknüpfung kann zwei bis beliebig viele binäre Schaltvariablen miteinander verknüpfen. Die digitale Schaltung, die eine UND-Verknüpfung realisiert, wird UND-Glied genannt. Häufig wird für Ver-

3.4 Grundverknüpfungen der Schaltalgebra

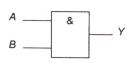

Eingangs-variable		Ausgangs-variable
B	A	Y
0	0	0
0	1	0
1	0	0
1	1	1

Bild 3.4-1 Schaltzeichen des UND-Glieds

Tabelle 3.4-1 Wahrheitstabelle der UND-Verknüpfung

knüpfungsglieder auch der Begriff „Gatter" verwendet, der jedoch nach DIN 44300 als mißverständlich zu vermeiden ist. Bild 3.4-1 zeigt das Schaltzeichen des UND-Glieds mit den Eingangsvariablen A und B und der Ausgangsvariablen Y. Die Schaltfunktion der UND-Verknüpfung lautet: $Y = A \wedge B$ (Sprechweise: Y ist gleich A und B). Das UND-Glied ist dadurch gekennzeichnet, daß sich die Ausgangsvariable Y dann im externen 1-Zustand befindet, wenn alle Eingangsvariablen, in diesem Fall die Eingangsvariablen A und B, den externen 1-Zustand aufweisen, wie die Wahrheitstabelle in Tabelle 3.4-1 zeigt.

3.4.2 ODER-Verknüpfung

Die boolesche Verknüpfung, deren Ausgangsvariable sich dann im 1-Zustand befindet, wenn eine oder mehrere Schaltvariablen den 1-Zustand aufweisen, wird ODER-Verknüpfung, Disjunktion, Adjunktion oder Boolesche Summe genannt. Der Ausdruck „Boolesche Summe" entstammt der Booleschen Algebra, in der der Erfinder *G. Boole* für die ODER-Verknüpfung das Additionszeichen als Operationszeichen vorgesehen hat. Nach der DIN 66000 ist jedoch das Operationszeichen $\vee$ (Sprechweise: oder) zu verwenden, um Verwechslungen mit dem mathematischen Operationszeichen der Addition zu vermeiden. Die ODER-Verknüpfung kann zwei bis beliebig viele binäre Schaltvariablen miteinander verknüpfen. Die digitale Schaltung, die eine ODER-Verknüpfung realisiert, wird ODER-Glied genannt. Bild 3.4-2 zeigt das Schaltzeichen des ODER-Glieds mit den Eingangsvariablen A und B und der Ausgangsvariablen Y. Die Schaltfunktion der ODER-Verknüpfung lautet: $Y = A \vee B$ (Sprechweise:

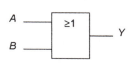

Eingangs-variable		Ausgangs-variable
B	A	Y
0	0	0
0	1	1
1	0	1
1	1	1

Bild 3.4-2 Schaltzeichen des ODER-Glieds

Tabelle 3.4-2 Wahrheitstabelle der ODER-Verknüpfung

Y ist gleich A oder B). Das ODER-Glied ist dadurch gekennzeichnet, daß sich die Ausgangsvariable Y dann im externen 1-Zustand befindet, wenn eine oder mehrere der Eingangsvariablen, in diesem Fall die Eingangsvariable A oder die Eingangsvariable B oder beide Eingangsvariablen A und B, den externen 1-Zustand aufweisen, wie die Wahrheitstabelle in Tabelle 3.4-2 zeigt.

3.4.3 Negation

Die boolesche Verknüpfung, deren Ausgangsvariable den 1-Zustand annimmt, wenn die Eingangsvariable den 0-Zustand aufweist, wird Negation, Invertierung, Nicht-Verknüpfung oder Boolesches Komplement genannt. Nach der DIN 66000 ist für die Negation entweder das Operationszeichen ¬ oder die Überstreichung ¯ zu verwenden. Das Operationszeichen ¬ ist jedoch nach DIN 5474 zu bevorzugen. Der waagerechte Strich dieses Operationszeichens steht in halber Höhe eines Buchstabens ohne Ober- und Unterlänge. Die digitale Schaltung, die eine Negation der Eingangsvariablen realisiert, wird Negations-Glied, Inverter oder auch NICHT-Glied genannt. Bild 3.4-3 zeigt das Schaltzeichen des Negations-Gliedes, dessen Schaltfunktion $Y = \neg A$ bzw. $Y = \overline{A}$ (Sprechweise: Y ist gleich nicht A) lautet. Das Negations-Glied ist dadurch gekennzeichnet, daß sich die Ausgangsvariable Y im externen 1-Zustand befindet, wenn sich die Eingangsvariable A im externen 0-Zustand befindet, wie die Wahrheitstabelle in Tabelle 3.4-3 zeigt. Befindet sich dagegen die Eingangsvariable A im externen 0-Zustand, so weist die Ausgangsvariable Y den 1-Zustand auf.

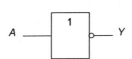

Bild 3.4-3 Schaltzeichen des Negations-Gliedes

Eingangs-variable A	Ausgangs-variable Y
0	1
1	0

Tabelle 3.4-3 Wahrheitstabelle der Negation

3.5 Zusammengesetzte boolesche Verknüpfungen

Aus einer Kombination von Grundverknüpfungen – der UND-, ODER-Verknüpfung und Negation – lassen sich alle denkbaren booleschen Verknüpfungen, also auch die NAND- und NOR-Verknüpfung, die Inhibition, die Implikation, die Äquivalenz und die Antivalenz realisieren.

3.5.1 NAND-Verknüpfung

Die Reihenschaltung einer UND-Verknüpfung und einer Negation bildet die NAND-Verknüpfung (engl.: not and), die zwei bis beliebig viele binäre Schaltvariable miteinander verknüpfen kann. Die digitale Schaltung, die eine NAND-

3.5 Zusammengesetzte boolesche Verknüpfungen

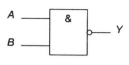

Bild 3.5-1 Schaltzeichen
des NAND-Glieds

Tabelle 3.5-1 Wahrheitstabelle
der NAND-Verknüpfung

Eingangs-variable		Ausgangs-variable
0	0	1
0	1	1
1	0	1
1	1	0

Verknüpfung realisiert, wird NAND-Glied genannt. Das Bild 3.5-1 zeigt das Schaltzeichen des NAND-Glieds mit zwei Eingangsvariablen A und B und der Ausgangsvariablen Y. Die Schaltfunktion der NAND-Verknüpfung, die auch als Sheffer-Funktion bekannt ist, lautet: $Y = A \overline{\wedge} B$ (Sprechweise: Y ist gleich A nand B) und ist gleichwertig mit der Schaltfunktion $Y = \neg(A \wedge B)$ (Sprechweise: Y ist gleich nicht (A und B)). Das NAND-Glied ist dadurch gekennzeichnet, daß sich die Ausgangsvariable Y dann im externen 1-Zustand befindet, wenn nicht alle Eingangsvariablen, in diesem Fall nicht die beiden Eingangsvariablen A und B, den externen 1-Zustand aufweisen, wie die Wahrheitstabelle in Tabelle 3.5-1 zeigt.

3.5.2 NOR-Verknüpfung

Die Reihenschaltung einer ODER-Verknüpfung und einer Negation erzeugt eine NOR-Verknüpfung (engl.: not or), die zwei bis beliebig viele binäre Schaltvariable miteinander verknüpfen kann. Die digitale Schaltung, die eine NOR-Verknüpfung realisiert, wird NOR-Glied genannt. Das Bild 3.5-2 zeigt das Schaltzeichen des NOR-Glieds mit zwei Eingangsvariablen A und B und der Ausgangsvariablen Y. Für die Schaltfunktion der NOR-Verknüpfung, die auch als Peirce-Funktion bekannt ist, sieht die DIN 66000 die Form: $Y = A \overline{\vee} B$ (Sprechweise: Y ist gleich A nor B) vor. Sie läßt sich jedoch auch durch eine ODER-Verknüpfung und eine Negation angeben und ist daher gleichwertig mit der Schaltfunktion $Y = \neg(A \vee B)$ (Sprechweise: Y ist gleich nicht (A oder B)). Das NOR-Glied ist dadurch gekennzeichnet, daß sich die Ausgangsvariable Y nur

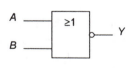

Bild 3.5-2 Schaltzeichen
des NOR-Glieds

Tabelle 3.5-2 Wahrheitstabelle
der NOR-Verknüpfung

Eingangs-variable		Ausgangs-variable
B	A	Y
0	0	1
0	1	0
1	0	0
1	1	0

dann im externen 1-Zustand befindet, wenn sich alle Eingangsvariablen, in diesem Fall die Eingangsvariablen *A* und *B*, im externen 0-Zustand befinden, wie der Wahrheitstabelle in Tabelle 3.5-2 zu entnehmen ist.

3.5.3 Inhibition

Die Inhibition ist eine besondere Form der UND-Verknüpfung und läßt sich dadurch realisieren, daß eine Schaltvariable über eine Negation einer UND-Verknüpfung zugeführt wird. Im Schaltzeichen der Inhibition wird dieses durch einen Negationskreis an dem entsprechenden Eingang gekennzeichnet, wie das Bild 3.5-3 der Inhibition mit zwei Eingängen zeigt. Die Inhibition ist zwischen zwei bis beliebig vielen binären Schaltvariablen denkbar; sie läßt sich nach DIN 44300 Teil 5 durch die Kurzform: $Y = A \rightarrowtail B$ (Sprechweise: *Y* ist gleich *A* Pfeil-Pfeil *B*) angeben. Die Schaltfunktion der Inhibition läßt sich auch durch eine UND-Verknüpfung und eine Negation mit $Y = \neg A \wedge B$ (Sprechweise: *Y* ist gleich nicht *A* und *B*) darstellen. Die Inhibition ist dadurch gekennzeichnet, daß sich die Ausgangsvariable *Y* nur dann im externen 1-Zustand befindet, wenn die negierte Eingangsvariable, in diesem Fall die Eingangsvariable *A*, den externen 0-Zustand und alle anderen Eingangsvariablen, in diesem Fall lediglich die Eingangsvariable *B*, den externen 1-Zustand aufweisen, wie der Wahrheitstabelle in Tabelle 3.5-3 zu entnehmen ist.

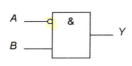

Bild 3.5-3 Schaltzeichen der Inhibition

Eingangs-variable		Ausgangs-variable
B	*A*	*Y*
0	0	0
0	1	0
1	0	1
1	1	0

Tabelle 3.5-3 Wahrheitstabelle der Inhibition

3.5.4 Implikation

Die Implikation, die auch Subjunktion genannt wird, ist eine besondere Form der ODER-Verknüpfung. Sie läßt sich dadurch realisieren, daß eine Schaltvariable über eine Negation einer ODER-Verknüpfung zugeführt wird. Im Schaltzeichen der Implikation wird dieses durch den Negationskreis an dem entsprechenden Eingang gekennzeichnet, wie das Bild 3.5-4 zeigt. Die Schaltfunktion der Implikation wird nach der DIN 66000 wie folgt angegeben: $Y = A \rightarrow B$ (Sprechweise: *Y* ist gleich *A* Pfeil *B*). Sie läßt sich auch durch eine ODER-Verknüpfung und eine Negation darstellen und ist daher gleichwertig mit der Schaltfunktion $Y = \neg A \vee B$ (Sprechweise: *Y* ist gleich nicht *A* oder *B*). Die Implikation ist dadurch gekennzeichnet, daß sich die Ausgangsvariable *Y* dann im

3.5 Zusammengesetzte boolesche Verknüpfungen

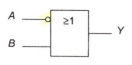

Eingangs-variable		Ausgangs-variable
B	A	Y
0	0	1
0	1	0
1	0	1
1	1	1

Bild 3.5-4 Schaltzeichen der Implikation

Tabelle 3.5-4 Wahrheitstabelle der Implikation

externen 1-Zustand befindet, wenn die negierte Eingangsvariable den externen 0-Zustand, in diesem Fall die Eingangsvariable A, oder einer oder mehrere der nicht negierten Eingangsvariablen, in diesem Fall die Eingangsvariable B, den externen 1-Zustand aufweisen, wie der Wahrheitstabelle in Tabelle 3.5-4 zu entnehmen ist.

3.5.5 Äquivalenz

Die Äquivalenz wird auch als Äquijunktion oder Bisubjunktion bezeichnet. Mit dieser booleschen Verknüpfung, die immer nur zwei Eingangsvariablen besitzt, läßt sich die Übereinstimmung des Logik-Zustands zweier binärer Schaltvariablen überprüfen. Das Bild 3.5-5 zeigt das Schaltzeichen des Äquivalenz-Glieds mit den Eingangsvariablen A und B und der Ausgangsvariablen Y. Die Schaltfunktion der Äquivalenz läßt sich daher auch durch UND-, ODER-Verknüpfungen und Negationen angeben: $Y = A \leftrightarrow B$ (Sprechweise: Y ist gleich A Doppelpfeil B) und ist gleichwertig mit $Y = (A \land B) \lor (\neg A \land \neg B)$. Die Äquivalenz ist dadurch gekennzeichnet, daß sich die Ausgangsvariable Y nur dann im externen 1-Zustand befindet, wenn beide Eingangsvariablen A und B den gleichen externen Logik-Zustand aufweisen, wie der Wahrheitstabelle in Tabelle 3.5-5 zu entnehmen ist.

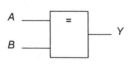

Eingangs-variable		Ausgangs-variable
B	A	Y
0	0	1
0	1	0
1	0	0
1	1	1

Bild 3.5-5 Schaltzeichen des Äquivalenz-Glieds

Tabelle 3.5-5 Wahrheitstabelle der Äquivalenz

3.5.6 Antivalenz

Mit einer Antivalenz, die auch als ausschließendes ODER, exklusives ODER bzw. XOR-Verknüpfung bezeichnet wird, lassen sich zwei binäre Schaltva-

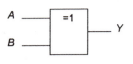

Eingangs-variable B A	Ausgangs-variable Y
0 0	0
0 1	1
1 0	1
1 1	0

Bild 3.5-6 Schaltzeichen des Antivalenz-Glieds

Tabelle 3.5-6 Wahrheitstabelle der Antivalenz

riablen auf Ungleichheit überprüfen. Das Bild 3.5-6 zeigt das Schaltzeichen des Antivalenz-Glieds mit den beiden Eingangsvariablen A und B und der Ausgangsvariablen Y. Die Schaltfunktion der Antivalenz lautet: $Y = A \leftrightarrow B$ (Sprechweise: Y ist gleich A xor B) und ist gleichwertig mit der Schaltfunktion $Y = (\neg A \wedge B) \vee (A \wedge \neg B)$. Die Antivalenz ist dadurch gekennzeichnet, daß sich die Ausgangsvariable Y nur dann im externen 1-Zustand befindet, wenn beide Eingangsvariablen A und B den ungleichen externen Zustand aufweisen, wie der Wahrheitstabelle in Tabelle 3.5-6 zu entnehmen ist.

3.6 Rechenregeln der Schaltalgebra

Die Rechenregeln der Schaltalgebra lassen sich besonders anschaulich an Leitungsverbindungen und Leitungsunterbrechungen erläutern. Wie bereits erwähnt, kennt die Schaltalgebra die Konstanten 0 und 1 und Schaltvariablen, die nur den Logik-Zustand 0 oder 1 annehmen können. Schaltungstechnisch entspricht die Konstante 0 einer Leitungsunterbrechung, während die Konstante 1 eine Leitungsverbindung darstellt. Eine Schaltvariable entspricht einem Schalter, der im 0-Zustand geöffnet und im 1-Zustand geschlossen ist. Die Reihenschaltung zweier Schalter ergibt nur dann eine Leitungsverbindung, wenn beide Schalter geschlossen sind. Eine UND-Verknüpfung entspricht in der Schaltungstechnik daher einer Reihenschaltung von Schaltern. Die Parallelschaltung zweier Schalter ergibt dann eine Leitungsverbindung, wenn einer der beiden Schalter oder beide Schalter geschlossen sind. Eine ODER-Verknüpfung entspricht in der Schaltungstechnik daher einer Parallelschaltung von Schaltern.

3.6.1 Postulate der Schaltalgebra

Die Grundgesetze der Schaltalgebra, die auch Postulate der Schaltalgebra genannt werden, beschreiben lediglich die Rechenregeln für die Konstanten 0 und 1 der Schaltalgebra. Die Postulate der UND- und ODER-Verknüpfungen werden nachfolgend an Leitungsunterbrechungen und Leitungsverbindungen anschaulich erklärt.

3.6 Rechenregeln der Schaltalgebra

1. Postulat: $A = 0$, wenn $A \neq 1$; $A = 1$, wenn $A \neq 0$.

Bei den Variablen der Schaltalgebra handelt es sich immer um binäre Schaltvariablen, die nur zwei Zustände annehmen können; die Schaltvariable befindet sich im 0-Zustand, wenn sie sich nicht im 1-Zustand befindet; die Schaltvariable befindet sich im 1-Zustand, wenn sie sich nicht im 0-Zustand befindet.

2. Postulat: $0 \wedge 0 = 0$

Die UND-Verknüpfung der Konstanten 0 entspricht der Konstante 0.

Die Reihenschaltung zweier Leitungsunterbrechungen entspricht einer Leitungsunterbrechung.

3. Postulat: $1 \vee 1 = 1$

Die ODER-Verknüpfung der Konstanten 1 entspricht der Konstante 1.

Die Parallelschaltung zweier Leitungsverbindungen entspricht einer Leitungsverbindung.

4. Postulat: $1 \wedge 1 = 1$

Die UND-Verknüpfung der Konstanten 1 entspricht der Konstante 1.

Die Reihenschaltung von Leitungsverbindungen entspricht einer Leitungsverbindung.

5. Postulat: $0 \vee 0 = 0$

Die ODER-Verknüpfung der Konstanten 0 entspricht der Konstante 0.

Die Parallelschaltung von Leitungsunterbrechungen entspricht einer Leitungsunterbrechung.

6. Postulat: $0 \wedge 1 = 0$

$1 \wedge 0 = 0$

Die UND-Verknüpfung der Konstante 0 und der Konstante 1 oder der Konstante 1 und der Konstante 0 entspricht der Konstante 0.

Die Reihenschaltung einer Leitungsunterbrechung und einer Leitungsverbindung oder einer Leitungsverbindung und einer Leitungsunterbrechung entspricht einer Leitungsunterbrechung.

7. Postulat: $0 \vee 1 = 1$

$1 \vee 0 = 1$

Die ODER-Verknüpfung der Konstante 0 und der Konstante 1 oder der Konstante 1 und der Konstante 0 entspricht der Konstante 1.

Die Parallelschaltung einer Leitungsunterbrechung und einer Leitungsverbindung oder einer Leitungsverbindung und einer Leitungsunterbrechung entspricht einer Leitungsverbindung.

8. Postulat: $\neg 0 = 1$

$\neg 1 = 0$

Die Negation der Konstante 0 entspricht der Konstante 1. Die Negation der Konstante 1 entspricht der Konstante 0.

Keine Leitungsunterbrechung entspricht einer Leitungsverbindung. Keine Leitungsverbindung entspricht einer Leitungsunterbrechung.

3.6.2 Theoreme der Schaltalgebra

Die Theoreme der Schaltalgebra sind Rechenregeln für die Verknüpfung von einer Schaltvariablen mit einer Konstanten bzw. von einer Schaltvariablen mit sich selbst. Besonders anschaulich lassen sich die Rechenregeln der Schaltalgebra mit Schaltungen, die aus Reihen- bzw. Parallelschaltungen von Schaltern, Leitungsverbindungen und Leitungsunterbrechungen bestehen, erläutern.

1. Theorem: $A \vee 0 = A$

Die ODER-Verknüpfung einer Schaltvariablen mit der Konstante 0 entspricht der Schaltvariablen.

Die Parallelschaltung eines Schalters und einer Leitungsunterbrechung entspricht einem Schalter.

2. Theorem: $A \wedge 1 = A$

Die UND-Verknüpfung einer Schaltvariablen mit der Konstante 1 entspricht der Schaltvariablen.

Die Reihenschaltung eines Schalters und einer Leitungsverbindung entspricht einem Schalter.

3.6 Rechenregeln der Schaltalgebra

3. Theorem: $A \vee 1 = 1$

Die ODER-Verknüpfung einer Schaltvariablen mit der Konstante 1 entspricht der Konstante 1.

Die Parallelschaltung eines Schalters und einer Leitungsverbindung entspricht einer Leitungsverbindung.

4. Theorem: $A \wedge 0 = 0$

Die UND-Verknüpfung einer Schaltvariablen mit der Konstante 0 entspricht der Konstante 0.

Die Reihenschaltung eines Schalters und einer Leitungsunterbrechung entspricht einer Leitungsunterbrechung.

5. Theorem: $A \vee A = A$

Die ODER-Verknüpfung einer Schaltvariablen mit sich selbst entspricht der Schaltvariablen.

Die Parallelschaltung zweier Schalter, die immer den gleichen Zustand aufweisen, entspricht einem Schalter.

6. Theorem: $A \wedge A = A$

Die UND-Verknüpfung einer Schaltvariablen mit sich selbst entspricht der Schaltvariablen.

Die Reihenschaltung zweier Schalter, die immer den gleichen Zustand aufweisen, entspricht einem Schalter.

7. Theorem: $A \vee \neg A = 1$

Die ODER-Verknüpfung einer Schaltvariablen mit deren Negation entspricht der Konstante 1.

Die Parallelschaltung zweier Schalter, die immer unterschiedliche Zustände aufweisen, entspricht einer Leitungsverbindung.

8. Theorem: $A \wedge \neg A = 0$

Die UND-Verknüpfung einer Schaltvariablen mit deren Negation entspricht der Konstante 0.

Die Reihenschaltung zweier Schalter, die immer unterschiedliche Zustände aufweisen, entspricht einer Leitungsunterbrechung.

9. Theorem: $\neg\neg A = A$

Die doppelte Negation einer Schaltvariablen entspricht der Schaltvariablen.

3.6.3 Kommutatives Gesetz

Das kommutative Gesetz, welches auch Vertauschungsgesetz genannt wird, gilt jeweils für die UND-, ODER-Verknüpfung, Äquivalenz und Antivalenz mit einer beliebigen Anzahl von Schaltvariablen. Dieses Gesetz besagt, daß die Reihenfolge der Schaltvariablen von UND- und Oder-Verknüpfungen sowie Äquivalenzen und Antivalenzen beliebig vertauschbar ist:

$$A \wedge B = B \wedge A; \quad A \vee B = B \vee A; \quad A \leftrightarrow B = B \leftrightarrow A; \quad A \looparrowleft\!\!\!\rightarrow B = B \looparrowleft\!\!\!\rightarrow A. \qquad (3.6\text{-}1)$$

3.6.4 Assoziatives Gesetz

Das assoziative Gesetz, welches auch als Verbindungsgesetz bezeichnet wird, gilt sowohl für die UND- als auch die ODER-Verknüpfung. Das Gesetz besagt, daß die Schaltvariablen von UND- und ODER-Verknüpfungen beliebig zusammengefaßt werden können:

$$A \wedge B \wedge C = (A \wedge B) \wedge C = (A \wedge C) \wedge B = A \wedge (B \wedge C); \qquad (3.6\text{-}2)$$

$$A \vee B \vee C = (A \vee B) \vee C = (A \vee C) \vee B = A \vee (B \vee C). \qquad (3.6\text{-}3)$$

3.6.5 Distributives Gesetz

Das distributive Gesetz – auch Verteilungsgesetz genannt – gilt sowohl für die UND- als auch für die ODER-Verknüpfung. Das Gesetz entspricht der Regel über das Ausmultiplizieren und Ausklammern eines Faktors in der gewöhnlichen Algebra:

$$A \wedge (B \vee C) = (A \wedge B) \vee (A \wedge C); \qquad (3.6\text{-}4)$$

$$A \vee (B \wedge C) = (A \vee B) \wedge (A \vee C). \qquad (3.6\text{-}5)$$

3.6.6 Absorptionsgesetz

Das Absorptionsgesetz – auch Aufsaugungsgesetz oder Reduktionsformeln genannt – dient der Vereinfachung von Ausdrücken, wie die nachfolgenden Schaltfunktionen zeigen:

$$A \wedge (A \vee B) = A; \qquad (3.6\text{-}6)$$

$$A \vee (A \wedge B) = A; \qquad (3.6\text{-}7)$$

$$A \wedge (\neg A \vee B) = A \wedge B; \qquad (3.6\text{-}8)$$

$$A \vee (\neg A \wedge B) = A \vee B. \qquad (3.6\text{-}9)$$

3.6.7 Vorrang- und Klammerregeln

Die Reihenfolge der booleschen Verknüpfungen wird in der Schaltalgebra durch Vorrangregeln und Klammern bestimmt. Mit Hilfe der Verknüpfungszeichen können Formeln aus Formeln aufgebaut werden. Wenn φ und ψ Formeln sind, so sind auch

$$\neg\varphi, (\varphi\wedge\psi), (\varphi\vee\psi), (\varphi\overline{\wedge}\psi), (\varphi\overline{\vee}\psi), (\varphi\rightarrow\psi), (\varphi\leftrightarrow\psi), (\varphi\leftrightarrow\!\!\!/\,\psi)$$

Formeln.

Vorrangregeln

Das Operationszeichen der Negation bindet stärker als alle anderen Operationszeichen. Eine negierte Schaltvariable muß daher nicht in Klammern gesetzt werden. Die Operationszeichen der UND-, ODER-, NAND- und NOR-Verknüpfungen binden stärker als die Operationszeichen der Implikation, Äquivalenz und Antivalenz. Die Operationszeichen der UND-, ODER-, NAND- und NOR-Verknüpfungen binden unter sich gleich stark. Ebenfalls binden die Operationszeichen der Implikation, Äquivalenz und Antivalenz unter sich gleich stark.

Klammerregeln

Bei Formeln, die durch Verknüpfen zweier Formeln entstehen, sind Außenklammern vorgesehen. Diese Klammern dürfen nach den folgenden Regeln weggelassen werden: Die Außenklammern einer einzeln stehenden Formel können weggelassen werden. Werden die Außenklammern einer UND-Verknüpfung, welche selbst wieder Glied einer UND-Verknüpfung ist, weggelassen, so entsteht eine gleichwertige Formel; das gleiche gilt für die ODER-Verknüpfung, die Äquivalenz und die Antivalenz.

Beispielsweise ist die Schaltfunktion $Y = (((A\wedge B)\vee C)\vee D)\leftrightarrow((A\overline{\wedge}B)\overline{\wedge}\neg(C\vee D)))$ mit der Schaltfunktion $Y = ((A\wedge B)\vee C)\vee D)\leftrightarrow((A\overline{\wedge}B)\overline{\wedge}\neg(C\vee D))$ gleichwertig, da die Außenklammern der Äquivalenz entfallen kann. Die Zeichen der UND-Verknüpfung, der ODER-Verknüpfung, der Äquivalenz und der Antivalenz können, soweit sinnvoll, auch vor Klammern gesetzt werden, in denen die Teilfunktionen durch Kommata getrennt stehen; d. h., für $n \geq 2$ steht z. B. $\wedge(\varphi_1,...,\varphi_n)$ für $((...(\varphi_1\wedge\varphi_2)...\wedge\varphi_{n-1})\wedge\varphi_n)$.

3.6.8 Theoreme von *De Morgan*

Die Theoreme des englischen Mathematikers *A. De Morgan* (1806-1871) haben in der Schaltalgebra eine große Bedeutung bei der Umwandlung von negierten Ausdrücken von Schaltfunktionen. Die beiden Theoreme lassen sich bei der Umwandlung von NAND-Verknüpfungen in ODER-Verknüpfungen negierter Schaltvariablen bzw. von NOR-Verknüpfungen in UND-Verknüpfungen negierter Schaltvariablen verwenden.

1. Theorem: Eine NAND-Verknüpfung von Schaltvariablen ist gleich der ODER-Verknüpfung der negierten Schaltvariablen:

$$\neg(A \wedge B \wedge C \wedge ...) = \neg A \vee \neg B \vee \neg C \vee ... \qquad (3.6\text{-}10)$$

2. Theorem: Eine NOR-Verknüpfung von Schaltvariablen ist gleich der UND-Verknüpfung der negierten Schaltvariablen:

$$\neg(A \vee B \vee C \vee ...) = \neg A \wedge \neg B \wedge \neg C \wedge ... \qquad (3.6\text{-}11)$$

An Hand dieser beiden Theoreme läßt sich erkennen, daß sich jede beliebige Schaltfunktion entweder nur durch NAND-Verknüpfungen oder nur durch NOR-Verknüpfungen darstellen läßt. Die allgemeine Form der Theoreme von *A. De Morgan* ist der Satz von *C. E. Shannon*:

$$f_\neg (A, B, C, ... \neg A, \neg B, \neg C, ... \wedge, \vee) =$$
$$= f (\neg A, \neg B, \neg C, ... A, B, C, ... \vee, \wedge). \qquad (3.6\text{-}12)$$

Eine beliebige Schaltfunktion läßt sich demnach negieren, indem man alle in der Schaltfunktion vorkommenden Schaltvariablen negiert und zusätzlich alle auftretenden UND-Verknüpfungen der Schaltfunktion in ODER-Verknüpfungen und alle auftretenden ODER-Verknüpfungen der Schaltfunktion in UND-Verknüpfung umwandelt, wie dem Satz von *C. E. Shannon* entsprechend der Gl. (3.6-12) zu entnehmen ist.

Beispiel 3.6-1

Welche nachfolgenden booleschen Ausdrücke entsprechen entweder der Konstante 0 oder der Konstante 1?

a) $(A \wedge B) \vee (A \wedge \neg B) \vee (\neg A \wedge B) \vee (\neg A \wedge \neg B)$

b) $(A \leftrightarrow B) \vee (\neg A \leftrightarrow B)$

c) $A \leftrightarrow \neg A$

d) $(A \wedge B \wedge \neg(C \wedge \neg C)) \vee \neg(A \wedge B)$

Lösung:

a) $(A \wedge B) \vee (A \wedge \neg B) \vee (\neg A \wedge B) \vee (\neg A \wedge \neg B) = A \wedge (B \vee \neg B) \vee \neg A \wedge (B \vee \neg B) = A \vee \neg A = 1$

b) $(A \leftrightarrow B) \vee (\neg A \leftrightarrow B) = (A \wedge B) \vee (\neg A \wedge \neg B) \vee (\neg A \wedge B) \vee (A \wedge \neg B) = A \wedge (B \vee \neg B) \vee \neg A \wedge (B \vee \neg B) = 1$

c) $A \leftrightarrow \neg A = (A \wedge \neg A) \vee (\neg A \wedge A) = 0 \vee 0 = 0$.

d) $(A \wedge B \wedge \neg(C \wedge \neg C)) \vee \neg(A \wedge B) = (A \wedge B) \vee \neg(A \wedge B) = 1$.

Beispiel 3.6-2

Beweisen Sie die beiden Theoreme von *A. De Morgan* für die Beispiele: $\neg(A \wedge B) = \neg A \vee \neg B$; $\neg(A \vee B) = \neg A \wedge \neg B$.

3.7 Normalformen

Lösung:
Der Beweis der Theoreme von *A. De Morgan* läßt sich jeweils mit einer Wahrheitstabelle durchführen, wie die Wahrheitstabellen in Tabelle 3.6-1 zeigen.

B	A	¬(A∧B)	¬B	¬A	¬A∨¬B
0	0	1	1	1	1
0	1	1	1	0	1
1	0	1	0	1	1
1	1	0	0	0	0

B	A	¬(A∨B)	¬B	¬A	¬A∧¬B
0	0	1	1	1	1
0	1	0	1	0	0
1	0	0	0	1	0
1	1	0	0	0	0

Tabelle 3.6-1 Wahrheitstabellen zu Beispiel 3.6-1

3.7 Normalformen

Durch Anwendung der im Abschnitt 3.6 angegebenen Rechenregeln läßt sich jede Schaltfunktion in eine besonders anschauliche Form bringen, in der negierte Verknüpfungen der Schaltvariablen – NAND-Verknüpfungen bzw. NOR-Verknüpfungen – nicht mehr vorkommen, sondern nur noch Negationen einzelner Schaltvariablen. Diese Form der Schaltfunktion wird Normalform genannt, wobei man zwischen disjunktiver und konjunktiver Normalform unterscheidet.

3.7.1 Min- und Maxterme

Eine Schaltfunktion mit n Schaltvariablen besitzt eine Anzahl von 2^n Mintermen – auch Vollkonjunktionen genannt – und eine Anzahl von 2^n Maxtermen, die auch als Volldisjunktionen bezeichnet werden. Für die Digitalschaltung nach Bild 3.7-1 läßt sich die Schaltfunktion $Y = (A \wedge B) \vee \neg(B \vee C)$ angeben. Durch Anwendung des 2. Theorems von *A. De Morgan* auf die Teilfunktion $\neg(B \vee C)$ läßt sich die Schaltfunktion auch in der Form $Y = (A \wedge B) \vee (\neg B \wedge \neg C)$ schreiben, die disjunktive Normalform genannt wird. Das Bild 3.7-2 zeigt die Wahrheitsta-

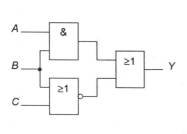

Bild 3.7-1 Digitalschaltung

Eingangs- variablen C B A	Ausgangs- variable Y	Minterm	Maxterm
0 0 0	1	¬A∧¬B∧¬C	A∨B∨C
0 0 1	1	A∧¬B∧¬C	¬A∨B∨C
0 1 0	0	¬A∧B∧¬C	A∨¬B∨C
0 1 1	1	A∧B∧¬C	¬A∨¬B∨C
1 0 0	0	¬A∧¬B∧C	A∨B∨¬C
1 0 1	0	A∧¬B∧C	¬A∨B∨¬C
1 1 0	0	¬A∧B∧C	A∨¬B∨¬C
1 1 1	1	A∧B∧C	¬A∨¬B∨¬C

Tabelle 3.7-1 Wahrheitstabelle der Digitalschaltung nach Bild 3.7-1 mit Min- und Maxtermen

belle der Digitalschaltung, in der zu jeder Kombination der Eingangsvariablen *A*, *B* und *C* der jeweilige Logik-Zustand der Ausgangsvariablen *Y* sowie der zugehörige Min- und Maxterm angegeben ist.

Ein Minterm besteht aus einer UND-Verknüpfung, in der jede Schaltvariable entweder nicht negiert oder negiert enthalten ist. Man findet den Minterm zu jeder Kombination der Schaltvariablen am Eingang auf die Frage: Für welche UND-Verknüpfung nimmt die Schaltvariable am Ausgang den Logik-Zustand 1 an? Da die Vollkonjunktion nur für eine Kombination der Eingangsvariablen den Logik-Zustand 1 und für die anderen $2^n - 1$ Kombinationen den Logik-Zustand 0 annimmt, wird sie Minterm genannt.

Ein Maxterm besteht aus einer ODER-Verknüpfung, in der jede Schaltvariable entweder nicht negiert oder negiert enthalten ist. Man findet den Maxterm zu jeder Kombination der Schaltvariablen am Eingang auf die Frage: Für welche ODER-Verknüpfung nimmt die Schaltvariable am Ausgang den Logik-Zustand 0 an? Da die Volldisjunktion für $2^n - 1$ Kombinationen der Eingangsvariablen den Logik-Zustand 1 und nur für eine Kombination den Logik-Zustand 0 annimmt, wird sie Maxterm genannt.

3.7.2 Disjunktive Normalform

Die Darstellung einer Schaltfunktion durch Ausdrücke von Schaltvariablen, bei der die Schaltvariablen miteinander UND-verknüpft und die einzelnen Ausdrücke miteinander ODER-verknüpft sind, wird disjunktive Normalform genannt. Man spricht von einer vollständigen disjunktiven Normalform, wenn jeder Ausdruck der Schaltfunktion aus einem Minterm besteht, für die die Ausgangsvariable *Y* den Logik-Zustand 1 annimmt. An Hand der Wahrheitstabelle in Tabelle 3.7-1 ergibt sich für die Ausgangsvariable *Y* der Digitalschaltung nach Bild 3.7-1 folgende Schaltfunktion in vollständiger disjunktiver Normalform:

$$Y = (\neg A \land \neg B \land \neg C) \lor (A \land \neg B \land \neg C) \lor (A \land B \land \neg C) \lor (A \land B \land C).$$

Im vorhergehenden Abschnitt wurde die Schaltfunktion in disjunktiver Normalform $Y = (A \land B) \lor (\neg B \land \neg C)$ bereits für die Digitalschaltung nach Bild 3.7-1 angegeben. An Hand dieser Schaltfunktion läßt sich erkennen, daß im ersten Ausdruck die Schaltvariable *C* und im zweiten Ausdruck die Schaltvariable *A* nicht enthalten ist. Durch eine Erweiterung des ersten Ausdrucks der Schaltfunktion mit einer UND-Verknüpfung mit $(C \lor \neg C) = 1$ bzw. des zweiten Ausdrucks der Schaltfunktion mit $(A \lor \neg A) = 1$ läßt sich aus der disjunktiven Normalform die vollständige disjunktive Normalform bilden, ohne daß dadurch die Schaltfunktion verändert wird. Auch wenn zunächst die Erweiterung der disjunktiven Normalform zur vollständigen disjunktiven Normalform keine Vereinfachung darstellt, so ist jedoch die vollständige disjunktive Normalform für die Anwendung der Vereinfachungsverfahren besser geeignet.

3.7.3 Konjunktive Normalform

Die Darstellung einer Schaltfunktion durch Ausdrücke von Schaltvariablen, bei der die Schaltvariablen miteinander ODER-verknüpft und die einzelnen Ausdrücke miteinander UND-verknüpft sind, wird konjunktive Normalform genannt. Man spricht von einer vollständigen konjunktiven Normalform, wenn jeder Ausdruck der Schaltfunktion aus einem Maxterm besteht, für die die Ausgangsvariable Y den Logik-Zustand 0 annimmt. An Hand der Wahrheitstabelle in Tabelle 3.7-1 ergibt sich für die Ausgangsvariable Y der Digitalschaltung nach Bild 3.7-1 folgende Schaltfunktion in vollständiger konjunktiver Normalform:

$$Y = (A \vee \neg B \vee C) \wedge (A \vee B \vee \neg C) \wedge (\neg A \vee B \vee \neg C) \wedge (A \vee \neg B \vee \neg C).$$

Beispiel 3.7-1

Gegeben ist die Schaltfunktion $Y = (A \vee \neg C) \wedge (A \vee B) \wedge (\neg A \vee C)$. Formen Sie die Gleichung zur vollständigen disjunktiven Normalform um. Wie lautet die vollständige konjunktive Normalform für die Ausgangsvariable Y?

Lösung:
Die gegebene Schaltfunktion läßt sich durch Anwendung der Rechenregeln der Schaltalgebra zur vollständigen disjunktiven Normalform umformen:
$Y = (A \vee \neg C) \wedge (A \vee B) \wedge (\neg A \vee C) = ((A \wedge A) \vee (A \wedge B) \vee (A \wedge \neg C) \vee (B \wedge \neg C)) \wedge (\neg A \vee C) =$
$= (A \wedge C) \vee (A \wedge B \wedge C) \vee (\neg A \wedge B \wedge \neg C) = (A \wedge B \wedge C) \vee (A \wedge \neg B \wedge C) \vee (\neg A \wedge B \wedge \neg C).$
Die vollständige konjunktive Normalform erhält man auch an Hand des negierten Ausdrucks der Minterme, für die die Ausgangsvariable Y den 0-Zustand aufweist. Es handelt sich dabei um die Minterme, die in der oben angegebenen vollständigen disjunktiven Normalform nicht enthalten sind. Die Negation der ODER-Verknüpfungen aller Minterme, die in der oben angegebenen Schaltfunktion nicht auftreten, lautet daher wie folgt:
$Y = \neg((\neg A \wedge \neg B \wedge \neg C) \vee (A \wedge \neg B \wedge \neg C) \vee (A \wedge B \wedge \neg C) \vee (\neg A \wedge \neg B \wedge C) \vee (\neg A \wedge B \wedge C)).$
Wendet man auf diese Schaltfunktion das Theorem von *A. De Morgan* an, so ergibt sich die Form
$Y = \neg(\neg A \wedge \neg B \wedge \neg C) \wedge \neg(A \wedge \neg B \wedge \neg C) \wedge \neg(A \wedge B \wedge \neg C) \wedge \neg(\neg A \wedge \neg B \wedge C) \wedge \neg(\neg A \wedge B \wedge C)).$
bzw. als vollständige konjunktive Normalform erhält man letztlich:
$Y = (A \vee B \vee C) \wedge (\neg A \vee B \vee C) \wedge (\neg A \vee \neg B \vee C) \wedge (A \vee B \vee \neg C) \wedge (A \vee \neg B \vee \neg C).$

3.8 Vereinfachung von Schaltfunktionen

An Hand der vollständigen disjunktiven bzw. der vollständigen konjunktiven Normalform läßt sich zwar eine Digitalschaltung aufbauen; der Schaltungsaufwand kann jedoch in den meisten Fällen noch reduziert werden, wenn man die Normalform zunächst vereinfacht und dann in eine Digitalschaltung umsetzt. Die nachfolgend beschriebenen Vereinfachungsverfahren gehen vorzugsweise von einer vollständigen disjunktiven Normalform aus.

3.8.1 Vereinfachung mit Hilfe der Schaltalgebra

Mit Hilfe der Rechenregeln der Schaltalgebra lassen sich Schaltfunktionen vereinfachen. Ist beispielsweise die Schaltfunktion $Y = (A \land \neg B) \lor (B \land C) \lor (A \land C)$ gegeben, so handelt es sich zwar um eine disjunktive Normalform; da aber nicht in jedem Ausdruck der Schaltfunktion jede Variable entweder nicht negiert oder negiert enthalten ist, muß zunächst durch eine Erweiterung die vollständige disjunktive Normalform aufgestellt werden. Hierzu wird jeder Ausdruck, in dem eine oder mehrere Variablen weder nicht negiert noch negiert vorkommen, entsprechend erweitert. Der erste Ausdruck der oben angeführten Schaltfunktion $(A \land \neg B)$, in dem die Variable C nicht vorkommt, wird demnach mit $(C \lor \neg C)$ erweitert. Der zweite Ausdruck, in dem die Variable A nicht vorkommt, wird mit $(A \lor \neg A)$ und der dritte Ausdruck, in dem die Variable B nicht vorkommt, wird daher mit $(B \lor \neg B)$ erweitert. Auf Grund dieser Erweiterungen erhält man die Schaltfunktion für die Ausgangsvariable Y in vollständiger disjunktiver Normalform:

$$Y = (A \land \neg B \land C) \lor (A \land \neg B \land \neg C) \lor (A \land B \land C) \lor (\neg A \land B \land C) \lor (A \land B \land C) \lor (A \land \neg B \land C).$$

An Hand dieser Gleichung läßt sich erkennen, daß der vorletzte Ausdruck der vollständigen disjunktiven Normalform mit dem dritten Ausdruck identisch ist und der letzte Ausdruck mit dem ersten Ausdruck übereinstimmt. Die beiden letzten Ausdrücke der oben angegebenen Schaltfunktion können daher entfallen, da sie bereits in der Gleichung für die Ausgangsvariable Y vorhanden sind; die vollständige disjunktive Normalform besteht daher aus insgesamt vier Mintermen und lautet wie folgt:

$$Y = (A \land \neg B \land C) \lor (A \land \neg B \land \neg C) \lor (A \land B \land C) \lor (\neg A \land B \land C).$$

An Hand der vollständigen disjunktiven Normalform läßt sich die Schaltfunktion vereinfachen. Man erkennt bei genauer Betrachtung, daß man den ersten mit dem zweiten Ausdruck und den dritten mit dem vierten Ausdruck der Schaltfunktion zusammenfassen kann, da diese Ausdrücke sich lediglich in der Negation einer Schaltvariablen unterscheiden, so daß sich als vereinfachte Schaltfunktion ergibt:

$$Y = ((A \land \neg B) \land (C \lor \neg C)) \lor ((B \land C) \land (A \lor \neg A)) = (A \land \neg B) \lor (B \land C).$$

Bei Schaltfunktionen mit vielen Mintermen ist jedoch das Zusammenfassen der Ausdrücke mit Hilfe der Schaltalgebra schwierig, da Ausdrücke auch mehrfach zur Zusammenfassung mit anderen Ausdrücken herangezogen werden können.

3.8.2 Vereinfachung mit Hilfe des KV-Diagramms

Eine grafische Methode zur Vereinfachung von Schaltfunktionen wurde 1952 von *E. W. Veitch* entworfen und 1953 von *M. Karnaugh* zum *Karnaugh-Veitch-Diagramm* – nachfolgend KV-Diagramm abgekürzt – weiterentwickelt. Das

3.8 Vereinfachung von Schaltfunktionen

KV-Diagramm stellt die **grafische Darstellung der Wahrheitstabelle** einer Schaltfunktion dar und besitzt demnach für eine Schaltfunktion mit n Schaltvariablen eine Anzahl von 2^n Feldern. Jedem Feld des Diagramms ist einer der 2^n Min- bzw. der 2^n Maxterme der Schaltfunktion zugeordnet. Diese Zuordnung erfolgt dadurch, daß jeder Schaltvariablen sowie auch deren Negation jeweils ein Feldbereich, der aus der Hälfte der Anzahl der Gesamtfelder besteht, zugeordnet wird. Dazu kennzeichnet man an den Rändern des Diagramms die Zeilen und Spalten mit den Schaltvariablen bzw. deren Negationen. Diese Kennzeichnung hat zur Folge, daß sich benachbarte Felder des KV-Diagramms in ihrer Beschreibung nur in der Negation einer Schaltvariablen voneinander unterscheiden. Als benachbart gelten dabei auch die Felder an den gegenüberliegenden Enden jeder Zeile und Spalte des KV-Diagramms.

KV-Diagramm mit zwei Schaltvariablen

Das Bild 3.8-1a zeigt ein KV-Diagramm für eine Schaltfunktion mit zwei Schaltvariablen A und B, dessen Feldbereich der linken Spalte der Negation der Schaltvariablen A und dessen Feldbereich der rechten Spalte der Schaltvariablen A zugeordnet ist. Der Feldbereich der oberen Zeile ist durch die Negation der Schaltvariablen B und der Feldbereich der unteren Zeile durch die Schaltvariable B beschrieben. Damit sind die vier Minterme der Schaltfunktion mit den beiden Schaltvariablen A und B wie folgt den Feldern des KV-Diagramms zugeordnet: Das Feld links oben korrespondiert mit dem Minterm $\neg A \wedge \neg B$, das Feld rechts oben mit dem Minterm $A \wedge \neg B$, das Feld links unten mit dem Minterm $\neg A \wedge B$ und das Feld rechts unten mit dem Minterm $A \wedge B$. Gerade die Eigenschaft, daß sich die benachbarten Felder in ihrer Mintermbe-

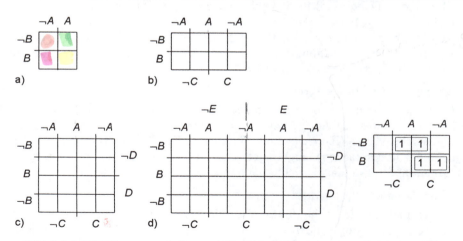

Bild 3.8-1 KV-Diagramm a) für zwei Variablen A und B b) für drei Variablen A, B und C c) für vier Variablen A, B, C und D d) für fünf Variablen A, B, C, D und E

Bild 3.8-2 Zusammenfassen von Feldern im KV-Diagramm

legung nur in der Negation einer Schaltvariablen unterscheiden, ermöglicht die Benutzung des KV-Diagramms zur Vereinfachung von Schaltfunktionen.

KV-Diagramm mit drei Schaltvariablen

Die KV-Diagramme für Schaltfunktionen mit drei und mehr Schaltvariablen lassen sich aus dem KV-Diagramm für zwei Variablen aufbauen, indem man abwechselnd das Diagramm durch Spiegelung an seinem rechten bzw. unteren Rand verdoppelt. Spiegelt man das KV-Diagramm für zwei Variablen von Bild 3.8-1a nach rechts und ordnet dem nicht gespiegeltem Feldbereich die Negation der zusätzlichen Schaltvariablen C und dem gespiegeltem Feldbereich die Schaltvariable C zu, so erhält man das KV-Diagramm für eine Schaltfunktion mit den drei Schaltvariablen A, B und C nach Bild 3.8-1b.

KV-Diagramm mit vier und fünf Schaltvariablen

Aus dem KV-Diagramm für drei Schaltvariable läßt sich durch Spiegelung des Diagramms an seinem unteren Rand und Zuordnung der Schaltvariablen D zum nicht gespiegelten und der Negation der Schaltvariablen D zum gespiegelten Feldbereich das KV-Diagramm für eine Schaltfunktion mit vier Schaltvariablen nach Bild 3.8-1c aufbauen. Das Bild 3.8-1d zeigt schließlich ein KV-Diagramm für eine Schaltfunktion mit den fünf Schaltvariablen A, B, C, D, und E, welches durch erneute Spiegelung an seinem rechten Rand aus dem Diagramm in Bild 3.8-1c entstanden ist. Häufig unterläßt man auch die Bezeichnungen der Spalten und Zeilen mit den Negationen der Schaltvariablen und kennzeichnet lediglich die nicht negierten Feldbereiche durch die zugehörigen Schaltvariablen. Ist die vollständige disjunktive Normalform oder die Wahrheitstabelle der Schaltfunktion bekannt, so verwendet man die Minterm-Methode zur Eintragung in das KV-Diagramm. Dabei wird jedes Feld, welches mit einem Minterm korrespondiert, der in der vollständigen disjunktiven Normalform vorkommt, mit einer 1 gekennzeichnet. Liegt eine Wahrheitstabelle vor, so wird jedes Feld, welches mit einem Minterm korrespondiert, für den die Ausgangsvariable den 1-Zustand annimmt, mit einer 1 gekennzeichnet.

Eintragung von Don't-Care-Termen

Ist die Schaltfunktion für eine Kombination der Eingangsvariablen nicht definiert, so wird in das zugehörige Feld, welches mit dem Minterm korrespondiert, der Buchstabe X als Kennzeichnung für diesen Don't-Care-Term (siehe Abschnitt 3.8.4 Redundanzen) eingetragen, da sich die Ausgangsvariable für diese Kombination der Eingangsvariablen beliebig zu 0 oder 1 wählen läßt.

Zusammenfassen von Mintermen

Die Vereinfachung der Schaltfunktion ergibt sich nun dadurch, daß man die mit der Kennzeichnung 1 oder X versehenen Felder in Feldbereiche mit einer möglichst großen Anzahl von 2^n Feldern zusammenfaßt. Das Zusammenfassen von 2^n Feldern ermöglicht dabei die Beschreibung dieses zusammengefaßten Feldbereichs durch einen einfachen Ausdruck, in dem n Schaltvariablen bzw.

deren Negationen entfallen. Um eine möglichst große Vereinfachung der Schaltfunktion zu erreichen, müssen daher möglichst viele Felder zu möglichst wenig Feldbereichen zusammengefaßt werden, wobei Felder auch in mehreren Feldbereichen enthalten sein können. Man beginnt die Vereinfachung mit den Feldern, die nicht mit anderen Feldern zusammengefaßt werden können. Danach sucht man nach dem kleinsten Feldbereich, der sich ergibt, und faßt danach die nächstgrößeren Feldbereiche zusammen. Gibt es Feldbereiche gleicher Größe, so beginnt man mit dem Feldbereich, der Felder einschließt, die nur in einem Feldbereich zusammengefaßt werden.

Ergeben sich viele Felder, die mit einer Kennzeichnung 1 oder X versehen sind, so lassen sich auch vorteilhaft die nicht gekennzeichneten Felder, die eigentlich die Kennzeichnung 0 enthalten, zusammenfassen. Dabei ist zu beachten, daß man in diesem Fall die negierte Form der vereinfachten Schaltfunktion erhält. Lautet zum Beispiel die Schaltfunktion einer Schaltvariablen Y in vollständige disjunktive Normalform

$Y = (A \land \neg B \land C) \lor (A \land \neg B \land \neg C) \lor (A \land B \land C) \lor (\neg A \land B \land C) \lor (A \land B \land C) \lor (A \land \neg B \land C)$,

so zeigt Bild 3.8-2 das KV-Diagramm mit den Eintragungen. Es lassen sich in diesem Beispiel die beiden Feldbereiche oben in der Mitte und unten rechts zusammenfassen. Der Feldbereich oben in der Mitte läßt sich durch den Ausdruck $A \land \neg B$ und der Feldbereich unten rechts durch $B \land C$ beschreiben. Man erhält daher als vereinfachte Schaltfunktion: $Y = (A \land \neg B) \lor (B \land C)$. Ist die vollständige konjunktive Normalform der Schaltfunktion gegeben, so lassen sich mit der Maxterm-Methode die Eintragungen in das Diagramm vornehmen. Man kennzeichnet jedes Feld, welches mit der Negation eines Maxterms korrespondiert, der in der vollständigen konjunktiven Normalform enthalten ist, mit einer 0. Entweder faßt man die nicht gekennzeichneten Felder zusammen, wie bei der Minterm-Methode, oder man faßt die mit einer 0 gekennzeichneten Felder zusammen, wobei zu berücksichtigen ist, daß man in diesem Fall die negierte Form der Schaltfunktion erhält.

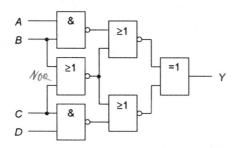 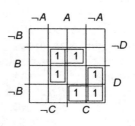

Bild 3.8-3 Digitalschaltung zu Beispiel 3.8-1

Bild 3.8-4 KV-Diagramm zu Beispiel 3.8-1

Beispiel 3.8-1

Gegeben ist die Digitalschaltung nach Bild 3.8-3. Geben Sie die Schaltfunktion für die Ausgangsvariable Y an. Wie lautet die Schaltfunktion für die Ausgangsvariable Y in vollständiger disjunktiver Normalform? Wie läßt sich die Schaltung vereinfachen, so daß möglichst wenig Verknüpfungen zur Darstellung der Digitalschaltung benötigt werden?

Lösung:
Für die Ausgangsvariable Y der Digitalschaltung läßt sich die Schaltfunktion:
$$Y = (\neg(A \wedge B) \vee \neg(B \vee C)) \wedge \neg(\neg(C \wedge D) \vee \neg(B \vee C)) \vee \neg(\neg(A \wedge B) \vee \neg(B \vee C)) \wedge$$
$$\wedge (\neg(C \wedge D) \vee \neg(B \vee C))$$
angeben. Daraus erhält man die vollständige disjunktive Normalform mit:
$$Y = (\neg A \wedge B \wedge C \wedge D) \vee (\neg A \wedge \neg B \wedge C \wedge D) \vee (A \wedge \neg B \wedge C \wedge D) \vee (A \wedge B \wedge \neg C \wedge D) \vee$$
$$\vee (A \wedge B \wedge \neg C \wedge \neg D) \vee (A \wedge B \wedge C \wedge \neg D).$$
Damit läßt sich das KV-Diagramm nach Bild 3.8-4 angeben. Entsprechend den Eintragungen der Minterme läßt sich die Funktion vereinfachen. Es ergibt sich als vereinfachte Schaltfunktion:
$$Y = (A \wedge B \wedge \neg D) \vee (A \wedge B \wedge \neg C) \vee (\neg A \wedge C \wedge D) \vee (\neg B \wedge C \wedge D).$$

3.8.3 Vereinfachungsverfahren von *Quine* und *Mc Cluskey*

Das Vereinfachungsverfahren von *W. V. Quine* und *E. J. Mc Cluskey* ist wenig anschaulich und erfordert einen großen Schreibaufwand. Es läßt sich jedoch auf einer digitalen Rechenanlage programmieren und ist bei vielen Eingangsvariablen besser geeignet als das KV-Diagramm, da dieses bei mehr als sechs Variablen unübersichtlich wird. Das Verfahren, welches von der vollständigen disjunktiven Normalform ausgeht, soll nachfolgend an der gegebenen Schaltfunktion

$$Y = (\neg A \wedge \neg B \wedge \neg C \wedge \neg D) \vee (A \wedge \neg B \wedge C \wedge D) \vee (\neg A \wedge \neg B \wedge C \wedge D) \vee (A \wedge \neg B \wedge C \wedge \neg D) \vee$$
$$\vee (\neg A \wedge B \wedge \neg C \wedge D) \vee (\neg A \wedge \neg B \wedge C \wedge \neg D) \vee (\neg A \wedge \neg B \wedge \neg C \wedge D) \vee (\neg A \wedge B \wedge \neg C \wedge \neg D)$$

erläutert werden. Man ordnet die Minterme der vollständigen disjunktiven Normalform in Gruppen, die sich durch die Anzahl der negierten Schaltvariablen unterscheiden (Gruppe 1: vier negierte Schaltvariablen, Gruppe 2: drei negierte Schaltvariablen usw.), wie die Tabelle 3.8-1 zeigt. Es werden jetzt alle Minterme einer Gruppe mit den Mintermen der nachfolgenden Gruppe verglichen. Unterscheiden sich die Minterme zweier benachbarter Gruppen nur in der Negation einer Schaltvariablen, so werden diese Minterme gekennzeichnet und die vereinfachte Form in die nächste Vereinfachungsspalte übertragen. Die Ausdrücke, die nicht mit anderen Ausdrücken zusammengefaßt werden konnten, stellen Primterme dar. Man benötigt nun eine zweite Tabelle, die aufzeigt, welcher Minterm der vollständigen disjunktiven Normalform in welchem Primterm enthalten ist, wie die Tabelle 3.8-2 zeigt. Häufig kann man an dieser Tabelle bereits ersehen, ob alle Primterme benötigt werden. In diesem Beispiel erkennt man, daß der Primterm P_2 nicht benötigt wird, da seine Eintragungen teils

3.8 Vereinfachung von Schaltfunktionen

Gruppe	Minterme		1. Vereinfachung		2. Vereinfachung	
1	$\neg A \wedge \neg B \wedge \neg C \wedge \neg D$	–	$\neg A \wedge \neg C \wedge \neg D$	–	$\neg A \wedge \neg C$	P_1
	$\neg A \wedge B \wedge \neg C \wedge \neg D$	–	$\neg A \wedge \neg B \wedge \neg C$	–	$\neg A \wedge \neg B$	P_2
2	$\neg A \wedge \neg B \wedge \neg C \wedge D$	–	$\neg A \wedge \neg B \wedge \neg D$	–	$\neg B \wedge C$	P_3
	$\neg A \wedge \neg B \wedge C \wedge \neg D$	–	$\neg A \wedge B \wedge \neg C$	–		
	$\neg A \wedge B \wedge \neg C \wedge D$	–	$\neg A \wedge \neg C \wedge D$	–		
3	$A \wedge \neg B \wedge C \wedge \neg D$	–	$\neg A \wedge \neg B \wedge D$	–		
	$\neg A \wedge \neg B \wedge C \wedge D$	–	$\neg B \wedge C \wedge \neg D$	–		
4	$A \wedge \neg B \wedge C \wedge D$	–				
			$A \wedge \neg B \wedge C$	–		
			$\neg B \wedge C \wedge D$	–		

Tabelle 3.8-1 Vereinfachung der Minterme zu Primtermen nach *Quine* und *Mc Cluskey*

durch den Primterm P_1 bzw. Primterm P_3 abgedeckt sind. Auch ohne den Überblick läßt sich die Minimalform finden, indem man die in jeder Zeile der Tabelle 3.8-2 angekreuzten Primterme disjunktiv und die Ausdrücke einer jeden Zeile konjunktiv verknüpft. Man erhält die sogenannte Primtermfunktion wie folgt: $(P_1 \vee P_2) \wedge P_1 \wedge (P_1 \vee P_2) \wedge (P_2 \vee P_3) \wedge P_1 \wedge P_3 \wedge (P_2 \vee P_3) \wedge P_3 = P_1 \wedge (P_2 \vee P_3) \wedge P_3 =$ $(P_1 \wedge P_2 \wedge P_3) \vee (P_1 \wedge P_3)$. Der einfachste Ausdruck dieser Primtermfunktion ergibt die für die Vereinfachung benötigten Primterme. Es werden also an Hand der Funktion die Primterme P_1 und P_3 benötigt, während der Primterm P_2 entfallen kann. Als vereinfachte Schaltfunktion ergibt sich damit für die Ausgangsvariable $Y = (\neg A \wedge \neg C) \vee (\neg B \wedge C)$.

Minterme	Primterm P_1	Primterm P_2	Primterm P_3
$\neg A \wedge \neg B \wedge \neg C \wedge \neg D$	–	–	
$\neg A \wedge B \wedge \neg C \wedge \neg D$	–		
$\neg A \wedge \neg B \wedge \neg C \wedge D$		–	
$\neg A \wedge \neg B \wedge C \wedge \neg D$	–		–
$\neg A \wedge B \wedge \neg C \wedge D$	–		
$A \wedge \neg B \wedge C \wedge \neg D$			–
$\neg A \wedge \neg B \wedge C \wedge D$			–

Tabelle 3.8-2 Minterm-Primterm-Tabelle nach *Quine* und *Mc Cluskey*

3.8.4 Vereinfachung unter Einbeziehung von Redundanzen

Kann eine Kombination der Eingangsvariablen nicht vorkommen, so ist es für den Entwurf der Schaltung unerheblich, welchen Zustand die Ausgangsvariable für diese Kombination annimmt. Es macht nichts (engl.: don't care), wenn man

Dezimalziffer	8-4-2-1-BCD-Code			
	D	C	B	A
0	0	0	0	0
1	0	0	0	1
2	0	0	1	0
3	0	0	1	1
4	0	1	0	0
5	0	1	0	1
6	0	1	1	0
7	0	1	1	1
8	1	0	0	0

Tabelle 3.8-3 8-4-2-1-BCD-Code

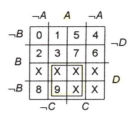

Bild 3.8-5 KV-Diagramm mit Eintragung der Dezimalziffern und Don't-care-Termen

der Ausgangsvariablen für diese Kombinationen entweder den Zustand 0 oder 1 zuweist; da diese Kombinationen der Eingangsvariablen überflüssig sind, werden sie Redundanzen oder auch Don't-Care-Terme genannt. In Wahrheitstabellen und KV-Diagrammen werden die Don't-Care-Terme durch den Buchstaben X gekennzeichnet. Sie werden bei der Vereinfachung von Schaltfunktionen in einem Feldbereich einbezogen, wenn sich dieser dadurch noch erweitern läßt; im anderen Fall bleiben die Don't-Care-Terme unberücksichtigt. Die Tabelle 3.8-3 zeigt als Beispiel die Codierung der Dezimalziffern 0 ... 9 im 8-4-2-1-BCD-Code; Bild 3.8-5 zeigt das KV-Diagramm, in dem in diesem Fall die zu den Feldern korrespondierenden Dezimalziffern eingetragen sind. Die nicht verwendeten Codekombinationen – auch Pseudodezimalen genannt – sind mit einem X gekennzeichnet, da sie zur Darstellung der Zahlen nicht benutzt werden und daher auch nicht als Kombinationen der Eingangsvariablen auftreten. Für eine Schaltung, die das Anliegen der Codekombination der Dezimalziffer 9 beispielsweise anzeigen soll, ergibt sich als Schaltfunktion ohne Berücksichtigung der Don't-Care-Terme: $Y = A \wedge \neg B \wedge \neg C \wedge D$. Unter Einbeziehung dieser Don't-Care-Terme läßt sich die Schaltfunktion noch weiter vereinfachen: $Y = A \wedge D$, wie dem KV-Diagramm in Bild 3.8-5 entnommen werden kann.

Beispiel 3.8-2

Vereinfachen Sie die Digitalschaltung nach Bild 3.8-6 unter Berücksichtigung der Tatsache, daß die Schaltvariablen B und C nie zur gleichen Zeit den Logik-Zustand 0 annehmen.

Lösung:

Für die Ausgangsvariable Y läßt sich die nachfolgende Schaltfunktion angeben:
$$Y = \neg(\neg(\neg A \wedge B \wedge \neg C) \wedge \neg(B \wedge \neg C)) = (\neg A \wedge B \wedge \neg C) \vee (B \wedge \neg C).$$
An Hand dieser Schaltfunktion erhält man die vollständige disjunktive Normalform für die Ausgangsvariable Y mit:
$$Y = (\neg A \wedge B \wedge \neg C) \vee (A \wedge B \wedge \neg C) \vee (\neg A \wedge B \wedge \neg C).$$

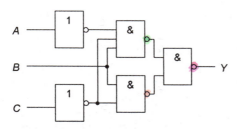 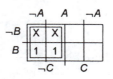

Bild 3.8-6 Digitalschaltung zu Beispiel 3.8-2   Bild 3.8-7 KV-Diagramm zu Beispiel 3.8-2

Damit läßt sich das KV-Diagramm für die Ausgangsvariable Y nach Bild 3.8-7 angeben. Da die beiden Kombinationen der Eingangsvariablen $A \wedge \neg B \wedge \neg C$ und $\neg A \wedge \neg B \wedge \neg C$ nicht auftreten, können sie als Don't-Care-Terme im KV-Diagramm eingetragen und zur Vereinfachung herangezogen werden. An Hand der Zusammenfassung im KV-Diagramm erhält man die vereinfachte Schaltfunktion: $Y = \neg C$.

3.9 Schaltungsvereinfachung

Mit Hilfe der Vereinfachungsverfahren läßt sich die theoretische Minimalform einer Schaltfunktion ermitteln, die jedoch noch nicht den geringsten Aufwand bei der Realisierung der Schaltung gewährleistet. An Hand der Minimalform läßt sich eine Schaltung mit einer Minimalzahl von unterschiedlichen Verknüpfungen – einer Kombination von UND-, ODER-Verknüpfungen mit einer unterschiedlichen Anzahl von Eingangsvariablen sowie Negationen – darstellen. Da die Hersteller lediglich Schaltkreise anbieten, in denen zwar mehrere, aber keine unterschiedlichen Verknüpfungen mit einer Anzahl von Eingängen zusammengefaßt sind, muß die Vereinfachung von Schaltungen nach Schaltkrei-

Bezeichnung	Beschreibung
74LS00	vier NAND-Glieder mit je zwei Eingängen
74LS02	vier NOR-Glieder mit je zwei Eingängen
74LS04	sechs Negations-Glieder
74LS08	vier UND-Glieder mit je zwei Eingängen
74LS10	drei NAND-Glieder mit je drei Eingängen
74LS11	drei UND-Glieder mit je drei Eingängen
74LS20	zwei NAND-Glieder mit je vier Eingängen
74LS21	zwei UND-Glieder mit je vier Eingängen
74LS25	zwei NOR-Glieder mit je vier Eingängen
74LS27	drei NOR-Glieder mit je drei Eingängen
74LS30	ein NAND-Glieder mit acht Eingängen
74LS32	vier ODER-Glieder mit je zwei Eingängen
74LS86	vier Exklusiv-ODER-Glieder mit je zwei Eingängen

Tabelle 3.9-1 Verknüpfungsglieder der LS-TTL-Technik

sen erfolgen. Die Tabelle 3.9-1 zeigt eine Auswahl von Verknüpfungsgliedern der LS-TTL-Technik.

Ist beispielsweise die vereinfachte Schaltfunktion $Y = (A \wedge \neg B) \vee (B \wedge C)$ gegeben, so benötigt man für die zugehörige Schaltung zwei UND-Glieder mit je zwei Eingängen, ein ODER-Glied mit zwei Eingängen und ein Negations-Glied. Nach der zur Verfügung stehenden Auswahl an Schaltkreisen entsprechend der Tabelle 3.9-1 erfordert der Aufbau der Digitalschaltung insgesamt drei Schaltkreise: einen Schaltkreis 74LS08, einen Schaltkreis 74LS32 und einen Schaltkreis 74LS04.

3.9.1 Schaltungen nur mit NAND-Gliedern

An Hand der Theoreme von A. De Morgan läßt sich ableiten, daß sich jede Schaltfunktion ausschließlich durch NAND-Verknüpfungen aufbauen läßt. Führt man einem NAND-Glied an einem Eingang die Schaltvariable A zu und legt den anderen Eingang über einen Pull-Up-Widerstand an die Versorgungsspannung U_{CC} oder beschaltet beide Eingänge mit der Schaltvariablen A, so läßt sich mit dem NAND-Glied eine Negation realisieren: $Y = \neg A$. Mit der Reihenschaltung zweier NAND-Glieder (wobei der Ausgang des ersten NAND-Glieds an beide Eingänge des zweiten NAND-Glieds geschaltet wird oder an einen Eingang, während der andere Eingang über einen Pull-Up-Widerstand an die Versorgungsspannung U_{CC} geschaltet wird) läßt sich eine UND-Verknüpfung darstellen $(Y = A \wedge B = \neg(\overline{A \wedge B}))$. Negiert man mit Hilfe von zwei NAND-Gliedern die Eingangsvariablen A und B und schaltet die beiden Ausgänge der NAND-Glieder an die Eingänge eines weiteren NAND-Glieds, so erhält man eine ODER-Verknüpfung $(Y = A \vee B = \overline{(\neg A \wedge \neg B)})$. Formt man mit Hilfe der Theoreme von A. De Morgan beispielsweise die oben angegebene Schaltfunktion $Y = (A \wedge \neg B) \vee (B \wedge C)$ so um, daß nur noch NAND-Verknüpfungen vorkommen, so erhält man die Schaltfunktion in der Form: $Y = \overline{(A \wedge \neg B)} \wedge \overline{(B \wedge C)}$. An Hand dieser Schaltfunktion benötigt man demnach vier NAND-Glieder, wobei ein NAND-Glied für die Negation der Schaltvariablen B benötigt wird. Die gegebene Schaltung läßt sich daher mit nur einem Schaltkreis 74LS00, wie in Tabelle 3.9-1 angegeben, aufbauen.

3.9.2 Schaltungen nur mit NOR-Gliedern

Formt man unter Verwendung der Theoreme von A. De Morgan die Schaltfunktion $Y = (A \wedge \neg B) \vee (B \wedge C)$ so um, daß nur noch NOR-Verknüpfungen auftreten, so erhält man: $Y = \neg((\neg A \vee B) \vee (\neg B \vee \neg C))$. An Hand dieser Schaltfunktion für die Ausgangsvariable Y läßt sich erkennen, daß man demnach drei eigentliche NOR-Verknüpfungen und zusätzlich vier NOR-Verknüpfungen als Ersatz für Negationen benötigt. Insgesamt sind demnach sieben NOR-Glieder mit zwei Eingängen zum Aufbau der Digitalschaltung erforderlich. Sie läßt sich daher

3.9 Schaltungsvereinfachung

mit zwei Schaltkreisen 74LS02, wie in Tabelle 3.9-1 angegeben, aufbauen. Diesem angegebenen Beispiel kann aber nicht entnommen werden, daß der Aufbau mit NAND-Gliedern (siehe vorhergehender Abschnitt) immer die geringste Anzahl an Schaltkreisen erfordert. Ob eine Schaltung nur mit NAND-Gliedern oder nur mit NOR-Gliedern bzw. mit gemischten anderen Verknüpfungsgliedern (UND-, ODER- und Negations-Gliedern) weniger Schaltkreise erfordert und die Digitalschaltung damit weniger Platz benötigt, hängt letztlich von der vereinfachten Schaltfunktion ab. Allgemein werden beim Schaltungsentwurf NAND-Glieder bevorzugt, was auch auf das größere Angebot an NAND-Gliedern zurückzuführen ist.

Beispiel 3.9-1

Formen Sie die Schaltfunktion $Y = (\neg((A \wedge B) \vee C) \wedge \neg D) \vee C \vee D$ so um, daß nur NAND-Verknüpfungen auftreten. Wie läßt sich die Schaltfunktion $Z = (A \wedge B) \vee (B \wedge C) \vee (A \wedge C)$ nur durch NOR-Verknüpfungen darstellen?

Lösung:

$$Y = (\neg((A \wedge B) \vee C) \wedge \neg D) \vee C \vee D = (\neg(A \wedge B) \wedge \neg C \wedge \neg D) \vee C \vee D =$$
$$= \neg(\neg(\neg(A \wedge B) \wedge \neg C \wedge \neg D) \wedge \neg C \wedge \neg D)$$
$$Z = (A \wedge B) \vee (B \wedge C) \vee (A \wedge C) = \neg\neg(A \wedge B) \vee \neg\neg(B \wedge C) \vee \neg\neg(A \wedge C) =$$
$$= \neg(\neg A \vee \neg B) \vee \neg(\neg B \vee \neg C) \vee \neg(\neg A \vee \neg C) =$$
$$= \neg\neg(\neg(\neg A \vee \neg B) \vee \neg(\neg B \vee \neg C) \vee \neg(\neg A \vee \neg C))$$

Die Bilder 3.9-1 und 3.9-2 zeigen die entsprechenden Digitalschaltungen.

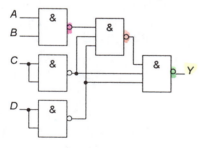 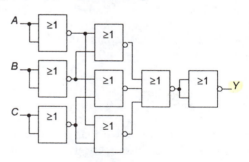

Bild 3.9-1 Digitalschaltung zu Beispiel 3.9-1a

Bild 3.9-2 Digitalschaltung zu Beispiel 3.9-1b

4 Codes

Ein Code ist eine Vorschrift für die eindeutige Zuordnung – auch Codierung genannt – der Zeichen eines Zeichenvorrates zu denjenigen eines anderen Zeichenvorrates (Bildmenge). Auch wenn mit Code oftmals nur der Zeichenvorrat bezeichnet wird, der als Bildmenge bei der Codierung auftritt, ist die Auffassung „Ergebnis einer Zuordnung des Zeichenvorrates A zum Zeichenvorrat B nach einer Vorschrift" unterlegt. Eine Folge von Zeichen, die in einem bestimmten Zusammenhang als eine Einheit betrachtet wird, bezeichnet man als Wort; man spricht vom sogenannten Codewort. Ein Code, bei dem jedes Zeichen der Bildmenge ein Wort aus Binärzeichen – ein Binärwort – ist, wird Binärcode genannt.

In der Digitaltechnik müssen Daten sowohl gespeichert, übertragen und auch verarbeitet werden. Die Codierung bietet dabei die Möglichkeit, die Daten so darzustellen, daß sie immer in einer für ihre Verwendung geeigneten Form zur Verfügung stehen. Bei der Speicherung von Daten wird man beispielsweise eine Codierung wählen, die nur eine geringe Anzahl an Speicherplätzen (Speicherkapazität) zur Aufbewahrung der Daten erfordert. Bei der Übertragung von Daten wird man dagegen aus Sicherheitsgründen eine Codierung wählen, die eine Überprüfung der Daten auf Übertragungsfehler bzw. sogar eine Korrektur der Daten im Fehlerfall ermöglicht. Aufgabe der Codierung bei der Abtastung von Daten ist es, die Auswirkung von Abtastfehlern auf die Meßwerte auf ein Minimum zu reduzieren. Bei der Verarbeitung der Daten sollte die Codierung die Verwendung besonders einfacher und damit auch schneller Digitalschaltungen ermöglichen.

4.1 Begriffe

Ein Code wird als bewertbar oder auch wägbar bezeichnet, wenn jeder Codestelle eine bestimmte Wertigkeit als Stellenwert zugeordnet werden kann. Die entsprechende Dezimalzahl ergibt sich bei einem bewertbaren Code aus der Summe der Wertigkeiten, die im Codewort die Ziffer 1 aufweisen. Das Gewicht eines Codewortes ist die Gesamtzahl der Stellen mit der Ziffer 1. Hat jedes Codewort die gleiche Anzahl von Stellen mit der Ziffer 1, so spricht man von einem gleichgewichtigen Code.

Mit einem n-stelligen Code läßt sich theoretisch eine Anzahl von 2^n Codewörtern bilden. Werden bei der Verarbeitung der Daten nicht alle möglichen Codekombinationen verwendet, so enthält der Code Redundanz. Ein n-stelliger Code, der nur eine Anzahl m der insgesamt 2^n möglichen Kombinationen als Codewörter zur Darstellung der Daten benutzt, weist eine Redundanz

$$R = \text{ld} \frac{2^n}{m} \text{ Bit} = \text{ld } 10 \cdot \log \frac{2^n}{m} \text{ Bit} = 3{,}322 \log \frac{2^n}{m} \text{ Bit} \qquad (4.1\text{-}1)$$

auf. Um Codewörter auf Übertragungsfehler prüfen bzw. im Fehlerfall sogar korrigieren zu können, ist bei einem Code Redundanz erforderlich. Die Hamming-Distanz zweier Codewörter gibt bei dem Vergleich der beiden Codewörter die Anzahl der Binärstellen an, in denen sich die Codewörter voneinander unterscheiden. Die Mindest-Hamming-Distanz eines Codes bezeichnet die minimale Anzahl von Stellen zweier Codewörter mit unterschiedlichen Ziffern. Man erhält die Mindest-Hamming-Distanz durch den Vergleich aller Codewörter eines Codes untereinander. Ein Code wird als einschrittig, progressiv oder auch stetig bezeichnet, wenn die Hamming-Distanz aller benachbarter Codewörter gleich ist.

4.2 Numerische Codes

Numerische Codes dienen ausschließlich zur Darstellung von Ziffern bzw. Zahlen. Zahlen lassen sich allgemein entweder als Ganzes oder auch ziffernweise codieren. Je nach Art der Codierung unterscheidet man daher zwischen Wort- und Ziffercodes. Während bei einem Wortcode die Zahl mit allen ihren Ziffernstellen insgesamt einem Codewort zugeordnet wird, codiert ein Zifferncode jede einzelne Ziffernstelle der Zahl getrennt. Das Codewort eines Zifferncodes setzt sich demnach aus der Aneinanderreihung der einzelnen Codierungen der Ziffernstellen der Zahl zusammen. Da bei der Ein- und Ausgabe von Zahlen der Aufwand der Zuordnung der Zahlen zu den Codewörtern größer ist als bei einer ziffernweisen Codierung der Zahlen, werden in diesen Fällen Zifferncodes zur Darstellung der Zahlen bevorzugt. Wie bereits erwähnt, arbeiten digitale Rechenanlagen ausschließlich im Dualsystem. Daher lassen sich Rechenoperationen mit Zahlen im Zifferncode nur mit größerem Aufwand und längerer Rechenzeit durchführen. Werden bei der Ein- und Ausgabe Zifferncodes zur Zahlendarstellung benutzt, so erfolgt in digitalen Rechenanlagen meistens eine Umwandlung zifferncodierter Zahlen in Dualzahlen bzw. eine Umwandlung von Dualzahlen in zifferncodierte Zahlen.

4.2.1 Dualcode

Der n-Bit-Dualcode ist ein Wortcode, der jeder Dezimalzahl eine entsprechende Dualzahl mit n Stellen zuordnet, wie der Tabelle 4.2-1 zu entnehmen ist. Die Anzahl n der benötigten Stellen des n-Bit-Dualcodes, die bei einer vorgegebenen Anzahl Z von Dezimalzahlen zur Codierung benötigt werden, berechnet sich zu:

$$n = \text{ld } Z = \text{ld } 10 \cdot \log Z = 3{,}322 \cdot \log Z \qquad (4.2\text{-}1)$$

Dezimalzahl \ Stellenwert	2^{n-1}	...	2^3	2^2	2^1	2^0
0	0	...	0	0	0	0
1	0	...	0	0	0	1
2	0	...	0	0	1	0
3	0	...	0	0	1	1
4	0	...	0	1	0	0
5	0	...	0	1	0	1
6	0	...	0	1	1	0
7	0	...	0	1	1	1
8	0	...	1	0	0	0
9	0	...	1	0	0	1
10	0	...	1	0	1	0
11	0	...	1	0	1	1
12	0	...	1	1	0	0
13	0	...	1	1	0	1
14	0	...	1	1	1	0
15	0	...	1	1	1	1
...	...	...	...	...	...	...
$2^n - 1$	1	...	1	1	1	1

Tabelle 4.2-1 n-Bit-Dualcode

Ergibt sich nach dieser Gleichung als Ergebnis für die Anzahl der benötigten Stellen n eine gebrochene Zahl, so ist das Ergebnis auf eine ganze Zahl aufzurunden. In diesem Fall ergibt sich eine Redundanz R ungleich Null, da nicht alle möglichen Kombinationen, die sich mit der aufgerundeten Stellenzahl n ergeben, zur Darstellung der dezimalen Zahlenwerte benötigt werden. Entspricht die Anzahl der zu codierenden Dezimalzahlen beispielsweise dem Wert $2^{n-1}+1$, so ergibt sich die maximale Redundanz $R_{max} = 3{,}322 \cdot \log(2^n/2^{n-1}+1)$. In diesem Fall wird von der Anzahl $n/2$ der Kombinationen des n-Bit-Dualcodes, die in der Ziffernstelle mit dem höchsten Stellenwert die Ziffer 1 aufweisen, lediglich das Codewort mit der Ziffer 1 in der höchsten Stelle und mit der Ziffer 0 in allen anderen Stellen benötigt. Der n-Bit-Dualcode ist ein bewertbarer Code, da jeder Codestelle eine bestimmte Wertigkeit als Stellenwert zugeordnet ist. Die Stellenwerte des Dualcodes ergeben sich nach fortlaufenden Potenzen seiner Basiszahl 2 und lauten: $2^0, 2^1, 2^2, ..., 2^{n-1}$. Der Zahlenwert einer im Dualcode codierten Dezimalzahl ergibt sich daher als Summe der einzelnen Wertigkeiten der Dualstellen, in denen die Dualzahl die Ziffer 1 aufweist. Das Gewicht des n-Bit-Dualcodes ist die Summe der Dualstellen mit der Ziffer 1 und kann Werte zwischen 0 und n annehmen. Der n-Bit-Dualcode gehört zur Gruppe der nicht einschrittigen Codes, da die Hamming-Distanz benachbarter Codewörter $D \neq 1$ ist. Die Hamming-Distanz benachbarter Codewörter des n-Bit-Dualcodes kann Werte zwischen 1 und n annehmen. Die Mindest-Hamming-Distanz benachbarter Codewörter beträgt $D_{min} = 1$.

4.2 Numerische Codes

Dezimalzahl \ Stellenwert	n-Bit-Gray-Code	
0	0 . . 0 0 0 0 0	
1	0 . . 0 0 0 0 1	1. Reflexionsebene
2	0 . . 0 0 0 1 1	
3	0 . . 0 0 0 1 0	2. Reflexionsebene
4	0 . . 0 0 1 1 0	
5	0 . . 0 0 1 1 1	
6	0 . . 0 0 1 0 1	
7	0 . . 0 0 1 0 0	3. Reflexionsebene
8	0 . . 0 1 1 0 0	
9	0 . . 0 1 1 0 1	
10	0 . . 0 1 1 1 1	
11	0 . . 0 1 1 1 0	
12	0 . . 0 1 0 1 0	
13	0 . . 0 1 0 1 1	
14	0 . . 0 1 0 0 1	
15	0 . . 0 1 0 0 0	4. Reflexionsebene
16	0 . . 0 1 0 0 0	
17	0 . . 0 1 0 0 0	
2^n-1	1 . . 0 0 0 0 0	

Tabelle 4.2-2 n-Bit-Gray-Code

4.2.2 Gray-Code

Der n-Bit-Gray-Code ist ein einschrittiger Wortcode, der nicht bewertbar ist. Einschrittige Codes zeichnen sich durch einen geordneten Zeichenvorrat aus, da sich ihre aufeinanderfolgenden Codewörter jeweils nur in einer Ziffernstelle unterscheiden, wie die Tabelle 4.2-2 des n-Bit-Gray-Codes zeigt. Der n-Bit-Gray-Code läßt sich durch fortlaufende Spiegelung an den eingetragenen Reflexionsebenen aufbauen. Das Bild 4.2-1 zeigt eine auf einer Welle montierte Winkelcodierscheibe mit den vier Ringen A, B, C, D, die zur Erfassung der Winkelstellung der Welle verwendet wird. Die vier Ringe, die in sechzehn Sektoren eingeteilt sind, entsprechen den vier Ziffernstellen des n-Bit-Gray-Codes. Die Sektoren der vier Ringe, die lichtdurchlässig sind, zeigt das Bild 4.2-1 als weiße Flächen, während die Sektoren, die lichtundurchlässig sind, im Bild 4.2-1 durch Schraffur gekennzeichnet sind. Eine weiße Kennzeichnung eines Sektors entspricht dabei der Ziffer 0, während die Schraffur eines Sektors die Ziffer 1 darstellt. Als Code für die Kennzeichnung der Ringsektoren im Bild 4.2-1 wurde der 4-Bit-Gray-Code nach Tabelle 4.2-3 verwendet. Zur Bestimmung der Winkelstellung der Welle wird die Kennzeichnung der Ringsektoren mit Hilfe von vier Fotozellen abgetastet. Befindet sich die Winkelcodier-

94   4   Codes

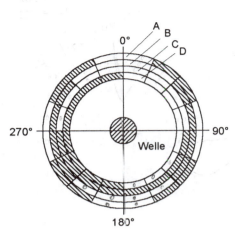

Bezeichnung / Winkelbereich	4-Bit-Gray-Code	4-Bit-Dual-Code
0,0° - 22,4°	0 0 0 0	0 0 0 0
22,5° - 44,9°	0 0 0 1	0 0 0 1
45,0° - 67,4°	0 0 1 1	0 0 1 0
67,5° - 89,9°	0 0 1 0	0 0 1 1
90,0° - 112,4°	0 1 1 0	0 1 0 0
112,5° - 135,4°	0 1 1 1	0 1 0 1
135,0° - 157,4°	0 1 0 1	0 1 1 0
157,5° - 179,9°	0 1 0 0	0 1 1 1
180,0° - 202,4°	1 1 0 0	1 0 0 0
202,5° - 224,9°	1 1 0 1	1 0 0 1
225,0° - 247,4°	1 1 1 1	1 0 1 0
247,5° - 269,9°	1 1 1 0	1 0 1 1
270,0° - 292,4°	1 0 1 0	1 1 0 0
292,5° - 314,9°	1 0 1 1	1 1 0 1
315,0° - 337,4°	1 0 0 1	1 1 1 0
337,5° - 359,9°	1 0 0 0	1 1 1 1

Bild 4.2-1 Winkelcodierscheibe mit sechzehn Sektoren und vier Ringen mit einer Codierung im 4-Bit-Gray-Code

Tabelle 4.2-3 Zuordnung der Codewörter des 4-Bit-Gray-Codes und des 4-Bit-Dual-Codes zu den sechzehn Winkelbereichen

scheibe gerade in einer Winkelstellung, in der der Übergang von einem Ringsektor zum anderen mit der Abtastlinie der Fotozellen zusammenfällt, so bewirkt ein geringer Versatz der Fotozellen bzw. der Kennzeichnung der Ringsektoren eine Fehlabtastung. Beim Übergang vom Ringsektor des Winkelbereichs 157,5°-179,9° zum Ringsektor, der den Winkelbereich 180°-202,4° kennzeichnet, bewirkt beispielsweise ein Versatz der Fotozelle, die die Kennzeichnung des Rings D abtastet, daß an Stelle des Codewortes 0100 für den Winkelbereich 157,5°-179,9° das Codewort 1100 des Winkelbereichs 180°-202,4° erkannt wird. Bei der Verwendung eines n-Bit-Gray-Codes tritt dabei allgemein lediglich ein Fehler von $360°/2^n$ auf. Bei Verwendung eines 4-Bit-Gray-Codes und einer entsprechenden Einteilung der Welle in sechzehn Sektoren beträgt der Abtastfehler demnach $360°/16 = 22,5°$. Da sich die Winkelstellung der Welle sowieso gerade im Übergang des Winkelbereichs 157,5°-179,9° zum Winkelbereich 180°-202,4° befindet, ist der Fehler somit unerheblich. Verwendet man hingegen zur Kennzeichnung der Ringsektoren keinen einschrittigen Code verwenden, so entsteht ein weitaus größerer Abtastfehler. Bei einer Einteilung der Welle in sechzehn Ringsektoren, die durch den nicht einschrittigen 4-Bit-Dualcode gekennzeichnet sind, ergibt sich durch die oben beschriebene Fehlabtastung beim Übergang des Winkelbereichs 157,5°-179,9° zum Winkelbereich 180°-202,4° an Stelle des Codewortes 0111 das Codewort

4.2 Numerische Codes

1111 des 4-Bit-Dualcodes, welches aber dem Winkelbereich 337,5°-359,9° entspricht. Die ungenaue Abtastung an der Sektorengrenze bewirkt demnach bei der Verwendung des nicht einschrittigen 4-Bit-Dualcodes einen großen Fehler von 180°.

4.2.3 BCD-Codes

BCD-Codes (engl.: binary coded decimal) – auch tetradische Codes genannt – sind Zifferncodes, die jede Ziffer einer Dezimalzahl einzeln codieren. Um die zehn Dezimalziffern 0 ... 9 binär zu codieren, sind nach Gl. (4.2-1) 3,322 Stellen erforderlich. Da für die Anzahl der Stellen nur eine ganze Zahl in Frage kommt, werden vier Stellen zur binären Codierung der Dezimalziffern 0 ... 9 benötigt. Eine Einheit von vier Ziffernstellen bezeichnet man auch als Tetrade. Mit vier dualen Ziffernstellen lassen sich insgesamt sechzehn verschiedene Tetraden darstellen, von denen aber nur zehn zur Darstellung der Dezimalziffern 0 ... 9 benötigt werden. Die nicht benutzten Kombinationen der Tetraden werden auch Pseudotetraden genannt. Theoretisch ergibt sich eine Unmenge von Möglichkeiten, um mit Hilfe eines BCD-Codes die Dezimalziffern 0 ... 9 zu verschlüsseln, von denen jedoch äußerst wenige benutzt werden. Für Rechenoperationen kommen ausschließlich bewertbare BCD-Codes in Frage, so daß dadurch die Möglichkeiten eingeschränkt werden. Unter dieser Voraussetzung der Bewertbarkeit wird zur Darstellung der Dezimalziffern 0 ... 9 für die Wertigkeit der niedrigsten Stelle der Wert 1 und für die Summe der Wertigkeiten der vier Ziffernstellen mindestens der Wert 9 gefordert. Die Tabelle 4.2-4 zeigt einige gebräuchliche, bewertbare 4-Bit-BCD-Codes. Da alle BCD-Codes nur zehn der insgesamt sechzehn möglichen Kombinationen zur Darstellung der Dezimalziffern 0 ... 9 benötigen, weisen sie entsprechend Gl. (4.1-1) eine Redundanz von $R = ld\ (16/10) = 0,678$ auf. Die gesamte Verschlüsselung einer

Bezeichnung	8-4-2-1-BCD-Code	Aiken-Code	2-4-2-1-Code	4-4-2-1-Code	White-Code	5-4-2-1-Code
Dezimalziffer\Stellenwert	8 4 2 1	2 4 2 1	2 4 2 1	4 4 2 1	5 2 1 1	5 4 2 1
0	0 0 0 0	0 0 0 0	0 0 0 0	0 0 0 0	0 0 0 0	0 0 0 0
1	0 0 0 1	0 0 0 1	0 0 0 1	0 0 0 1	0 0 0 1	0 0 0 1
2	0 0 1 0	0 0 1 0	0 0 1 0	0 0 1 0	0 0 1 1	0 0 1 0
3	0 0 1 1	0 0 1 1	0 0 1 1	0 0 1 1	0 1 0 1	0 0 1 1
4	0 1 0 0	0 1 0 0	0 1 0 0	0 1 1 0	0 1 1 1	0 1 0 0
5	0 1 0 1	1 0 1 1	0 1 0 1	0 1 1 1	1 0 0 0	1 0 0 0
6	0 1 1 0	1 1 0 0	0 1 1 0	1 0 1 0	1 0 0 1	1 0 0 1
7	0 1 1 1	1 1 0 1	0 1 1 1	1 0 1 1	1 0 1 1	1 0 1 0
8	1 0 0 0	1 1 1 0	1 1 1 0	1 1 1 0	1 1 0 1	1 0 1 1
9	1 0 0 1	1 1 1 1	1 1 1 1	1 1 1 1	1 1 1 1	1 1 0 0

Tabelle 4.2-4 Gebräuchliche, bewertbare 4-Bit-BCD-Codes

Bezeichnung / Dezimalziffer	Stibitz-Dualcode	BCD-Gray-Code	Glixon-Code	O'Brien-Code I	O'Brien-Code II	Tompkins-Code
0	0 0 1 1	0 0 0 0	0 0 0 0	0 0 0 0	0 0 0 1	0 0 0 0
1	0 1 0 0	0 0 0 1	0 0 0 1	0 0 0 1	0 0 1 1	0 0 0 1
2	0 1 0 1	0 0 1 1	0 0 1 1	0 0 1 1	0 0 1 0	0 0 1 1
3	0 1 1 0	0 0 1 0	0 0 1 0	0 0 1 0	0 1 1 0	0 0 1 0
4	0 1 1 1	0 1 1 0	0 1 1 0	0 1 1 0	0 1 0 0	0 1 1 0
5	1 0 0 0	0 1 1 1	0 1 1 1	1 1 1 0	1 1 0 0	1 1 1 0
6	1 0 0 1	0 1 0 1	0 1 0 1	1 0 1 0	1 1 1 0	1 1 1 1
7	1 0 1 0	0 1 0 0	0 1 0 0	1 0 1 1	1 0 1 0	1 1 0 1
8	1 0 1 1	1 1 0 0	1 1 0 0	1 0 0 1	1 0 1 1	1 1 0 0
9	1 1 0 0	1 1 0 1	1 0 0 0	1 0 0 0	1 0 0 1	1 0 0 0

Tabelle 4.2-5 Gebräuchliche, nicht bewertbare 4-Bit-BCD-Codes

Dezimalzahl eines BCD-Codes ergibt sich aus einer Aneinanderreihung der einzelnen Tetradenverschlüsselungen, die jeweils die Ziffer einer Dezimalstelle darstellen. Demnach lautet beispielsweise das Codewort für die Dezimalzahl 1894 im 8-4-2-1-BCD-Code: 0001100010010100. Die Tabelle 4.2-5 zeigt gebräuchliche, nicht bewertbare 4-Bit-BCD-Codes. Von diesen gehören der Glixon-Code, O'Brien-Code I, O'Brien-Code II und der Tompkins-Code I zur Gruppe der einschrittigen BCD-Codes. Der BCD-Gray-Code ist kein einschrittiger Code wie der n-Bit-Gray-Code. Der Vergleich der benachbarten Codewörter 1101 und 0000 der Dezimalzahlen 9 und 0 zeigt, daß in diesem Fall die Hamming-Distanz $D = 3$ beträgt.

Beispiel 4.2-1

Gegeben sind die Verschlüsselungen der Dezimalzahlen 0 ... 9 eines BCD-Codes nach der Tabelle 4.2-6. Kann der gegebene BCD-Code als bewertbar bezeichnet werden? Wenn ja, geben Sie die Wertigkeiten W_A, W_B, W_C, W_D der Stellen A, B, C und D des Codes an.

Bezeichnung / Dezimalziffer	BCD-Code Stellenwert W_D W_C W_B W_A
0	0 1 1 1
1	0 1 1 0
2	0 1 0 1
3	0 1 0 0
4	1 0 1 1
5	1 0 1 0
6	1 0 0 1
7	1 0 0 0
8	1 1 1 0
9	1 1 0 1

Tabelle 4.2-6 Codierungen der Dezimalziffern 0 ... 9 des BCD-Codes zu Beispiel 4.2-1

4.2 Numerische Codes

Welche Mindest-Hamming-Distanz D_{min} weist der gegebene BCD-Code auf? Kann der gegebene BCD-Code als einschrittig bezeichnet werden?

Lösung:

Zur Entscheidung über die Bewertbarkeit des gegebenen BCD-Codes werden die nachfolgend berechneten Wertigkeiten der Stellen zunächst nur angenommen, bis sie bei allen Codewörtern ihre Bestätigung finden. Erst dann kann der BCD-Code als bewertbar bezeichnet werden. An Hand des Codewortes für die Dezimalzahl 3 wird angenommen, daß der Stellenwert $W_C = 3$ beträgt. Die Dezimalzahl 2 berechnet sich als Summe der Stellenwerte W_C und W_A. Daraus ergibt sich der Stellenwert $W_A = -1$. An Hand des Codewortes für die Dezimalzahl 7 kann der Stellenwert $W_D = 7$ angenommen werden. Die Dezimalzahl 5 ergibt sich als Summe der Stellenwerte W_D und W_B. Daraus berechnet sich der Stellenwert $W_B = -2$. Die Codewörter der Dezimalzahlen 0, 1, 4, 6, 8 und 9, die zur Bestimmung nicht benutzt wurden, müssen noch überprüft werden:

Dezimalzahl 0 = $W_C + W_B + W_A = 3 - 2 - 1 = 0$
Dezimalzahl 1 = $W_C + W_B = 3 - 2 = 1$
Dezimalzahl 4 = $W_D + W_B + W_A = 7 - 2 - 1 = 4$
Dezimalzahl 6 = $W_D + W_A = 7 - 1 = 6$
Dezimalzahl 8 = $W_D + W_C + W_B = 7 + 3 - 2 = 8$
Dezimalzahl 9 = $W_D + W_C + W_A = 7 + 3 - 1 = 9$.

Da sich für alle Codekombinationen die zunächst angenommenen Stellenwerte bestätigen, handelt es sich um einen bewertbaren BCD-Code mit den Stellenwerten: $W_D = 7$, $W_C = 3$, $W_B = -2$ und $W_A = -1$. Zur Bestimmung der Hamming-Distanz müssen jeweils aufeinanderfolgende Codewörter verglichen werden. Die Hamming-Distanz zwischen den Codewörtern der Dezimalzahlen 0-1, 2-3, 4-5 und 6-7 beträgt jeweils $D = 1$. Die Hamming-Distanz zwischen den Codewörtern der Dezimalzahlen 1-2, 5-6, 7-8, 8-9 und 9-0 beträgt $D = 2$. Zwischen den Codewörtern der Dezimalzahlen 3-4 ergibt sich sogar eine Hamming-Distanz $D = 4$. Die Mindest-Hamming-Distanz des gegebenen BCD-Codes beträgt demnach $D_{min} = 1$. Da die Hamming-Distanz zwischen den benachbarten Codewörtern der Dezimalzahlen 1-2, 3-4, 7-8, 8-9 und 9-0 $D \neq 1$ beträgt, ist der gegebene BCD-Code nicht einschrittig.

4.2.4 Prüfbare Codes

Codes mit einer Redundanz ermöglichen die Prüfbarkeit bzw. sogar die Korrigierbarkeit der verwendeten Codewörter. Sie eignen sich daher besonders zur Datenübertragung, bei der ein oder mehrere Bitfehler entstehen können, um die empfangenen Codewörter zumindest auf Fehler überprüfen bzw. korrigieren zu können. Für die Bestimmung, ob ein Code prüfbar ist, wird ein 1-Bit-Fehler, d. h. die Verfälschung einer Ziffer 0 eines Codewortes in die Ziffer 1 bzw. einer Ziffer 1 eines Codewortes in die Ziffer 0 während der Übertragung, herangezogen. Ein Code ist demnach prüfbar, wenn ein 1-Bit-Fehler, der bei der Übertragung aufgetreten ist, erkannt werden kann. Die Prüfbarkeit setzt demnach voraus, daß sich die Codewörter eines prüfbaren Codes zumindest in zwei Ziffernstellen unterscheiden. Die Mindest-Hamming-Distanz aller Codewörter untereinander muß demnach mindestens $D_{min} = 2$ betragen. Unterstellt man die Möglichkeit mehrerer auftretender Fehler während der Übertragung eines Codewortes, so berechnet sich allgemein die Anzahl der erkennbaren Fehler F eines prüfbaren Codes in Abhängigkeit von der Mindest-Hamming-Distanz D_{min} zu:

$$F = D_{min} - 1. \qquad (4.2\text{-}2)$$

Besitzt demnach ein Code eine Mindest-Hamming-Distanz $D_{min} = 1$, so handelt es sich um einen ungesicherten Code, der nicht prüfbar ist. Ein Codewort eines ungesicherten Codes wird bereits durch einen bei der Übertragung auftretenden 1-Bit-Fehler in ein anderes Codewort verfälscht, so daß eine Überprüfung auf einen Fehler unmöglich ist. Ein Code mit einer Mindest-Hamming-Distanz $D_{min} = 2$ ist auf einen 1-Bit-Fehler prüfbar, da ein Codewort durch einen bei der Übertragung auftretenden 1-Bit-Fehler in ein Datenwort verfälscht wird, welches als Codewort nicht zugelassen ist. Dadurch kann der Übertragungsfehler zwar erkannt, aber nicht korrigiert werden. Da bei einer Mindest-Hamming-Distanz $D_{min} = 2$ das fehlerhafte Datenwort aus nicht nur einem Codewort, sondern aus mehreren Codewörtern entstanden sein kann, ist eine Korrektur nicht möglich. Besitzt ein Code dagegen eine Mindest-Hamming-Distanz $D_{min} = 3$, so kann ein 2-Bit-Fehler, der bei der Übertragung in einem Codewort auftritt, erkannt und ein 1-Bit-Fehler sogar korrigiert werden, wie die Gl. (4.2-2) zeigt. Je größer allgemein die Mindest-Hamming-Distanz ist, um so mehr Übertragungsfehler innerhalb eines Codewortes können erkannt bzw. sogar korrigiert werden.

Beispiel 4.2-2

Zur Sicherung einer Datenübertragung soll ein prüfbarer 4-Bit-Code verwendet werden. Es kann davon ausgegangen werden, daß auf der Übertragungsstrecke nur ein 1-Bit-Fehler innerhalb eines Codewortes auftreten kann. Ein Codewort des 4-Bit-Codes ist bekannt; es lautet: 0000. Geben Sie alle Codewörter des 4-Bit-Codes an. Beim Empfänger wird das fehlerhafte Datenwort 1110 empfangen. Aus welchen Codewörtern könnte es durch einen 1-Bit-Fehler bei der Übertragung entstanden sein? Kann das fehlerhafte Datenwort korrigiert werden?

Lösung:

Damit ein Code bei einem 1-Bit-Fehler prüfbar ist, muß seine Mindest-Hamming-Distanz $D_{min} \geq 2$ sein. Da das Codewort 0000 bekannt ist, sind alle Datenwörter, die untereinander eine Hamming-Distanz $D \geq 2$ aufweisen, als Codewörter zugelassen: 0000, 0011, 0101, 0110, 1001, 1010, 1100, 1111. Zwischen diesen Codewörtern ergibt sich damit eine Hamming-Distanz $D = 2$ bzw. zwischen den Codewörtern 0000 und 1111 sogar $D = 4$. Das durch einen 1-Bit-Fehler verfälschte Datenwort 1110 ist entweder aus den zugelassenen Codewörtern 0110, 1010, 1100 durch eine Verfälschung der Ziffer 0 in die Ziffer 1 oder aus dem zugelassenen Codewort 1111 durch eine Verfälschung der Ziffer 1 in die Ziffer 0 entstanden. Das fehlerhafte Datenwort 1100 kann auf Grund der Mindest-Hamming Distanz $D_{min} = 2$ nicht korrigiert werden. Zur Korrektur ist bei einem 1-Bit-Fehler eine Mindest-Hamming-Distanz $D_{min} = 3$ erforderlich.

4.2.4.1 Parity-Prüfung

Eine besonders einfache Art der Fehlerprüfung kann dadurch ermöglicht werden, daß man jedem Codewort für die Übertragung ein zusätzliches Binärzeichen, welches als Prüf- bzw. Parity-Bit bezeichnet wird, anhängt. Dabei ergeben sich die beiden Möglichkeiten, die Gesamtzahl der Ziffernstellen des Codewortes einschließlich des Parity-Bits, die die Ziffer 1 aufweisen, entweder zu einer geraden oder ungeraden Anzahl zu ergänzen. Erfolgt die Ergänzung der Codewörter durch das Parity-Bit so, daß die Gesamtsumme der Stellen mit der Ziffer 1 im Codewort einschließlich dem Parity-Bit eine gerade Anzahl ergibt, so spricht man von einer geraden Parity-Prüfung. Wird das Prüfbit so gebildet, daß die Gesamtsumme der auftretenden Ziffern 1 im Codewort einschließlich dem Parity-Bit eine ungerade Anzahl ergibt, so handelt es sich um eine ungerade Parity-Prüfung. Das Anfügen eines Prüfbits erhöht die Hamming-Distanz eines Codes um den Wert 1, so daß seine Mindest-Hamming-Distanz $D_{min} = 2$ beträgt. Dadurch wird die Prüfbarkeit der Codewörter bei einem 1-Bit-Übertragungsfehler ermöglicht.

Beispiel 4.2-3

Bei der Übertragung von Codewörtern des 8-Bit-Dualcodes soll eine gerade Parity-Prüfung zur Sicherung der Datenwörter verwendet werden, um dem Empfänger eine Überprüfung zu ermöglichen. Entwerfen sie die digitale Schaltung eines Parity-Generators für den Sender, der zu einem Datenwort das zugehörige Parity-Bit erzeugt. Entwerfen Sie außerdem einen Parity-Prüfer für den Empfänger, der die empfangenen Datenwörter auf Fehler überprüft und ein Fehlersignal F erzeugt, welches bei einem fehlerhaften Datenwort den 1-Zustand annimmt. Welche Übertragungsfehler können mit dieser Anordnung erkannt werden? Kann der Fall auftreten, daß ein bei der Übertragung nicht verfälschtes Codewort als fehlerhaft erkannt wird?

Lösung:

Das Bild 4.2-2 zeigt die Digitalschaltung für den Parity-Generator, die sich mit sieben Antivalenzen aufbauen läßt. Um feststellen zu können, ob eine ungerade Anzahl der Datenbits $D_0 ... D_7$ des Codewortes die Ziffer 1 aufweist, bildet man die Summe aller Datenbits. Ob eine ungerade oder gerade Anzahl von Stellen des Datenwortes die Ziffer 1 aufweist, läßt sich ausschließlich an der Ergebnisstelle mit dem niedrigsten Stellenwert 2^0 ablesen, so daß

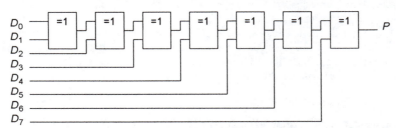

Bild 4.2-2 Parity-Generator zur Erzeugung eines geraden Parity-Bits P für die Datenübertragung der Datenbits $D_0 ... D_7$ zu Beispiel 4.2-3

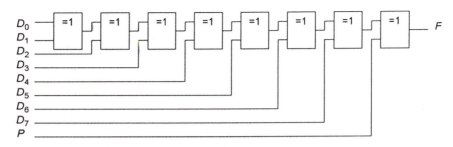

Bild 4.2-3 Parity-Prüfer zur Erzeugung eines Fehlersignals F für die Datenübertragung der Datenbits $D_0 ... D_7$ zu Beispiel 4.2-3

die übrigen Ergebnisstellen der Addition unerheblich sind. Bei der Addition jeweils zweier Datenbits bildet man daher lediglich mit Hilfe einer Antivalenz die Stellensumme. Die linke Antivalenz in Bild 4.2-2 bildet die Stellensumme der Datenbits D_0 und D_1. Für den Fall, daß entweder D_0 oder D_1, also eine ungerade Anzahl der beiden Datenbits, die Ziffer 1 aufweist, ergibt sich am Ausgang der Antivalenz der Logik-Zustand 1, der eine ungerade Ergebnissumme anzeigt. Zeigt der Logik-Zustand dieser Antivalenz dagegen den 0-Zustand, so wird damit eine gerade Ergebnissumme angezeigt. Verknüpft man mit Hilfe einer weiteren Antivalenz dieses Zwischenergebnis mit dem Datenbit D_2, so bedeutet der 1-Zustand am Ausgang der Antivalenz, daß eine ungerade Anzahl der Datenbits D_0, D_1 und D_2 die Ziffer 1 aufweist. Verknüpft man jeweils mit Hilfe einer weiteren Antivalenz die jeweiligen Zwischenergebnisse mit den Datenbits D_3, D_4, D_5, D_6 und D_7, wie das Bild 4.2-2 zeigt, so weist der Ausgang der Antivalenz, die zur Zwischensumme das Datenbit D_7 addiert, den 1-Zustand auf, wenn eine ungerade Anzahl von Datenbits die Ziffer 1 aufweist. Da für die Übertragung eine gerade Parity-Prüfung verlangt ist, stellt der Ausgang dieser Antivalenz das bei der Übertragung an die Datenbits $D_0 ... D_7$ anzuhängende Parity-Bit P zur Verfügung. Das Bild 4.2-3 zeigt den Parity-Prüfer, der so wie der Parity-Generator zunächst durch Addition der Datenbits $D_0 ... D_7$ das Parity-Bit zu einem Datenwort erzeugt. Zusätzlich addiert der Parity-Prüfer zu den Datenbits noch das empfangene Parity-Bit mit Hilfe einer weiteren Antivalenz. Zeigt die Ausgangsvariable F dieser Antivalenz den 1-Zustand, so weist eine ungerade Anzahl der Datenbits $D_0 ... D_7$ einschließlich des empfangenen Parity-Bits P den 1-Zustand auf, so daß damit ein Übertragungsfehler angezeigt wird. Mit dieser Anordnung können 1-Bit-Fehler, 3-Bit-Fehler, 5-Bit-Fehler und 7-Bit-Fehler, allgemein eine ungerade Anzahl von Bit-Fehlern, erkannt werden. Treten dagegen bei einer Übertragung 2-Bit-Fehler, 4-Bit-Fehler, 6-Bit-Fehler oder 8-Bit-Fehler, allgemein eine gerade Anzahl von Bit-Fehlern, auf, so erkennt der Parity-Prüfer den Übertragungsfehler nicht. Tritt bei einer Übertragung ein 1-Bit-Fehler im Parity-Bit auf, so weist die Überprüfung auf einen Übertragungsfehler hin, obwohl das Datenwort korrekt beim Empfänger zur Verfügung steht. Daß der Übertragungsfehler aber das Parity-Bit verfälschte und das Codewort eigentlich weiterverarbeitet werden kann, läßt sich nicht feststellen.

4.2.4.2 Gleichgewichtige Codes

Die m-aus-n-Codes werden als gleichgewichtige Codes bezeichnet, da jedes Codewort eines m-aus-n-Codes eine Anzahl m von insgesamt n Ziffernstellen mit der Ziffer 1 und damit das Gewicht m aufweist. Alle m-aus-n-Codes be-

4.2 Numerische Codes

Bezeichnung	2-aus-5-Code	Biquinär-Code	Quibinär-Code	1-aus-10-Code
Stellenwert / Dezimalziffer	7 4 2 1 0	0 5 4 3 2 1 0	8 6 4 2 0 1 0	9 8 7 6 5 4 3 2 1 0
0	1 1 0 0 0	1 0 0 0 0 0 1	0 0 0 0 1 0 1	0 0 0 0 0 0 0 0 0 1
1	0 0 0 1 1	1 0 0 0 0 1 0	0 0 0 0 1 1 0	0 0 0 0 0 0 0 0 1 0
2	0 0 1 0 1	1 0 0 0 1 0 0	0 0 0 1 0 0 1	0 0 0 0 0 0 0 1 0 0
3	0 0 1 1 0	1 0 0 1 0 0 0	0 0 0 1 0 1 0	0 0 0 0 0 0 1 0 0 0
4	0 1 0 0 1	1 0 1 0 0 0 0	0 0 1 0 0 0 1	0 0 0 0 0 1 0 0 0 0
5	0 1 0 1 0	0 1 0 0 0 0 1	0 0 1 0 0 1 0	0 0 0 0 1 0 0 0 0 0
6	0 1 1 0 0	0 1 0 0 0 1 0	0 1 0 0 0 0 1	0 0 0 1 0 0 0 0 0 0
7	1 0 0 0 1	0 1 0 0 1 0 0	0 1 0 0 0 1 0	0 0 1 0 0 0 0 0 0 0
8	1 0 0 1 0	0 1 0 1 0 0 0	1 0 0 0 0 0 1	0 1 0 0 0 0 0 0 0 0
9	1 0 1 0 0	0 1 1 0 0 0 0	1 0 0 0 0 1 0	1 0 0 0 0 0 0 0 0 0

Tabelle 4.2-7 Gebräuchliche *m*-aus-*n*-Codes

sitzen daher eine Mindest-Hamming-Distanz $D_{min} \geq 2$, da sich benachbarte Codewörter zumindest in zwei Ziffernstellen unterscheiden. Dadurch wird die Erkennung eines 1-Bit-Fehlers, der bei der Übertragung innerhalb eines Codewortes auftritt, ermöglicht. Die Tabelle 4.2-7 zeigt gebräuchliche *m*-aus-*n*-Codes. Nach dem binomischen Satz läßt sich die Anzahl Z der möglichen Codewörter, die sich mit einem *m*-aus-*n*-Code bilden lassen, mit

$$Z = \frac{n!}{m!(n-m)!} \qquad (4.2\text{-}3)$$

angeben. Häufig verwendete *m*-aus-*n*-Codes sind der 2-aus-5-Code bzw. der 1-aus-10-Code, da sich sowohl für den 2-aus-5-Code als auch für den 1-aus-10-Code nach Gl. (4.2-3) insgesamt eine Anzahl von zehn Codewörtern ergeben, die bei der Übertragung von Zahlen zur Darstellung der Dezimalziffern 0 ... 9 benötigt werden.

Beispiel 4.2-4

Zur Sicherung einer Datenübertragung soll ein 3-aus-5-Code verwendet werden. Geben Sie die Codewörter des 3-aus-5-Codes an. Welche Mindest-Hamming-Distanz besitzt der 3-aus-5-Code? Durch einen 1-Bit-Übertragungsfehler wird das Datenwort 10111 empfangen. Aus welchen Codewörtern kann dieses fehlerhafte Datenwort durch einen 1-Bit-Fehler entstehen? Kann das Datenwort korrigiert werden?

Lösung:

Nach Gl. (4.2-3) ergeben sich für einen 3-aus-5-Code insgesamt zehn Codewörter. In jedem Codewort müssen jeweils drei Ziffernstellen die Ziffer 1 und zwei Ziffernstellen die Ziffer 0 aufweisen. Die zehn Codewörter des 3-aus-5-Codes lauten demnach: 00111, 01011, 01101, 01110, 10011, 10101, 10110, 11001, 11010, 11100. Die Mindest-Hamming-Distanz zwischen den Codewörtern des 3-aus-5-Codes beträgt $D_{min} = 2$, so daß ein 1-Bit-Übertragungsfehler in einem Datenwort erkannt werden kann. Da das durch einen 1-Bit-Fehler bei der Übertragung verfälschte Datenwort 10111 aus den Codewörtern 00111, 10011, 10101 oder 10110 durch die Verfälschung einer Ziffer 0 in die Ziffer 1 entstehen kann, ist eine Korrektur nicht möglich. Daß fehlerhaft empfangene Datenwörter des 3-aus-5-Codes nicht korrigiert werden können, ergibt sich auch aus dem Wert der Mindest-Hamming-Distanz $D_{min} = 2$.

4.2.5 Korrigierbare Codes

Um Codewörter nicht nur auf Fehler überprüfen, sondern sogar Übertragungsfehler korrigieren zu können, muß die Mindest-Hamming-Distanz benachbarter Codewörter weiter erhöht werden. Dadurch vergrößert sich die Redundanz und damit auch die Anzahl der Stellen eines Codewortes. Dieses wirkt sich negativ auf die Dauer der Übertragungszeit, die für ein Codewort benötigt wird, aus. Bei gleichbleibender Übertragungsfrequenz der Datenbits verringert sich die Datenrate, d. h. die Anzahl der übertragenen Codewörter.

4.2.5.1 Blockprüfung

Bei der Blockprüfung wird jeweils ein Datenblock, der je nach Vereinbarung aus einer Anzahl Codewörtern besteht, übertragen. Je weniger Codewörter ein Datenblock beinhaltet, um so sicherer können Fehler erkannt und korrigiert werden. Daher wird die Anzahl der Codewörter pro Datenblock bei diesem Verfahren möglichst gering gehalten. Jedem Codewort des Datenblockes wird bei der Blockprüfung ein gerades Parity-Bit bei der Übertragung angehängt. Zusätzlich wird der Datenblock durch ein Prüfwort gesichert, welches nach der Übertragung des letzten Codewortes dem Datenblock angehängt wird. Die Tabelle 4.2-8 zeigt einen Datenblock mit einer vereinbarten Anzahl von fünf Codewörtern des 4-Bit-Dualcodes, denen jeweils ein gerades Prüfbit P, welches an Hand der Datenbits $D_0 ... D_3$ gebildet wird, angehängt ist. Nach der Übertragung der fünf Codewörter des Datenblockes wird ein zusätzliches Prüfwort angehängt und übertragen, dessen jeweiliges Datenbit die Datenbits der fünf Codewörter des Datenblockes zu einer geraden Parity ergänzt. Der Empfänger des Datenblockes überprüft nun nach Empfang zunächst jedes einzelne Codewort an Hand des angehängten Parity-Bits auf seine Fehlerfreiheit. Im Falle nur eines Fehlers in einem der fünf Codewörter kann der Empfänger an Hand

Bitnummer	D_3	D_2	D_1	D_0	P	
Codewort 1	0	1	0	1	0	
Codewort 2	1	1	0	0	0	
Codewort 3	1	0	0	0	1	
Codewort 4	1	1	■	1	1	← Parity-Fehler
Codewort 5	0	0	0	0	0	
Prüfwort	1	1	0	0	0	

↑
Prüfwort-Fehler

Tabelle 4.2-8 Datenblock mit fünf Codewörtern im Dualcode mit Prüfbit P und Prüfwort sowie Fehlerauswertung

des Prüfwortes die Bitstelle des fehlerhaften Datenbits ermitteln und korrigieren. Voraussetzung dafür ist, daß ebenfalls im Prüfwort nur ein Bitfehler vorhanden ist. Je geringer daher die Anzahl der Codewörter pro Datenblock gewählt wird, um so unwahrscheinlicher wird das Auftreten mehrerer Fehler während der Übertragung eines Datenblockes. Ein Übertragungsfehler kann entweder in den Codewörtern oder im Prüfwort auftreten. In jedem Fall kann aber ein 1-Bit-Fehler erkannt und sogar korrigiert werden. Im angegebenen Beispiel in Tabelle 4.2-8 zeigt das Codewort 4 mit dem angehängten Parity-Bit einen Parity-Fehler, da es keine gerade Parity aufweist. Beim Prüfwort des Datenblockes zeigt sich ein Fehler in der Parity der Datenbits D_1 der fünf Codewörter, da das entsprechende Prüfbit D_1 kein gerades Parity-Bit darstellt. Da alle anderen Codewörter und die anderen Prüfbits korrekt sind, kann auf einen Übertragungsfehler in diesem Datenblock im Datenbit D_1 des Codewortes 4 geschlossen und eine entsprechende Korrektur des Codewortes 4 vorgenommen werden. Da das Datenbit D_1 des Codewortes 4 verfälscht wurde, muß das korrekte Codewort 4 lauten: 1101. Treten dagegen während der Übertragung eines Datenblockes zwei oder mehr als zwei Übertragungsfehler innerhalb eines Datenblockes, der die vereinbarte Anzahl von Codewörtern und das Prüfwort umfaßt, auf, so läßt sich eine Korrektur nicht mehr durchführen.

4.2.5.2 Hamming-Verfahren

Um mehr als einen Fehler korrigieren zu können, muß die Anzahl der Prüfbits pro übertragenes Codewort erhöht werden, so daß die Mindest-Hamming-Distanz D_{min} weiter vergrößert wird. Hierzu hat *Hamming* ein Verfahren entwickelt, das mit mehreren Prüfbits arbeitet, welche jeweils die gerade Quersumme mit bestimmten Datenbits des Codewortes bilden. Das Verfahren geht davon aus, daß das Auftreten eines 1-Bit-Übertragungsfehlers in einem Codewort wahrscheinlicher ist, als daß während der Übertragungsdauer eines Codewortes mehrere Bitfehler entstehen, was sich auch in der Praxis zeigt. Die Gesamtzahl der Bits B eines übertragenen Codewortes nach dem Hamming-Verfahren setzt sich aus einer Anzahl von Datenbits D und einer Anzahl von Prüfbits P zusammen, so daß für die Gesamtzahl der Bits B eines Codewortes gilt:

$$B = D + P. \tag{4.2-4}$$

Um nun als Prüfungsergebnis die Nummer der fehlerhaften Bitstelle des übertragenen Codewortes zu erhalten, ordnet man den Kombinationen der Prüfbits entsprechende Bitnummern zu. Die mit der Anzahl P von Prüfbits maximal darstellbare Bitnummer muß daher mindestens der Gesamtzahl B der Bits des übertragenen Codewortes entsprechen, da sonst nicht alle Bitnummern des Codewortes als fehlerhaft gekennzeichnet werden können. Daher gilt als Voraussetzung, daß die mit einer Anzahl P von Prüfbits maximal darstellbare Bitnummer größer oder zumindest gleich der Gesamtsumme der Anzahl der Datenbits D und der Prüfbits P sein muß. Da sich mit einer Anzahl P von Prüfbits allgemein 2^P-1 Bitstellen kennzeichnen lassen, gilt daher die folgende Ungleichung, an Hand der sich die Anzahl der benötigten Prüfbits P berechnen läßt:

$$2^P - 1 \geq B = D + P. \tag{4.2-5}$$

Soll demnach beispielsweise ein Datenwort mit den vier Datenbits $D_0 \ldots D_3$ mit Hilfe des Hamming-Verfahrens gesichert und übertragen werden, so sind nach Gl. (4.2-5) insgesamt die drei Prüfbits P_0, P_1 und P_2 als Ergänzung zu jedem übertragenen 4-Bit-Datenwort erforderlich. Die Reihenfolge der Übertragung der einzelnen Daten- und Prüfbits eines Codewortes wird nun so gewählt, daß das Prüfergebnis, als Dualzahl betrachtet, der Nummer des fehlerhaften Bits des übertragenen Codewortes entspricht. Dazu müssen die Prüfbits die Stellen der Zweierpotenzen des Codewortes einnehmen. Das Prüfbit P_0 muß daher auf der ersten Bitstelle (2^0), das Prüfbit P_1 auf der zweiten Bitstelle (2^1) und das Prüfbit P_2 auf der vierten Bitstelle (2^2) angeordnet werden. Die Bitstellen 3, 5, 6 und 7 des Codewortes zwischen den Prüfbits nehmen die Datenbits entsprechend ihrer Reihenfolge D_0, D_1, D_2 und D_3 ein. Das Datenbit D_0 muß demnach auf der dritten Bitstelle, das Datenbit D_1 auf der fünften Bitstelle, das Datenbit D_2 auf der sechsten Bitstelle und das Datenbit D_3 auf der siebten Bitstelle angeordnet werden. Damit ergibt sich für die Übertragung eines 4-Bit-Datenwortes die folgende Reihenfolge der nacheinander zu übertragenden Bits des Codewortes zu D_3, D_2, D_1, P_2, D_0, P_1, P_0.

Die Tabelle 4.2-9 zeigt die Zuordnung der acht Kombinationen der Fehlerbits FP_2, FP_1, FP_0 der Überprüfungen der Prüfbits P_2, P_1, P_0 zu den fehlerhaften Daten- und Prüfbits eines Codewortes. Ergibt der Vergleich eines empfangenen Prüfbits und eines ermittelten Prüfbits, welches nach dem Empfang eines Codewortes an Hand der Datenbits $D_0 \ldots D_3$ vom Empfänger gebildet wird, eine Übereinstimmung, so erhält das entsprechende Fehlerbit FP_0, FP_1 bzw. FP_2 im Fehlerwort die Ziffer 0, wodurch eine fehlerfreie Datenübertragung angezeigt wird. Besteht dagegen zwischen dem empfangenen Prüfbit und dem ermittelten Prüfbit keine Übereinstimmung, so erhält das entsprechende Prüfbit im Fehlerwort die Ziffer 1, wodurch der Prüfbitfehler gekennzeichnet wird.

Fehlerwort $FP_2\ FP_1\ FP_0$	Fehler im Codewort Bitnummer	Bit
0 0 0	-	-
0 0 1	1	Prüfbit P_0
0 1 0	2	Prüfbit P_1
0 1 1	3	Datenbit D_0
1 0 0	4	Prüfbit P_2
1 0 1	5	Datenbit D_1
1 1 0	6	Datenbit D_2
1 1 1	7	Datenbit D_3

Tabelle 4.2-9 Zuordnung der Kombinationen der Fehlerbits FP_2, FP_1, FP_0 der zugehörigen Prüfbits P_2, P_1, P_0 zu den fehlerhaften Daten- und Prüfbits des Codewortes

4.2 Numerische Codes

Weist das so gebildete Fehlerwort in allen Prüfbitstellen FP_0, FP_1 und FP_2 die Ziffern 0 auf, so wurden alle Bits des Übertragungswortes fehlerfrei empfangen. Ein Übertragungsfehler liegt daher in den Fällen vor, in denen das Fehlerwort eine der Kombinationen 001 ... 111 aufweist. Die Fehlerkombination des Fehlerwortes, als Dualzahl gesehen, entspricht dabei der Bitnummer des fehlerhaften Bits des Übertragungswortes, wie der Tabelle 4.2-9 entnommen werden kann. An Hand dieser Tabelle läßt sich aber auch erkennen, welches der Prüfbits P_0, P_1 bzw. P_2 welche der Datenbits D_0 ... D_3 auf eine gerade Quersumme ergänzen muß. An den Zeilen, in denen die Fehlerbits FP_2, FP_1, FP_0 der zugehörigen Prüfbits P_2, P_1, P_0 die Ziffer 1 aufweisen, ersieht man am Fehlerergebnis die Nummer der entsprechenden Bitstelle. Das Prüfbit P_0 muß demnach so gebildet werden, daß es die Datenbits D_0, D_1 und D_3 zu einer geraden Quersumme ergänzt. Das Prüfbit P_1 muß die Datenbits D_0, D_2 und D_3 und das Prüfbit P_2 die Datenbits D_1, D_2 und D_3 jeweils zu einer geraden Quersumme auffüllen.

Als Beispiel soll die Übertragung des Datenwortes 0010 (D_3, D_2, D_1, D_0) betrachtet werden, zu deren Übertragung nach Gl. (4.2-5) drei Prüfbits erforderlich sind. Da das Hamming-Verfahren mit einer geraden Quersumme arbeitet, lassen sich zu den oben angegebenen Datenbits die Prüfbits $P_0 = 1$, $P_1 = 0$, $P_2 = 1$ ermitteln, die den Datenbits zur Übertragung beizufügen sind. Damit ergibt sich das zu übertragende Codewort des Datenwortes 0010 zu 0011001 (D_3, D_2, D_1, P_2, D_0, P_1, P_0). Tritt beispielsweise während der Übertragung ein Fehler im Datenbit D_0 auf, so erhält der Empfänger das Codewort 0011101. Zu den empfangenen Datenbits 0011 des Codewortes bildet der Empfänger die Prüfbits $P_2 = 1$, $P_1 = 1$, $P_0 = 0$. Der Vergleich der empfangenen und der vom Empfänger gebildeten Prüfbits ergibt eine Übereinstimmung im Prüfbit P_2 und keine Übereinstimmungen in den Prüfbits P_1 und P_0, so daß sich das Fehlerwort 011 (FP_2, FP_1, FP_0) ergibt. An Hand dieses Fehlerwortes läßt sich der Tabelle 4.2-9 entnehmen, daß die Bitnummer 3 – das Datenbit D_0 – während der Übertragung verfälscht wurde. Das fehlerhafte Codewort 0011101 läßt sich damit zu 0011001 und das Datenwort zu 0010 korrigieren.

Beispiel 4.2-5

Eine Datenübertagung von Dezimalzahlen 0 ... 9 benutzt den 8-4-2-1-BCD-Code. Um die Datenübertragung zu sichern und prüfbar zu machen, soll das Hamming-Verfahren verwendet werden. Geben Sie die zehn Codewörter der Dezimalzahlen 0 ... 9 des korrigierbaren 8-4-2-1-BCD-Codes nach dem Hamming-Verfahren an, die bei der Übertragung der Dezimalzahlen 0 ... 9 als Codewörter benutzt werden müssen. Der Empfänger empfängt das Datenwort 1101101. Welches Codewort wurde vom Sender übertragen, wenn das Datenwort durch einen 1-Bit-Fehler verfälscht wurde? Geben Sie eine Digitalschaltung an, die auf der Senderseite an Hand der Datenbits D_0 ... D_3 die Prüfbits P_2, P_1 und P_0 erzeugt, die den Datenbits zur Übertragung beigefügt werden. Geben Sie eine Digitalschaltung an, die auf der Empfangsseite die Codewörter überprüft und einen 1-Bit-Übertragungsfehler korrigiert.

Dezimalziffer	D_3	D_2	D_1	P_2	D_0	P_1	P_0
0	0	0	0	0	0	0	0
1	0	0	0	0	1	1	1
2	0	0	1	1	0	0	1
3	0	0	1	1	1	1	0
4	0	1	0	1	0	1	0
5	0	1	0	1	1	0	1
6	0	1	1	0	0	1	1
7	0	1	1	0	1	0	0
8	1	0	0	1	0	1	1
9	1	0	0	1	1	0	0

Tabelle 4.2-10 Codewörter des korrigierbaren 8-4-2-1-BCD-Codes nach dem Hamming-Verfahren zu Beispiel 4.2-5

Lösung:

Damit der 8-4-2-1-BCD-Code bezüglich eines 1-Bit-Fehlers korrigierbar ist, muß seine Mindest-Hamming-Distanz $D_{min} \geq 3$ sein. Um einen korrigierbaren 8-4-2-1-BCD-Code nach dem Hamming-Verfahren zu entwerfen, berechnet sich die Anzahl der Prüfbits so, daß entsprechend Gl. (4.2-5) $2^P - 1 \geq D + P$ ist. Daraus ergibt sich die Anzahl der Prüfbits $P = 3$, denn bei vier Datenbits und drei Prüfbits ist $2^3 - 1 \geq 4 + 3$. Das Prüfbit P_0 muß nach Tabelle 4.2-8 die Datenbits D_0, D_1 und D_3 zu einer geraden Parity ergänzen. Die gerade Quersumme der Datenbits D_0, D_2 und D_3 bildet das Prüfbit P_1 und die gerade Quersumme der Datenbits D_1, D_2 und D_3 das Prüfbit P_2. Damit ergeben sich die Codewörter des korrigierbaren 8-4-2-1-BCD-Codes nach Tabelle 4.2-10.

An Hand des empfangenen Datenwortes 1101101 generiert der Empfänger die Prüfbits $P_0 = 0$, $P_1 = 1$, $P_2 = 0$. Die empfangenen Prüfbits im Datenwort lauten hingegen: $P_0 = 1$, $P_1 = 0$, $P_2 = 1$. Demnach zeigen die Prüfbits P_0, P_1 und P_2 keine Übereinstimmung, so daß sich das Fehlerwort 111 ergibt, welches das Datenwort D_3 als fehlerhaft ausweist, wie der Tabelle 4.2-9 zu entnehmen ist. Das korrekte Datenwort lautet demnach 0101101.

Die Tabelle 4.2-11 zeigt die allgemeine Bildung des Prüfbits P an Hand von drei Datenbits D_X, D_Y und D_Z. Es zeigt sich, daß die Datenbits D_X, D_Y und D_Z miteinander antivalent verknüpft werden müssen. Das Prüfbit P_0, welches die Datenbits D_0, D_1 und D_3 auf eine gerade Quersumme ergänzt, läßt sich daher durch eine Antivalenz der Datenbits D_1 und D_3, deren Ausgang durch eine zweite Antivalenz mit dem Datenbit D_0 verknüpft wird, erzeugen. Das Prüfbit P_1, welches die Datenbits D_0, D_2 und D_3 auf eine gerade Quersumme ergänzt, läßt sich durch eine Antivalenz der Datenbits D_2 und D_3, deren Ausgang durch eine zweite

D_Z	D_Y	D_X	P
0	0	0	0
0	0	1	1
0	1	0	1
0	1	1	0
1	0	0	1
1	0	1	0
1	1	0	0
1	1	1	1

Tabelle 4.2-11 Prüfbit P in Abhängigkeit der Datenbits D_X, D_Y und D_Z des korrigierbaren 8-4-2-1-BCD-Codes nach dem Hamming-Verfahren zu Beispiel 4.2-5

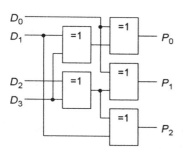

Bild 4.2-4 Digitalschaltung zur Erzeugung der Prüfbits P_0, P_1 und P_2 für die Übertragung der Datenbits $D_0 \ldots D_3$ nach dem Hamming-Verfahren zu Beispiel 4.2-4

Antivalenz mit dem Datenbit D_0 verknüpft wird, erzeugen. Das Prüfbit P_2, welches die Datenbits D_1, D_2 und D_3 auf eine gerade Quersumme ergänzt, läßt sich daher durch eine Antivalenz der Datenbits D_2 und D_3, deren Ausgang durch eine zweite Antivalenz mit dem Datenbit D_1 verknüpft wird, erzeugen. Das Bild 4.2-4 zeigt die entsprechende Digitalschaltung mit fünf Antivalenz-Gliedern, die die Prüfbits P_0, P_1 und P_2 an Hand der Datenbits $D_0 \ldots D_3$ erzeugen.

Die Digitalschaltung zur Erzeugung der Prüfbits kann auch auf der Empfangsseite benutzt werden, um zu den empfangenen Datenbits die zugehörigen Prüfbits PE_2, PE_1, PE_0 zu ermitteln, wie das Bild 4.2-5 zeigt. Die ermittelten Prüfbits werden dann mit den empfangenen Prüfbits mit Hilfe von drei Antivalenzen auf ihre Ungleichheit überprüft. Am Ausgang dieser drei Antivalenzen steht damit das Fehlerwort FP_2, FP_1, FP_0 zur Verfügung. Der Tabelle 4.2-8 läßt sich entnehmen, daß das Datenbit D_0 fehlerhaft ist, wenn der Vergleich der Prüfbits P_0 und P_1 keine Übereinstimmung zeigt. Mit Hilfe eines UND-Glieds, dem die Prüfungsergebnisse FP_0 und FP_1 als nicht negierte Eingangsvariablen und das Prüfungsergebnis FP_2 als negierte Eingangsvariable angeschaltet wird, läßt sich die Fehlerkombination für das Datenbit D_0 feststellen. Die Schaltfunktion der nachfolgenden Antivalenz mit den Eingangsvariablen F_0 und D_0 lautet: $DK_0 = (\neg F_0 \wedge D_0) \vee (F_0 \wedge \neg D_0)$. Im Fehlerfall zeigt die

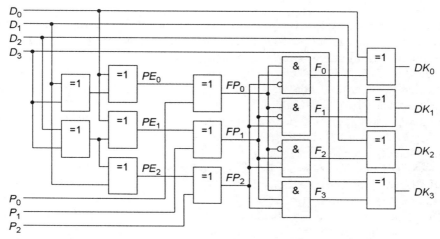

Bild 4.2-5 Digitalschaltung zur Überprüfung und zur eventuellen Korrektur der empfangenen Datenbits $D_0 \ldots D_3$ zu Beispiel 4.2-4

Ausgangsvariable F_0 des UND-Glieds den 1-Zustand und bewirkt, daß das Datenbit D_0 durch die Antivalenz negiert und der Übertragungsfehler des Datenbits D_0 dadurch korrigiert wird. Am Ausgang der Antivalenz stellt sich in diesem Fall $DK_0 = \neg D_0$ ein. Für den Fall, daß kein Übertragungsfehler im Datenbit D_0 vorliegt, zeigt die Ausgangsvariable F_0 des UND-Glieds den 0-Zustand. Am Ausgang der Antivalenz stellt sich in diesem Fall $DK_0 = D_0$ ein. Das Datenbit D_1 ist fehlerhaft, wenn der Vergleich der Prüfbits P_0 und P_2 keine Übereinstimmung zeigt. Mit Hilfe eines weiteren UND-Glieds, dem die Prüfungsergebnisse FP_0 und FP_2 als nicht negierte Eingangsvariablen und das Prüfungsergebnis FP_1 als negierte Eingangsvariable angeschaltet wird, läßt sich die Fehlerkombination für das Datenbit D_1 feststellen. Im Fehlerfall zeigt die Ausgangsvariable F_1 dieses UND-Glieds den 1-Zustand und bewirkt, daß das Datenbit D_1 durch die nachfolgende Antivalenz negiert und der Übertragungsfehler korrigiert wird. Das Datenbit D_2 zeigt einen Fehler, wenn der Vergleich der Prüfbits P_1 und P_2 keine Übereinstimmung zeigt. Mit Hilfe eines UND-Glieds, dem die Prüfungsergebnisse FP_1 und FP_2 als nicht negierte Eingangsvariablen und das Prüfungsergebnis FP_0 als negierte Eingangsvariable angeschaltet werden, läßt sich die Fehlerkombination für das Datenbit D_2 überprüfen. Im Fehlerfall zeigt die Ausgangsvariable F_2 dieses UND-Glieds den 1-Zustand, und die nachfolgende Antivalenz invertiert das Datenbit D_2, so daß der Übertragungsfehler des Datenbits D_2 korrigiert wird. Weisen alle drei Prüfungsergebnisse eine Ungleichheit auf, so wurde das Datenbit D_3 während der Übertragung verfälscht. Die drei Prüfungsergebnisse FP_0, FP_1, FP_2 werden daher in der Digitalschaltung nach Bild 4.2-5 einem UND-Glied zugeführt. Die Ausgangsvariable F_3 dieses UND-Glieds nimmt im Fehlerfall des Datenbits D_3 den 1-Zustand an und bewirkt, daß das Datenbit D_3 mit Hilfe der nachfolgenden Antivalenz invertiert und damit korrigiert wird. An den Ausgängen der vier Antivalenzen, die lediglich im Fehlerfall das jeweilige Datenbit invertieren, stehen die korrigierten Datenbits $DK_0 ... DK_3$ an den Ausgängen der Digitalschaltung zur weiteren Verarbeitung zur Verfügung.

4.3 Alphanumerische Codes

Alphanumerische Codes weisen einen Zeichenvorrat auf, der aus den Dezimalziffern 0 ... 9, den Klein- und Großbuchstaben des Alphabetes ($a ... z$ und $A ... Z$) und einer Anzahl von Sonderzeichen besteht. Die Tabelle 4.3-1 zeigt beispielsweise den 7-Bit-ASCII-Code (engl.: american standard code for information interchange). Dieser Code wird häufig noch durch ein Parity-Bit ergänzt und damit zum 8-Bit-ASCII-Code mit gerader bzw. ungerader Parity erweitert. Bei einigen Codierungen sind der Tabelle 4.3-1 zwei Zeichen angegeben. Das rechte Zeichen entspricht dabei dem Zeichensatz nach der DIN 66003, der unsere länderspezifischen Buchstaben Ä, Ö, Ü, ä, ö, ü, und ß berücksichtigt. Der 8-Bit-ASCII-Code hat sich bei der Datenübertragung zu peripheren Geräten innerhalb von digitalen Rechenanlagen nahezu als Standard durchgesetzt. Der gesamte Zeichenvorrat des 8-Bit-ASCII-Codes beinhaltet außer den Dezimalziffern, den Klein- und Großbuchstaben des Alphabetes und den Sonderzeichen auch noch eine Reihe von Steuerzeichen, die für die Einstellung und Synchronisierung der peripheren Geräte (Drucker usw.), die an der Datenübertragung beteiligt sind, verwendet werden. An Hand der nachfolgend angegebenen Ab-

4.3 Alphanumerische Codes

kürzungen, die sich aus den in Klammern angegebenen englischen Bezeichnungen ergeben, läßt sich die jeweilige Bedeutung der verschiedenen Steuerzeichen erkennen.

ACK: Positive Rückmeldung (<u>ac</u>knowledge); BEL: Klingel (<u>bel</u>l); BS: Rückwärtsschritt (<u>b</u>ack<u>s</u>pace); CAN: Ungültig (<u>can</u>cel); CR: Wagenrücklauf (<u>c</u>arriage <u>r</u>eturn); DC1 ... 4: Gerätesteuerung 1 ... 4 (<u>d</u>evice <u>c</u>ontrol 1 ... 4); DEL: Löschen (<u>del</u>ete); DLE: Datenübertragungsumschaltung (<u>d</u>ata <u>l</u>ink <u>e</u>scape); EM: Ende der Aufzeichnung (<u>e</u>nd of <u>m</u>edium); ENQ: Stationsaufforderung (<u>en</u>quiry); EOT: Ende der Übertragung (<u>e</u>nd <u>o</u>f <u>t</u>ransmission); ESC: Code-Umschaltung (<u>esc</u>ape); ETB: Ende des Datenübertragungsblockes (<u>e</u>nd of <u>t</u>ransmission <u>b</u>lock); ETX: Ende des Textes (<u>e</u>nd of <u>t</u>e<u>x</u>t); FF: Formularvorschub (<u>f</u>orm <u>f</u>eed); FS: Hauptgruppen-Trennung (<u>f</u>ile <u>s</u>eparator); GS: Gruppen-Trennung (<u>g</u>roup <u>s</u>eparator); HT: Horizontal-Tabulator (<u>h</u>orizontal <u>t</u>abulation); LF: Zeilenvorschub (<u>l</u>ine <u>f</u>eed); NAK: Negative Rückmeldung (<u>n</u>egative <u>a</u>c<u>k</u>nowledge); NUL: Füllzeichen (<u>nul</u>l); RS: Untergruppen-Trennung (<u>r</u>ecord <u>s</u>eparator); SI: Rückschaltung (<u>s</u>hift <u>i</u>n); SO: Dauerumschaltung (<u>s</u>hift <u>o</u>ut); SOH: Anfang des Kopfes (<u>s</u>tart <u>o</u>f <u>h</u>eading); SP Zwischenraum (<u>sp</u>ace); STX: Anfang des Textes (<u>s</u>tart of <u>t</u>e<u>x</u>t); SUB: Substitution (<u>sub</u>stitute); SYN: Synchronisierung (<u>syn</u>chronous idle); US: Teilgruppen-Trennung (<u>u</u>nit <u>s</u>eparator); VT: Vertikal-Tabulator (<u>v</u>ertical <u>t</u>abulation).

Parity Bit B_7		X	X	X	X	X	X	X	X
Bitnummer B_6		0	0	0	0	1	1	1	1
B_5		0	0	1	1	0	0	1	1
$B_3\ B_2\ B_1\ B_0$	B_4	0	1	0	1	0	1	0	1
0 0 0 0		NUL	DLE	SP	0	@ §	P	`	p
0 0 0 1		SOH	DC1	!	1	A	Q	a	q
0 0 1 0		STX	DC2	"	2	B	R	b	r
0 0 1 1		ETX	DC3	#	3	C	S	c	s
0 1 0 0		EOT	DC4	$	4	D	T	d	t
0 1 0 1		ENQ	NAK	%	5	E	U	e	u
0 1 1 0		ACK	SYN	&	6	F	V	f	v
0 1 1 1		BEL	ETB	'	7	G	W	g	w
1 0 0 0		BS	CAN	(	8	H	X	h	x
1 0 0 1		HT	EM	)	9	I	Y	i	y
1 0 1 0		LF	SUB	*	:	J	Z	j	z
1 0 1 1		VT	ESC	+	;	K	[Ä	k	{ ä
1 1 0 0		FF	FS	,	<	L	\ Ö	l	| ö
1 1 0 1		CR	GS	-	=	M	] Ü	m	} ü
1 1 1 0		SO	RS	.	>	N	↑	n	~ ß
1 1 1 1		SI	US	/	?	O	←	o	DEL

Tabelle 4.3-1 7-Bit- bzw. 8-Bit-ASCII-Code (Parity-Bit B_7 optional)

Die Tabelle 4.3-2 zeigt den 8-Bit-EBCDI-Code (engl.: extended binary coded decimal interchange), der außer den Dezimalziffern, den Klein- und Großbuchstaben des Alphabetes und den Sonderzeichen auch noch eine Reihe von Steuerzeichen zur Synchronisierung der peripheren Geräte verwendet. Die Abkürzungen der verwendeten Steuerzeichen des 8-Bit-EBCDI-Codes bedeuten:

BS: Rückwärtsschritt; BYP: Sonderfolgenanfang; DEL: Löschen; EOB: Blockende; EOT: Ende der Übertragung; HT: Horizontaltabulator; IL: Leerlauf; LC: Kleinbuchstaben; LF: Zeilenvorschub; NL: Zeilenvorschub mit Wagenrücklauf; NUL: Füllzeichen; PF: Stanzer aus; PN: Stanzer ein; PRE: Bedeutungsänderung der beiden Folgezeichen; RES: Sonderfolgenende; RS: Leser Stopp; SM: Betriebsartenänderung; SP: Zwischenraum; UC: Großbuchstaben.

Bitnummer B_7 B_6 B_5	0 0 0	0 0 0	0 0 1	0 0 1	0 1 0	0 1 0	0 1 1	0 1 1	1 0 0	1 0 0	1 0 1	1 0 1	1 1 0	1 1 0	1 1 1	1 1 1
$B_3 B_2 B_1 B_0$ \ B_4	0	1	0	1	0	1	0	1	0	1	0	1	0	1	0	1
0 0 0 0	NUL				SP		&	-								0
0 0 0 1								/	a	j			A	J		1
0 0 1 0									b	k	s		B	K	S	2
0 0 1 1	PF								c	l	t		C	L	T	3
0 1 0 0	HT	RES	BYP	PN					d	m	u		D	M	U	4
0 1 0 1	LC	NL	LF	RS					e	n	v		E	N	V	5
0 1 1 0	DEL	BS	EOB	UC					f	o	w		F	O	W	6
0 1 1 1		IL	PRE	EOT					g	p	x		G	P	X	7
1 0 0 0									h	q	y		H	Q	Y	8
1 0 0 1								∨	i	r	z		I	R	Z	9
1 0 1 0						¢	!	,								
1 0 1 1			SM			.	$	%								
1 1 0 0						<	*	—								
1 1 0 1						(	)	>								
1 1 1 0						+	;	?								
1 1 1 1						|	¬									

Tabelle 4.3-2 8-Bit-EBCDI-Code

5 Schaltnetze

Schaltnetze sind digitale Funktionseinheiten zur Verknüpfung binärer Schaltvariablen, die auch häufig als kombinatorische Schaltungen bezeichnet werden, da sie aus einer Zusammenschaltung von booleschen Verknüpfungsgliedern bestehen. Der Logik-Zustand der Ausgangsvariablen eines Schaltnetzes hängt zu irgendeinem Zeitpunkt nur von den Logik-Zuständen der Eingangsvariablen des Schaltnetzes zu diesem Zeitpunkt ab. Die Schaltalgebra ermöglicht die Beschreibung der Ausgangsvariablen eines Schaltnetzes durch eine Schaltfunktion, die mit Hilfe des KV-Diagramms oder des Vereinfachungsverfahrens nach *Quine* und *Mc Cluskey* noch minimiert werden kann. Die vereinfachte Schaltfunktion gestattet die Darstellung des Schaltnetzes durch eine Zusammenschaltung einer möglichst geringen Anzahl boolescher Verknüpfungsglieder.

5.1 Zahlenkomparator

Ein *n*-Bit-Zahlenkomparator ist eine kombinatorische Schaltung, die die Ziffernstellen zweier *n*-Bit-Dualzahlen vergleicht und das Ergebnis des Vergleichs an ihren Ausgängen zur Verfügung stellt. Das Bild 5.1-1a zeigt das allgemeine Schaltzeichen eines *n*-Bit-Zahlenkomparators, der mit seinen Ausgängen üblicherweise außer der Gleichheit noch die zusätzliche Information zur Verfügung stellt, welche der beiden Zahlen im Fall der Ungleichheit größer bzw. kleiner

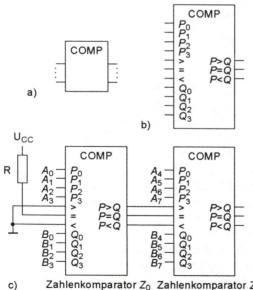

Bild 5.1-1 Schaltzeichen
a) allgemeiner Zahlenkomparator
b) 4-Bit-Zahlenkomparator mit Erweiterungseingängen
c) 8-Bit-Zahlenkomparator mit zwei 4-Bit-Zahlenkomparatoren mit Erweiterungseingängen

ist. Die booleschen Verknüpfungen der Äquivalenz und der Antivalenz stellen bereits einen einfachen 1-Bit-Zahlenkomparator dar. Am Ausgang eines Äquivalenz-Glieds steht als Ergebnis die Gleichheit bzw. am Ausgang eines Antivalenz-Glieds die Ungleichheit der beiden Eingangsvariablen in positiver Logik zur Verfügung.

Das Bild 5.1-1b zeigt einen 4-Bit-Zahlenkomparator, der die vier Dualstellen $P_0 \ldots P_3$ der Dualzahl P mit den vier Dualstellen $Q_0 \ldots Q_3$ der Dualzahl Q vergleicht und an seinen drei Ausgängen das Ergebnis des Vergleichs in Form der Ausgangsvariablen $P = Q$, $P > Q$, $P < Q$ in positiver Logik zur Verfügung stellt. Dieser 4-Bit-Zahlenkomparator besitzt außerdem die drei Erweiterungseingänge =, > und <, die eine Reihenschaltung mit weiteren Zahlenkomparatoren und damit eine Erweiterung des Vergleichs auf mehr als vier duale Ziffernstellen ermöglichen. Eine Reihenschaltung einer Anzahl n von 4-Bit-Zahlenkomparatoren ergibt einen $n \cdot$ 4-Bit-Zahlenkomparator.

Das Bild 5.1-1c zeigt beispielsweise einen 8-Bit-Zahlenkomparator, der aus der Reihenschaltung zweier 4-Bit-Zahlenkomparatoren mit Erweiterungseingängen nach Bild 5.1-1b zusammengeschaltet ist, und der den Vergleich der acht Dualstellen $A_0 \ldots A_7$ der Dualzahl A mit den acht Dualstellen $B_0 \ldots B_7$ der Dualzahl B ermöglicht. Der 4-Bit-Zahlenkomparator Z_0 in Bild 5.1-1c, an dessen Eingängen die niederwertigen Dualstellen $A_0 \ldots A_3$ der Dualzahl A und die niederwertigen Dualstellen $B_0 \ldots B_3$ der Dualzahl B angeschaltet sind, beginnt den Gesamtvergleich der beiden Dualzahlen. Dem Zahlenkomparator Z_0 muß daher an seinen Erweiterungseingängen eine Übereinstimmung des Vergleichs bis zur Dualstelle A_0, B_0 vorgegeben werden, da ein Vergleich der Dualstellen A_{-1}, B^{-1} usw. mit den nächstniedrigeren Stellenwerten nach A_0, B_0 nicht durchgeführt wird. Daher stehen auch keine Ausgangsvariablen eines vorgeschalteten Zahlenkomparators zur Beschaltung der Erweiterungseingänge des Zahlenkomparators Z_0 zur Verfügung. Dem Zahlenkomparator Z_0 wird daher eine Übereinstimmung bis zur Dualstelle A_0, B_0, bei denen der Zahlenvergleich beginnt, vorgegeben, indem sein Erweiterungseingang =, der den 1-Zustand aufweisen muß, über einen Pull-Up-Widerstand an die Versorgungsspannung U_{CC} und seine Erweiterungseingänge < und >, die den 0-Zustand aufweisen müssen, an das Bezugspotential GND geschaltet werden. Würde der Vergleich der Dualzahlen A und B auf die Dualstelle mit der nächstniedrigeren Wertigkeit (A_{-1}, B_{-1} usw.) ausgeweitet, so müßten an die Erweiterungseingänge des Zahlenkomparators Z_0 die Vergleichsausgänge des vorgeschalteten Zahlenkomparators Z_{-1}, der die Dualstellen A_{-1}, B_{-1} usw. vergleicht, angeschaltet werden. Die drei Vergleichsausgänge des Zahlenkomparators Z_0 ($P > Q$, $P = Q$ und $P < Q$) werden an die Erweiterungseingänge des nachgeschalteten Zahlenkomparators Z_1 geschaltet, der die höherwertigen Dualstellen $A_4 \ldots A_7$, $B_4 \ldots B_7$ vergleicht und das Ergebnis des 8-Bit-Gesamtvergleichs an seinen Ausgängen $P > Q$, $P = Q$ und $P < Q$ zur Verfügung stellt. Diese Ausgänge des Zahlenkomparators Z_1

5.1 Zahlenkomparator

müssen zur Beschaltung der Erweiterungseingänge eines 4-Bit-Zahlenkomparators Z_2 benutzt werden, wenn der Vergleich der Dualzahlen A und B beispielsweise auf die Dualstellen A_8, B_8 ... A_{11}, B_{11} erweitert werden soll.

Beispiel 5.1-1

Entwerfen Sie die digitale Schaltung eines 1-Bit-Zahlenkomparators mit den Erweiterungseingängen $E_>$, $E_=$ und $E_<$, der die Dualstelle P_i der Dualzahl P mit der Dualstelle Q_i der Dualzahl Q vergleicht und das Ergebnis in Form der Ausgangsvariablen $P_= (P = Q)$, $P_> (P > Q)$ und $P_< (P < Q)$ in positiver Logik zur Verfügung stellt. Entwerfen Sie einen 2-Bit-Zahlenkomparator mit Erweiterungseingängen, der die Dualstellen P_0, P_1 der Dualzahl P mit den Dualstellen Q_0, Q_1 der Dualzahl Q vergleicht.

Lösung:

Für den Entwurf des 1-Bit-Zahlenkomparators mit Erweiterungseingängen läßt sich eine verkürzte Wahrheitstabelle angeben, die die nachfolgenden Überlegungen berücksichtigt. Mit den fünf Eingangsvariablen P_i, Q_i, $E_<$, $E_=$, $E_>$ ergeben sich insgesamt $2^5 = 32$ Kombinationen. Weisen jedoch die beiden Dualstellen P_i und Q_i unterschiedliche Ziffern auf, so sind die Zustände der Erweiterungseingänge $E_>$, $E_=$ und $E_<$ für den Vergleich unbedeutend. Die Anzahl der in der Wahrheitstabelle aufgeführten Kombinationen läßt sich daher wesentlich reduzieren, wenn man in den Kombinationen, in denen P_i und Q_i jeweils unterschiedliche Ziffern aufweisen, für den Zustand der Eingangsvariablen $E_>$, $E_=$ und $E_<$ Don't-Care-Eintragungen benutzt. Für die Kombination $P_i = 1$ und $Q_i = 0$ muß unabhängig vom Zustand der Erweiterungseingänge die Ausgangsvariable $P_>$ den 1-Zustand aufweisen, während die Ausgangsvariablen $P_=$, $P_<$ den 0-Zustand annehmen müssen. Für die Kombination der Dualstellen $P_i = 0$ und $Q_i = 1$ müssen dagegen unabhängig vom Zustand der Erweiterungseingänge die Ausgangsvariable $P_<$ den 1-Zustand und die Ausgangsvariablen $P_=$, $P_>$ den 0-Zustand aufweisen. Weisen die Dualstellen P_i und Q_i jeweils den gleichen Logik-Zustand auf, so entscheiden letztlich die Erweiterungseingänge $E_>$, $E_=$ und $E_<$ über das Vergleichsergebnis. In diesem Fall müssen daher die Zustände der Eingangsvariablen $E_>$, $E_=$ und $E_<$ als Zustände für die Ausgangsvariablen $P_>$, $P_=$ und $P_<$ übernommen werden. Damit ergibt sich für den 1-Bit-Zahlenkomparator mit Erweiterungseingängen die in Tabelle 5.1-1 ange-

P_i	Q_i	$E_>$	$E_=$	$E_<$	$P_>$	$P_=$	$P_<$
0	0	0	0	1	0	0	1
0	0	0	1	0	0	1	0
0	0	1	0	0	1	0	0
0	1	X	X	X	0	0	1
1	0	X	X	X	1	0	0
1	1	0	0	1	0	0	1
1	1	0	1	0	0	1	0
1	1	1	0	0	1	0	0

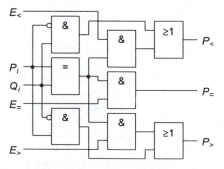

Tabelle 5.1-1 Wahrheitstabelle für den 1-Bit-Zahlenkomparator zu Beispiel 5.1-1

Bild 5.1-2 Digitalschaltung des 1-Bit-Zahlenkomparators mit Erweiterungseingängen zu Beispiel 5.1-1

gebene Wahrheitstabelle. An Hand dieser Wahrheitstabelle läßt sich die Schaltfunktion für die Ausgangsvariable $P_=$ in disjunktiver Normalform wie folgt angeben:

$$P_= = (P_i \leftrightarrow Q_i) \land E_=.$$

Die Ausgangsvariable $P_>$ muß den 1-Zustand annehmen, wenn entweder $P_i = 1$ und $Q_i = 0$ ist oder die beiden Dualstellen P_i, Q_i die gleiche Ziffer aufweisen und der Erweiterungseingang $E_>$ den 1-Zustand zeigt. Die disjunktive Normalform für die Ausgangsvariable $P_>$ lautet demnach:

$$P_> = (P_i \land \neg Q_i) \lor ((P_i \leftrightarrow Q_i) \land E_>).$$

Die Ausgangsvariable $P_<$ muß den 1-Zustand annehmen, wenn entweder $P_i = 0$ und $Q_i = 1$ ist oder die beiden Dualstellen P_i, Q_i die gleiche Ziffer aufweisen und der Erweiterungseingang $E_<$ den 1-Zustand zeigt. Die disjunktive Normalform für die Ausgangsvariable $P_<$ lautet demnach:

$$P_< = (\neg P_i \land Q_i) \lor ((P_i \leftrightarrow Q_i) \land E_<).$$

Damit läßt sich für den 1-Bit-Zahlenkomparator mit Erweiterungseingängen die Digitalschaltung nach Bild 5.1-2 angeben. Ein 2-Bit-Zahlenkomparator mit Erweiterungseingängen, der die Dualstellen P_0, P_1 der Dualzahl P mit den Dualstellen Q_0, Q_1 der Dualzahl Q vergleicht, besitzt insgesamt die sieben Eingangsvariablen P_0, P_1, Q_0, Q_1, $E_=$, $E_>$ und $E_<$, mit denen sich insgesamt $2^7 = 128$ Kombinationen der Eingangsvariablen ergeben. Das Aufstellen einer Wahrheitstabelle bzw. eines KV-Diagramms ist daher in der Praxis nicht mehr möglich. Vielmehr muß die Lösung an Hand logischer Überlegungen gefunden werden. Mit einem Äquivalenz-Glied kann der Vergleich jeweils zweier Dualstellen auf ihre Übereinstimmung durchgeführt werden. Der Vergleich der Dualstellen P_0, Q_0 und P_1, Q_1 läßt sich daher mit Hilfe zweier Äquivalenz-Glieder realisieren. Nur wenn diese Äquivalenz-Glieder, die die beiden Dualstellen überprüfen, und der Erweiterungseingang $E_=$ den 1-Zustand aufweisen, muß die Ausgangsvariable $P_=$ des 2-Bit-Zahlenkomparators den 1-Zustand annehmen; die Schaltfunktion für die Ausgangsvariable $P_=$ läßt sich an Hand dieser Überlegung mit

$$P_= = (P_1 \leftrightarrow Q_1) \land (P_0 \leftrightarrow Q_0) \land E_=$$

angeben. Der Gesamtvergleich zur Ermittlung der Ausgangsvariablen $P_>$ wird in der höchstwertigen Vergleichsstelle begonnen. Ist die höchstwertige Dualstelle $P_1 > Q_1$, d. h., $P_1 = 1$ und $Q_1 = 0$ ($P_0 \land \neg Q_0$), so ist der Vergleich der niederwertigen Dualstellen P_0, Q_0 bedeutungslos, und $P > Q$. Für den Fall, daß die Dualstellen P_1 und Q_1 eine Übereinstimmung aufweisen, wird der Vergleich durch die Dualstellen P_0 und Q_0 bestimmt. Es ergibt sich daher auch das Ergebnis $P > Q$, wenn $P_1 \leftrightarrow Q_1$, $P_0 = 1$ und $Q_0 = 0$ ist, also für den Fall $(P_1 \leftrightarrow Q_1) \land P_0 \land \neg Q_0$. Zeigen die beiden Vergleiche der Dualstellen P_1 mit Q_1 sowie P_0 mit Q_0 eine Übereinstimmung, so entscheidet letztlich der Erweiterungseingang $E_>$ den Vergleich des 2-Bit-Zahlenkomparators. Der boolesche Ausdruck für diesen Fall lautet demnach $(P_1 \leftrightarrow Q_1) \land (P_0 \leftrightarrow Q_0) \land E_>$. Damit läßt sich die Schaltfunktion für die Ausgangsvariable $P_>$ durch die ODER-Verknüpfung der drei angegebenen booleschen Ausdrücke beschreiben:

$$P_> = (P_1 \land \neg Q_1) \lor ((P_1 \leftrightarrow Q_1) \land P_0 \land \neg Q_0) \lor ((P_1 \leftrightarrow Q_1) \land (P_0 \leftrightarrow Q_0) \land E_>).$$

Der Gesamtvergleich zur Ermittlung der Ausgangsvariablen $P_<$ wird in der höchstwertigen Dualstelle begonnen. Ist die höchstwertige Dualstelle $P_1 < Q_1$, d. h., $P_1 = 0$ und $Q_1 = 1$ also $(\neg P_1 \land Q_1)$, so ist der Vergleich der Dualstellen P_0, Q_0 bedeutungslos, und $P < Q$. Für den Fall, daß die Dualstellen P_1 und Q_1 eine Übereinstimmung aufweisen, müssen die Dualstellen P_0 und Q_0 betrachtet werden. Es ergibt sich daher auch $P < Q$, wenn $P_1 \leftrightarrow Q_1$ und $P_0 = 0$ und $Q_0 = 1$ ist, also für den Fall $(P_1 \leftrightarrow Q_1) \land \neg P_0 \land Q_0$. Zeigen die beiden Vergleiche der Dualstellen P_1 mit Q_1 sowie P_0 mit Q_0 eine Übereinstimmung, so entscheidet letztlich der Erweiterungseingang $E_<$ den Vergleich des 2-Bit-Zahlenkomparators. Der boolesche Ausdruck

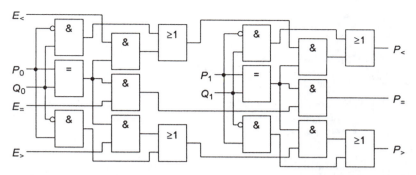

Bild 5.1-3 Digitalschaltung des 2-Bit-Zahlenkomparators mit Erweiterungseingängen zu Beispiel 5.1-1

für diesen Fall lautet $(P_1 \leftrightarrow Q_1) \wedge (P_0 \leftrightarrow Q_0) \wedge E_<$. Damit läßt sich die Schaltfunktion für die Ausgangsvariable $P_<$ durch die ODER-Verknüpfung der drei angegebenen booleschen Ausdrücke darstellen:

$$P_< = (\neg P_1 \wedge Q_1) \vee ((P_1 \leftrightarrow Q_1) \wedge \neg P_0 \wedge Q_0) \vee ((P_1 \leftrightarrow Q_1) \wedge (P_0 \leftrightarrow Q_0) \wedge E_<).$$

Die angegebenen Schaltfunktionen für die Ausgangsvariablen des 2-Bit-Zahlenkomparators führen zum Ergebnis einer Reihenschaltung zweier 1-Bit-Zahlenkomparatoren mit Erweiterungseingängen, wobei die Ausgänge des 1-Bit-Zahlenkomparators, der den Zahlenvergleich der Dualstellen mit dem niedrigeren Stellenwert durchführt, an die Erweiterungseingänge des 1-Bit-Zahlenkomparators, der den Zahlenvergleich der Dualstellen mit dem höheren Stellenwert durchführt, angeschaltet werden müssen. Das Bild 5.1-3 zeigt die Digitalschaltung des 2-Bit-Zahlenkomparators mit Erweiterungseingängen.

5.2 Multiplexer

Bei der Übertragung von Daten verwendet man häufig Verfahren, welche die Übertragung einer Anzahl von Daten mit möglichst wenig Aufwand an Signalleitungen ermöglichen. Um Daten einer Anzahl n verschiedener Dateneingänge $D_0 ... D_{n-1}$ anstatt mit n parallelen Übertragungsverbindungen mit lediglich einer Signalleitung übertragen zu können, bedient man sich eines Zeitmultiplex-Verfahrens, bei dem die Daten zeitlich nacheinander übertragen werden. Das Bild 5.2-1a zeigt den zeitlichen Verlauf des Zustands einer Übertragungsleitung, über die in zeitlicher Reihenfolge nacheinander die Daten der Dateneingänge $D_0 ... D_{n-1}$ im Zeitmultiplex-Verfahren übertragen werden. Bei diesem Verfahren wird jedem der Dateneingänge ein gleichlanger Zeitraum eingeräumt, während dem der Zustand des angewählten Dateneingangs auf den Datenausgang D_A – die Übertragungsleitung – durchgeschaltet wird. Ausgehend vom Betrachtungszeitpunkt $t = 0$, bestimmt in diesem Beispiel zunächst in dem Zeitraum $0 \leq t < T/n$ der Dateneingang D_0 den Zustand der Übertragungsleitung. Danach wird für den Zeitraum $T/n \leq t < 2T/n$ der Zustand des Dateneingangs

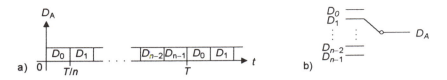

Bild 5.2-1 a) Zeitmultiplex-Verfahren der Übertragung der Daten $D_0 ... D_{n-1}$
b) Umschalter mit n Stellungen zur Auswahl einer der Dateneingänge $D_0 ... D_{n-1}$ auf den Datenausgang D_A

D_1 auf die Übertragungsleitung aufgeschaltet. Der Dateneingang D_{n-1} bestimmt den Zustand der Übertragungsleitung während der letzten Zeitdauer des Datenrahmens $(n-1) \cdot T/n \leq t < T$. Da nach der Übertragungszeit T des Datenrahmens die Zustände aller Dateneingänge $D_0 ... D_{n-1}$ übertragen sind, kann eine erneute Übertragung des Datenrahmens beginnen. Die Daten, die über die Übertragungsleitung im Zeitmultiplex-Verfahren übertragen werden, lassen sich am Empfangsort wieder rekonstruieren, wenn die Zeit zwischen den Änderungen der Zustände der Daten $D_0 ... D_{n-1}$ größer als die Gesamtzeit T der Übertragung des Datenrahmens ist.

Um das beschriebene Zeitmultiplex-Verfahren verwenden zu können, benötigt man eine digitale Funktionseinheit, die während der einzelnen Zeitintervalle der Übertragung jeweils einen der Dateneingänge $D_0 ... D_{n-1}$ auf den Datenausgang D_A durchschaltet. Dem Prinzip nach ist ein allgemeiner Datenauswahlschalter mit einer Anzahl n von Schalterstellungen nach Bild 5.1-1b erforderlich, der einen der n Dateneingänge an Hand von Steuereingängen auswählt und auf Datenausgänge durchschaltet. Im beschriebenen Beispiel handelt es sich nur um einen Datenausgang D_A, allgemein kann es sich um eine Anzahl m von Datenausgängen handeln. Es wird daher ein Datenauswahlschalter benötigt, der eine Anzahl n von Dateneingängen auf eine Anzahl m von Datenausgängen durchschaltet. Man bezeichnet diesen Datenauswahlschalter als m-aus-n-Multiplexer oder auch als Datenwähler bzw. Datenselektor (engl.: data selector) und unterscheidet zwischen konzentrierenden und expandierenden Multiplexern. Ist die Anzahl n der Dateneingänge größer als die Anzahl m der Datenausgänge, so handelt es sich um einen konzentrierenden Multiplexer, der üblicherweise nur als Multiplexer bezeichnet wird. Ist dagegen die Anzahl n der Dateneingänge kleiner als die Anzahl m der Datenausgänge, so handelt es sich um einen expandierenden Multiplexer, der zur Unterscheidung Demultiplexer genannt und in Abschnitt 5.3 behandelt wird. Im Gegensatz zum mechanischen Umschalter mit mehreren Stellungen ist bei einem digitalen Umschalter die Reihenfolge der auf den Datenausgang durchgeschalteten Dateneingänge beliebig. Das Umschalten von einer Schalterstellung zu einer nicht benachbarten Schalterstellung läßt sich bei einem mechanischen Umschalter

5.2 Multiplexer

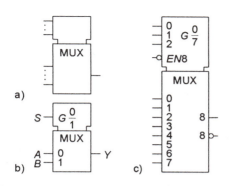

Bild 5.2-2 Schaltzeichen
a) allgemeiner 1-aus-n-Multiplexer
b) 1-aus-2-Multiplexer
c) 1-aus-8-Multiplexer mit Freigabeeingang

dagegen nur über Zwischenstellungen, die während des Umschaltens kurzzeitig eingenommen werden, erreichen.

1-aus-n-Multiplexer

Wie im beschriebenen Beispiel des Zeitmultiplex-Verfahrens müssen häufig die Daten einer Anzahl n von Dateneingängen nur auf einen Datenausgang durchgeschaltet werden; man spricht in diesem Fall von einem 1-aus-n-Multiplexer. Die Auswahl des Dateneingangs, dessen Daten auf den Datenausgang durchgeschaltet werden, bestimmen dabei die Steuereingänge des Multiplexers. Bei einer Anzahl n von Dateneingängen ist eine Anzahl $s = \text{ld } n$ von Steuereingängen erforderlich, um einen der n Dateneingänge, dessen Daten auf den Datenausgang durchgeschaltet werden, auswählen zu können. Bei einer ganzzahligen Anzahl s von Steuereingängen läßt sich demnach ein Dateneingang aus einer Anzahl $n = 2^s$ von Dateneingängen auswählen. Die Dateneingänge werden auch manchmal als Datenkanäle bezeichnet, deren Anwahl mit Hilfe einer Kanaladresse erfolgt, die an den Steuereingängen – daher auch Adreßeingänge genannt – angelegt werden muß.

Das Bild 5.2-2a zeigt das allgemeine Schaltzeichen eines 1-aus-n-Multiplexers, dessen oberer Teil den Steuerblock mit seinen Eingängen darstellt, der die steuernde Wirkung auf den darunter befindlichen Schaltungsteil kennzeichnet. Das Bild 5.2-2b zeigt einen 1-aus-2-Multiplexer mit dem Steuereingang G, den beiden Dateneingängen 0 und 1 und einem Datenausgang. Die steuernde Wirkung des G-Eingangs auf die Dateneingänge ist durch die G-Abhängigkeit, die auch als UND-Abhängigkeit bezeichnet wird, gekennzeichnet. Befindet sich demnach ein Gm-Eingang im internen 1-Zustand, so hat er keine Wirkung auf die von ihm gesteuerten Eingänge. Befindet sich jedoch ein Gm-Eingang im 0-Zustand, dann nehmen alle von ihm gesteuerten Eingänge den internen 0-Zustand an. Die Kennzahl m gibt dabei an, welcher der Eingänge von diesem Gm-Eingang gesteuert wird. Beim Schaltzeichen des 1-aus-2-Multiplexers entsprechend Bild 5.2-2b gibt die Kennzahl 0/1 des Steuereingangs G an, daß intern die beiden Steuervariablen $G0$ bzw. $G1$ die steuernde Wirkung auf die Dateneingänge 0 und 1 und damit die Auswahl der Daten bestimmen. Wird an den externen Steuereingang G daher der 0-Zustand angelegt, so befindet sich die interne Steuervariable G0 im 1-Zustand und G1 im 0-Zustand, so daß der Logik-Zustand des Dateneingangs 0 auf den Datenausgang durchgeschaltet wird. Legt man dagegen an den externen Steuereingang G den 1-Zustand an, so befindet sich die interne Steuervariable G0 im 0-Zustand und G1 im 1-Zustand, so daß in diesem Fall der Logik-Zustand des Dateneingangs 1 auf den Datenausgang durchgeschaltet wird.

1-aus-2-Multiplexer

Beschaltet man einen 1-aus-2-Multiplexer, wie in Bild 5.2-2b gezeigt, an den Dateneingängen mit den Schaltvariablen A und B und an seinem Steuereingang mit der Schaltvariablen S, so zeigt der Zustand der Ausgangsvariablen Y je nach Zustand der Schaltvariablen S entweder den Zustand der Eingangsvariablen A oder den Zustand der Eingangsvariablen B. Die Schaltfunktion für die Ausgangsvariable Y dieses beschalteten 1-aus-2-Multiplexers lautet demnach wie folgt:

$$Y = (A \wedge \neg S) \vee (B \wedge S). \tag{5.2-1}$$

An Hand dieser Schaltfunktion läßt sich erkennen, daß der 1-aus-2-Multiplexer eine zusammengesetzte boolesche Verknüpfung realisiert, die sich aus zwei UND-Gliedern, einem Negations- und einem ODER-Glied aufbauen läßt, wie das Bild 5.2-3 zeigt.

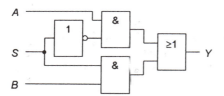

Bild 5.2-3 Digitale Schaltung des 1-aus-2-Multiplexers

1-aus-8-Multiplexer

Bild 5.2-2c zeigt einen 1-aus-8-Multiplexer, der die acht Dateneingänge 0 ... 7 besitzt. Der Zustand einer der acht Dateneingänge läßt sich mit Hilfe der Steuereingänge 0, 1 und 2, an Hand derer die internen Steuervariablen G0 ... G7 zur Anwahl der Dateneingänge 0 ... 7 gebildet werden, auf den Datenausgang durchschalten. Am negierten Datenausgang des 1-aus-8-Multiplexers steht zusätzlich der komplementäre Zustand des durch die Steuereingänge ausgewählten Dateneingangs zur Verfügung. Damit läßt sich zum Beispiel eine Negation einsparen, wenn die negierte Form der Ausgangsvariablen zur weiteren Verarbeitung benötigt wird. Außerdem weist der 1-aus-8-Multiplexer nach Bild 5.2-2c noch einen Freigabeeingang $\neg EN$ (engl.: enable) auf, der die EN-Abhängigkeit, die auch als Freigabe-Abhängigkeit bezeichnet wird, kennzeichnet. Befindet sich ein ENm-Eingang im internen 0-Zustand, haben von ihm gesteuerte

5.2 Multiplexer

Eingänge keine Wirkung, und von ihm gesteuerte Tristate-Ausgänge nehmen den externen hochohmigen Zustand (High Z), Ausgänge mit offenem Kollektor den hochohmigen Zustand bzw. Gegentakt-Ausgangsstufen den internen 0-Zustand an. Befindet sich hingegen ein *ENm*-Eingang im internen 1-Zustand, besitzt er keine Wirkung auf die von ihm gesteuerten Ein- bzw. Ausgänge. Welche Ein- bzw. Ausgänge von diesem *ENm*-Eingang gesteuert werden, wird durch die Kennzahl *m* gekennzeichnet. Da bei dem 1-aus-8-Multiplexer nach Bild 5.2-2c die Kennzahlen 0 ... 7 bereits für die Kennzeichnung der *G*-Abhängigkeit der Dateneingänge benutzt werden, ist der *EN*-Eingang und die von ihm gesteuerten Ausgänge mit der Kennzahl 8 dargestellt. Befindet sich bei dem 1-aus-8-Multiplexer der *EN*-Eingang im internen 0-Zustand, so weist der Ausgang (Gegentakt-Ausgangsstufe) den 0-Zustand und der komplementäre Ausgang den 1-Zustand auf. Befindet sich dagegen der *EN*-Eingang im internen 1-Zustand, so liegt am Ausgang der Zustand des durch die Steuereingänge ausgewählten Dateneingangs bzw. am komplementären Ausgang der negierte Zustand des selektierten Dateneingangs.

1-aus-16-Multiplexer

Das Bild 5.2-4 zeigt die Schaltung eines 1-aus-16-Multiplexers, der aus der Zusammenschaltung zweier 1-aus-8-Multiplexer mit Freigabeeingang, einem Negations- und einem ODER-Glied besteht. Der Logik-Zustand der Schaltvariablen S_3, die dem Multiplexer 0 nicht negiert und dem Multiplexer 1 negiert an seinem Freigabeeingang angeschaltet ist, entscheidet dabei über die Datenauswahl der Ausgänge der beiden Multiplexer 0 und 1. Befindet sich die Steuervariable S_3 im 0-Zustand, so ist der Multiplexer 1 gesperrt, und sein Datenausgang weist daher den 0-Zustand auf. Der Multiplexer 0 wird dagegen durch den 0-Zustand der Steuervariablen S_3 freigeschaltet, so daß die Daten, des durch die Steuervariablen S_2, S_1, S_0 ausgewählten Dateneingangs 0 ... 7, auf seinen Datenausgang durchgeschaltet werden. Da der Ausgang des Multiplexers 1 den

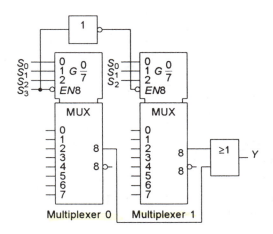

Bild 5.2-4 Digitalschaltung eines 1-aus-16-Multiplexers bestehend aus zwei 1-aus-8-Multiplexern mit Freigabeeingängen, einem Negations- und einem ODER-Glied

0-Zustand aufweist, zeigt der Ausgang des nachgeschalteten ODER-Glieds der beiden Multiplexerausgänge den Logik-Zustand des Datenausgangs des Multiplexers 0. Befindet sich die Steuervariable S_3 dagegen im 1-Zustand, so ist der Multiplexer 0 gesperrt, und sein Datenausgang weist daher den 0-Zustand auf. Der Multiplexer 1 wird dagegen durch den 1-Zustand der Steuervariablen S_3 freigeschaltet, so daß die Daten des durch die Steuervariablen S_2, S_1, S_0 ausgewählten Dateneingangs 0 ... 7 auf seinen Datenausgang durchgeschaltet werden. Da der Datenausgang des Multiplexers 0 in diesem Fall den 0-Zustand aufweist, zeigt der Ausgang des ODER-Glieds in diesem Fall den Logik-Zustand des Datenausgangs des Multiplexers 1.

Beispiel 5.2-1

Entwerfen Sie die Digitalschaltung eines 1-aus-4-Multiplexers, der beim 0-Zustand seines Freigabeeingangs $\neg EN$ an Hand seiner Steuereingänge eine der Eingangsvariablen A, B, C oder D, die an seinen vier Dateneingängen anliegen, auf seinen Datenausgang als Ausgangsvariable Y durchschaltet. Beim 0-Zustand des Erweiterungseingangs $\neg EN$ soll dagegen die Ausgangsvariable Y unabhängig vom durchgeschalteten Dateneingang den 0-Zustand aufweisen. Benutzen Sie die entworfene Schaltung des 1-aus-4-Multiplexers mit Freigabeeingang zum Aufbau eines 1-aus-16-Multiplexers.

Lösung:

Um einen der vier Dateneingänge eines 1-aus-4-Multiplexers zur Durchschaltung auf den Ausgang auswählen zu können, benötigt man zwei Steuereingänge S_0, S_1. In eine Wahrheitstabelle können zur Reduzierung der Anzahl der Eingangskombinationen außer den Logik-Zuständen 0 und 1 auch allgemein Schaltvariablen als Logik-Zustände der Ausgangsvariablen eingetragen werden. In diesem Fall entspricht der Logik-Zustand der Ausgangsvariablen dem Logik-Zustand der eingetragenen Schaltvariablen. Die Tabelle 5.2-1 zeigt die Wahrheitstabelle, in der für die Ausgangsvariable Y die Eingangsvariablen A, B, C, D bei den jeweiligen Kombinationen der Steuereingänge S_0, S_1 eingetragen sind. Befindet sich der

$\neg EN$	S_1	S_0	Y
1	X	X	0
0	0	0	A
0	0	1	B
0	1	0	C
0	1	1	D

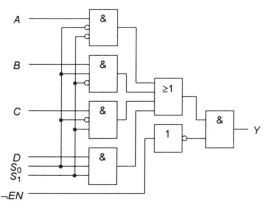

Tabelle 5.2-1 Wahrheitstabelle des 1-aus-4-Multiplexers zu Beispiel 5.2-1

Bild 5.2-5 Schaltung des 1-aus-4-Multiplexers mit Freigabeeingang $\neg EN$ zu Beispiel 5.2-1

5.2 Multiplexer

Freigabeeingang $\neg EN$ im 1-Zustand, so nimmt der Ausgang Y, unabhängig von den Zuständen der Steuereingänge, den 0-Zustand an. In der Wahrheitstabelle sind daher für diesen Fall Don't-Care-Terme für die Steuervariablen S_0, S_1 eingetragen, um nicht alle vier Kombinationen der Steuervariablen beim 1-Zustand des Freigabeeingangs $\neg EN$ einzutragen. Die Schaltfunktion für die Ausgangsvariable Y läßt sich an Hand dieser Wahrheitstabelle aus den Kombinationen, für die die Ausgangsvariable Y den Zustand der jeweiligen Eingangsvariablen A, B, C, D annimmt, angeben. Daher müssen die Kombinationen zusätzlich mit der jeweiligen Eingangsvariablen, deren Zustand die Ausgangsvariable annimmt, UND-verknüpft werden, da die Ausgangsvariable nur bei dieser Kombination den 1-Zustand aufweist, wenn auch die entsprechende Eingangsvariable den 1-Zustand aufweist. Als Schaltfunktion für die Ausgangsvariable Y ergibt sich daher:
$$Y = \neg\neg EN \wedge ((\neg S_0 \wedge \neg S_1 \wedge A) \vee (S_0 \wedge \neg S_1 \wedge B) \vee (\neg S_0 \wedge S_1 \wedge C) \vee (S_0 \wedge S_1 \wedge D)).$$
An Hand dieser Schaltfunktion läßt sich die Digitalschaltung des 1-aus-4-Multiplexers nach Bild 5.2-5 angeben.

Unter Benutzung von vier 1-aus-4-Multiplexern mit Freigabeeingang läßt sich ein 1-aus-16-Multiplexer aufbauen. Um einen der sechzehn Dateneingänge 0 ... 15 auf den Datenausgang durchzuschalten, sind vier Steuereingänge erforderlich. Zwei der Steuereingänge werden dabei zur Auswahl der Dateneingänge 0 ... 3 der vier 1-aus-4-Multiplexer verwendet, während die beiden anderen Steuereingänge bestimmen, welcher der vier Multiplexer an Hand seines Freigabeeingangs freigeschaltet wird. Weisen beide Steuereingänge S_2 und S_3 den 0-Zustand auf, ist der durch die Steuereingänge S_0 und S_1 ausgewählte Dateneingang 0 ... 3 des Multiplexers 0 in Bild 5.2-6 auf seinen Datenausgang durchgeschaltet, während sich die Datenausgänge der Multiplexer 1, 2 und 3 im 0-Zustand befinden. Am Ausgang des ODER-Glieds liegt daher der Zustand des Ausgangs des Multiplexers 0 an. Befinden sich der Steuereingang S_2 im 1-Zustand und S_3 im 0-Zustand, ist der durch die Steuereingänge S_0 und S_1 ausgewählte externe Dateneingang 4 ... 7 des Multiplexers 1 auf seinen Datenausgang durchgeschaltet, während sich die Datenausgänge der Multiplexer 0, 2 und 3 im 0-Zustand

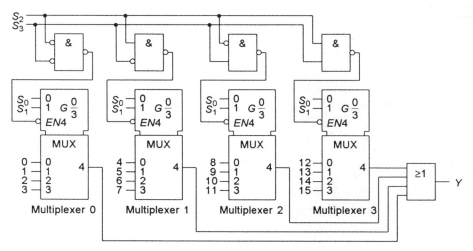

Bild 5.2-6 Schaltung eines 1-aus-16-Multiplexers bestehend aus vier 1-aus-4-Multiplexern mit Freigabeeingang und zusätzlichen Schaltgliedern

befinden. Am Ausgang des ODER-Glieds liegt daher der Zustand des Ausgangs des Multiplexers 1 an. Befinden sich der Steuereingang S_2 im 0-Zustand und S_3 im 1-Zustand, ist der durch die Steuereingänge S_0 und S_1 ausgewählte Dateneingang 8 ... 11 des Multiplexers 2 auf seinen Datenausgang durchgeschaltet, während sich die Datenausgänge der Multiplexer 0, 1 und 3 im 0-Zustand befinden. Am Ausgang des ODER-Glieds liegt daher der Zustand des Ausgangs des Multiplexers 2 an. Weisen beide Steuereingänge S_2 und S_3 den 1-Zustand auf, ist der durch die Steuereingänge S_0 und S_1 ausgewählte Dateneingang 12 ... 15 des Multiplexers 3 auf seinen Datenausgang durchgeschaltet, während sich die Datenausgänge der Multiplexer 0, 1 und 2 im 0-Zustand befinden. Am Ausgang des ODER-Glieds liegt daher in diesem Fall der Zustand des Ausgangs des Multiplexers 3 an.

Schaltnetz mit Multiplexer

Jede kombinatorische Schaltung läßt sich durch Multiplexer darstellen. Besitzt ein Schaltnetz eine Anzahl n von Eingangsvariablen und eine Anzahl m von Ausgangsvariablen, so benötigt man zur Darstellung des Schaltnetzes entweder eine Anzahl m von 1-aus-2^n-Multiplexern oder eine Anzahl m von 1-aus-2^{n-1}-Multiplexern und zusätzlich eine Negation. Für jede Ausgangsvariable des Schaltnetzes ist dabei ein Multiplexer erforderlich. Verwendet man zur Darstellung der Ausgangsvariablen der kombinatorischen Schaltung beispielsweise einen 1-aus-2^n-Multiplexer, so werden die n Eingangsvariablen an die n Steuereingänge des Multiplexers geschaltet. An jeden Dateneingang, der bei der jeweiligen Kombination der steuernden Eingangsvariablen auf den Ausgang des Multiplexers durchgeschaltet wird, muß der Logik-Zustand angelegt werden, der für diese Kombination der steuernden Eingangsvariablen von der Ausgangsvariablen gefordert wird.

Verwendet man zur Realisierung 1-aus-2^{n-1}-Multiplexer, so lassen sich $n-1$ Eingangsvariablen an die Steuereingänge des Multiplexers schalten. Für die beiden Kombinationen der nicht verwendeten Eingangsvariablen muß nun in der Wahrheitstabelle der Schaltfunktion die Beschaltung der entsprechenden Dateneingänge ermittelt werden. Ist der Zustand der Ausgangsvariablen für die beiden Kombinationen, die sich nur in der nicht verwendeten Eingangsvariablen unterscheiden, unabhängig von dieser Eingangsvariablen, so muß entsprechend dem Ausgangszustand der Dateneingang mit dem Logik-Zustand 0 bzw. 1 beschaltet werden. Ist der Zustand der Ausgangsvariablen abhängig von der Eingangsvariablen, so entspricht dieser entweder dem Zustand oder dem negierten Zustand der Eingangsvariablen. Der entsprechende Dateneingang muß dann entweder mit dieser Eingangsvariablen oder deren Negation beschaltet werden.

Äquivalenz mit 1-aus-4-Multiplexer

Soll zum Beispiel die Äquivalenz $Y = (A \wedge B) \vee (\neg A \wedge \neg B)$ durch einen Multiplexer realisiert werden, so wird entweder ein 1-aus-4-Multiplexer oder ein 1-aus-2-Multiplexer und eine Negation benötigt. Bei Verwendung eines 1-aus-4-Multiplexers werden die Eingangsvariablen A und B an die beiden Steuereingänge des Multiplexers angeschaltet. Der Dateneingang 0 des Multiplexers, der bei

5.2 Multiplexer

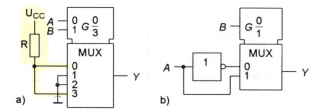

B	A	Y
0	0	1
0	1	0
1	0	0
1	1	1

Tabelle 5.2-2 Wahrheitstabelle der Äquivalenz

Bild 5.2-7 Multiplexerschaltung als Äquivalenz
a) Beschalteter 1-aus-4-Multiplexer
b) Beschalteter 1-aus-2-Multiplexer mit Negations-Glied

der Kombination der Eingangsvariablen $A = 0$, $B = 0$ auf den Datenausgang durchgeschaltet wird, muß mit dem Logik-Zustand 1 beschaltet werden, wie der Wahrheitstabelle der Äquivalenz nach Tabelle 5.2-2 entnommen werden kann. Der Dateneingang 1 des Multiplexers, der bei der Kombination der Eingangsvariablen $A = 1$, $B = 0$ auf den Ausgang durchgeschaltet wird, muß mit dem Logik-Zustand 0 beschaltet werden. Der Dateneingang 2 des Multiplexers, der bei der Kombination der Eingangsvariablen $A = 0$, $B = 1$ auf den Ausgang durchgeschaltet wird, muß mit dem Logik-Zustand 0 beschaltet werden. Der Dateneingang 3 des Multiplexers, der bei der Kombination der Eingangsvariablen $A = 1$, $B = 1$ auf den Datenausgang durchgeschaltet wird, muß daher mit dem Logik-Zustand 1 beschaltet werden. Das Bild 5.2-7a zeigt die entsprechende Beschaltung des 1-aus-4-Multiplexers, der die boolesche Verknüpfung der Äquivalenz realisiert.

Äquivalenz mit 1-aus-2-Multiplexer und Negation

Bei der Darstellung der Äquivalenz $Y = (A \wedge B) \vee (\neg A \wedge \neg B)$ durch einen 1-aus-2-Multiplexer und eine Negation beschaltet man den Steuereingang des Multiplexers mit einer Eingangsvariablen und benutzt die zweite Eingangsvariable zur Beschaltung der Dateneingänge des Multiplexers. Beschaltet man zum Beispiel den Steuereingang S des Multiplexers mit der Eingangsvariablen B, so muß an den Dateneingang 0, der beim 0-Zustand der Eingangsvariablen B auf den Ausgang durchgeschaltet ist, die Negation der Eingangsvariablen A angelegt werden, damit bei der Kombination $A = 0$, $B = 0$ die Ausgangsvariable Y den 1-Zustand und bei der Kombination $A = 0$, $B = 1$ die Ausgangsvariable Y den 0-Zustand aufweist, wie der Wahrheitstabelle in Tabelle 5.2-2 zu entnehmen ist. An den Dateneingang 1 des Multiplexers, der beim 1-Zustand der Eingangsvariablen B auf den Ausgang durchgeschaltet ist, muß die Eingangsvariable A angelegt werden, damit bei der Kombination $A = 1$, $B = 0$ die Ausgangsvariable Y den 0-Zustand und bei der Kombination $A = 1$, $B = 1$ die Ausgangsvariable Y den 1-Zustand aufweist. Das Bild 5.2-7b zeigt die Digitalschaltung mit dem beschalteten 1-aus-2-Multiplexer und dem Negations-Glied, die die Äquivalenz der Eingangsvariablen A und B erzeugt.

Beispiel 5.2-2

Die Digitalschaltung eines 2-Bit-Zahlenkomparators ohne Erweiterungseingänge, der die Dualzahl P mit den Dualstellen P_0, P_1 mit der Dualzahl Q mit den Dualstellen Q_0, Q_1 vergleicht und als Ergebnis die Ausgangsvariablen $P_= (P = Q)$, $P_> (P > Q)$, $P_< (P < Q)$ in positiver Logik zur Verfügung stellt, soll durch einen 1-aus-16-Multiplexer bzw. durch einen 1-aus-8-Multiplexer und eine Negation dargestellt werden.

Lösung:

Bei der Verwendung von 1-aus-16-Multiplexern lassen sich alle Eingangsvariablen P_1, P_0, Q_1 und Q_0 jeweils zur Beschaltung der vier Steuereingänge benutzen. Jeder Dateneingang der Multiplexer, der bei der Kombination der Eingangsvariablen P_1, P_0, Q_1 und Q_0 auf den Ausgang durchgeschaltet wird, muß jeweils mit dem Logik-Zustand beschaltet werden, der bei der Kombination der Eingangsvariablen als Logik-Zustand der Ausgangsvariablen gefordert wird. Die Tabelle 5.2-3 zeigt die Wahrheitstabelle des 2-Bit-Zahlenkomparators, die als zusätzliche Information zu jeder Kombination der Eingangsvariablen den auf den Ausgang durchgeschalteten Dateneingang enthält. Die Zuordnung der Eingangsvariablen P_1, P_0, Q_1 und Q_0 zu den Steuereingängen 3, 2, 1 und 0 kann dabei beliebig gewählt werden. In diesem Beispiel wird die Eingangsvariable P_1 an den Steuereingang 3, die Eingangsvariable P_0 an den Steuereingang 2, die Eingangsvariable Q_1 an den Steuereingang 1 und die Eingangsvariable Q_0 an den Steuereingang 0 geschaltet. An Hand dieser Wahrheitstabelle läßt sich die Beschaltung der drei 1-aus-16-Multiplexer ersehen, die für die Ausgangsvariablen $P_=$, $P_<$ und $P_>$ benötigt werden. Der 1-aus-16-Multiplexer, der die Ausgangsvariable $P_=$ erzeugt, muß an den Dateneingängen 0, 5, 10 und 15 mit dem Logik-Zustand 1 und an

P_1	P_0	Q_1	Q_0	$P_=$	$P_<$	$P_>$	Ausgang bei Belegung der Steuereingänge P_1: Steuereingang 3, P_0: Steuereingang 2, Q_1: Steuereingang 1, Q_0: Steuereingang 0
0	0	0	0	1	0	0	Dateneingang 0
0	0	0	1	0	1	0	Dateneingang 1
0	0	1	0	0	1	0	Dateneingang 2
0	0	1	1	0	1	0	Dateneingang 3
0	1	0	0	0	0	1	Dateneingang 4
0	1	0	1	1	0	0	Dateneingang 5
0	1	1	0	0	1	0	Dateneingang 6
0	1	1	1	0	1	0	Dateneingang 7
1	0	0	0	0	0	1	Dateneingang 8
1	0	0	1	0	0	1	Dateneingang 9
1	0	1	0	1	0	0	Dateneingang 10
1	0	1	1	0	1	0	Dateneingang 11
1	1	0	0	0	0	1	Dateneingang 12
1	1	0	1	0	0	1	Dateneingang 13
1	1	1	0	0	0	1	Dateneingang 14
1	1	1	1	1	0	0	Dateneingang 15

Tabelle 5.2-3 Wahrheitstabelle des 2-Bit-Zahlenkomparators mit Auswahl des auf den Ausgang durchgeschalteten Dateneingangs zu Beispiel 5.2-2

5.2 Multiplexer

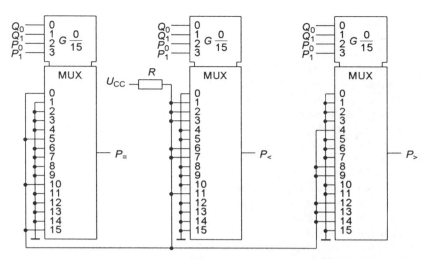

Bild 5.2-8 Digitalschaltung des 2-Bit-Zahlenkomparators ohne Erweiterungseingänge mit drei 1-aus-16-Multiplexern zu Beispiel 5.2-2

allen anderen Dateneingängen mit dem Logik-Zustand 0 beschaltet werden. Der 1-aus-16-Multiplexer, der die Ausgangsvariable $P_<$ erzeugt, muß an den Dateneingängen 1, 2, 3, 6, 7 und 11 mit dem Logik-Zustand 1 und an den anderen Dateneingängen mit dem Logik-Zustand 0 beschaltet werden. Der 1-aus-16-Multiplexer, der die Ausgangsvariable $P_>$ er-

P_1 P_0 Q_1 Q_0	$P_=$	$P_<$	$P_>$	Ausgang bei Belegung der Steuereingänge Q_1: 0, P_0: 1, P_1: 2
0 0 0 0 0 0 0 1	$\left.{1 \atop 0}\right\} \neg Q_0$	$\left.{0 \atop 1}\right\} Q_0$	$\left.{0 \atop 0}\right\} 0$	Dateneingang 0
0 0 1 0 0 0 1 1	$\left.{0 \atop 0}\right\} 0$	$\left.{1 \atop 1}\right\} 1$	$\left.{0 \atop 0}\right\} 0$	Dateneingang 1
0 1 0 0 0 1 0 1	$\left.{0 \atop 1}\right\} Q_0$	$\left.{0 \atop 0}\right\} 0$	$\left.{1 \atop 0}\right\} \neg Q_0$	Dateneingang 2
0 1 1 0 0 1 1 1	$\left.{0 \atop 0}\right\} 0$	$\left.{1 \atop 1}\right\} 1$	$\left.{0 \atop 0}\right\} 0$	Dateneingang 3
1 0 0 0 1 0 0 1	$\left.{0 \atop 0}\right\} 0$	$\left.{0 \atop 0}\right\} 0$	$\left.{1 \atop 1}\right\} 1$	Dateneingang 4
1 0 1 0 1 0 1 1	$\left.{1 \atop 0}\right\} \neg Q_0$	$\left.{0 \atop 1}\right\} Q_0$	$\left.{0 \atop 0}\right\} 0$	Dateneingang 5
1 1 0 0 1 1 0 1	$\left.{0 \atop 0}\right\} 0$	$\left.{0 \atop 0}\right\} 0$	$\left.{1 \atop 1}\right\} 1$	Dateneingang 6
1 1 1 0 1 1 1 1	$\left.{0 \atop 1}\right\} Q_0$	$\left.{0 \atop 0}\right\} 0$	$\left.{1 \atop 0}\right\} \neg Q_0$	Dateineingang 7

Tabelle 5.2-4 Wahrheitstabelle des 2-Bit-Zahlenkomparators mit Auswahl des auf den Ausgang durchgeschalteten Dateneingangs zu Beispiel 5.2-2

zeugt, muß an den Dateneingängen 4, 8, 9, 12, 13 und 14 mit dem Logik-Zustand 1 und an allen anderen Dateneingängen mit dem Logik-Zustand 0 beschaltet werden. Das Bild 5.2-8 zeigt die Schaltung des 2-Bit-Zahlenkomparators, die aus den drei beschalteten 1-aus-16-Multiplexern besteht.

Bei der Verwendung von 1-aus-8-Multiplexern zur Darstellung des 2-Bit-Zahlenkomparators lassen sich lediglich drei der vier Eingangsvariablen für die Beschaltung der Steuereingänge 2, 1, 0 eines 1-aus-8-Multiplexers verwenden, deren Auswahl beliebig gewählt werden kann. In diesem Beispiel wird die Eingangsvariable Q_1 zur Beschaltung des Steuereingangs 0, die Eingangsvariable P_0 zur Beschaltung des Steuereingangs 1 und die Eingangsvariable P_1 zur Beschaltung des Steuereingangs 2 verwendet. Ein Dateneingang eines verwendeten Multiplexers, der bei der Kombination der Eingangsvariablen P_1, P_0, Q_1 auf den Ausgang durchgeschaltet wird, muß an seinem Eingang mit dem Logik-Zustand beschaltet werden, der bei der Kombination der Eingangsvariablen als Logik-Zustand der Ausgangsvariablen gefordert wird. Die Tabelle 5.2-4 zeigt die Wahrheitstabelle des 2-Bit-Zahlenkomparators, die als zusätzliche Information zu jeder Kombination der Eingangsvariablen P_1, P_0, Q_1 den auf den Ausgang durchgeschalteten Dateneingang enthält. An Hand dieser Tabelle ergibt sich die Beschaltung der Multiplexer. Der 1-aus-8-Multiplexer, der die Ausgangsvariable $P_=$ erzeugt, muß an den Dateneingängen 1, 3, 4 und 6 mit dem Logik-Zustand 0, an den Dateneingängen 2 und 7 mit der Eingangsvariablen Q_0 und an den Dateneingängen 0 und 5 mit der Negation der Eingangsvariablen Q_0 beschaltet werden. Der 1-aus-8-Multiplexer, der die Ausgangsvariable $P_<$ erzeugt, muß an den Dateneingängen 2, 4, 6 und 7 mit dem Logik-Zustand 0, an den Dateneingängen 1 und 3 mit dem Logik-Zustand 1 und an den Dateneingängen 0 und 5 mit der Eingangsvariablen Q_0 beschaltet werden. Der 1-aus-8-Multiplexer, der die Ausgangsvariable $P_>$ erzeugt, muß an den Dateneingangskanälen 0, 1, 3 und 5 mit dem Logik-Zustand 0, an den Dateneingängen 4 und 6 mit dem Logik-Zustand 1 und an den Dateneingängen 2 und 7 mit der Negation der Eingangsvariablen Q_0 beschaltet werden. Das Bild 5.2-9 zeigt die entsprechende Beschaltung der drei 1-aus-8-Multiplexer, die die Schaltung des 2-Bit-Zahlenkomparators realisiert.

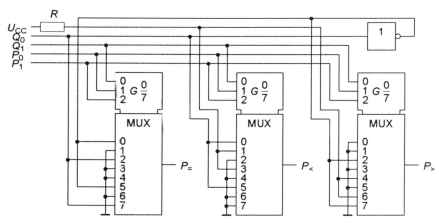

Bild 5.2-9 Digitalschaltung des 2-Bit-Zahlenkomparators bestehend aus drei 1-aus-8-Multiplexern und einer Negation zu Beispiel 5.2-2

5.3 Demultiplexer

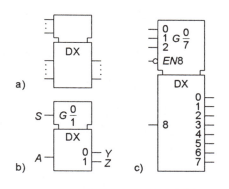

Bild 5.3-1 Schaltzeichen
a) allgemeiner Demultiplexer
b) 1-auf-2-Demultiplexer
c) 1-auf-8-Demultiplexer mit Freigabeeingang

5.3 Demultiplexer

Ein Demultiplexer ist eine digitale Funktionseinheit, die Daten von Dateneingängen einer Anzahl n an Datenausgänge einer Anzahl m übergibt, wobei die Anzahl n der Dateneingänge kleiner als die Anzahl m der Datenausgänge ist. Häufig werden nur die Daten eines Dateneingangs auf eine Anzahl m von Datenausgängen durchgeschaltet. Man spricht in diesem Fall von einem 1-auf-m-Demultiplexer, der dem Prinzip nach die Funktionsweise eines mechanischen Umschalters zeigt und die Information eines Dateneingangs auf einen vom m Datenausgängen durchschaltet. Die Auswahl des Datenausgangs, auf den die Daten des Dateneingangs durchgeschaltet werden, bestimmen dabei die Steuereingänge des Demultiplexers. Bei einer Anzahl m von Datenausgängen werden s = ld m Steuereingänge benötigt, um einen der m Datenausgänge auswählen zu können, auf den die Daten des Dateneingangs durchgeschaltet werden sollen. Bei einer ganzzahligen Anzahl s von Steuereingängen lassen sich demnach $m = 2^s$ Datenausgänge auswählen. Für einen 1-auf-4-Demultiplexer benötigt man beispielsweise zwei Steuereingänge, um einen der vier Datenausgänge auswählen zu können.

Das Bild 5.3-1a zeigt das allgemeine Schaltzeichen eines Demultiplexers, dessen oberer Teil einen Steuerblock mit Eingangsvariablen darstellt, der die steuernde Wirkung dieser Eingangsvariablen auf den darunter befindlichen Schaltungsteil kennzeichnet. Das Bild 5.3-1b zeigt einen 1-auf-2-Demultiplexer, dessen Steuereingang G bestimmt, auf welchen der Datenausgänge 0 und 1 der Dateneingang durchgeschaltet wird. Beschaltet man den 1-auf-2-Demultiplexer am Dateneingang mit der Schaltvariablen A und an seinem Steuereingang mit der Schaltvariablen S, so ergeben sich die Schaltfunktionen der Ausgangsvariablen Y am Datenausgang 0 bzw. der Ausgangsvariablen Z am Datenausgang 1 zu: $Y = A \wedge \neg S$ bzw. $Z = A \wedge S$. Das Bild 5.3-1c zeigt einen 1-auf-8-Demultiplexer mit Freigabeeingang, dessen Dateneingang entsprechend der Anwahl durch die Steuereingänge 0, 1 und 2 nur dann auf einen der acht Datenausgänge

0 ... 7 durchgeschaltet wird, wenn der interne Logik-Zustand des Freigabeeingangs den 1-Zustand annimmt.

Ein Demultiplexer mit einer Anzahl n von Steuereingängen und m Datenausgängen, dessen Dateneingang immer den 1-Zustand aufweist, hat die Funktionsweise eines n-aus-m-Decodierers. Beschaltet man die Anzahl n der Steuereingänge mit einer n-stelligen Dualzahl, so zeigt der Datenausgang, dessen Nummer dem Wert der an den Steuereingängen anliegenden Dualzahl entspricht, den 1-Zustand, während alle anderen Datenausgänge den 0-Zustand aufweisen. Der n-aus-m-Decodierer wird in Abschnitt 5.9 behandelt.

5.4 Addierer

Ein allgemeiner Addierer, dessen Schaltzeichen das Bild 5.4-1a zeigt, ist eine kombinatorische Schaltung mit Eingängen für duale Ziffernstellen und einem Übertrag sowie Ausgängen für die Ergebnisstellen der Addition und einem Übertrag für die Additionsstelle mit dem nächsthöheren Stellenwert. In der Ziffernstelle mit dem niedrigsten Stellenwert, in der die Durchführung der Addition begonnen wird, benötigt man lediglich einen Addierer, der zwei Eingänge für die Ziffern der beiden Dualstellen sowie einen Stellen- und einen Übertragsausgang besitzt. Man spricht in diesem Fall von einem Halbaddierer. In den Berechnungsstellen, in denen zwei duale Ziffernstellen als auch ein Übertrag aus der Berechnungsstelle mit dem nächstniedrigeren Stellenwert berücksichtigt werden müssen, benötigt man einen Volladdierer, der außer den beiden Eingängen für die dualen Ziffernstellen noch einen zusätzlichen Eingang für den Übertrag der Berechnungsstelle mit dem nächstniedrigeren Stellenwert besitzt. Man unterscheidet daher bei Addierern allgemein zwischen Halb- und Volladdierern.

5.4.1 Halbaddierer

Ein Addierer, der lediglich zwei Eingänge besitzt, wird Halbaddierer genannt. Er läßt sich nur in Additionsstellen verwenden, in denen lediglich zwei duale Ziffernstellen oder eine duale Ziffernstelle und ein Übertrag aus der Additionsstelle mit dem nächstniedrigeren Stellenwert addiert werden müssen. Das Bild 5.4-1b zeigt das Schaltzeichen eines Halbaddierers. Während der Ausgang

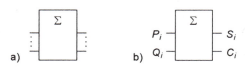

Q_i	P_i	S_i	C_i
0	0	0	0
0	1	1	0
1	0	1	0
1	1	0	1

Bild 5.4-1 Schaltzeichen
a) allgemeiner Addierer b) Halbaddierer

Tabelle 5.4-1 Wahrheitstabelle des Halbaddierers

5.4 Addierer

der Ergebnisstelle der Addition des Halbaddierers keine Kennzeichnung besitzt, wird der Übertragsausgang mit *CO* (engl.: carry out) gekennzeichnet. Bei einer Beschaltung der beiden Eingänge des Halbaddierers mit den dualen Ziffern P_i und Q_i der *i*-ten Stelle einer Dualzahl *P* und *Q* erzeugt dieser die Ergebnisstelle S_i der Addition sowie einen Übertrag C_i, der der Additionsstelle *i*+1 mit dem nächsthöheren Stellenwert zur Verfügung gestellt wird. Die Tabelle 5.4-2 zeigt die Wahrheitstabelle des Halbaddierers mit den Eingangsvariablen P_i und Q_i und den Ausgangsvariablen S_i und C_i. An Hand dieser Wahrheitstabelle ergeben sich die folgenden Schaltfunktionen für die Ergebnisstelle S_i der Additionsstelle und für den Übertrag C_i für die Additionsstelle mit dem nächsthöheren Stellenwert:

$$S_i = (P_i \land \neg Q_i) \lor (\neg P_i \land Q_i) \qquad (5.4\text{-}1)$$

bzw.

$$C_i = P_i \land Q_i. \qquad (5.4\text{-}2)$$

Der Halbaddierer läßt sich durch ein Antivalenz- und ein UND-Glied darstellen, wie den Gln. (5.4-1) und (5.4-2) zu entnehmen ist. Das Antivalenz-Glied erzeugt an Hand der beiden Eingangsvariablen P_i und Q_i die Ergebnisstelle S_i der Addition, während das UND-Glied an Hand der Eingangsvariablen P_i und Q_i den Übertrag C_i zur Verfügung stellt. Das Bild 5.4-2 zeigt die digitale Schaltung des Halbaddierers.

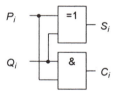

Bild 5.4-2 Schaltung des Halbaddierers mit Antivalenz- und UND-Glied

5.4.2 Volladdierer

In allen Additionsstellen, in denen jeweils zwei duale Ziffernstellen und ein Übertrag aus der Additionsstelle mit dem nächstniedrigeren Stellenwert addiert werden müssen, benötigt man zur Bildung der Ergebnisstelle der Addition und des Übertrags für die Additionsstelle mit dem nächsthöheren Stellenwert einen 1-Bit-Volladdierer, dessen Schaltzeichen das Bild 5.3-4a zeigt. Ein 1-Bit-Volladdierer besitzt daher außer den beiden Eingängen für duale Ziffernstellen noch einen Übertragseingang *CI* (engl.: carry in). Während der Übertragsausgang mit *CO* gekennzeichnet wird, bleibt der Ausgang der Ergebnisstelle der Addition ohne Kennzeichnung. Bei einer Beschaltung der Eingänge des 1-Bit-Volladdierers mit den dualen Ziffern P_i und Q_i der *i*-ten Stelle einer Dualzahl *P* und *Q* sowie dem Übertrag C_{i-1} der Stelle *i*–1 mit dem nächstniedrigeren Stellenwert erzeugt dieser die Ergebnisstelle S_i der Addition sowie einen Über-

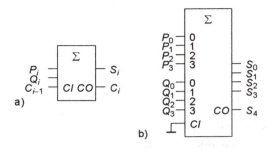

Bild 5.4-3 Schaltzeichen a) 1-Bit-Volladdierer b) 4-Bit-Volladdierer zur Addition zweier vierstelliger Dualzahlen P und Q

Tabelle 5.4-2 Wahrheitstabelle des 1-Bit-Volladdierers

C_{i-1}	Q_i	P_i	S_i	C_i
0	0	0	0	0
0	0	1	1	0
0	1	0	1	0
0	1	1	0	1
1	0	0	1	0
1	0	1	0	1
1	1	0	0	1
1	1	1	1	1

trag C_i, der der Additionsstelle $i+1$ mit dem nächsthöheren Stellenwert zur Verfügung steht. Die Schaltfunktionen des 1-Bit-Volladdierers für die Ergebnisstelle S_i der Addition und den Übertrag C_i für die Additionsstelle mit dem nächsthöheren Stellenwert lassen sich an Hand der Wahrheitstabelle in Tabelle 5.4-2 wie folgt angeben:

$$S_i = (\neg C_{i-1} \land ((P_i \land \neg Q_i) \lor (\neg P_i \land Q_i))) \lor (C_{i-1} \land ((P_i \land Q_i) \lor (\neg P_i \land \neg Q_i))) \quad (5.4\text{-}3)$$

bzw.

$$C_i = (P_i \land Q_i) \lor (C_{i-1} \land ((P_i \land \neg Q_i) \lor (\neg P_i \land Q_i))). \quad (5.4\text{-}4)$$

Der Wahrheitstabelle in Tabelle 5.4-2 kann entnommen werden, daß die Ergebnisstelle S_i einer Antivalenz der Ziffernstellen P_i und Q_i entspricht, wenn kein Übertrag C_{i-1} auftritt. Die Ergebnisstelle S_i zeigt dagegen eine Äquivalenz der beiden Ziffernstellen P_i und Q_i, wenn ein Übertrag C_{i-1} vorhanden ist. Ein Übertrag C_i ergibt sich für den Fall, daß die dualen Stellen P_i und Q_i unabhängig vom Zustand des Übertragseingangs C_{i-1} die Ziffer 1 aufweisen. Ein Übertrag C_i ergibt sich außerdem noch für die Fälle, daß beim Anliegen der Ziffer 1 am Übertragseingang C_{i-1} die dualen Stellen P_i und Q_i unterschiedliche Ziffern aufweisen. Die Schaltfunktionen für die Ergebnisstelle S_i der Addition und den Übertrag C_i für die Additionsstelle mit dem nächsthöheren Stellenwert lassen sich demnach auch in der Form

$$S_i = C_{i-1} \leftrightarrow (P_i \leftrightarrow Q_i) \quad (5.4\text{-}5)$$

$$C_i = (P_i \land Q_i) \lor (C_{i-1} \land (P_i \leftrightarrow Q_i)) \quad (5.4\text{-}6)$$

angeben. Damit läßt sich die digitale Schaltung des 1-Bit-Volladdierers durch eine minimale Anzahl boolescher Verknüpfungsglieder – zwei Antivalenz-, zwei UND- und einem ODER-Glied – darstellen, wie das Bild 5.4-4a zeigt. Die Schaltung nach Bild 5.4-4a entspricht dabei der Zusammenschaltung zweier

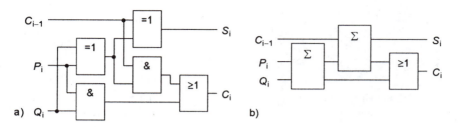

Bild 5.4-4 Schaltung des 1-Bit-Volladdierers
a) mit zwei Antivalenz-, zwei UND- und einem ODER-Glied
b) mit zwei Halbaddierern und einem ODER-Glied

Halbaddierer nach Bild 5.4-4b, wie der Vergleich der Schaltungen der Bilder 5.4-4a und 5.4-2 zeigt. Aus der Reihenschaltung einer Anzahl n von 1-Bit-Volladdierern läßt sich ein n-Bit-Volladdierer aufbauen. Üblicherweise werden 1-Bit- bzw. 4-Bit-Volladdierer als digitale Schaltkreise angeboten. Bild 5.4-3b zeigt das Schaltzeichen eines 4-Bit-Volladdierers mit je vier Eingängen 0 ... 3 für die vier Stellen der beiden zu addierenden Dualzahlen, dem Übertragseingang CI, den Ergebnisstellen 0 ... 3 und dem Übertragsausgang CO. Dieser 4-Bit-Volladdierer ist an seinen Eingängen mit den vierstelligen Dualzahlen P und Q beschaltet. Da die Addition der beiden Dualzahlen P und Q mit den dualen Ziffernstellen P_0 und Q_0 beginnt, ist der Übertragseingang CI mit dem 0-Zustand beschaltet. Bei der Addition zweier vierstelliger Dualzahlen ergibt sich allgemein ein fünfstelliges Ergebnis. Der 4-Bit-Volladdierer stellt das Additionsergebnis mit den Ergebnisstellen S_0 ... S_3 an seinen Ausgängen 0 ... 3 zur Verfügung, während der Übertragsausgang CO im Fall einer Berechnung mit lediglich vier Stellen der Ergebnisstelle S_4 entspricht.

5.5 Subtrahierer

Ein allgemeiner Subtrahierer, dessen Schaltzeichen das Bild 5.5-1a zeigt, ist eine kombinatorische Schaltung mit zwei Eingängen für duale Ziffernstellen und einer Entlehnung sowie Ausgängen für die Ergebnisstellen der Subtraktion und einer Entlehnung für die Subtraktionsstelle mit dem nächsthöheren Stellenwert. In der Ziffernstelle mit dem niedrigsten Stellenwert, in der die Durchführung der Subtraktion begonnen wird, benötigt man lediglich einen Subtrahierer, der zwei Eingänge für die Ziffern der beiden Dualstellen, einen Stellen- und einen Entlehnungsausgang besitzt. Man spricht in diesem Fall von einem Halbsubtrahierer. In den Rechenstellen, in denen zwei duale Ziffernstellen als auch eine Entlehnung aus der Rechenstelle mit dem nächstniedrigeren Stellenwert berücksichtigt werden müssen, benötigt man einen Vollsubtrahierer, der außer den beiden Eingängen für die dualen Ziffernstellen noch einen zusätzli-

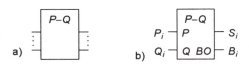

Bild 5.5-1 Schaltzeichen a) allgemeiner Subtrahierer b) Halbsubtrahierer

Tabelle 5.5-1 Wahrheitstabelle des Halbsubtrahierers

Q_i	P_i	S_i	B_i
0	0	0	0
0	1	1	0
1	0	1	1
1	1	0	0

chen Eingang für die Entlehnung der Berechnungsstelle mit dem nächstniedrigeren Stellenwert besitzt. Man unterscheidet daher bei Subtrahierern allgemein zwischen Halb- und Vollsubtrahierern.

5.5.1 Halbsubtrahierer

Ein Subtrahierer, der lediglich zwei Eingänge besitzt, wird Halbsubtrahierer genannt. Er läßt sich nur in Rechenstellen verwenden, in denen lediglich zwei duale Stellen – entweder zwei duale Ziffern bzw. eine duale Ziffer und eine Entlehnung der Subtraktionsstelle mit dem nächstniedrigeren Stellenwert – subtrahiert werden müssen. Das Bild 5.5-1b zeigt das Schaltzeichen eines Halbsubtrahierers mit den beiden Eingängen P und Q, dem nicht gekennzeichneten Ausgang für die Ergebnisstelle der Subtraktion und dem Ausgang für die Entlehnung aus der Subtraktionsstelle mit dem nächsthöheren Stellenwert. Dieser Ausgang ist zur Unterscheidung der beiden Ausgänge untereinander mit der Kennzeichnung *BO* (engl.: borrow out) bezeichnet. Bei einer Beschaltung des Halbsubtrahierers mit den dualen Ziffern P_i und Q_i der i-ten Stelle zweier Dualzahlen erzeugt dieser die Ergebnisstelle S_i der Subtraktion sowie eine Entlehnung B_i für die Subtraktionsstelle $i+1$ mit dem nächsthöheren Stellenwert. Die Tabelle 5.5-1 zeigt die Wahrheitstabelle des Halbsubtrahierers. An Hand dieser Wahrheitstabelle ergeben sich die folgenden Schaltfunktionen für die Ergebnisstelle S_i der Subtraktion und die Entlehnung B_i für die Subtraktionsstelle mit dem nächsthöheren Stellenwert:

$$S_i = (P_i \wedge \neg Q_i) \vee (\neg P_i \wedge Q_i) = P_i \leftrightarrow Q_i \tag{5.5-1}$$

bzw.

$$B_i = \neg P_i \wedge Q_i. \tag{5.5-2}$$

Der Halbsubtrahierer besteht entsprechend diesen Gleichungen aus einer Antivalenz der beiden Eingangsvariablen P_i und Q_i, die die Ergebnisstelle S_i der Subtraktion erzeugt, und einer Inhibition der Eingangsvariablen Q_i, die die Entlehnung B_i generiert. Das Bild 5.5-2 zeigt die digitale Schaltung des Halbsubtrahieres, die sich mit einem Negations-, einem Antivalenz- und einem UND-Glied darstellen läßt.

5.5 Subtrahierer

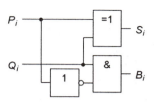

Bild 5.5-2 Digitale Schaltung des Halbsubtrahierers

5.5.2 Vollsubtrahierer

In allen Subtraktionsstellen mit zwei Dualziffern und einer Entlehnung aus der Subtraktionsstelle mit dem nächstniedrigeren Stellenwert benötigt man einen 1-Bit-Vollsubtrahierer, dessen Schaltzeichen das Bild 5.5-3a zeigt. Die Schaltfunktionen des 1-Bit-Vollsubtrahierers für die Stelle S_i der Subtraktion und die Entlehnung B_i aus der Subtraktionsstelle mit dem nächsthöheren Stellenwert lassen sich an Hand der Wahrheitstabelle in Tabelle 5.5-2 wie folgt angeben:

$$S_i = (\neg B_{i-1} \wedge ((P_i \wedge \neg Q_i) \vee (\neg P_i \wedge Q_i))) \vee (B_{i-1} \wedge ((P_i \wedge Q_i) \vee (\neg P_i \wedge \neg Q_i))) \quad (5.5\text{-}3)$$

bzw.

$$B_i = (\neg P_i \wedge Q_i) \vee (B_{i-1} \wedge ((P_i \wedge Q_i) \vee (\neg P_i \wedge \neg Q_i))). \quad (5.5\text{-}4)$$

Vergleicht man Gln. (5.4-3) bzw. (5.4-4) mit Gln. (5.5-3) bzw. (5.5-4), so erkennt man, daß sich ein 1-Bit-Vollsubtrahierer auch durch einen 1-Bit-Volladdierer aufbauen läßt, wenn man die Subtraktionsstelle Q_i und die Entlehnung B_i dem Volladdierer negiert zuführt, wie das Bild 5.5-3b zeigt. Der Übertragsausgang des 1-Bit-Volladdierers zeigt dabei den negierten Zustand der Entlehnung B_{i-1} der Subtraktion. Wie bereits in den Abschnitten 1.3.2.1 und 1.3.2.2 eingehend erläutert wurde, wird die Subtraktion meistens auf eine Addition des Einer- bzw. Zweier-Komplementes des Subtrahenden zurückgeführt. Das Bild 5.5-3b zeigt die Subtraktion $P_i - Q_i$, die durch die Addition des Zweier-Komplementes des Subtrahenden Q_i zum Minuenden P_i ersetzt ist, so daß ein Subtrahierer nicht benötigt wird.

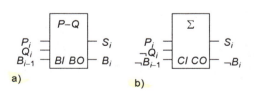

B_{i-1}	Q_i	P_i	S_i	B_i
0	0	0	0	0
0	0	1	1	0
0	1	0	1	1
0	1	1	0	0
1	0	0	1	1
1	0	1	0	0
1	1	0	0	1

Bild 5.5-3 Schaltzeichen a) 1-Bit-Vollsubtrahierer b) 1-Bit-Vollsubtrahierer mit Hilfe eines 1-Bit-Volladdierers

Tabelle 5.5-2 Wahrheitstabelle des 1-Bit-Vollsubtrahierers

Beispiel 5.5-1

Gegeben sind zwei vierstellige, vorzeichenbehaftete Dualzahlen P und Q in Vorzeichen-Betrags-Darstellung. Entwerfen Sie ein Addier-Subtrahier-Werk, welches beim 0-Zustand der Steuervariablen ADD die Addition $P + Q$ und beim 1-Zustand der Steuervariablen ADD die Subtraktion $P - Q$ durchführt. Das fünfstellige Ergebnis S soll in Vorzeichen-Betrags-Darstellung zur Verfügung gestellt werden. Es stehen 6-Bit-Volladdierer und Antivalenz-Glieder zur Darstellung der Digitalschaltung des Addier-Subtrahier-Werkes zur Verfügung.

Mit dem Addier-Subtrahier-Werk sollen Zahlen, die im 8-4-2-1-BCD-Code angegeben sind, addiert bzw. subtrahiert werden. Geben Sie eine zusätzliche Digitalschaltung an, die dem Addier-Subtrahier-Werk nachgeschaltet wird. Am Ausgang dieser Digitalschaltung soll das Ergebnis der Berechnung im 8-4-2-1-BCD-Code zur Verfügung stehen.

Lösung:

Ein Addier-Subtrahier-Werk für zwei vierstellige, vorzeichenbehaftete Dualzahlen benötigt zusätzlich zu den vier Stellen der Dualzahlen noch eine Reservestelle für einen eventuellen Übertrag und eine Stelle für das Vorzeichen, so daß insgesamt sechs Rechenstellen erforderlich sind. Um den Aufwand für das Addier-Subtrahier-Werk möglichst gering zu halten, wird die Subtraktion durch eine Addition des Einer-Komplementes des Subtrahenden zum Minuenden ersetzt. Damit läßt sich mit nur einem Addierwerk sowohl die Addition als auch die Subtraktion durchführen. In Abschnitt 1.7.2.1 wurde die Subtraktion mit Hilfe des Einer-Komplementes des Subtrahenden behandelt. Der Betrag einer negativen Zahl wird dabei durch das Einer-Komplement ersetzt, welches sich durch eine Negation jeder Stelle der negativen Zahl erzeugen läßt. Da die Dualzahl P sowohl positive als auch negative Werte annehmen kann, muß daher dem Addierwerk in Abhängigkeit des Vorzeichens V_P entweder die Dualzahl P oder das Einer-Komplement der Dualzahl P zugeführt werden. Das Einer-Komplement einer Dualzahl ist die Negation jeder Stelle der Dualzahl einschließlich der Reservestelle. Ist das Vorzeichen V_P die Ziffer 1, so handelt es sich um eine negative Dualzahl P. Ist das Vorzeichen V_P die Ziffer 0, so ist der Wert der Dualzahl P positiv. Die Schaltfunktion der Dualstelle D_i, die dem Addierwerk in Abhängigkeit des Vorzeichens V_P und der jeweiligen Dualstelle P_i der Dualzahl P angeschaltet werden muß, lautet daher wie folgt: $D_i = (V_P \land \neg P_i) \lor (\neg V_P \land P_i)$. Diese Schaltfunktion läßt sich demnach mit einem Antivalenz-Glied mit den Eingangsvariablen V_P und P_i realisieren. In der Digitalschaltung nach Bild 5.5-4 ist jede Stelle $P_0 \ldots P_3$ der Dualzahl P zunächst mit Hilfe eines Antivalenz-Glieds mit dem Vorzeichen V_P verknüpft. Das Ergebnis dieser Verknüpfungen wird dem Addierwerk an den Eingängen 0 ... 3 angeschaltet.

Bei der Dualzahl Q muß außer dem Vorzeichen V_Q noch berücksichtigt werden, ob eine Addition oder eine Subtraktion durchzuführen ist. Für den Fall, daß entweder eine Addition angewählt ($ADD = 0$) und der Wert der Dualzahl Q positiv ist oder eine Subtraktion angewählt ($ADD = 1$) und der Wert der Dualzahl Q negativ ist, muß das Rechenwerk eine Addition durchführen. Andererseits muß das Rechenwerk eine Subtraktion – also eine Addition mit dem Einer-Komplement der Dualzahl Q – durchführen, wenn eine Subtraktion angewählt ($ADD = 1$) und der Wert der Dualzahl Q positiv ist oder wenn eine Addition angewählt ($ADD = 0$) und der Wert der Dualzahl Q negativ ist. Die Schaltfunktion für die Schaltvariable S (Subtraktion), deren 1-Zustand besagt, daß eine Subtraktion vom Rechenwerk durchzuführen und damit dem Addierwerk das Einer-Komplement der Dualzahl Q zur Verfügung gestellt werden muß, lautet demnach: $S = (V_Q \land \neg ADD) \lor (\neg V_Q \land ADD)$. Die Schaltvariable S

5.5 Subtrahierer

läßt sich durch eine Antivalenz der Schaltvariablen V_Q und ADD erzeugen. Mit Hilfe von vier Antivalenz-Gliedern, denen die Schaltvariable S und jeweils eine Dualstelle $Q_0 \ldots Q_3$ angeschaltet werden, wird entweder die Dualzahl Q oder deren Einer-Komplement dem Addierwerk zugeführt. Wie bereits erwähnt, muß das Addierwerk sechs Rechenstellen besitzen. Dafür wird ein 6-Bit-Volladdierer verwendet. Die Ausgänge der acht Antivalenz-Glieder, die die Stellen $P_0 \ldots P_3$ oder $\neg P_0 \ldots \neg P_3$ der Dualzahl P bzw. die Stellen $Q_0 \ldots Q_3$ oder $\neg Q_0 \ldots \neg Q_3$ der Dualzahl Q erzeugen, sind jeweils an die Eingänge 0 ... 3 des 6-Bit-Volladdierers angeschaltet.

Den Dateneingängen 4 des 6-Bit-Volladdierers wird die jeweilige Reservestelle der Dualzahl P bzw. Q und den Dateneingängen 5 die jeweilige Vorzeichenstelle V_P bzw. S (nicht V_Q!) zugeführt. Die Reservestelle einer positiven Dualzahl muß die Ziffer 0, die einer negativen Dualzahl die Ziffer 1 aufweisen. Die Reservestelle der Dualzahl P entspricht daher dem Vorzeichen V_P und die Reservestelle der Dualzahl Q der Subtraktionsvariablen S (nicht V_Q!). Daher sind die beiden Dateneingänge 4, 5 des 6-Bit-Volladdierers mit dem Vorzeichen V_P bzw. mit der Subtraktionsvariablen S beschaltet, wie das Bild 5.5-5 zeigt. Dieser Additionsstufe, die aus dem 6-Bit-Volladdierer besteht, muß ein Korrekturwerk nachgeschaltet werden, welches die Regeln für das Rechnen mit dem Einer-Komplement berücksichtigt. Danach ist ein eventueller Übertrag aus der Rechenstelle des Vorzeichens (Stelle 5 des 6-Bit-Volladdierers) in die Rechenstelle mit dem niederwertigsten Stellenwert (Rechenstelle 0 des zweiten 6-Bit-Volladdierers) zurückzuführen und dort zu addieren. Daher sind die Stellenausgänge 0 ... 4 des ersten 6-Bit-Volladdierers sowie der Übertragsausgang, der den Übertrag aus der Vorzeichenstelle (Rechenstelle 5 des 6-Bit-Volladdierers) anzeigt, einem zweiten 6-Bit-Volladdierer angeschaltet. Eigentlich wird zur Addition des Übertrags zu den Stellen der

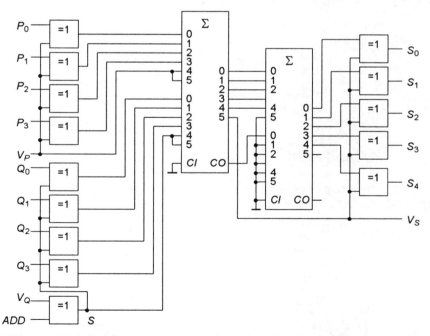

Bild 5.5-4 Digitalschaltung des 4-Bit-Addier-Subtrahier-Werkes nach Beispiel 5.5-1

vorgeschalteten Addierstufe nur ein 5-Bit-Halbaddierer benötigt. Der 6-Bit-Volladdierer addiert einen eventuellen Übertrag aus der Vorzeichenstelle und erzeugt ein sechsstelliges Ergebnis, von denen lediglich die unteren fünf Stellen verwendet werden. Das Ergebnis dieses 6-Bit-Volladdierers stellt allerdings noch nicht das endgültige Ergebnis dar. Ist nämlich das Vorzeichen des Ergebnisses die Ziffer 1, so ist das Ergebnis negativ und der Wert das Einer-Komplement des Betrags der negativen Zahl. In diesem Fall muß das Einer-Rückkomplement gebildet werden. Dazu werden fünf Antivalenzen eingesetzt, die in Abhängigkeit des Vorzeichens V_S das Einer-Rückkomplement bilden, wie die Schaltung in Bild 5.5-4 zeigt. Um die Ausgabe des Ergebnisses $S_0 \ldots S_4$ des Addier-Subtrahier-Werkes im 8-4-2-1-BCD-Code zu ermöglichen, muß eine Digitalschaltung nachgeschaltet werden, die das Auftreten einer Pseudodezimalen an den Ausgängen $S_0 \ldots S_3$ des Addier-Subtrahier-Werkes erkennt. Die Schaltfunktion für die Schaltvariable K ($K = 1$, wenn Pseudodezimale vorliegt) läßt sich an Hand des KV-Diagramms in Bild 5.5-5a vereinfacht angeben: $K = S_3 \wedge (S_2 \vee S_1)$. Da der Übertrag einer 4-Bit-Dualzahl von 01111 auf 10000 erfolgt, der Übertrag einer Zahl im 8-4-2-1-BCD-Code mit einer Einer- und Zehnerstelle von 0000 1001 auf 0001 0000 auftritt, muß beim Auftreten einer Pseudodezimalen in der Einerstelle oder eines Übertrags in der Stelle S_4 die Dualzahl 0110 addiert werden. Bild 5.5-5b zeigt die Digitalschaltung, die den Ausgängen $S_0 \ldots S_4$ nachgeschaltet werden muß und die das Ergebnis im 8-4-2-1-BCD-Code mit den Einerstellen $E_0 \ldots E_3$ und den Zehnerstellen $Z_0 \ldots Z_3$ zur Verfügung stellt.

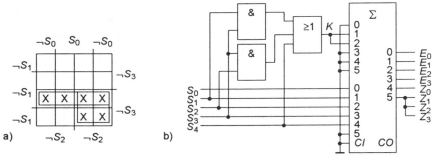

Bild 5.5-5 a) KV-Diagramm für die Schaltvariable K
b) Korrekturschaltung zur Ausgabe des Ergebnisses im 8-4-2-1-BCD-Code

5.6 Multiplizierer

Das Bild 5.6-1 zeigt das allgemeine Schaltzeichen eines Multiplizierers. Die Multiplikation im Dualsystem wurde bereits in Abschnitt 1.7.3 behandelt. Dabei

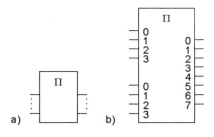

Bild 5.6-1 Schaltzeichen
a) allgemeiner Multiplizierer
b) 4-Bit-Multiplizierer

5.6 Multiplizierer

P_3	P_2	P_1	P_0	x	Q_3	Q_2	Q_1	Q_0
					$W_3=Q_0 \wedge P_3$	$W_2=Q_0 \wedge P_2$	$W_1=Q_0 \wedge P_1$	$W_0=Q_0 \wedge P_0$
			$X_3=Q_1 \wedge P_3$	$X_2=Q_1 \wedge P_2$	$X_1=Q_1 \wedge P_1$	$X_0=Q_1 \wedge P_0$		
		$Y_3=Q_2 \wedge P_3$	$Y_2=Q_2 \wedge P_2$	$Y_1=Q_2 \wedge P_1$	$Y_0=Q_2 \wedge P_0$			
	$Z_3=Q_3 \wedge P_3$	$Z_2=Q_3 \wedge P_2$	$Z_1=Q_3 \wedge P$	$Z_0=Q_3 \wedge P_0$				
S_7	S_6	S_5	S_4	S_3	S_2	S_1	S_0	

Tabelle 5.6-1 Bildung der 1-Bit-Multiplikationen der Rechenstellen der Dualzahlen P und Q und stellenverschobene Addition der einzelnen Multiplikationsergebnisse

wurden die einfachen Rechenregeln $0 \cdot 0 = 0$, $0 \cdot 1 = 0$, $1 \cdot 0 = 0$ und $1 \cdot 1 = 1$ aufgestellt. Werden die Ziffern zweier Dualzahlen P und Q einem UND-Glied als Eingangsvariablen angeschaltet, so stellt die Ausgangsvariable des UND-Gliedes das Ergebnis der Multiplikation nach den oben angegebenen Rechenregeln zur Verfügung. Das UND-Glied stellt daher einen 1-Bit-Multiplizierer im Dualsystem dar. Die Tabelle 5.6-1 zeigt die Schritte einer dualen 4-Bit-Multiplikation des Multiplikanden P mit den Dualstellen P_0, P_1, P_2, P_3 mit dem Multiplikator Q mit den Dualstellen Q_0, Q_1, Q_2, Q_3. Allgemein gilt, daß die Multiplikation zweier n-stelliger Dualzahlen das Ergebnis einer Anzahl $2 \cdot n$ von Ergebnisstellen erzeugt. Werden daher, wie im Beispiel angegeben, zwei vierstellige Dualzahlen multipliziert, so ergibt sich ein Ergebnis mit insgesamt acht Ziffernstellen. Die erste Zeile der Berechnung in Tabelle 5.6-1 stellt die Multiplikation der Stellen der Dualzahl P mit der Ziffer Q_0 der Dualzahl Q dar, die das Zwischenergebnis W mit den Stellen W_3, W_2, W_1, W_0 liefert. Die zweite Zeile stellt das Zwischenergebnis X mit den Stellen X_3, X_2, X_1, X_0 dar, welches durch die Multiplikation der Stellen der Dualzahl P mit der Ziffer Q_1 der Dualzahl Q entsteht usw. Die Zwischenergebnisse W, X, Y und Z entsprechen, abgesehen von ihrer Stellenverschiebung, entweder der Dualzahl P, wenn die Ziffernstelle der Dualzahl Q die Ziffer 1 ist, oder die Zwischenergebnisse weisen in allen Stellen die Ziffer 0 auf, wenn die Ziffernstelle der Dualzahl Q die Ziffer 0 ist. Die unterschiedlichen Stellenwerte der Dualziffern Q_3, Q_2, Q_1,

1. Volladdierer				0	$W_3=Q_0 \wedge P_3$	$W_2=Q_0 \wedge P_2$	$W_1=Q_0 \wedge P_0$	$W_0=Q_0 \wedge P_0$
			$X_3=Q_1 \wedge P_3$	$X_2=Q_1 \wedge P_2$	$X_1=Q_1 \wedge P_1$	$X_0=Q_1 \wedge P_0$		
2. Volladdierer		$S_5'= 0$	S_4'	S_3'	S_2'		S_1	$S_0=W_0$
			$Y_3=Q_2 \wedge P_3$	$Y_2=Q_2 \wedge P_2$	$Y_1=Q_2 \wedge P_1$	$Y_0=Q_2 \wedge P_0$		
3. Volladdierer	S_6'	S_5''	S_4''	S_3''	S_2			
		$Z_3=Q_3 \wedge P_3$	$Z_2=Q_3 \wedge P_2$	$Z_1=Q_3 \wedge P_1$	$Z_0=Q_3 \wedge P_0$			
	S_7	S_6	S_5	S_4	S_3			

Tabelle 5.6-2 Stellenverschobene Addition der 1-Bit-Multiplikationsergebnisse mit Hilfe von drei 4-Bit-Volladdierern

Q_0 werden durch die Stellenverschiebung der Zwischenergebnisse W, X, Y und Z berücksichtigt. In einer anschließenden Berechnung müssen nun die vier stellenverschobenen Zwischenergebnisse W, X, Y, Z miteinander addiert werden, um das Gesamtergebnis der Multiplikation mit den Stellen $S_0 \ldots S_7$ der Multiplikation zu erhalten. Die Multiplikationen der Stellen der Dualzahl P mit den Ziffernstellen Q_3, Q_2, Q_1, Q_0 lassen sich jeweils mit vier UND-Gliedern realisieren. Die Addition der vier Zwischenergebnisse wird mit Hilfe von drei 4-Bit-Volladdierern durchgeführt, wie Tabelle 5.6-2 zeigt. Der Wert W_0 entspricht der Stelle S_0 des Ergebnisses. Die Zwischenergebnisse $W_1 + X_0 = S_1$,

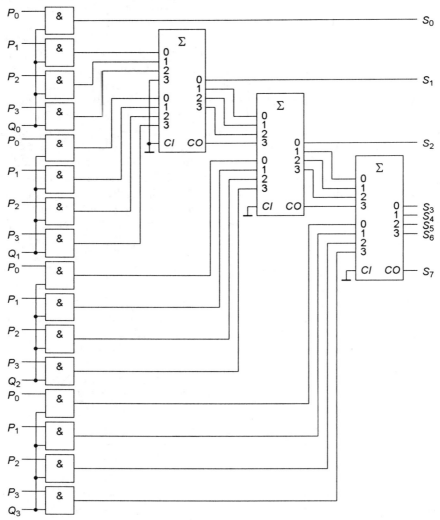

Bild 5.6-2 Digitalschaltung des 4-Bit-Multiplizierers

$W_2 + X_1 = S_2'$ und $W_3 + X_2 = S_3'$ werden mit Hilfe von drei Volladdierern gebildet. Zum Zwischenergebnis X_3 wird nur der Übertrag aus der vorhergehenden Stelle addiert; ein Halbaddierer wäre ausreichend. Da aber jeweils 4-Bit-Volladdierer verwendet werden, wird zusätzlich zum Übertrag aus der vorhergehenden Stelle auch noch die Ziffer 0 zum Zwischenergebnis X_3 addiert. Man erhält mit diesem 4-Bit-Volladdierer die Ergebnisstelle S_1 und die Zwischenergebnisse S_2', S_3', S_4' und S_5'. Ein weiterer 4-Bit-Volladdierer addiert die Zwischenergebnisse $S_2'+Y_0$, $S_3'+Y_1$, $S_4'+Y_2$ und $S_5'+Y_3$ und generiert die Ergebnisstelle S_2 und die Zwischenergebnisse S_3'', S_4'', S_5'' und S_6'. Der dritte 4-Bit-Volladdierer addiert schließlich die Zwischenergebnisse $S_3''+Z_0$, $S_4''+Z_1$, $S_5''+Z_2$ und $S_6'+Z_3$ und bildet die Ergebnisstellen S_3, S_4, S_5, S_6 und S_7. Das Bild 5.6-2 zeigt die entsprechende Schaltung des 4-Bit-Multiplizierers mit sechzehn UND-Gliedern und drei 4-Bit-Volladdierern. Für den Aufbau eines Multiplizierers für n-Bit-Dualzahlen benötigt man eine Anzahl n^2 von UND-Gliedern und eine Anzahl $n–1$ von n-Bit-Volladdierern.

5.7 Code-Umsetzer

Ein Umsetzer ist eine digitale Funktionseinheit, mit der die Darstellung von Daten allgemein verändert werden kann. Ein Code-Umsetzer ordnet den Zeichen eines Codes X die Zeichen eines Codes Y zu. Bild 5.7-1a zeigt das allgemeine Schaltzeichen eines Code-Umsetzers. Die Bezeichnung X/Y im Schaltzeichen des Code-Umsetzers wird dabei durch eine geeignete Bezeichnung der Codes, die an den Ein- bzw. Ausgängen des Umsetzers verwendet werden, ersetzt. Das Bild 5.7-1b zeigt zum Beispiel einen Code-Umsetzer, der die Zeichen des 8-4-2-1-BCD-Codes in die Zeichen des Aiken-Codes umsetzt.

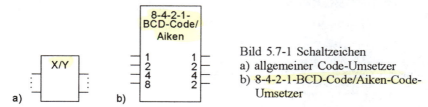

Bild 5.7-1 Schaltzeichen
a) allgemeiner Code-Umsetzer
b) 8-4-2-1-BCD-Code/Aiken-Code-Umsetzer

Beispiel 5.7-1

Bild 5.7-2 zeigt die Anordnung und Bezeichnungen der Leuchtdioden (engl.: light emitting diode, abgekürzt LED) einer 7-Segment-Anzeige, die häufig zur Anzeige der Dezimalziffern 0 ... 9 verwendet wird. Die Anoden der Leuchtdioden werden an die Versorgungsspannung U_{CC} geschaltet. Mit den Signalen $a ... g$ der 7-Segment-Anzeige, die über Widerstände zur Begrenzung des Diodenstroms entweder an L-Pegel oder H-Pegel gelegt werden, lassen sich die zehn Dezimalziffern darstellen, wie das Bild 5.7-2 zeigt. Beim Anliegen eines L-Pegels am Steuereingang einer Leuchtdiode, also im externen 0-Zustand, leuchtet die zugehörige Leuchtdiode, während beim Anliegen eines H-Pegels am Steuereingang, also im externen 1-Zustand, die zugehörige Leuchtdiode nicht aufleuchtet. Entwerfen Sie eine möglichst mi-

Bild 5.7-2 Anordnung und Bezeichnung der Segmente einer 7-Segment-Anzeige sowie Darstellung der Dezimalziffern 0 ... 9 mit Hilfe der Segmente a, b, c, d, e, f und g

nimale Digitalschaltung eines Code-Umsetzers, der den 8-4-2-1-BCD-Code mit den Stellen A, B, C und D in den 7-Segment-Anzeige-Code zur Ansteuerung der Segmente a, b, c, d, e, f und g der 7-Segment-Anzeige umwandelt.

Lösung:
Für den Code-Umsetzer mit den Eingangsvariablen A, B, C und D und den Ausgangsvariablen a, b, c, d, e, f und g läßt sich die Wahrheitstabelle nach Tabelle 5.7-1 angeben. An Hand dieser Wahrheitstabelle lassen sich für die Ausgangsvariablen a, b, c, d, e, f und g KV-Diagramme aufstellen, in denen die Felder der Minterme, für die die jeweilige Ausgangsvariable den 1-Zustand annimmt, gekennzeichnet werden. Da von den sechzehn Kombinationen der Eingangsvariablen A, B, C, D des 8-4-2-1-BCD-Codes nur zehn für die Darstellung der Dezimalziffern benutzt werden, werden die sechs Pseudodezimalen als Don't-Care-Terme in den KV-Diagrammen in Bild 5.7-3 mit dem Buchstaben X gekennzeichnet und gegebenenfalls zur Vereinfachung der Schaltfunktionen herangezogen. Für die Ausgangsvariablen des Code-Umsetzers ergeben sich die vereinfachten Schaltfunktionen:

$a = (A \wedge \neg B \wedge \neg C \wedge \neg D) \vee (\neg A \wedge \neg B \wedge C) = (A \wedge (\neg B \wedge \neg C \wedge \neg D)) \vee (\neg A \wedge (\neg B \wedge C))$,

$b = (\neg A \wedge B \wedge C) \vee (A \wedge \neg B \wedge C) = ((\neg A \wedge B) \wedge C) \vee (A \wedge (\neg B \wedge C))$,

$c = \neg A \wedge B \wedge \neg C = (\neg A \wedge B) \wedge \neg C$,

$d = (A \wedge \neg B \wedge \neg C \wedge \neg D) \vee (A \wedge B \wedge C) \vee (\neg A \wedge \neg B \wedge C) = a \vee ((A \wedge B) \wedge C)$,

$e = A \vee (\neg B \wedge C)$,

$f = (A \wedge \neg C \wedge \neg D) \vee (A \wedge B) \vee (B \wedge \neg C)$,

Dezimal-ziffer	8-4-2-1-BCD-Code				7-Segment-Anzeige-Code						
	D	C	B	A	g	f	e	d	c	b	a
0	0	0	0	0	1	0	0	0	0	0	0
1	0	0	0	1	1	1	1	1	0	0	1
2	0	0	1	0	0	1	0	0	1	0	0
3	0	0	1	1	0	1	1	0	0	0	0
4	0	1	0	0	0	0	1	1	0	0	1
5	0	1	0	1	0	0	1	0	0	1	0
6	0	1	1	0	0	0	0	0	0	1	0
7	0	1	1	1	1	1	1	0	0	0	0
8	1	0	0	0	0	0	0	0	0	0	0
9	1	0	0	1	0	0	1	0	0	0	0

Tabelle 5.7-1 Wahrheitstabelle zu Beispiel 5.7-1

5.7 Code-Umsetzer

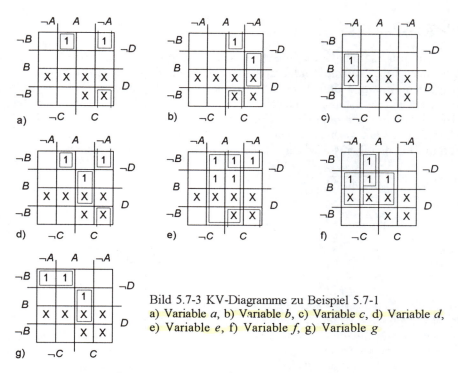

Bild 5.7-3 KV-Diagramme zu Beispiel 5.7-1
a) Variable a, b) Variable b, c) Variable c, d) Variable d,
e) Variable e, f) Variable f, g) Variable g

$$g = (\neg B \wedge \neg C \wedge \neg D) \vee (A \wedge B \wedge C) = (\neg B \wedge \neg C \wedge \neg D) \vee ((A \wedge B) \wedge C).$$

Damit ergibt sich die in Bild 5.7-4 dargestellte Digitalschaltung für den Code-Umsetzer, der den 8-4-2-1-BCD-Code in den 7-Segment-Anzeige Code umsetzt.

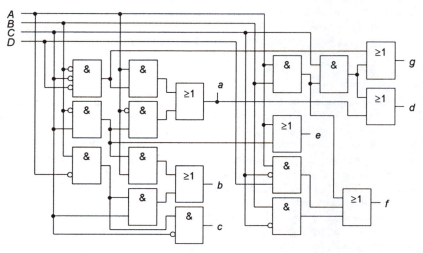

Bild 5.7-4 Digitalschaltung des Code-Umsetzers nach Beispiel 5.7-1

5.8 Codierer

Ein Codierer ist ein Code-Umsetzer mit mehreren Ein- und Ausgängen, bei dem aber immer nur an einem Eingang Daten angelegt werden, die eine zugehörige Kombination der Daten am Ausgang zur Folge haben. Codierer ordnen allgemein einem 1-aus-n-Code einem beliebigen anderen Code zu. Der 1-aus-10-Code ist bei der manuellen Ein- und Ausgabe von Daten in digitalen Rechenanlagen weit verbreitet. Das Bild 5.8-1 zeigt das Schaltzeichen eines Codierers, der den 1-aus-10-Code in den 8-4-2-1-BCD-Code umsetzt.

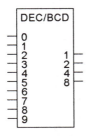

Bild 5.8-1 Schaltzeichen des Codierers für den 1-aus-10-Code in den 8-4-2-1-BCD-Code

Beispiel 5.8-1

Gegeben ist eine Tastatur mit zehn Tasten zur manuellen Eingabe der zehn Dezimalziffern 0 ... 9. Die Tastatur stellt an ihren Ausgängen die Ausgangsvariablen T_0 ... T_9 zur Verfügung. Wird eine der zehn Tasten betätigt, so weist nur die zugehörige Ausgangsvariable T_x den 1-Zustand auf, während alle anderen Ausgangsvariablen den 0-Zustand annehmen. Entwerfen Sie einen Codierer, der die Ausgangsvariablen T_0 ... T_9 der Tastatur in Codewörter des 8-4-2-1-BCD-Codes mit den Schaltvariablen A, B, C, D umsetzt. Wird an der Tastatur keine Tasteneingabe vorgenommen, so sollen alle Ausgangsvariablen A, B, C, D den 1-Zustand aufweisen, so daß dadurch kein gültiges Codewort angezeigt wird. Wird mehr als eine Taste gleichzeitig betätigt, so sollen ebenfalls alle Ausgangsvariablen den 1-Zustand annehmen, so daß auch in diesem Fall kein gültiges Codewort am Ausgang des Codierers zur Verfügung steht.

Lösung:

Die Tabelle 5.8-1 zeigt die Wahrheitstabelle des Codierers, den 1-aus-10-Code der Tasten T_0 ... T_9 in den 8-4-2-1-BCD-Code umsetzt, wobei nur die wenigen wichtigen der $2^{10} = 1024$ Kombinationen eingetragen sind. Zunächst soll der Schaltungsteil entwickelt werden, der erkennt, daß mehr als eine Taste betätigt ist. Es muß die Summe der Ausgangsvariablen T_0 ... T_9 gebildet werden, die den 1-Zustand aufweisen. Ist diese Summe größer als 1 bzw. 0, so ist mehr als eine Taste gleichzeitig bzw. keine Taste betätigt. Für diese Überprüfung lassen sich vorteilhaft 1-Bit-Volladdierer verwenden, die jeweils drei Ausgangsvariable addieren. Addiert man dann mit Hilfe eines weiteren 1-Bit-Volladdierers die Stellenausgänge der drei 1-Bit-Volladdierer zusammen und addiert dazu noch mit Hilfe eines Halbaddierers das zehnte Tastensignal, so liegt eine mehrfache Tasteneingabe vor, wenn einer oder mehrere der Übertragsausgänge der 1-Bit-Volladdierer oder des Halbaddierers einen Übertrag aufweisen, d. h. den 1-Zustand annehmen. Das Bild 5.8-3 zeigt den entsprechenden Schaltungs-

5.8 Codierer

T_0	T_1	T_2	Tas T_3	tens T_4	igna T_5	le T_6	T_7	T_8	T_9	8-4 D	-2-1 C	-BCD B	-Code A
0	0	0	0	0	0	0	0	0	0	1	1	1	1
1	0	0	0	0	0	0	0	0	0	0	0	0	0
0	1	0	0	0	0	0	0	0	0	0	0	0	1
0	0	1	0	0	0	0	0	0	0	0	0	1	0
0	0	0	1	0	0	0	0	0	0	0	0	1	1
0	0	0	0	1	0	0	0	0	0	0	1	0	0
0	0	0	0	0	1	0	0	0	0	0	1	0	1
0	0	0	0	0	0	1	0	0	0	0	1	1	0
0	0	0	0	0	0	0	1	0	0	0	1	1	1
0	0	0	0	0	0	0	0	1	0	1	0	0	0
0	0	0	0	0	0	0	0	0	1	1	0	0	1

Tabelle 5.8-1 Wahrheitstabelle des Codierers zu Beispiel 5.8-1

teil, der aus den vier 1-Bit-Volladdierern, dem Halbaddierer und der ODER-Verknüpfung mit fünf Eingängen besteht, die die Ausgangsvariable F erzeugen. Die Ausgangsvariable F nimmt für den Fall einer mehrfachen Tastenbetätigung oder keiner Tastenbetätigung den 1-Zustand an und sorgt über die ODER-Verknüpfungen, die die Ausgangsvariablen A, B, C und D erzeugen, daß die Ausgangsvariablen in diesem Fall den 1-Zustand annehmen. Die Schaltvariable A des 8-4-2-1-BCD-Codes muß entweder im fehlerfreien Fall bei Betätigung einer der Tasten T_1, T_3, T_5, T_7, T_9 oder im Fehlerfall den 1-Zustand aufweisen. Die Schaltfunktion der Ausgangsvariablen A lautet demnach: $A = F \vee T_1 \vee T_3 \vee T_5 \vee T_7 \vee T_9$. Die Ausgangsvariable B muß entweder im fehlerfreien Fall bei Betätigung einer der Tasten T_2, T_3, T_6, T_7 oder im Fehlerfall den 1-Zustand aufweisen. Die Schaltfunktion der Ausgangsvariablen B lautet demnach: $B = F \vee T_2 \vee T_3 \vee T_6 \vee T_7$. Die Ausgangsvariable C muß entweder im fehlerfreien Fall bei Betätigung einer der Tasten T_4, T_5, T_6, T_7 oder im Fehlerfall den 1-Zustand aufweisen. Die Schaltfunktion der Ausgangsvariablen C läßt sich für diese beiden Fälle mit $C = F \vee T_4 \vee T_5 \vee T_6 \vee T_7$ angeben. Die Ausgangsvariable D muß entweder bei Betätigung einer der Tasten T_8, T_9 oder im Fehlerfall den 1-Zustand aufweisen. Die Schaltfunktion der Ausgangsvariablen D lautet daher wie folgt: $D = F \vee T_8 \vee T_9$. Das Bild 5.8-2 zeigt die Digitalschaltung des Codierers.

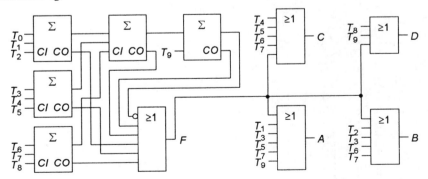

Bild 5.8-2 Code-Umsetzer 1-aus-10-Code in 8-4-2-1-BCD-Code zu Beispiel 5.8-1

5.9 Decodierer

Ein Code-Umsetzer mit mehreren Ein- und Ausgängen, bei dem für jede an den Eingängen anliegende Kombination der Eingangsvariablen immer nur je eine der Ausgangsvariablen den 1-Zustand annimmt, wird Decodierer genannt. Ein Decodierer setzt einen beliebigen Code an seinem Eingang in einen 1-aus-n-Code um. Das Bild 5.9-1 zeigt beispielsweise das Schaltzeichen eines Decodierers, der den 8-4-2-1-BCD-Code in den 1-aus-10-Code umsetzt. In digitalen Rechenanlagen werden Decodierer häufig benötigt, um an Hand der Adreßsignale die Adressierung von Funktionseinheiten, die an den Bus der digitalen Rechenanlage angeschaltet sind, zu entschlüsseln.

Bild 5.9-1 Schaltzeichen des Decodierers für den 8-4-2-1-BCD-Code in den 1-aus-10-Code

Beispiel 5.9-1

Zur Ansteuerung von zehn Leuchtdioden, die beim 1-Zustand ihrer Ansteuerung leuchten, wird ein Decodierer benötigt, der an Hand der Signale A, B, C, D eines 8-4-2-1-BCD-Codes die Ansteuervariablen $L_0 ... L_9$ für die Leuchtdioden erzeugt.

Lösung:

Die Tabelle 5.9-1 zeigt die Wahrheitstabelle des Decodierers, der den 8-4-2-1-BCD-Code in den 1-aus-10-Code zur Ansteuerung der Leuchtdioden umsetzt. Da die Kombinationen

8-4-2-1-BCD-Code				Variablen zur Ansteuerung der Leuchtdioden									
D	C	B	A	L_0	L_1	L_2	L_3	L_4	L_5	L_6	L_7	L_8	L_9
0	0	0	0	1	0	0	0	0	0	0	0	0	0
0	0	0	1	0	1	0	0	0	0	0	0	0	0
0	0	1	0	0	0	1	0	0	0	0	0	0	0
0	0	1	1	0	0	0	1	0	0	0	0	0	0
0	1	0	0	0	0	0	0	1	0	0	0	0	0
0	1	0	1	0	0	0	0	0	1	0	0	0	0
0	1	1	0	0	0	0	0	0	0	1	0	0	0
0	1	1	1	0	0	0	0	0	0	0	1	0	0
1	0	0	0	0	0	0	0	0	0	0	0	1	0
1	0	0	1	0	0	0	0	0	0	0	0	0	1

Tabelle 5.9-1 Wahrheitstabelle des Codierers zu Beispiel 5.9-1

5.9 Decodierer

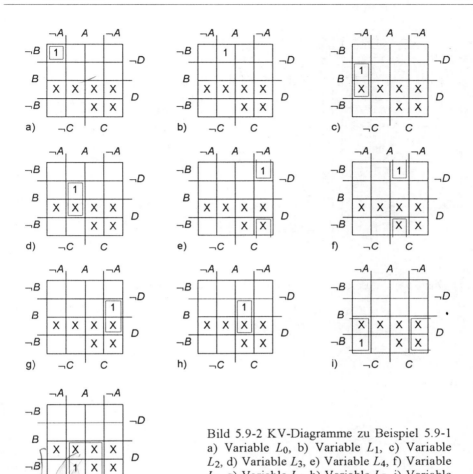

Bild 5.9-2 KV-Diagramme zu Beispiel 5.9-1
a) Variable L_0, b) Variable L_1, c) Variable L_2, d) Variable L_3, e) Variable L_4, f) Variable L_5, g) Variable L_6, h) Variable L_7, i) Variable L_8, j) Variable L_9

1010, 1011, 1100, 1101, 1110 und 1111 der Signale A, B, C, D nicht auftreten können, lassen sie sich zur Vereinfachung als Don't-Care-Terme verwenden. Das Bild 5.9-2 zeigt die KV-Diagramme der Steuervariablen $L_0 \ldots L_9$. Daraus lassen sich die folgenden Funktionsgleichungen für die Steuervariablen der Leuchtdioden ablesen:

$$L_0 = \neg A \wedge \neg B \neg C \wedge \neg D, \qquad L_1 = A \wedge \neg B \wedge \neg C \wedge \neg D,$$
$$L_2 = \neg A \wedge B \wedge \neg C, \qquad L_3 = A \wedge B \wedge \neg C,$$
$$L_4 = \neg A \wedge \neg B \wedge C, \qquad L_5 = A \wedge \neg B \wedge C,$$
$$L_6 = \neg A \wedge B \wedge C, \qquad L_7 = A \wedge B \wedge C,$$
$$L_8 = \neg A \wedge D \qquad L_9 = A \wedge D.$$

Das Bild 5.9-3 zeigt die Digitalschaltung des Decodierers.

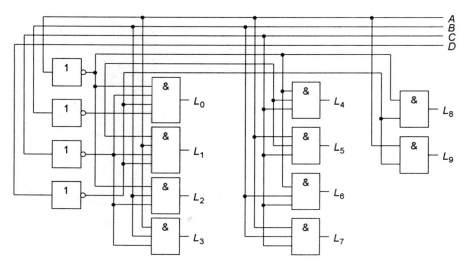

Bild 5.9-3 1-aus-10-Code zu 8-4-2-1-BCD-Code-Umsetzer zu Beispiel 5.9-1

6 Kippglieder

Kippglieder bestehen aus Schaltungen, deren Zustände der Ausgangsvariablen sowohl von den Zuständen der Eingangsvariablen als auch von inneren Zuständen abhängen, die durch Rückkopplungen innerhalb der Schaltungen erzeugt werden. Die Art der internen Rückkopplung der Schaltung bestimmt dabei die Eigenschaft des Kippglieds. Man unterscheidet allgemein zwischen bistabilen, monostabilen und astabilen Kippgliedern.

Ein bistabiles Kippglied, welches auch Flipflop genannt wird, besitzt zwei stabile Ausgangszustände und läßt sich aus jedem der beiden Zustände durch eine Ansteuerung an seinen Eingängen in den anderen Zustand schalten. Die interne Rückkopplung des Kippglieds bewirkt, daß auch nach dem Abschalten der Ansteuerung an den Eingängen der eingestellte Zustand des Kippglieds erhalten bleibt. Die Ansteuerungssignale, die zum Einstellen der beiden bistabilen Ausgangszustände an den Eingängen eines bistabilen Kippglieds angeschaltet werden müssen, können daher lediglich aus kurzen Impulsen bestehen, die vom bistabilen Kippglied gespeichert werden.

Durch eine entsprechende zeitabhängige Rückkopplung der Schaltung läßt sich ein monostabiles Kippglied – auch Monoflop genannt – aufbauen, welches lediglich einen stabilen Ausgangszustand besitzt, während der andere Zustand quasistabil ist. Eine entsprechende Ansteuerung am Steuereingang bewirkt, daß der Ausgang des monostabilen Kippglieds vom stabilen Zustand in den quasistablen Zustand geschaltet wird. Nach einer Verweilzeit im quasistabilen Zustand, die durch die Zeitkonstante der internen Rückkopplung der Schaltung bestimmt wird, nimmt das monostabile Kippglied jedoch wieder den stabilen Ausgangszustand an. Monostabile Kippglieder lassen sich daher zur Erzeugung und Verzögerung von Impulsen verwenden.

Durch eine entsprechende zeitabhängige Rückkopplung der Schaltung läßt sich auch ein Kippglied aufbauen, welches keinen stabilen Ausgangszustand besitzt. Der Ausgang eines astabilen Kippglieds wechselt, bedingt durch die zeitabhängige interne Rückkopplung, ständig seinen Zustand. Das astabile Kippglied eignet sich daher zur Erzeugung von Taktsignalen.

6.1 Flipflops

Ein Flipflop ist ein digitales Speicherglied für ein Bit, welches mindestens zwei Eingänge zur Einstellung der beiden stabilen Ausgangszustände und einen Ausgang besitzt. Häufig besitzen Flipflops jedoch einen nicht negierten und einen negierten Ausgang. Durch eine Ansteuerung an einem der beiden Eingänge des Flipflops läßt sich am Ausgang der 1-Zustand und am negierten Ausgang der 0-Zustand einstellen; man spricht in diesem Fall vom Setzzustand des Flipflops.

Erfolgt die Ansteuerung des Flipflops am anderen Eingang, so wird am Ausgang der 0-Zustand und am negierten Ausgang der 1-Zustand eingestellt; man spricht in diesem Fall vom Rücksetzzustand des Flipflops. Je nach der Wirkungsweise der Steuereingänge mit denen das Flipflop eingestellt werden kann, unterscheidet man zwischen Eingängen, die direkt bzw. die nur in Verbindung mit einem zusätzlichen Takteingang die Zustände der Ausgänge des Flipflops beeinflussen können. Die Eingänge, die ohne einen zusätzlichen Takt das Einstellen der Ausgangszustände des Flipflops bewirken, werden taktunabhängige bzw. auch asynchrone Steuereingänge genannt, während die Steuereingänge, die nur mit Hilfe eines zusätzlichen Taktes die Zustände der Ausgänge des Flipflops beeinflußen, als taktabhängige bzw. auch synchrone Steuereingänge bezeichnet werden. Man unterscheidet daher allgemein zwischen Flipflops ohne und mit Taktsteuerung. Nach der Wirkungsweise des zusätzlichen Taktes unterscheidet man weiterhin zwischen Flipflops mit Taktzustands- und Taktflankensteuerung. Je nach Art der Steuereingänge verwendet man die Bezeichnungen *RS*-, *D*-, *JK*- und *T*-Flipflop. Das *T*-Flipflop stellt dabei eine Ausnahme dar; es besitzt nur einen Takteingang und kann daher auch nicht als Speicherglied für ein Bit, sondern nur zur Erzeugung von Impulsen und Takten verwendet werden.

6.1.1 Allgemeiner Aufbau

Das Bild 6.1-1 zeigt den allgemeinen Aufbau eines Flipflops, der aus den Schaltungsteilen der Ansteuerschaltung und des Basis-Flipflops besteht. Im einfachsten Fall kann die Ansteuerschaltung entfallen; das Flipflop besteht in diesem Fall nur aus dem Basis-Flipflop, welches auch als Grund-, *RS*- bzw. *SR*-Flipflop bezeichnet wird. Besitzt ein Flipflop zusätzlich eine Ansteuerschaltung, die jedoch nur aus einer kombinatorischen Schaltung ohne ein eigenes Speicherglied besteht, so werden die Steuereingänge zum Setzen ($S_1, S_2 ... S_n$) und Zurücksetzen ($R_1, R_2 ... R_n$) des Flipflops in dieser Ansteuerschaltung mit dem Eingangstakt C verknüpft und daraus die internen Steuereingänge (S, R) zum Einstellen des Basis-Flipflops gebildet. In diesem Fall dürfen die Ausgänge des Basis-Flipflops nicht, wie in Bild 6.1-1 gezeigt, in die Ansteuerschaltung zurückgekoppelt werden, da sonst die Gesamtschaltung ein astabiles Kippglied

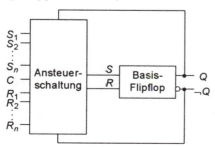

Bild 6.1-1 Allgemeiner Aufbau eines Flipflops

6.1 Flipflops

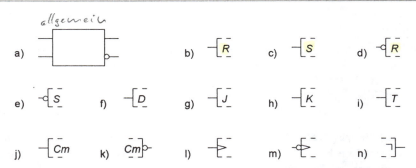

Bild 6.1-2 a) Schaltzeichen eines Flipflops b) ... n) Kennzeichnung der Ein- und Ausgänge von Flipflops

mit zwei astabilen Ausgangszuständen darstellt. Da die Gesamtschaltung des Flipflops – Ansteuerschaltung ohne ein zusätzliches Speicherglied und Basis-Flipflop – nur aus einem Flipflop besteht, spricht man auch von einem **Einspeicher-Flipflop**.

Besteht die Ansteuerschaltung nicht nur aus einer kombinatorischen Schaltung, sondern beinhaltet einen zusätzlichen Zwischenspeicher, so dürfen die Ausgänge des Basis-Flipflops in die Ansteuerschaltung rückgekoppelt und dort mit den Steuereingängen und dem Takt verknüpft werden, um die Ansteuersignale S, R des Basis-Flipflops zu generieren. Da die Gesamtschaltung in diesem Fall außer dem Basis-Flipflop noch einen Zwischenspeicher in der Ansteuerschaltung besitzt, spricht man auch von einem **Zweispeicher-Flipflop**.

6.1.2 Ein- und Ausgangsbezeichnungen

Die Schaltzeichen von Flipflops enthalten keine Funktionskennzeichen, wie das Bild 6.1-2a zeigt. Die Funktion des Flipflops wird allein durch die Kennzeichen an seinen Ein- und Ausgängen beschrieben. Die verwendeten Kennzeichen von Flipflops, die die Bilder 6.1-2b ... n zeigen, werden nachfolgend erläutert.

R-Eingang

Das Bild 6.1-2b zeigt den R-Eingang (engl.: reset). Nimmt der R-Eingang den internen 1-Zustand an, wird im Flipflop eine 0 gespeichert; das Flipflop wird zurückgesetzt. Befindet sich der R-Eingang im internen 0-Zustand, hat er keine Wirkung auf das Flipflop.

S-Eingang

Das Bild 6.1-2c zeigt den S-Eingang (engl.: set). Nimmt der S-Eingang den internen 1-Zustand an, wird im Flipflop eine 1 gespeichert; das Flipflop wird gesetzt. Befindet sich der S-Eingang im internen 0-Zustand, hat er keine Wirkung auf das Flipflop. Die Wirkung der Kombination, bei der sich sowohl der R- als auch der S-Eingang des Flipflops im 1-Zustand befinden, wird durch das Symbol nicht angegeben.

$\overline{R}$-Eingang

Das Bild 6.1-2d zeigt den $\overline{R}$-Eingang. Nimmt der $\overline{R}$-Eingang den externen 0-Zustand an, wird im Flipflop eine 0 gespeichert, d. h., das Flipflop wird zurückgesetzt. Befindet sich der $\overline{R}$-Eingang im externen 1-Zustand, hat er keine Wirkung auf das Flipflop.

$\overline{S}$-Eingang

Das Bild 6.1-2e zeigt den $\overline{S}$-Eingang. Nimmt der $\overline{S}$-Eingang den externen 0-Zustand an, wird im Flipflop eine 1 gespeichert, d. h., das Flipflop wird gesetzt. Befindet sich der $\overline{S}$-Eingang im externen 1-Zustand, hat er keine Wirkung auf das Flipflop. Die Wirkung der Kombination, bei der sich sowohl der $\overline{R}$- als auch der $\overline{S}$-Eingang des Flipflops im externen 0-Zustand befinden, wird durch das Symbol nicht angegeben.

D-Eingang

Das Bild 6.1-2f zeigt den D-Eingang (engl.: data). Der interne Logik-Zustand des D-Eingangs wird durch das Flipflop gespeichert. Der interne Logik-Zustand dieses Eingangs ist immer abhängig von einem steuernden Eingang (Takt).

J-Eingang

Das Bild 6.1-2g zeigt den J-Eingang. Nimmt dieser Eingang den internen 1-Zustand an, wird im Flipflop eine 1 gespeichert, d. h., das Flipflop wird gesetzt. Befindet sich der Eingang im internen 0-Zustand, hat er keine Wirkung auf das Flipflop. Der interne Logik-Zustand dieses Eingangs ist immer abhängig von einem steuernden Eingang (Takt).

K-Eingang

Das Bild 6.1-2h zeigt den K-Eingang. Nimmt dieser Eingang den internen 1-Zustand an, wird im Flipflop eine 0 gespeichert, d. h., das Flipflop wird zurückgesetzt. Befindet sich der Eingang im internen 0-Zustand, hat er keine Wirkung auf das Flipflop. Die Kombination, bei der sowohl der J- als auch der K-Eingang den internen 1-Zustand annehmen, verursacht jedesmal einen Wechsel des internen Logik-Zustandes des Ausgangs in den komplementären Zustand. Der interne Logik-Zustand dieses Eingangs ist immer abhängig von einem steuernden Eingang (Takt).

T-Eingang

Das Bild 6.1-2i zeigt den T-Eingang (engl.: trigger). Nimmt dieser Eingang den internen 1-Zustand an, wechselt der interne Zustand des Ausgangs des Flipflops in den komplementären Zustand. Befindet sich der Eingang im internen 0-Zustand, hat er keine Wirkung auf das Flipflop.

Cm-Eingang bzw. Cm-Ausgang

Die Bilder 6.1-2j,k zeigen den Cm-Eingang (engl.: clock) bzw. den Cm-Ausgang, die eine Steuerabhängigkeit besitzen. Diese Steuerabhängigkeit, die man

6.1 Flipflops

als *C*-Abhängigkeit bezeichnet, wird nur bei Flipflops verwendet. Sie drückt mehr als eine einfache UND-Abhängigkeit aus und kennzeichnet einen Eingang, der eine Aktion auslöst, wie zum Beispiel den Takteingang eines Flipflops. Befindet sich ein *Cm*-Eingang oder *Cm*-Ausgang im internen 1-Zustand, haben alle Eingänge, die durch diesen gesteuert werden, ihre normal definierte Wirkung auf die Funktion des Flipflops. Befindet sich ein *Cm*-Eingang oder *Cm*-Ausgang im internen 0-Zustand, haben alle Eingänge, die durch diesen gesteuert werden, keine Wirkung. Der Buchstabe *m* muß dabei durch eine entsprechende Kennzahl (zum Beispiel *C*1, *C*2 usw.) ersetzt werden. Ein gesteuerter Ein- oder Ausgang eines Flipflops, der eine Kennzahl *m* mit einem Negationsstrich aufweist, wird durch den komplementären Logik-Zustand des steuernden *Cm*-Eingangs oder *Cm*-Ausgangs gesteuert.

Dynamischer Eingang

Das Bild 6.1-2l zeigt einen dynamischen Eingang. Der (flüchtige) interne 1-Zustand korrespondiert dabei mit dem Übergang vom externen 0-Zustand zum externen 1-Zustand (auch ansteigende oder positive Flanke genannt). In allen anderen Fällen ist der interne Logik-Zustand 0. In Schaltplänen, in denen das Symbol für die Logik-Polarität verwendet wird, korrespondiert der (flüchtige) interne 1-Zustand mit dem Übergang vom L- zum H-Pegel an der Anschlußlinie. In allen anderen Fällen ist der interne Logik-Zustand des dynamischen Eingangs 0.

Dynamischer Eingang mit Negation

Das Bild 6.1-2m zeigt einen dynamischen Eingang mit Negation. Der (flüchtige) interne 1-Zustand korrespondiert mit dem Übergang vom externen 1-Zustand zum externen 0-Zustand (auch abfallende oder negative Flanke genannt). In allen anderen Fällen ist der interne Logik-Zustand 0. In Schaltplänen, in denen das Symbol für die Logik-Polarität verwendet wird, korrespondiert der (flüchtige) interne 1-Zustand mit dem Übergang vom H- zum L-Pegel an der Anschlußlinie. In allen anderen Fällen ist der interne Logik-Zustand 0.

Ausgang

Der Ausgang wird allgemein mit Q und der komplementäre Ausgang mit $\neg Q$ bezeichnet. Im Schaltzeichen kann die Bezeichnung der Ausgänge entfallen, da der komplementäre Ausgang $\neg Q$ durch einen Negationskreis kenntlich gemacht wird, wie das Schaltzeichen des Flipflops in Bild 6.1-2a zeigt.

Retardierter Ausgang

Das Bild 6.1-2n zeigt einen retardierten Ausgang (engl.: postponed output). Die Zustandsänderung an diesem Ausgang wird so lange aufgeschoben, bis das Eingangssignal, das die Änderung veranlaßt, zum anfänglichen externen Logik-Zustand zurückkehrt. Der interne Logik-Zustand irgendwelcher Eingänge, die den den Vorgang einleitenden Eingang steuern, oder die von ihm gesteuert werden, darf sich nicht ändern, solange sich dieser den Vorgang einleitende Eingang im internen 1-Zustand befindet, sonst ist der resultierende Zustand am Ausgang nicht durch das Symbol spezifiziert.

6.1.3 Zustandsfolgetabelle

Schaltwerke, die in Kapitel 7 behandelt werden, bestehen allgemein aus kombinatorischen Schaltungen und Speichergliedern. Wie das Bild 6.1-1 zeigt, besteht das Flipflop aus einer kombinatorischen Schaltung – der Ansteuerschaltung – und einem Speicherglied – dem Basis-Flipflop. Das Flipflop stellt daher bereits eine einfache Form eines Schaltwerkes dar. Während bei Schaltnetzen – kombinatorischen Schaltungen – die Zustände der Ausgangsvariablen zu irgendeinem Zeitpunkt nur von den Zuständen der Eingangsvariablen zu diesem Zeitpunkt abhängen, sind die Zustände der Ausgangsvariablen von Schaltwerken zu irgendeinem Zeitpunkt nicht nur von den Eingangsvariablen zu diesem Zeitpunkt, sondern auch von inneren Zuständen der Schaltung abhängig, die an Hand der zeitlichen Vorgeschichte erzeugt und gespeichert wurden. Die Schaltvariablen von Schaltwerken werden daher mit einer zeitlichen Folgebezeichnung gekennzeichnet, wobei der jeweiligen Schaltvariablen ein hochgestellter Index n bzw. $n+1$ beigefügt wird. Der Folgezustand Q^{n+1} einer Schaltvariablen am Ausgang eines Flipflops, welches auch allgemein als sequentielle Schaltung bezeichnet wird, hängt zu einem dem Zeitpunkt n folgenden Zeitpunkt $n+1$ sowohl von den Zuständen der Eingangsvariablen S^n, R^n zum vorhergehenden Zeitpunkt n als auch von den Zuständen der Ausgangsvariablen Q^n, $\neg Q^n$ zum vorhergehenden Zeitpunkt n ab. Bei den Flipflops mit Taktzustandssteuerung kennzeichnen die zusätzlichen, hochgestellten Indizes $n+1$ jene Zustände der Schaltvariablen, die durch den Zustand des Taktes und bei den Flipflops mit Taktflankensteuerung jene Zustände, die durch den Taktübergang vom 1- zum 0-Zustand bzw. durch den Taktübergang vom 0- zum 1-Zustand vorgegeben werden.

Die nachfolgenden Betrachtungen beziehen sich auf ein Basis-Flipflop mit den Schaltvariablen R, S der beiden Steuereingänge, welches daher auch RS- bzw. SR-Flipflop genannt wird. Die sogenannte Zustandsfolgetabelle eines Flipflops, die auch als Schaltfolgetabelle bezeichnet wird, enthält auf der linken Seite alle möglichen Kombinationen der Schaltvariablen an den Ein- und Ausgängen des Zeitpunktes n und auf der rechten Seite die zugehörigen Folgezustände der Ausgangsvariablen an den Ausgängen des Schaltwerkes zum Folgezeitpunkt $n+1$. Ist der Folgezustand zum Zeitpunkt $n+1$ einer Ausgangsvariablen bei einer Kombination der Eingangsvariablen und Ausgangsvariablen des Zeitpunktes n nicht eindeutig, oder weisen die Ausgangsvariablen der komplementären Ausgänge des Flipflops hierfür keine komplementären Zustände auf, so wird für die Ausgangsvariable oder Ausgangsvariablen in der Zustandsfolgetabelle ein X (irregulär) eingetragen. Die Tabelle 6.1-1 zeigt die ausführliche Zustands-

6.1 Flipflops

Q^n	R^n	S^n	Q^{n+1}	$\neg Q^{n+1}$	Flipflopzustand
0	0	0	0	1	Speicherzustand
0	0	1	1	0	Setzzustand
0	1	0	0	1	Rücksetzzustand
0	1	1	X	X	irregulärer Zustand
1	0	0	1	0	Speicherzustand
1	0	1	1	0	Setzzustand
1	1	0	0	1	Rücksetzzustand
1	1	1	X	X	irregulärer Zustand

Tabelle 6.1-1 Ausführliche Zustandsfolgetabelle

R^n	S^n	Q^{n+1}	Flipflopzustand
0	0	Q^n	Speicherzustand
0	1	1	Setzzustand
1	0	0	Rücksetzzustand
1	1	X	irregulärer Zustand

Tabelle 6.1-2 Kurzform der Zustandsfolgetabelle

folgetabelle des *RS*-Flipflops, welches in Abschnitt 6.1.5.1 eingehend behandelt wird. Die Ausgangsvariable $\neg Q^{n+1}$ in der ausführlichen Zustandsfolgetabelle ist dabei nicht unbedingt erforderlich. Die Ausgangsvariable Q^n kann als Eingangsvariable in der linken Seite der Tabelle entfallen und allgemein den Ausgängen als Schaltvariable zugeordnet werden. Man erhält damit die verkürzte Form der Zustandsfolgetabelle nach Tabelle 6.1-2.

6.1.4 Charakteristische Schaltfunktion

Die Schaltfunktion einer sequentiellen Schaltung, die charakteristische Schaltfunktion genannt wird, ergibt sich als disjunktive Normalform aus der ausführlichen Zustandsfolgetabelle für alle Kombinationen der Eingangsvariablen und Ausgangsvariablen zum Zeitpunkt *n*, für die die Schaltvariable Q^{n+1} zum Zeitpunkt *n*+1 den 1-Zustand annimmt. Die Schaltfunktion einer sequentiellen Schaltung läßt sich auch als disjunktive Normalform an Hand der verkürzten Zustandsfolgetabelle angeben; sie besteht aus den Kombinationen, für die die Schaltvariable Q^{n+1} am Ausgang den 1-, Q^n bzw. $\neg Q^n$-Zustand annimmt. Damit erhält man an Hand der Tabelle 6.1-1 bzw. der Tabelle 6.1-2 die charakteristische Schaltfunktion:

$$Q^{n+1} = (S^n \wedge \neg R^n) \vee (\neg S^n \wedge \neg R^n \wedge Q^n). \tag{6.1-1}$$

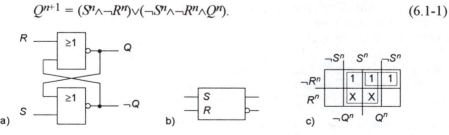

Bild 6.1-3 a) Schaltung des *RS*-Flipflops ohne Taktsteuerung b) Schaltzeichen des *RS*-Flipflops ohne Taktsteuerung c) KV-Diagramm zur Vereinfachung der charakteristischen Schaltfunktion des *RS*-Flipflops ohne Taktsteuerung

Mit Hilfe des KV-Diagramms läßt sich die charakteristische Schaltfunktion des Flipflops noch vereinfachen. Untersagt man die Kombination $S^n = R^n = 1$ am Eingang durch eine Zusatzbedingung, so läßt sich diese Kombination als Don't-Care-Term zur Vereinfachung verwenden. Man erhält dann die vereinfachte charakteristische Schaltfunktion des RS-Flipflops:

$$Q^{n+1} = S^n \vee (\neg R^n \wedge Q^n) \qquad (6.1\text{-}2)$$

mit der Zusatzbedingung für die Eingangsvariablen:

$$S^n \wedge R^n = 0. \qquad (6.1\text{-}3)$$

6.1.5 Flipflops ohne Taktsteuerung

Die einfachste Form einer sequentiellen Schaltung stellt ein Flipflop ohne Taktsteuerung dar, welches keine Ansteuerschaltung nach Bild 6.1-1 besitzt. Das Flipflop besteht daher lediglich aus dem Basis-Flipflop und wird an Hand seiner beiden Steuereingänge R und S, mit deren Hilfe das Flipflop zurückgesetzt bzw. gesetzt werden kann, auch RS- bzw. SR-Flipflop genannt. Da keine Ansteuerschaltung vorhanden ist, sind die Steuereingänge R und S auch nicht mit einem zusätzlichen Takt verknüpft, so daß der S- als auch der R-Eingang direkt, d. h. asynchron bzw. ohne eine zusätzliche Taktsteuerung, den Setzzustand bzw. den Rücksetzzustand des Flipflops einstellt.

6.1.5.1 *RS*-Flipflop ohne Taktsteuerung

Die sequentielle Schaltung eines RS-Flipflops läßt sich durch zwei NOR-Glieder mit zwei Eingängen aufbauen, wie das Bild 6.1-3a zeigt. Der Ausgang jedes NOR-Glieds ist dabei auf einen Eingang des anderen NOR-Glieds zurückgekoppelt, während der andere Eingang der NOR-Glieder als Steuereingang R bzw. S verwendet wird. Die beiden Ausgänge der NOR-Glieder stellen den Ausgang Q bzw. den komplementären Ausgang $\neg Q$ des Flipflops zur Verfügung. Während die Zustände der Schaltvariablen zu einem Zeitpunkt n bzw. zum Folgezeitpunkt $n+1$ in Zustandsfolgetabellen und charakteristischen Gleichungen entsprechend gekennzeichnet werden (S^n, R^n, Q^n, Q^{n+1}, $\neg Q^n$, $\neg Q^{n+1}$), ist die Kennzeichnung der zeitlichen Reihenfolge der Zustände der Schaltvariablen in Darstellungen der sequentiellen Schaltung nicht sinnvoll und unterbleibt deshalb, da es sich beispielsweise bei der Schaltvariablen Q^n bzw. Q^{n+1} um ein und denselben Ausgang handelt. Das Bild 6.1-3b zeigt das Schaltzeichen des RS-Flipflops, dessen Ausgänge ohne Kennzeichnung bleiben, da der Negationskreis eindeutig den komplementären Ausgang kennzeichnet.

Liegt zu einem Zeitpunkt n an den Steuereingängen R, S der Zustand $S^n = 1$ und $R^n = 0$ an einem RS-Flipflop ohne Taktsteuerung an, so wird, unabhängig von den Zuständen der Ausgänge Q, $\neg Q$ zum Zeitpunkt n, das Flipflop von den Steuervariablen S^n, R^n neu eingestellt. An den Ausgängen Q bzw. $\neg Q$ des

6.1 Flipflops

Flipflops ergibt sich auf Grund der Steuervariablen R^n, S^n der Folgezustand zum Zeitpunkt $n+1$ für die Ausgänge Q, $\neg Q$, der in den Gleichungen mit Q^{n+1} bzw. $\neg Q^{n+1}$ gekennzeichnet wird. Der Ausgang Q des Flipflops nimmt den neuen Ausgangszustand $Q^{n+1} = 1$ zum Zeitpunkt $n+1$ und der komplementäre Ausgang $\neg Q$ den neuen Ausgangszustand $\neg Q^{n+1} = 0$ an. Das Flipflop nimmt durch die Kombination $S^n = 1$ und $R^n = 0$ den Setzzustand an, wie der zweiten Zeile der Kurzform der Zustandsfolgetabelle in Tabelle 6.1-2 entnommen werden kann. Betrachtet man die Schaltung des RS-Flipflops zu einem Zeitpunkt n, zu dem der Steuereingang S den Zustand $S^n = 0$ und der Steuereingang R den Zustand $R^n = 1$ aufweist, so ergibt sich am Ausgang Q des Flipflops der Folgezustand $Q^{n+1} = 0$ zum Zeitpunkt $n+1$ und am komplementären Ausgang $\neg Q$ der Folgezustand $\neg Q^{n+1} = 1$. Das Flipflop nimmt durch die Eingangskombination $S^n = 0$ und $R^n = 1$ den Rücksetzzustand an, wie der dritten Zeile der Kurzform der Zustandsfolgetabelle in Tabelle 6.1-2 zu entnehmen ist. Betrachtet man die Schaltung des RS-Flipflops zu einem Zeitpunkt n, zu dem sowohl der Steuereingang S den Zustand $S^n = 0$ als auch der Steuereingang R den Zustand $R^n = 0$ aufweisen, so läßt sich an Hand der Schaltung in Bild 6.1-3a erkennen, daß dadurch die Steuereingänge R, S keine Wirkung auf das Flipflop haben, so daß zum Folgezeitpunkt $n+1$ an den Ausgängen Q, $\neg Q$ die Zustände des vorhergehenden Zeitpunktes n anliegen, so daß gilt: $Q^{n+1} = Q^n$ bzw. $\neg Q^{n+1} = \neg Q^n$. Das Flipflop befindet sich im Speicherzustand und behält den zuletzt eingestellten Zustand an seinen Ausgängen bei, wie sich an Hand der ersten Zeile der Kurzform der Zustandsfolgetabelle in Tabelle 6.1-2 ergibt. Betrachtet man die Schaltung des RS-Flipflops zu einem Zeitpunkt n, zu dem sowohl der Steuereingang S den Zustand $S^n = 1$ als auch der Steuereingang R den Zustand $R^n = 1$ aufweist, so läßt sich an Hand der Schaltung in Bild 6.1-3a erkennen, daß dadurch, unabhängig von den Zuständen der Ausgänge zum Zeitpunkt n, der Folgezustand zum Zeitpunkt $n+1$ lautet: $Q^{n+1} = 0$ bzw. $\neg Q^{n+1} = 0$. Da in diesem Fall die Vereinbarung – die Ausgänge weisen zu jedem Zeitpunkt komplementäre Zustände auf – nicht erfüllt ist, muß der Zustand der Ausgänge zum Folgezeitpunkt $n+1$ als irregulär bezeichnet werden, wie die vierte Zeile der Zustandsfolgetabelle zeigt. Der zeitliche Zustand der Steuereingänge $R^n = S^n = 1$ muß daher untersagt werden, so daß sich am Ausgang des Flipflops kein irregulärer Zustand einstellen kann.

An Hand der Betrachtungen des vorhergehenden Abschnittes kann die Kurzform der Zustandsfolgetabelle nach Tabelle 6.1-2 bzw. auch die ausführliche Zustandsfolgetabelle nach Tabelle 6.1-1 aufgestellt werden. Die Funktion der sequentiellen Schaltung des RS-Flipflops läßt sich durch eine charakteristische Schaltfunktion beschreiben, die den Zusammenhang zwischen den Zuständen der Ausgänge des Flipflops zum Zeitpunkt $n+1$ als Funktion der Zustände der Steuervariablen und der Ausgangsvariablen zum Zeitpunkt n angibt. An Hand der Kurzform der Zustandsfolgetabelle ergibt sich der neue Ausgangszustand

Q^{n+1} zum Zeitpunkt $n+1$ als disjunktive Normalform der Minterme, für die die Ausgangsvariable zum Zeitpunkt $n+1$ den 1-Zustand bzw. Q^n-Zustand annimmt. Damit erhält man als charakteristische Schaltfunktion für das RS-Flipflop:

$$Q^{n+1} = (S^n \land \neg R^n) \lor (\neg S^n \land \neg R^n \land Q^n). \tag{6.1-4}$$

Untersagt man die Kombination $S^n = R^n = 1$, die zu einem irregulären Ausgangszustand führt, durch die Zusatzbedingung

$$S^n \land R^n = 0, \tag{6.1-5}$$

so läßt sich der irreguläre Zustand am Ausgang des Flipflops vermeiden. Da die Kombination der Steuervariablen am Eingang $S^n = R^n = 1$ nicht auftritt, läßt sich der irreguläre Zustand als Don't-Care-Term betrachten und durch den Buchstaben X kennzeichnen, so daß der Ausgangszustand in diesem Fall frei wählbar ist. Mit Hilfe des KV-Diagramms in Bild 6.1-3c läßt sich daher die vereinfachte charakteristische Schaltfunktion des RS-Flipflops aufstellen:

$$Q^{n+1} = S^n \lor (\neg R^n \land Q^n). \tag{6.1-6}$$

6.1.5.2 $\neg R \neg S$-Flipflop ohne Taktsteuerung

Die sequentielle Schaltung eines $\neg R \neg S$-Flipflops läßt sich durch zwei NAND-Glieder mit zwei Eingängen aufbauen, wie das Bild 6.1-4a zeigt. Der Ausgang jedes NAND-Glieds ist dabei auf einen Eingang des anderen NAND-Glieds zurückgekoppelt, während der andere Eingang der NAND-Glieder als Steuereingang $\neg R$ bzw. $\neg S$ verwendet wird. Die beiden Ausgänge der NAND-Glieder stellen die komplementären Ausgänge Q bzw. $\neg Q$ des Flipflops zur Verfügung. Der Unterschied zwischen einem RS- und einem $\neg R \neg S$-Flipflop besteht lediglich darin, daß die Steuereingänge dem $\neg R \neg S$-Flipflop negiert zugeführt werden. Das $\neg R \neg S$-Flipflop zeigt damit die charakteristische Schaltfunktion des RS-Flipflops:

$$Q^{n+1} = S^n \lor (\neg R^n \land Q^n). \tag{6.1-7}$$

Durch die Negation der Steuereingänge bedingt, muß die Kombination der Steuervariablen am Eingang $\neg S^n = \neg R^n = 0$ untersagt werden, da sonst in diesem Fall an den Ausgängen des Flipflops der irreguläre Zustand $Q^{n+1} = \neg Q^{n+1} = 1$ entsteht. Die Zusatzbedingung des $\neg R \neg S$-Flipflops lautet daher:

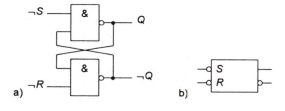

Bild 6.1-4
a) Schaltung des $\neg R \neg S$-Flipflops ohne Taktsteuerung mit rückgekoppelten NAND-Gliedern
b) Schaltzeichen des $\neg R \neg S$-Flipflops ohne Taktsteuerung

$$\neg S^n \vee \neg R^n = 1 \text{ bzw. } S^n \wedge R^n = 0. \tag{6.1-8}$$

Bild 6.1-4b zeigt das Schaltzeichen des $\neg R \neg S$-Flipflops ohne Taktsteuerung.

Beispiel 6.1-1

Der Kontakt eines mechanischen Schalters zeigt beim Betätigen einen Prelleffekt, der durch die Feder des Kontaktes verursacht wird. Bild 6.1-5a zeigt einen mechanischen Schalter, der an einem Anschluß über einen Pull-Up-Widerstand R an die Versorgungsspannung U_{CC} und an dem anderen Anschluß an das Bezugspotential GND geschaltet ist. Ist der Schalter geöffnet, so zeigt der Ausgang Y den H-Pegel, während bei geschlossenem Schalter am Ausgang L-Pegel anliegt. Durch die Wirkung der Feder bedingt, prellt der Kontakt des Schalters beim Schließen, so daß der Kontakt kurzzeitig wieder öffnet, und damit am Ausgang Y wieder der H-Pegel anliegt. Dieser Prelleffekt kann sich mehrfach wiederholen, so daß sich beispielsweise der zeitliche Verlauf des Ausgangssignals Y nach Bild 6.1-5b ergibt. Wird der Schalter geöffnet, so ist es unwahrscheinlich, daß der Schalter prellt. Je nach Betätigung des Schalters kann aber auch bei diesem Zustandswechsel ein Prelleffekt auftreten. Entwerfen Sie eine Digitalschaltung, die ein entprelltes Schaltsignal an ihrem Ausgang Y erzeugt, welches den zeitlichen Verlauf nach Bild 6.1-5c aufweist.

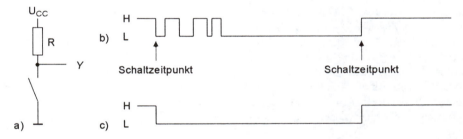

Bild 6.1-5 a) Beschalteter Schalter zur Erzeugung eines H- und L-Pegels
 b) zeitlicher Verlauf des Ausgangssignals Y
 c) zeitlicher Verlauf des entprellten Ausgangssignal

Lösung:

Ein Flipflop ohne Taktsteuerung eignet sich allgemein dazu, einen Impuls zu speichern. Es benötigt jedoch zwei Steuereingänge. Zur Erzeugung eines nichtentprellten Ausgangssignals Y genügt in der Schaltung nach Bild 6.1-5a ein einfacher Ein-/Ausschalter. Um ein entprelltes Ausgangssignal Y mit Hilfe eines Flipflops zu generieren, ist jedoch unbedingt ein Umschalter erforderlich, so daß zwei Signale zur Ansteuerung des Flipflops zur Verfügung stehen. Schaltet man die beiden Anschlüsse des Schalters über jeweils einen Pull-Up-Widerstand R an die Versorgungsspannung U_{CC}, so stehen zwei Signale S_A, S_B zur Ansteuerung des Flipflops zur Verfügung, wie das Bild 6.1-6 zeigt. Erreicht nach dem Umschalten des Schalters aus der Stellung A der Kontakt die Position B, so liegt kurzzeitig der L-Pegel am Ausgang S_B des Umschalters an, bevor der Schalterkontakt prellt. Dieser erste Impuls des Schalterausgangs S_B muß gespeichert werden, während dieser den L-Pegel aufweist, so daß der Wechsel dieses Signals keine Auswirkung hat. Verwendet man zur Speicherung des Impulses

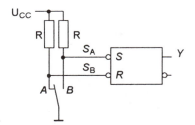

Bild 6.1-6 Schaltung zur Erzeugung eines entprellten Ausgangssignals Y zu Beispiel 6.1-1

ein $\neg R \neg S$-Flipflop ohne Taktsteuerung, so läßt sich das Schaltersignal S_B als Beschaltung für den Setzeingang $\neg S$ benutzen. Befindet sich der Schalter wiederum in der Stellung A, so muß das Flipflop zurückgesetzt werden. Zum Zurücksetzen des Flipflops muß daher das Schaltersignal S_A verwendet werden, welches dem Steuereingang $\neg R$ zugeführt werden muß. Die Wirkungsweise des Flipflops läßt sich an Hand der Kombinationen der Steuereingänge wie folgt erläutern: Befindet sich der Umschalter in der Position A, so nimmt der $\neg S$-Eingang des Flipflops den 0-Zustand und der $\neg R$-Eingang den 1-Zustand an. Das Flipflop wird gesetzt, so daß das Signal Y am Ausgang den 1-Zustand aufweist. Wird nun der Schalter betätigt, so verläßt er die Position A und befindet sich, wenn auch nur kurzzeitig, zwischen den Positionen A und B. Während dieser Zeit liegt an beiden Eingängen des Flipflops $\neg R$ und $\neg S$ der 1-Zustand. Das Flipflop befindet sich bei dieser Eingangskombination im Speicherzustand und behält daher den 1-Zustand am Ausgang bei. Berührt der Kontakt des Umschalters die Position B, so befindet sich der $\neg R$-Eingang im 0-Zustand und der $\neg S$-Eingang im 1-Zustand; das Flipflop wird zurückgesetzt. Die Feder des Kontaktes bewirkt nun, daß dieser die Position B wieder verläßt. Dadurch wird das Flipflop in den Speicherzustand versetzt, d. h., $\neg S = \neg R = 1$, welcher jedoch kein Umschalten des Flipflops zur Folge hat. Erst wenn der Schalter wieder in die Position A geschaltet wird, nimmt die Ausgangsvariable Y den 1-Zustand an.

6.1.6 Taktzustandsgesteuerte Einspeicher-Flipflops

Häufig ist die Änderung der Ausgangszustände eines Flipflops als direkte Folge der Änderung der Zustände der Steuereingänge nicht sofort erwünscht, sondern die Einstellung des Flipflops soll erst durch ein Taktsignal ausgelöst werden. Die Flipflops mit Taktzustandssteuerung besitzen daher zusätzlich eine Ansteuerschaltung, die dem Basis-Flipflop vorgeschaltet ist. In dieser Ansteuerschaltung werden die Steuereingänge mit dem Takteingang verknüpft, so daß die Wirkung der Steuereingänge auf das nachfolgende Basis-Flipflop durch das Taktsignal ausgelöst wird. Bei den Flipflops mit Taktsteuerung bereiten daher die Steuereingänge den neuen Ausgangszustand vor, während der Takteingang den Zeitpunkt der Änderung der Ausgänge des Flipflops bestimmt. Wird der Takt mehreren Flipflops zugeführt, so ändern sich die Ausgänge dieser Flipflops gleichzeitig, d. h. taktsynchron. Bei den Flipflops mit Taktzustandssteuerung erfolgt die Änderung des Ausgangszustands entweder durch den 1- oder 0-Zustand des Taktes.

6.1.6.1 Taktzustandsgesteuertes RS-Flipflop

Erweitert man jeweils den Setz- und Rücksetzeingang eines RS-Flipflops mit einem UND-Glied mit einem gemeinsamen Eingang, an den ein Takt C (engl.: clock) angeschaltet wird, so erhält man ein taktzustandsgesteuertes RS-Flipflop, dessen Schaltung das Bild 6.1-7a zeigt. Da die Wirkung der Steuereingänge R, S durch den Takt C gesperrt bzw. freigegeben wird, benutzt man im Schaltzeichen nach Bild 6.1-7b die C-Abhängigkeit, um den Einfluß des Taktes C auf die Steuereingänge R, S zu kennzeichnen. Dazu erhalten die Steuereingänge eine vorausgestellte Kennzahl m, während dem steuernden Takteingang die gleiche Kennzahl m angehängt wird. Da zur Kennzeichnung irgendwelcher Abhängigkeiten beim Schaltzeichen des taktzustandsgesteuerten RS-Flipflops nach dem Bild 6.1-7b keine anderen Kennzahlen zur Kennzeichnung irgendwelcher Abhängigkeiten verwendet werden, wird die Kennzahl 1 gewählt. Die Steuereingänge $1R$, $1S$ werden daher vom Takt $C1$ gesteuert und sind nur wirksam, wenn der Takteingang $C1$ den internen 1-Zustand annimmt. Mit Hilfe dieser Kennzeichnung läßt sich die Darstellung digitaler Kippglieder wesentlich vereinfachen. Befindet sich der $C1$-Eingang im internen 1-Zustand, so unterscheidet sich das taktzustandsgesteuerte RS-Flipflop nicht vom RS-Flipflop ohne Taktsteuerung. Befindet sich aber der $C1$-Eingang im internen 0-Zustand, sind die Zustände der Eingänge $1R$, $1S$ für die Einstellung des Flipflops unwirksam. Setzt man in die charakteristische Gleichung des RS-Flipflops ohne Taktsteuerung $S^n = S^n \wedge C^n$ bzw. für $R^n = R^n \wedge C^n$ (siehe Bild 6.1-7) ein, so erhält man die charakteristische Schaltfunktion des RS-Flipflops mit Taktzustandssteuerung:

$$Q^{n+1} = (S^n \wedge C^n) \vee (\neg(R^n \wedge C^n) \wedge Q^n) = (S^n \wedge C^n) \vee (\neg R^n \wedge Q^n) \vee (\neg C^n \wedge Q^n). \qquad (6.1\text{-}9)$$

Befindet sich der Takt C im internen 1-Zustand, so zeigt das taktzustandsgesteuerte RS-Flipflop die charakteristische Gleichung des RS-Flipflops ohne Taktsteuerung:

$$Q^{n+1} = S^n \vee (\neg R^n \wedge Q^n). \qquad (6.1\text{-}10)$$

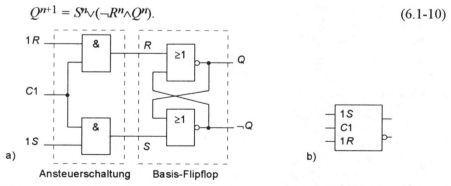

Bild 6.1-7 RS-Flipflop mit Taktzustandssteuerung a) Schaltung b) Schaltzeichen

Befindet sich dagegen der Takt C im internen 0-Zustand, so ergibt sich an Hand der Gl. (6.1-9):

$$Q^{n+1} = Q^n. \tag{6.1-11}$$

Das RS-Flipflop mit Taktzustandssteuerung nimmt beim internen 0-Zustand des Taktes C den Speicherzustand an, wie Gl. (6.1-11) zeigt. Der Ausgangszustand zum Zeitpunkt $n+1$ entspricht dem Ausgangszustand des Zeitpunktes n.

6.1.6.2 Taktzustandsgesteuertes D-Flipflop

Führt man den S-Eingang eines RS-Flipflops mit Taktzustandssteuerung über ein Negations-Glied dem R-Eingang zu, so läßt sich aus dem RS-Flipflop mit Taktzustandssteuerung ein taktzustandsgesteuertes D-Flipflop aufbauen, wie das Bild 6.1-8a zeigt. Das Bild 6.1-8b zeigt das Schaltzeichen des D-Flipflops mit Taktzustandssteuerung. Dieses Flipflop besitzt nur noch einen Steuereingang, der mit D bezeichnet wird. Das Flipflop übernimmt den Zustand des D-Eingangs als Zustand des Ausgangs Q, wenn der Takt C den internen 1-Zustand annimmt. Durch die Negation zwischen dem S- und R-Eingang entfällt auch die Zusatzbedingung für dieses Flipflop, da diese auf Grund der negierten Steuereingänge erfüllt ist. Die charakteristische Gleichung des D-Flipflops läßt sich entsprechend der Gl. (6.1-9) bestimmen, indem man für S^n die Eingangsvariable D^n und für R^n die Negation der Eingangsvariablen $\neg D^n$ einsetzt:

$$Q^{n+1} = (D^n \wedge C^n) \vee (D^n \wedge Q^n) \vee (\neg C^n \wedge Q^n) = (D^n \wedge C^n) \vee (\neg C^n \wedge Q^n). \tag{6.1-12}$$

Befindet sich der Takteingang C im internen 1-Zustand, so nimmt der Ausgang den Zustand des Dateneingangs D (engl.: data) an:

$$Q^{n+1} = D^n. \tag{6.1-13}$$

Befindet sich der Takteingang C dagegen im internen 0-Zustand, so nimmt das D-Flipflop den Speicherzustand an, so daß gilt:

$$Q^{n+1} = Q^n. \tag{6.1-14}$$

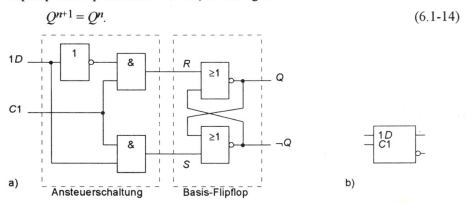

Bild 6.1-8 D-Flipflop mit Taktzustandssteuerung a) Schaltung b) Schaltzeichen

6.1 Flipflops

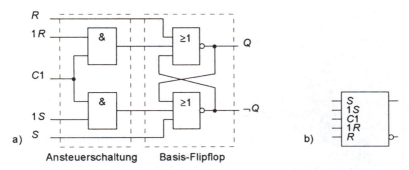

Bild 6.1-9 *RS*-Flipflop mit Taktzustandssteuerung und asynchronem Setz- und Rücksetzeingang a) Schaltung b) Schaltzeichen

6.1.6.3 Asynchrone Steuereingänge taktzustandsgesteuerter Flipflops

Taktzustandsgesteuerte Flipflops besitzen häufig zusätzlich zu den Steuereingängen, die vom Takt abhängig sind und synchrone Steuereingänge genannt werden, auch noch asynchrone Steuereingänge, mit denen der Ausgangszustand taktunabhängig eingestellt werden kann. Mit Hilfe der asynchronen Steuereingänge lassen sich die Flipflops auch zu Zeitpunkten einstellen, zu denen kein Takt zur Verfügung steht. Bild 6.1-9a zeigt ein *RS*-Flipflop mit Taktzustandssteuerung und den asynchronen Steuereingängen S und R; Bild 6.1-9b zeigt das zugehörige Schaltzeichen.

Beispiel 6.1-2

Für eine Schwimmhalle mit den drei Bahnen A, B und C soll eine Digitalschaltung entworfen werden, die die Reihenfolge des Zielanschlags der Schwimmer der Bahnen ermittelt und das Ergebnis der Plazierung anzeigt. Es steht ein Impuls T_S der Startpistole zur Verfügung, der kurzzeitig den 1-Zustand annimmt, wenn die Startpistole ausgelöst wird. Beim Eintreffen der Schwimmer erzeugt der Anschlag am Beckenrand die Impulse T_A, T_B, T_C der Bahnen A, B, C, die dadurch kurzzeitig den 1-Zustand annehmen. Ein gleichzeitiger Anschlag der Schwimmer soll nicht berücksichtigt werden. Die Schaltung muß die Ansteuersignale für die Leuchtdioden A_1, A_2, A_3, B_1, B_2, B_3, C_1, C_2 und C_3 erzeugen, die die Plazierungen anzeigen.

Lösung:

Für die Ansteuerung der Lampen benötigt man für jede Bahn drei Flipflops, die die Platznummer Eins, Zwei oder Drei der Schwimmer speichern (Flipflops FA_1, FA_2, FA_3, FB_1, FB_2, FB_3, FC_1, FC_2, FC_3). Diese Flipflops sollen sowohl bei der Inbetriebnahme der Digitalschaltung als auch bei jedem Start eines Schwimmrennens zurückgesetzt werden, so daß die Ergebnisse des vorhergehenden Schwimmens gelöscht werden. Der Zustand jedes der Flipflops muß außerdem durch den Impuls, den jeder Schwimmer beim Anschlag am Beckenrand auslöst, eingestellt werden. Verwendet man diesen Impuls als Takteingang, so benötigt man taktgesteuerte Flipflops. Da außerdem sowohl beim Einschalten der Versorgungsspannung der Digitalschaltung als auch bei jedem Impuls der Startpistole die Flipflops zurückgesetzt werden müssen, sind Flipflops mit Taktzustandssteuerung und einem asynchronen Rücksetzeingang erforderlich. Zum Aufbau der Digitalschaltung bieten sich daher D-Flipflops mit Taktsteuerung und einem asynchronen Rücksetzeingang an. Benutzt man taktzustandsgesteuerte D-Flipflops mit asynchronem Rücksetzeingang, so läßt sich der Startimpuls T_S zum Zurücksetzen verwenden. Mit Hilfe eines RC-Glieds wird beim Einschalten der Versorgungsspannung ein Impuls erzeugt, der alle Flipflops zurücksetzt. Die jeweiligen Zielimpulse T_A, T_B, T_C takten die Flipflops der drei Bahnen. Für die einzelnen Flipflops der drei Bahnen müssen nun die Setzbedingungen aufgestellt werden. Ein Schwimmer wird Erster, wenn die beiden anderen Schwimmer noch nicht im Ziel sind; die Setzbedingungen lauten daher: $SA_1 = \neg(B_1 \vee C_1)$, $SB_1 = \neg(A_1 \vee C_1)$, $SC_1 = \neg(A_1 \vee B_1)$. Die taktabhängigen Setzeingänge der Flipflops A_1, B_1, C_1 müssen mit diesen Verknüpfungen beschaltet werden. Ein Schwimmer wird Dritter, wenn bereits ein Schwimmer Zweiter geworden ist. Die Setzbedingungen lauten daher: $SA_3 = (B_2 \vee C_2)$, $SB_3 = (A_2 \vee C_2)$, $SC_3 = (A_2 \vee B_2)$. Die taktabhängigen Setzeingänge der Flipflops A_3, B_3, C_3 müssen mit diesen Verknüpfungen beschaltet werden. Ist zu einem Zeitpunkt weder die Setzbedingung für den ersten Platz noch für den dritten Platz erfüllt, so muß die Setzbedingung für den zweiten Platz erfüllt sein. Die Setzbedingungen ergeben sich zu: $SA_2 = \neg(SA_1 \vee SA_3)$, $SB_2 = \neg(SB_1 \vee SB_3)$, $SC_2 = \neg(SC_1 \vee SC_3)$. Die Setzbedingungen der Flipflops lassen sich auch an Hand der folgenden Überlegung bestimmen: Ein Schwimmer wird Zweiter, wenn bereits ein anderer Erster und noch kein anderer Zweiter ist. Die Setzbedingungen lassen sich auch mit: $SA_2 = (B_1 \wedge \neg C_2) \vee (C_1 \wedge \neg B_2)$, $SB_2 = (A_1 \wedge \neg C_2) \vee (C_1 \wedge \neg A_2)$, $SC_2 = (A_1 \wedge \neg B_2) \vee (B_1 \wedge \neg A_2)$ angeben. Da die zuerst genannte Form der Setzbedingungen einfacher zu verwirklichen ist, wurde sie in der Schaltung nach Bild 6.1-10 verwendet.

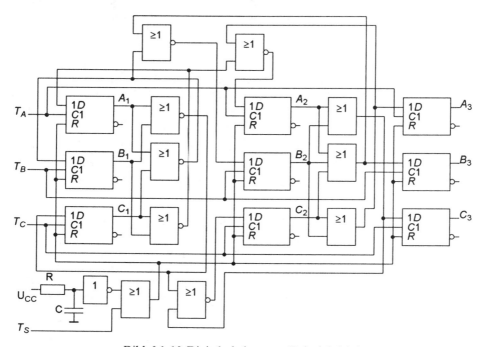

Bild 6.1-10 Digitalschaltung zu Beispiel 6.1-2

6.1.7 Taktzustandsgesteuerte Zweispeicher-Flipflops

Um in einer Reihenschaltung von Flipflops den gespeicherten Dateninhalt eines Flipflops einem nachgeschalteten Flipflop übergeben zu können, muß ein Flipflop den Zustand des vorgeschalteten Flipflops, der an seinem Eingang anliegt, übernehmen und gleichzeitig aber seinen derzeitigen Zustand an seinem Ausgang so lange beibehalten, bis das nachgeschaltete Flipflop diesen Zustand übernommen hat. Man erkennt, daß die beiden Forderungen – Übernahme des neuen Zustands und gleichzeitiges Beibehalten des vorhergehenden Zustands – von einem taktzustandsgesteuerten Einspeicher-Flipflop nicht realisiert werden kann. Bei der Verwendung von taktzustandsgesteuerten Einspeicher-Flipflops für derartige Kettenschaltungen würde jedes Flipflop dieser Kettenschaltung zu Beginn des 1-Zustands des Taktes zunächst die Daten des vorgeschalteten Flipflops übernehmen. Da das vorgeschaltete Flipflop jedoch nach kurzer Zeit die Daten seines Eingangs am Ausgang übernimmt, würde das nachgeschaltete Flipflop auch diese Daten anschließend übernehmen, da sich der Takt noch immer im 1-Zustand befindet. Um dieses zu verhindern, müßte der Takt sich nur für äußerst kurze Zeit im 1-Zustand befinden, was bei taktflankengesteuerten Flipflops der Fall ist (siehe Abschnitt 6.1.8). Für Kettenschaltungen lassen sich außer taktflanken- aber auch taktzustandsgesteuerte Zweispeicher-Flipflops verwenden. Schaltet man zwei taktzustandsgesteuerte Flipflops hintereinander und führt den beiden Flipflops einen komplementären Takt zu, so erhält man ein taktzustandsgesteuertes Zweispeicher-Flipflop, welches auch als Master-Slave-Flipflop (MS-FF) oder zweizustandsgesteuertes Flipflop bezeichnet wird.

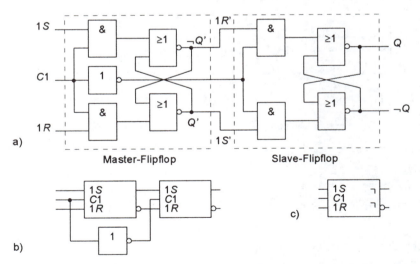

Bild 6.1-11 *RS*-Master-Slave-Flipflop a) Schaltung b) Zusammenschaltung aus zwei taktzustandsgesteuerten *RS*-Flipflops c) Schaltzeichen

6.1.7.1 *RS*-Master-Slave-Flipflop

Das Bild 6.1-11a zeigt ein *RS*-Master-Slave-Flipflop, welches aus zwei zustandsgesteuerten *RS*-Flipflops aufgebaut ist (Bild 6.1-11b). Während dem Master-Flipflop der nicht negierte Takt C zugeführt wird, wird das Slave-Flipflop vom negierten Takt $\neg C$ gesteuert. Befindet sich der Takt C im externen 1-Zustand, so wird das Master-Flipflop über seine R- und S-Eingänge eingestellt. Das Slave-Flipflop ist zu diesem Zeitpunkt gesperrt; da das negierte Taktsignal $\neg C$ zur Freigabe der R'- und S'-Eingänge am Slave-Flipflop angeschaltet ist, bleibt daher der vorhergehende Zustand am Ausgang des Slave-Flipflops erhalten. Nimmt der Takt danach jedoch den externen 0-Zustand an, so wird das Master-Flipflop gesperrt und das Slave-Flipflop freigegeben. Dieses übernimmt zu diesem Zeitpunkt den Zustand des Master-Flipflops. Daß der neue Zustand am Ausgang erst zum Zeitpunkt des 0-Zustands des Taktes C zur Verfügung steht, wird bei dem Schaltzeichen in Bild 6.1-11c durch die retardierten Ausgänge des *RS*-Master-Slave-Flipflops gekennzeichnet.

6.1.7.2 *D*-Master-Slave-Flipflop

Führt man den *S*-Eingang eines *RS*-Master-Slave-Flipflops über ein Negations-Glied dem *R*-Eingang zu, so läßt sich ein *D*-Master-Slave-Flipflop aufbauen, wie das Bild 6.1-12a zeigt. Das Bild 6.1-12b zeigt das Schaltzeichen des taktzustandsgesteuerten *D*-Master-Slave-Flipflops.

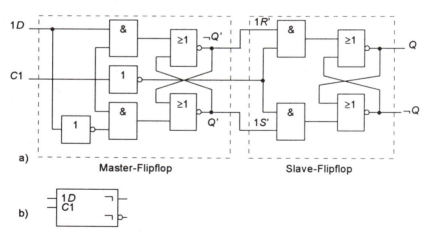

Bild 6.1-12 *D*-Master-Slave-Flipflop a) Schaltung b) Schaltzeichen

6.1.7.3 *JK*-Master-Slave-Flipflop

Da bei einem Master-Slave-Flipflop die Ansteuerschaltung vor dem Basis-Flipflop – dem Slave-Flipflop – nicht nur aus einer kombinatorischen Schaltung

6.1 Flipflops

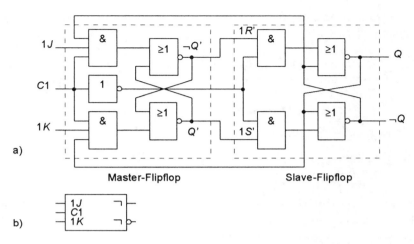

Bild 6.1-13 *JK*-Master-Slave-Flipflop a) Schaltung b) Schaltzeichen

besteht, sondern auch einem zusätzlichen Speicher – das Master-Flipflop - enthält, lassen sich die beiden Ausgangssignale des Slaves in die Ansteuerschaltung des Masters zurückkoppeln, ohne daß dadurch die Schaltung instabil wird. Durch diese zusätzliche Rückkopplung läßt sich ein *JK*-Master-Slave-Flipflop aufbauen, wie das Bild 6.1-13a zeigt. Bild 6.1-13b zeigt das Schaltzeichen des taktzustandsgesteuerten *JK*-Master-Slave-Flipflops. Für das bisher behandelte taktzustandsgesteuerte *RS*-Flipflop lautet die Zusatzbedingung am Eingang: $S^n \wedge R^n \wedge C^n = 0$. Da beim *JK*-Master-Slave-Flipflop $S^n = J^n \wedge \neg Q^n$ und $R^n = K^n \wedge Q^n$ ist, ist diese Bedingung durch die Rückkopplung erfüllt. Entsprechend muß beim *JK*-Master-Slave-Flipflop keine Zusatzbedingung mehr berücksichtigt werden. An Hand der charakteristischen Schaltfunktion des taktzustandsgesteuerten *RS*-Flipflops ergibt sich durch Einsetzen für S^n und R^n die charakteristische Schaltfunktion des *JK*-Flipflops:

$$Q^{n+1} = (J^n \wedge \neg Q^n) \vee (\neg K^n \wedge Q^n). \tag{6.1-15}$$

Beim *JK*-Master-Slave-Flipflop lassen sich alle vier Kombinationen der Eingangsvariablen *J* und *K* verwenden, wie die Zustandsfolgetabelle des *JK*-Master-Slave-Flipflops nach Tabelle 6.1-3 zeigt. Bei der Beschaltung der Eingänge

J^n	K^n	Q^{n+1}	Folgezustand des Flipflops
0	0	Q^n	Speicherzustand
0	1	1	Setzzustand
1	0	0	Rücksetzzustand
1	1	$\neg Q^n$	Komplementärer Zustand

Tabelle 6.1-3 Zustandsfolgetabelle des *JK*-Master-Slave-Flipflops

$J^n = K^n = 1$ nimmt das Flipflop immer den komplementären Folgezustand an; der Ausgang wechselt in diesem Fall mit jeder Taktperiode seinen Zustand. Ein JK-Flipflop zeigt nur in Master-Slave-Ausführung ein stabiles Zustandsverhalten. Als Einspeicher-Flipflop würde das JK-Flipflop durch die Rückkopplung bedingt bei der Kombination $J^n = K^n = 1$ und $C^n = 1$ ständig seinen Zustand wechseln. Die Verweildauer wäre lediglich durch die interne Verzögerungszeit der Schaltglieder bestimmt.

6.1.7.4 *T*-Master-Slave-Flipflop

Ohne die Eingänge J und K des JK-Master-Slave-Flipflops erhält man ein T-Master-Slave-Flipflop mit nur einem Eingang T (engl.: trigger), wie das Bild 6.1-14a zeigt. Bild 6.1-14b zeigt das entsprechende Schaltzeichen. Ein T-Master-Slave-Flipflop läßt sich auch mit einem JK-Master-Slave-Flipflop aufbauen, indem man die Eingänge J und K in Bild 6.1-13b über einen Pull-Up-Widerstand R an die Versorgungsspannung U_{CC} schaltet.

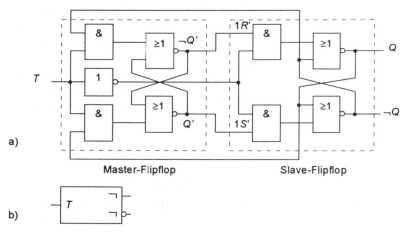

Bild 6.1-14 *T*-Master-Slave-Flipflop a) Schaltung b) Schaltzeichen

6.1.8 Taktflankengesteuerte Flipflops

Bei den taktflankengesteuerten Flipflops werden die Steuereingänge nur für eine äußerst kurze Zeit beim Flankenwechsel durch die Ansteuerschaltung auf das nachfolgende Basis-Flipflop durchgeschaltet. Den steuernden Übergang der Flanke des Taktes, mit denen die Flipflops eingestellt werden, bezeichnet man auch als aktive Taktflanke. Ist der Taktübergang vom 0- in den 1-Zustand die aktive Taktflanke, so spricht man von positiv flankengesteuerten bzw. vorderflankengesteuerten Flipflops. Werden dagegen die Flipflops beim Übergang des Taktes vom 1- in den 0-Zustand eingestellt, so bezeichnet man die Flipflops als negativ flankengesteuert bzw. rückflankengesteuert.

6.1 Flipflops

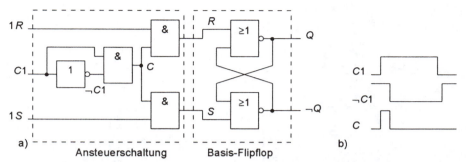

Bild 6.1-15 a) Taktflankengesteuertes RS-Flipflop b) Zeitdiagramm zur Erzeugung des internen Taktimpulses

6.1.8.1 Taktflankengesteuerte Einspeicher-Flipflops

Alle taktzustandsgesteuerten Einspeicher-Flipflops lassen sich auch als taktflankengesteuerte Flipflops aufbauen, indem der Takt am Eingang differenziert und damit in einen äußerst kurzen Impuls umgeformt wird. Das Bild 6.1-15a zeigt ein flankengesteuertes RS-Flipflop. Mit Hilfe eines Inverters und eines UND-Gliedes läßt sich das Taktsignal $C1$ differenzieren, indem die Verzögerungszeit des Inverters ausgenutzt wird, wie das Bild 6.1-15b zeigt. Am Ausgang des UND-Gliedes steht ein sehr kurzer Impuls C zur Verfügung. Nur während des 1-Zustands des Impulses C werden die Steuereingänge $1R$ und $1S$ aktiviert, so daß das Flipflop nur bei einer positiven Flanke des Eingangstaktes $C1$ eingestellt wird.

Außer taktflankengesteuerten RS-Flipflops gibt es taktflankengesteuerte D-Flipflops. Auf Grund des kurzen internen Taktimpulses lassen sich auch taktflankengesteuerte JK- und T-Einspeicher-Flipflops aufbauen, die trotz der internen Rückkopplung und einer Ansteuerschaltung ohne Zwischenspeicher ein stabiles Zustandsverhalten zeigen. Dabei muß der interne Takt C von so kurzer Dauer sein, daß sich während dieser Zeit der Ausgangszustand auf Grund der internen Verzögerungen der Bauelemente noch nicht geändert hat.

6.1.8.2 Taktflankengesteuerte Zweispeicher-Flipflops

Taktflankengesteuerte Flipflops lassen sich auch als Zweispeicher-Flipflops aufbauen, wie das Bild 6.1-16 eines RS-Flipflops zeigt. Dieses Flipflop besteht aus einem Zwischen- und einem Hauptspeicher. Das Bild 6.1-17 zeigt den zeitlichen Verlauf der Flipflopzustände für angenommene Werte der Signale $C1$, $1S$ und $1R$. Zu Beginn der zeitlichen Betrachtung ist außerdem vorausgesetzt, daß das Flipflop gesetzt ist. Solange der Takt sich im 0-Zustand befindet, weisen die Signale S und R den 0-Zustand auf, so daß der Hauptspeicher – das Basis-Flipflop – sich im Speicherzustand befindet, und die Signale A, B den komplementären Zustand der Steuereingänge $1R$, $1S$ annehmen. Nimmt der Takt

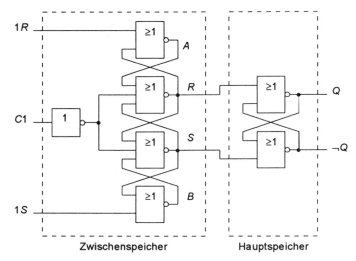

Bild 6.1-16 Taktflankengesteuertes *RS*-Flipflop

C1 den 1-Zustand an, so werden die Zustände der Schaltvariablen A, B nach R und S übernommen, so daß der Hauptspeicher zurückgesetzt wird. Der 1-Zustand der Schaltvariablen R sorgt dafür, daß sich auch bei Änderung der Schaltvariablen 1R die Schaltvariable A nicht verändern kann. Somit hält sich die R-Schaltvariable selber und weist erst wieder den 0-Zustand auf, wenn der Takt wieder den 0-Zustand annimmt. Damit wird nach Übernahme der Steuereingänge beim Zustandswechsel des Taktes von 0 auf 1 eine weitere Einstellung des Flipflops bei einer Änderung der Steuereingänge verhindert, während der Takt noch den 1-Zustand hat. Da im 0-Zustand des Taktes der Hauptspeicher

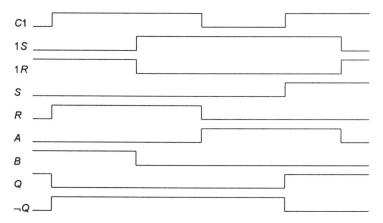

Bild 6.1-17 Zeitdiagramm der Signale des taktflankengesteuerten *RS*-Flipflops

6.2 Monoflops

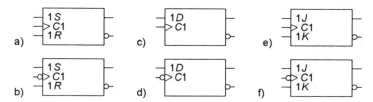

Bild 6.1-18 Schaltzeichen taktflankengesteuerter Flipflops
a) positiv flankengesteuertes RS-Flipflop b) negativ flankengesteuertes RS-Flipflop
c) positiv flankengesteuertes D-Flipflop d) negativ flankengesteuertes D-Flipflop
e) positiv flankengesteuertes JK-Flipflop f) negativ flankengesteuertes JK-Flipflop

keine neue Information übernehmen kann, erfolgt diese Übernahme erst beim nächsten 0-auf-1-Übergang des Taktes.

Wird als Hauptspeicher an Stelle eines Basis-Flipflops ein taktzustandsgesteuertes Flipflop nachgeschaltet, welches beim 0-Zustand des Taktes die Information übernimmt, so erhält man ein flankengesteuertes Flipflop mit retardiertem Ausgang, welches auch als zweiflankengesteuertes Flipflop bezeichnet wird. Beim 0-auf-1-Übergang des Taktes wird die Information in den Zwischenspeicher und beim 1-auf-0-Übergang als Ausgangszustand übernommen. Außer taktflankengesteuerten RS-Flipflops werden noch taktflankengesteuerte D- und JK-Flipflops angeboten. Das Bild 6.1-18 zeigt die verschiedenen Schaltzeichen taktflankengesteuerter Flipflops.

6.1.8.3 Asynchrone Steuereingänge taktflankengesteuerter Flipflops

Taktflankengesteuerte Flipflops besitzen häufig außer den Steuereingängen, die von der Taktflanke freigegeben werden und synchrone Steuereingänge genannt werden, zusätzliche asynchrone Steuereingänge, mit denen der Ausgangszustand der Flipflops taktunabhängig eingestellt werden kann. Diese taktunabhängigen Steuereingänge dienen vorrangig dazu, die Flipflops beim Einschalten der Versorgungsspannung oder zu Zeitpunkten einzustellen, zu denen kein Taktsignal vorhanden ist.

6.2 Monoflops

Das Monoflop – auch monostabile Kippstufe genannt – ist eine digitale Schaltung mit einer zeitabhängigen inneren Rückkopplung, die sich zur Impulsverkürzung, -verlängerung und -verzögerung verwenden läßt. Auf Grund seiner zeitabhängigen Rückkopplung besitzt das Monoflop einen stabilen und einen quasistabilen Zustand. Durch einen Triggerimpuls am Eingang läßt sich das Monoflop vom stabilen in den quasistabilen Zustand schalten. In diesen Zustand verharrt es für eine begrenzte Zeitdauer, die durch die Zeitkonstante der inneren Rückkopplung bestimmt ist. Nach Ablauf dieser Zeit nimmt das monostabile

Kippglied wieder den stabilen Zustand an. Man unterscheidet zwischen nicht nachtriggerbaren und nachtriggerbaren Monoflops. Bei einem nicht nachtriggerbaren Monoflop hat ein Triggerimpuls am Eingang, der während der Verweildauer des Monoflops im quasistabilen Zustand auftritt, keine Wirkung auf die Länge des Ausgangsimpulses. Tritt dagegen bei einem nachtriggerbaren Monoflop während der Verweildauer im quasistabilen Zustand ein Triggerimpuls am Eingang auf, so wird dadurch die Verweildauer des quasistabilen Zustands von Beginn gestartet, so daß der Ausgangsimpuls verlängert wird.

Nachteilig bei Monoflops ist deren mangelhafte Stabilität der Verweilzeit im quasistabilen Zustand. Dadurch variiert der Zeitpunkt, zu dem das Monoflop wieder seinen stabilen Zustand annimmt, in einem gewissen Bereich. Gerade bei kurzen Ausgangsimpulsen, bei denen es auch häufig auf eine exakte zeitliche Länge des Impulses ankommt, sollten Monoflops vermieden werden. Werden in einer digitalen Schaltung hochfrequente Taktimpulse verwendet, mit denen die verschiedenen Verknüpfungen zeitlich nacheinander durchgeführt werden, so kann der Einsatz von Monoflops umgangen werden. Ein weiterer Nachteil ist ihre besondere Empfindlichkeit, die dazu führt, daß auch ohne einen Triggerimpuls am Eingang Ausgangsimpulse auftreten können. Wenn der Einsatz eines Monoflops nicht umgangen werden kann, so ist zumindest dafür zu sorgen, daß die externe RC-Beschaltung auf der Leiterplatte besonders nah am Schaltkreis angebracht wird, um fehlerhafte Ausgangsimpulse zu vermeiden.

6.2.1 Nicht nachtriggerbares Monoflop

Das Bild 6.2-1c zeigt das allgemeine Schaltzeichen eines nicht nachtriggerbaren Monoflops. Jedesmal, wenn der Eingang den 1-Zustand annimmt, nimmt der Ausgang den 1-Zustand an; der Ausgang kehrt zum 0-Zustand nach einer bestimmten Zeit zurück, die für das Monoflop charakteristisch ist, unabhängig von irgendwelchen Zustandsänderungen der Variablen am Eingang während dieser Zeit. Die Verweilzeit des Monoflops im quasistabilen Zustand beginnt mit dem Wechsel des Eingangs in den 1-Zustand und wird durch die Zeitkonstante eines RC-Gliedes bestimmt. Das RC-Glied, welches Teil der inneren Rückkopplungsschaltung des Monoflops ist, läßt sich jedoch nur extern beschalten, so daß durch den gewählten Wert des Widerstands R bzw. des Kondensators C unterschiedliche Impulslängen des Ausgangssignals eingestellt werden können. Nach DIN 40900 Teil 12 kann die Verweilzeit im quasistabilen Zustand im Schaltzeichen des Monoflops zusätzlich angegeben werden.

Das Bild 6.2-1a zeigt die prinzipielle Schaltung eines nicht nachtriggerbaren Monoflops. An Hand des Triggerimpulses A, dessen positive Flanke mit Hilfe von drei Invertern (Impuls A') und einem UND-Glied differenziert wird (siehe Abschnitt 6.2.3), wird ein sehr kurzer Impuls A'' gebildet, wie das Zeitdiagramm in Bild 6.2-1b zeigt. Dabei wird die Verzögerungszeit des Negations-Glieds ausgenutzt, um aus dem Triggerimpuls A einen sehr kurzen Impuls

6.2 Monoflops

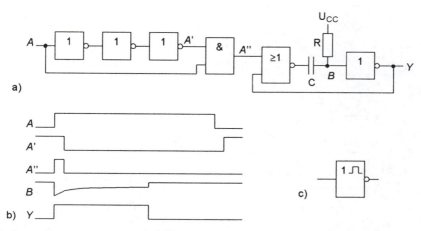

Bild 6.2-1 a) Schaltung des nicht nachtriggerbaren Monoflops
b) Zeitdiagramm der Signale
c) Schaltzeichen des nicht nachtriggerbaren Monoflops

A'' zu erzeugen. Der Impuls A'' und das Rückkopplungssignal werden einem NOR-Glied zugeführt, dessen Ausgangssignal mit Hilfe des extern beschalteten RC-Glieds und eines Inverters das Rückkopplungssignal generiert. Nimmt der Triggerimpuls A den 1-Zustand an, so zeigt der Impuls A'', durch die Differentiation bedingt, nur für eine sehr kurze Zeit den 1-Zustand. Dadurch kann mit dem Monoflop nicht nur eine Impulsverlängerung sondern auch eine Impulsverkürzung realisiert werden. Der Ausgang des NOR-Glieds nimmt auf Grund des 1-Zustands des Impulses A'' den 0-Zustand an, der, durch die Rückkopplung bedingt, auch erhalten bleibt, wenn der Impuls A'' wieder den 0-Zustand annimmt. Der 0-Zustand am Ausgang des NOR-Glieds bewirkt, daß am Ausgang des Inverters der Ausgangsimpuls aktiviert wird, und sich der Kondensator C über den Widerstand R auflädt. Erst wenn die Kondensatorspannung den Schwellenwert U_{TH} des Inverters erreicht, schaltet dieser um, so daß der Ausgangsimpuls beendet wird. Das Ausgangssignal – das Rückkopplungssignal – nimmt den 0-Zustand an; dadurch weist der Ausgang des NOR-Glieds den 1-Zustand auf, so daß der Kondensator C wieder entladen wird.

6.2.2 Nachtriggerbares Monoflop

Bei einem nachtriggerbaren Monoflop – auch als retriggerbares Monoflop bezeichnet – bewirkt ein Impuls am Eingang, der während der Verweilzeit des monostabilen Kippglieds auftritt, daß die Verweilzeit wieder von Beginn ab gestartet wird. Das Bild 6.2-2a zeigt die Schaltung eines nachtriggerbaren Monoflops. Ein Vergleich mit der Schaltung nach Bild 6.2-1a zeigt, daß ein zusätzliches Negations-Glied zwischen dem Differenzierglied am Eingang und

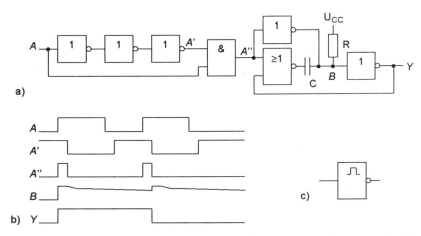

Bild 6.2-2 a) Schaltung des nachtriggerbaren Monoflops b) Zeitdiagramm der Signale
c) Schaltzeichen des nachtriggerbaren Monoflops

dem Zeitglied in der Rückkopplung geschaltet ist. Dadurch kann ein Triggerimpuls, der zeitlich während der Zeitdauer des quasistabilen Zustands auftritt, in der sich der Kondensator C auflädt, den Kondensator entladen. Dadurch wird die Zeitdauer des Ausgangsimpulses, die durch das externe RC-Glied vorgegeben wird, verlängert. Ist der zeitliche Abstand der Triggerimpulse kürzer als die Zeitdauer des Ausgangsimpulses, so kehrt der Ausgangsimpuls erst zum 0-Zustand zurück, wenn innerhalb der durch das RC-Glied vorgegebenen Zeit kein Triggerimpuls am Eingang auftritt, wie das Zeitdiagramm in Bild 6.2-2b zeigt. Das Bild 6.2-2c zeigt das Schaltzeichen des nachtriggerbaren Monoflops.

6.2.3 Verzögerungsglieder

Werden Impulse von sehr kurzer Zeitdauer benötigt, so lassen sich Verzögerungsglieder verwenden, die zur Impulsformung die Verzögerungszeiten von Verknüpfungsgliedern ausnutzen. Das Bild 6.2-3a zeigt das Schaltzeichen eines Verzögerungsglieds, welches die An- und Abstiegsflanke des Eingangssignals mit unterschiedlichen Zeiten verzögert. Der Übergang vom 0- zum 1-Zustand am Eingang des Verzögerungsglieds bewirkt nach der Zeit t_1 den Übergang vom 0- zum 1-Zustand am Ausgang. Nach dem Übergang vom 1- zum 0-Zustand am Eingang erfolgt die Ausgangsänderung dagegen nach der Zeit t_2. Sind

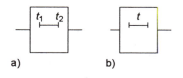

Bild 6.2-3 Schaltzeichen von Verzögerungsgliedern
a) mit unterschiedlichen Verzögerungszeiten
   für die An- und Abstiegsflanke
b) mit gleichen Verzögerungszeiten beider Flanken

die Verzögerungszeiten der An- und Abstiegsflanke t_1 und t_2 gleich, so erfolgt nur eine Angabe im Schaltzeichen des Verzögerungsglieds, wie das Bild 6.2-3b zeigt. Von den Herstellern digitaler Schaltkreise werden Verzögerungsglieder angeboten, bei denen der Eingangsimpuls sowohl direkt als auch über eine wählbare Anzahl von Invertern einem UND- bzw. einem ODER-Glied zugeführt wird, wie das Bild 6.2-4a zeigt. Die Verzögerungszeit eines Inverters des Verzögerungsglieds beträgt nach Herstellerangabe ungefähr 20 ns. Jeweils einer der Ausgänge $B \ldots G$ des Negations-Glieds läßt sich durch entsprechende externe Verbindung sowohl mit dem Eingang U des UND-Glieds als auch mit dem Eingang V des ODER-Glieds zusammenschalten, so daß der auftretende Impuls am Eingang über die Reihenschaltung der Negations-Glieder im Bereich von $20 \ldots 120$ ns verzögert werden kann. Verbindet man beispielsweise den Ausgang E mit beiden Eingängen U und V, so erhält man am Ausgang Y einen Impuls, dessen positive Flanke um etwa 80 ns gegenüber dem Eingangsimpuls A verzögert ist. Am Ausgang Z erhält man einen Impuls, dessen negative Flanke gegenüber dem Eingangsimpuls A um etwa 80 ns verzögert ist. Verbindet man zum Beispiel den Ausgang F mit beiden Eingängen U und V, so erhält die Schaltung am Ausgang Y und Z die Wirkung eines Differenzierglieds, wie das Zeitdiagramm in Bild 6.2-4b zeigt. Differenzglieder können zur Impulsverkürzung eingesetzt werden. Auch mit Monoflops lassen sich Verzögerungsglieder aufbauen. Nachteilig ist dabei aber, daß das Monoflop, bedingt durch das RC-Glied in der Rückkopplung, einen Impuls liefert, dessen Dauer eine mangelhafte Stabilität besitzt. Sind längere Verzögerungszeiten von Signalen erforderlich, so lassen sich auch Flipflops zur Verzögerung verwenden. Man benötigt dazu einen Verzögerungstakt, mit denen das Flipflop bzw. die Flipflops gesteuert werden.

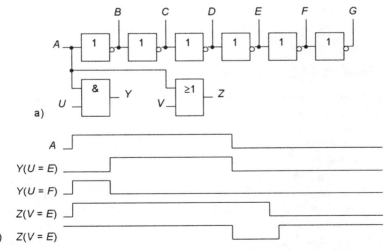

Bild 6.2-4 a) Schaltung eines Verzögerungsglieds b) Zeitdiagramm möglicher Impulse

6.3 Astabiles Kippglied

Das astabile Kippglied ist eine Schaltung mit Rückkopplung, die zwei quasi-stabile Zustände besitzt, zwischen denen der Ausgang ständig hin und her schaltet. Das astabile Kippglied eignet sich daher zur Erzeugung von periodischen Rechtecksignalen, die häufig als Taktsignale in digitalen Schaltungen benötigt werden.

6.3.1 Rückgekoppeltes Negations-Glied

Koppelt man den Ausgang eines Negations-Glieds auf seinen Eingang zurück, so erhält man auf einfachste Art ein astabiles Kippglied, wie das Bild 6.3-1a zeigt. Nachteilig ist bei dieser Schaltung jedoch, daß sich die Frequenz des Ausgangstaktes des astabilen Kippglieds nicht verändern läßt, da diese durch die Verzögerungszeit t_{PHL} und t_{PLH} des Negations-Glieds vorgegeben ist (siehe Abschnitt 2.5.1.8 und Bild 2.5-3). Liegt am Eingang des Negations-Glieds der 1-Zustand, so nimmt der Ausgang nach der Schaltzeit t_{PHL} des Schaltglieds den 0-Zustand an. Dadurch ergibt sich am Eingang der 0-Zustand, der dann nach der Verzögerungszeit t_{PLH} wiederum den 1-Zustand am Ausgang bewirkt. Verwendet man dagegen ein Negations-Glied und koppelt diesen über ein Verzögerungsglied zurück, wie das Bild 6.3-1b zeigt, so erhält man ein astabiles Kippglied, bei dem die Frequenz des Ausgangstaktes durch die Wahl der Verzögerungszeit des Verzögerungsglieds einstellbar ist.

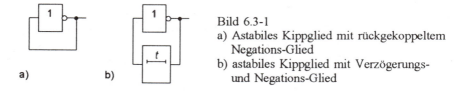

Bild 6.3-1
a) Astabiles Kippglied mit rückgekoppeltem Negations-Glied
b) astabiles Kippglied mit Verzögerungs- und Negations-Glied

6.3.2 Astabiles Kippglied mit Schmitt-Trigger

Zum Aufbau eines astabilen Kippglieds mit einstellbarer Taktfrequenz läßt sich auch ein Schmitt-Trigger verwenden. Das Bild 6.3-2a zeigt zwei in Reihe geschaltete Negations-Glieder, die über einen Widerstand R_2 rückgekoppelt sind. Die Eingangsspannung U_I des Schmitt-Triggers ist über einen Widerstand R_1 mit dem Rückkopplungssignal zusammengeschaltet. Das Negations-Glied schaltet bei dem Wert der Eingangsspannung U_I, der der Schwellenspannung U_{TH} entspricht, am Ausgang um. Der typische Wert der Schwellenspannung liegt bei 1,4 V für die LS-TTL-Baureihe (siehe Abschnitt 2.5.1.6). Bei diesem Spannungswert beträgt der Eingangsstrom des Negations-Glieds etwa 0,1 mA; er soll daher bei der nachfolgenden Berechnung vernachlässigt werden. Mit dieser Vereinfachung gilt für die Eingangsspannung: $U_I = U_{TH}(1 + R_1/R_2) - U_O R_1/R_2$.

6.3 Astabiles Kippglied

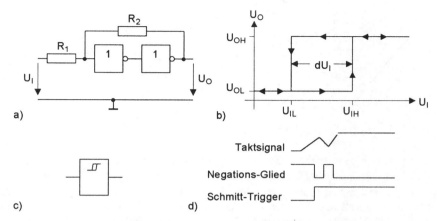

Bild 6.3-2 Schmitt-Trigger a) Schaltung mit Reihenschaltung zweier rückgekoppelter Negations-Glieder b) Übertragungskennlinie c) Schaltzeichen d) Störunterdrückung

Damit die Ausgangsspannung U_O von U_{OL} auf U_{OH} umschaltet, ist mindestens die Eingangsspannung $U_{IH} = U_{TH}(1 + R_1/R_2) - U_{OL}(R_1/R_2)$ erforderlich. Damit die Ausgangsspannung jedoch von U_{OH} auf U_{OL} umschaltet, darf die Eingangsspannung U_I nur den Wert $U_{IL} = U_{TH}(1 + R_1/R_2) - U_{OH}(R_1/R_2)$ aufweisen. Es ergibt sich die Schalthysterese $dU_I = U_{IH} - U_{IL} = R_1/R_2 (U_{OH} - U_{OL})$, wie Bild 6.3-2b zeigt. Setzt man typische Werte der LS-TTL-Schaltkreisfamilie ($U_{TH} = 1,4$ V, $U_{OH} = 3,4$ V, $U_{OL} = 0,2$ V) ein, und fordert beispielsweise eine Schalthysterese $dU_I = 0,8$ V, so erhält man für das Verhältnis der Widerstände $R_1/R_2 = 0,25$. Es ergeben sich dann die Schwellenspannungen $U_{IL} = 0,9$ V und $U_{IH} = 1,7$ V. Übersteigt die Eingangsspannung U_I den Wert der Schwellenspannung U_{IH}, so nimmt das Ausgangssignal den 1-Zustand an. Unterschreitet die Eingangsspannung U_I den Wert der Schwellenspannung U_{IL}, so nimmt der Ausgang den 0-Zustand an.

Bild 6.3-2c zeigt das Schaltzeichen eines Schmitt-Triggers, der als TTL-Schaltglied mit den Schaltschwellen $U_{IL} = 0,9$ V und $U_{IH} = 1,7$ V zur Verfügung steht. Mit diesem Schaltglied können Eingangsspannungen mit nahezu beliebigen zeitlichen Verläufen in Rechteckspannungen umgewandelt werden. Hat zum Beispiel ein Taktsignal auf Grund von Störungen oder Leitungsreflexionen beim Zustandswechsel den zeitlichen Verlauf nach Bild 6.3-2d, so entstehen dadurch Fehler, wie der Ausgang eines Inverters zeigt. Der Ausgang eines negierenden Schmitt-Triggers zeigt dagegen ein fehlerfreies Taktsignal, da der Einbruch der Eingangsspannung bei der Zustandsänderung kleiner als die Schalthysterese von 0,8 V ist.

Um ein einfaches astabiles Kippglied aufzubauen, koppelt man das Ausgangssignal eines negierenden Schmitt-Triggers über ein $R_T C_T$-Glied auf seinen Ein-

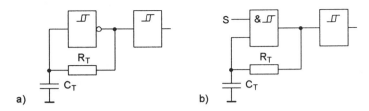

Bild 6.3-3 a) Astabiles Kippglied mit Schmitt-Trigger b) Start-Stopp-Oszillator

gang zurück, wie das Bild 6.3-3a zeigt. Nach dem Einschalten der Versorgungsspannung ist der Kondensator entladen, so daß am Ausgang des negierenden Schmitt-Triggers die Spannung den Wert U_{OH} annimmt. Dadurch wird der Kondensator über den Widerstand R aufgeladen. Erreicht die Kondensatorspannung den Wert $U_{IH} = 1{,}7$ V, so schaltet der Schmitt-Trigger um. Seine Ausgangsspannung beträgt dann U_{OL}, so daß der Kondensator C entladen wird. Beträgt die Kondensatorspannung nur noch $U_{IL} = 0{,}9$ V, so schaltet der Schmitt-Trigger wieder um. Da das Ausgangssignal des rückgekoppelten Schmitt-Triggers durch die $R_T C_T$-Last am Ausgang bedingt keine steilen Flanken aufweist, schaltet man noch einen zweiten Schmitt-Trigger als Impulsformer nach. Nachteilig wirken sich die unterschiedlichen Differenzspannungen zwischen Ausgangsspannung und Schwellenspannung sowie die unterschiedlichen Ströme am Eingang des ersten Schmitt-Triggers aus. Dadurch weisen die Auf- und Entladezeiten des Kondensators und damit die Dauer des 1-Zustands bzw. des 0-Zustands des Ausgangssignals unterschiedliche Zeitlängen auf, d. h., am Ausgang stellt sich kein Tastverhältnis von 1:1 (Impuls : Pause) ein.

Benötigt man einen Taktgenerator, der nur dann Ausgangsimpulse liefert, wenn ein entsprechendes Steuersignal anliegt, so läßt sich die Schaltung durch die Verwendung eines NAND-Glieds mit Schmitt-Trigger-Eingängen zu einem Start-Stopp-Oszillator nach Bild 6.3-3b erweitern. Liegt am Steuereingang S der 0-Zustand, so ist der Taktgenerator gesperrt. Der 1-Zustand am Steuereingang S gibt den Takt des Oszillators frei, so daß der Ausgangstakt erzeugt wird. Das Bild 6.3-4 zeigt einen Start-Stopp-Oszillator, der ein Ausgangssignal mit einem Tastverhältnis von 1:1 erzeugt. Der Wert der Widerstände R muß so gewählt werden, daß ohne die Kondensatoren C der Arbeitspunkt sowohl

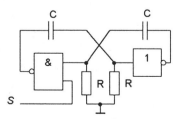

Bild 6.3-4 Start-Stopp-Oszillator mit einem Tastverhältnis von 1:1

des Negations-Glieds als auch des NAND-Glieds auf dem steilen Kennlinienteil der Übertragungskennlinie in der Nähe des Umschaltpunktes eingestellt wird (siehe Abschnitt 2.5.1.6, Bild 2.5-2). Dadurch ist der Wertebereich für die Widerstände R vorgegeben. Die Frequenz kann mit der Kapazität C der Kondensatoren festgelegt werden. Etwas unterschiedliche Werte der Widerstände und Kondensatoren wirken sich nur geringfügig auf das Tastverhältnis aus.

6.3.3 Quarzgesteuerter Oszillator

Wird ein Oszillator mit guter Frequenzgenauigkeit und Konstanz benötigt, so muß ein Quarz-Oszillator verwendet werden. Bild 6.3-5 zeigt eine entsprechende Schaltung. Ein Quarz läßt sich elektrisch durch die Reihenschaltung einer Induktivität, eines Kondensators und eines Widerstands mit einem parallelgeschalteten Kondensator beschreiben. Die Frequenz des Ausgangssignals wird durch den Quarz in Serienresonanz bestimmt. Unter Resonanzbedingungen ergibt sich bereits bei sehr kleiner elektrischer Spannung im Quarz ein großer Strom. Mit dieser Schaltung lassen sich Frequenzen zwischen 100 kHz bis ca. 10 MHz erzeugen. Quarze für Frequenzen < 100 kHz besitzen große Abmessungen und sind außerdem teuer. Benötigt man daher einen Taktgenerator für Frequenzen < 100 kHz, so verwendet man daher häufig einen Taktgenerator mit einer vielfachen Frequenz, so daß ein von den Abmessungen kleiner und in den Kosten günstigerer Quarz verwendet werden kann. Das Ausgangssignal wird dann mit Hilfe eines Frequenzteilers (siehe Abschnitt 7.4.4) auf die geforderte Frequenz geteilt. Die Widerstände R, über die die Negations-Glieder gegengekoppelt sind, halten den Arbeitspunkt auf dem steilen Abschnitt der Übertragungskennlinie. Der Kondensator C_3 verhindert, daß der Oszillator auf einer Oberwelle zu schwingen beginnt. Er muß so daher bemessen sein, daß er nicht die Grundfrequenz, jedoch die Frequenzen der Oberwellen nahezu kurzschließt. Mit dem Kondensator C_2 kann die Schwingfrequenz noch in einem kleinen Bereich verändert und damit exakt eingestellt werden. Das nachgeschaltete Negations-Glied dient als Impulsformer, da das Ausgangssignal des über den Widerstand R rückgekoppelten Inverters keine steilen Flanken bei den Übergängen vom H- zum L-Pegel bzw. vom L- zum H-Pegel aufweist.

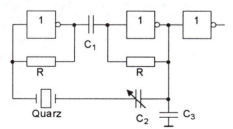

Bild 6.3-5 Quarz-Oszillator

7 Schaltwerke

Ein Schaltnetz ist eine Funktionseinheit, deren Ausgangszustände zu irgendeinem Zeitpunkt nur von den Zuständen an ihren Eingängen zu diesem Zeitpunkt abhängen. Ein Schaltwerk ist im Gegensatz zum Schaltnetz eine Funktionseinheit, deren Ausgangszustände zu irgendeinem Zeitpunkt nicht nur von den Zuständen an den Eingängen zu diesem Zeitpunkt, sondern auch noch von den Zuständen innerer Schaltvariablen des Schaltwerks abhängen. Die Zustände der inneren Schaltvariablen des Schaltwerks, die an Hand der Zustände der Eingänge endlich vieler vorangegangener Zeitpunkte entstanden sind, werden daher auch als Vorgeschichte des Schaltwerks bezeichnet und sind im Schaltwerk in Flipflops gespeichert. Schaltwerke werden auch sequentielle Schaltungen oder Folgeschaltungen genannt und bestehen allgemein aus einer kombinatorischen Schaltung – einem Schaltnetz – und Speichergliedern.

7.1 Strukturen von Schaltwerken

Das Bild 7.1-1 zeigt die allgemeine Struktur eines Schaltwerks mit den Eingangsvariablen $E_1^n \ldots E_k^n$, den inneren Schaltvariablen $Q_1^{n+1} \ldots Q_m^{n+1}$ und den Ausgangsvariablen $A_1^n \ldots A_l^n$. Das Verhalten eines Schaltwerks läßt sich allgemein durch Übergangs- und Ausgabefunktionen beschreiben. Die Übergangsfunktionen geben dabei an, welche Folgezustände die inneren Schaltvariablen zu einem Folgezeitpunkt $n+1$ in Abhängigkeit der Zustände der Eingänge und inneren Schaltvariablen zu einem Zeitpunkt n annehmen. Die Ausgabefunktionen geben die Abhängigkeit der Ausgangsvariablen von den derzeitigen Eingangs- und inneren Schaltvariablen an. Kennzeichen sequentieller Schaltungen sind Rückkopplungen von inneren Schaltvariablen auf eine kombinatorische Schaltung, die die Eingangsvariablen zusätzlich mit diesen rückgekoppelten Schaltvariablen verknüpft.

Das Flipflop ist bereits eine einfache Form einer sequentiellen Schaltung, bei der die Ausgangsvariablen auf eine Ansteuerschaltung rückgekoppelt und mit den Eingangsvariablen verknüpft werden. Bei sequentiellen Schaltungen lassen sich die Ausgangsvariablen entweder durch kombinatorische Verknüpfungen der Eingangs- und inneren Schaltvariablen oder nur durch Verknüpfungen an

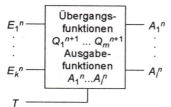

Bild 7.1-1 Allgemeiner Aufbau eines Schaltwerks

7.1 Strukturen von Schaltwerken

Hand der inneren Schaltvariablen erzeugen. Es können aber auch die inneren Schaltvariablen des Schaltwerks direkt als Ausgangsvariablen verwendet werden. Das Schaltwerk läßt sich in diesem Fall nur durch Übergangsfunktionen beschreiben, während die Ausgabefunktionen entfallen.

7.1.1 Mealy-Automat

Das Bild 7.1-2 zeigt die Struktur eines Schaltwerks, welche aus zwei kombinatorischen Schaltungsteilen und einer Anzahl m von Speichergliedern besteht, die von einem Takt T gesteuert werden. Diese Struktur eines Schaltwerks wird Mealy-Automat genannt. Eine kombinatorische Schaltung verknüpft bei diesem Schaltwerk die Eingangsvariablen $E_1^n ... E_k^n$ und die inneren Schaltvariablen $Q_1^n...Q_m^n$ des Zeitpunktes n und erzeugt daraus die Folgezustände der inneren Schaltvariablen $Q_1^{n+1} ... Q_m^{n+1}$, die zum Folgezeitpunkt $n+1$ in den Speichergliedern gespeichert werden. Beim Mealy-Automaten hängt der Zustand einer inneren Schaltvariablen Q_i^{n+1} zum Folgezeitpunkt $n+1$ von den Eingangsvariablen und inneren Schaltvariablen zum Zeitpunkt n ab, so daß allgemein gilt: $Q_i^{n+1} = f(E_1^n ... E_k^n, Q_1^n ... Q_m^n)$. Eine weitere kombinatorische Schaltung bildet an Hand der Eingangsvariablen $E_1^n...E_k^n$ und der inneren Schaltvariablen $Q_1^n ... Q_m^n$ die Ausgangsvariable $A_1^n...A_l^n$ des Schaltwerks, so daß sich für eine Ausgangsvariable A_i^n zu irgendeinem Zeitpunkt n die allgemeine Schaltfunktion mit $A_i^n = g(E_1^n ... E_k^n, Q_1^n ... Q_m^n)$ angeben läßt.

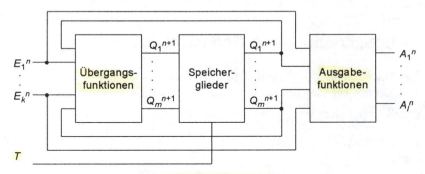

Bild 7.1-2 Aufbau eines Mealy-Automaten

7.1.2 Moore-Automat

Das Bild 7.1-3 zeigt den prinzipiellen Aufbau eines Schaltwerks, der Moore-Automat genannt wird. Mit Hilfe einer kombinatorischen Schaltung werden die Eingangsvariablen $E_1^n... E_k^n$ und die inneren Schaltvariablen $Q_1^n ... Q_m^n$ zu dem Zeitpunkt n verknüpft und daraus die Zustände der inneren Schaltvariablen $Q_1^{n+1} ... Q_m^{n+1}$ des Folgezeitpunktes $n+1$ gebildet. Die Übergangsfunktion einer inneren Schaltvariablen Q_i^{n+1} zum Zeitpunkt $n+1$ des Moore-Automaten ist daher identisch mit der Übergangsfunktion des Mealy-Automaten und lautet dem-

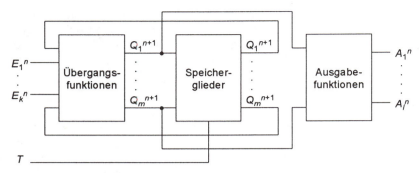

Bild 7.1-3 Aufbau eines Moore-Automaten

nach: $Q_i^{n+1} = f(E_1^n ... E_k^n, Q_1^n ... Q_m^n)$. Beim Moore-Automaten werden jedoch die Ausgangsvariablen $A_1^n ... A_l^n$ des Schaltwerks durch Verknüpfungen der inneren Schaltvariablen $Q_1^{n+1} ... Q_m^{n+1}$ gebildet. Daher ergibt sich die Ausgabefunktion für eine Ausgangsvariable A_i^n zu: $A_i^n = g(Q_1^{n+1} ... Q_m^{n+1})$. Mealy- und Moore-Automaten lassen sich ineinander umwandeln. Der Moore-Automat benötigt zur Erzeugung einer gleichen Anzahl von Ausgangsvariablen eine größere Anzahl innerer Schaltvariablen und damit eine größere Anzahl von Speichergliedern als der Mealy-Automat, da dessen Ausgangsvariablen durch Verknüpfungen der Eingangs- und inneren Schaltvariablen gebildet werden.

7.2 Beschreibung von Schaltwerken

Das Bild 7.2-1 zeigt das Schaltfolgediagramm der beiden Eingangsvariablen E_1 und E_2, der Ausgangsvariablen A und der beiden inneren Schaltvariablen

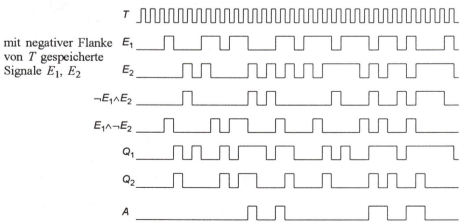

Bild 7.2-1 Schaltfolgediagramm der Ein- und Ausgangsvariablen eines Schaltwerks

Q_1 und Q_2 eines Schaltwerks. An Hand dieses Schaltfolgediagramms läßt sich erkennen, daß die Ausgangsvariable A des Schaltwerks jeweils nach einem antivalenten Wechsel der beiden Eingangsvariablen E_1 und E_2 den 1-Zustand annimmt. Ein antivalenter Wechsel der beiden Eingangsvariablen liegt entweder beim Übergang vom Zustand $E_1 = 0$, $E_2 = 1$ zum Folgezustand $E_1 = 1$, $E_2 = 0$ oder beim Übergang vom Zustand $E_1 = 1$, $E_2 = 0$ zu dem Folgezustand $E_1 = 0$, $E_2 = 1$ vor. Mit einer kombinatorischen Schaltung, also einem Schaltnetz, welches keine Speicherglieder besitzt, läßt sich lediglich die Antivalenz der beiden Eingangsvariablen E_1 und E_2 zu einem Zeitpunkt ermitteln, nicht aber der antivalente Wechsel der beiden Eingangsvariablen.

Zur Erkennung eines antivalenten Wechsels benötigt man außer den Zuständen der beiden Eingangsvariablen E_1 und E_2 zum derzeitigen Zeitpunkt zusätzlich noch die Information, daß zum vorangegangenen Zeitpunkt ebenfalls eine Antivalenz vorhanden war. Es muß also die Vorgeschichte der Eingangsvariablen E_1 und E_2 bekannt sein, die aus den beiden Teilinformationen besteht, daß zum vorangegangenen Zeitpunkt eine Antivalenz der Eingangsvariablen E_1 und E_2 vorlag, und welche der beiden möglichen Antivalenzen der Eingangsvariablen $\neg E_1 \wedge E_2$ bzw. $E_1 \wedge \neg E_2$ vorhanden war. Diese beiden Informationen stellen die inneren Schaltvariablen Q_1 und Q_2 des Schaltwerks dar und müssen mit Hilfe zweier Flipflops gespeichert werden. Während beispielsweise der eine Flipflopausgang Q_1 das Auftreten einer Antivalenz anzeigt, stellt der andere Flipflopausgang Q_2 die Information über die Art der Antivalenz zur Verfügung. Die verschiedenen Beschreibungsmöglichkeiten von Schaltwerken – das Schaltfolgediagramm und die Schaltfolgetabelle – werden nachfolgend erläutert.

7.2.1 Schaltfolgediagramm

Das Schaltfolgediagramm nach Bild 7.2-1 entspricht dem Zeitdiagramm von kombinatorischen Verknüpfungen. Es zeigt den zeitlichen Verlauf des Taktes T und der Eingangsvariablen E_1 und E_2 sowie die geforderte Folge der Ausgangsvariablen A. Zusätzlich sind in diesem Schaltfolgediagramm das Auftreten der Antivalenzen $\neg E_1 \wedge E_2$ bzw. $E_1 \neg \wedge E_2$ und die Zustände der inneren Schaltvariablen Q_1 und Q_2 des Schaltwerks angegeben.

7.2.2 Schaltfolgetabelle

Die Schaltfolgetabelle, die auch Zustandsfolgetabelle genannt wird, ist mit der Wahrheitstabelle von kombinatorischen Schaltungen vergleichbar. Die Tabelle 7.2-1 zeigt die Schaltfolgetabelle zum Schaltfolgediagramm an Hand Bild 7.2-1. Die Schaltfolgetabelle enthält auf der linken Seite alle Kombinationen der Eingangs- und innneren Schaltvariablen des Schaltwerks zum Zeitpunkt n und auf der rechten Seite die zugehörigen Zustände der inneren Schaltvariablen des Folgezeitpunktes $n+1$ sowie die Ausgangsvariable A zum Zeitpunkt n.

E_2^n	E_1^n	Q_2^n	Q_1^n	Q_2^{n+1}	Q_1^{n+1}	A^n
0	0	0	0	0	0	0
0	0	0	1	0	0	0
0	0	1	0	X	X	X
0	0	1	1	0	0	0
0	1	0	0	1	1	0
0	1	0	1	1	1	1
0	1	1	0	X	X	X
0	1	1	1	1	1	0
1	0	0	0	0	1	0
1	0	0	1	0	1	0
1	0	1	0	X	X	X
1	0	1	1	0	1	1
1	1	0	0	0	0	0
1	1	0	1	0	0	0
1	1	1	0	X	X	X
1	1	1	1	0	0	0

Tabelle 7.2-1 Darstellung durch Schaltfolgetabelle

7.2.3 Übergangs- und Ausgabefunktionen

An Hand der Schaltfolgetabelle in Tabelle 7.2-1 lassen sich sowohl die Übergangsfunktionen als auch die Ausgabefunktion des Schaltwerks ermitteln. Die Übergangsfunktionen der inneren Schaltvariablen Q_1 und Q_2 des Schaltwerks müssen durch die charakteristischen Schaltfunktionen der verwendeten Flipflops realisiert werden. Für das Schaltwerk lassen sich sowohl Master-Slave- als auch flankengesteuerte D- bzw. JK-Flipflops verwenden. Benutzt man beispielsweise flankengesteuerte D-Flipflops, die die charakteristische Schaltfunktion $Q_i^{n+1} = D_i^n$ aufweisen, so lassen sich die Übergangsfunktionen der inneren Schaltvariablen, die sich nach der Schaltfolgetabelle in Tabelle 7.2-1 ergeben, an Hand der KV-Diagramme in Bild 7.2-2 vereinfachen. Man erhält an Hand des KV-Diagramms in Bild 7.2-2a für die innere Schaltvariable Q_1 die vereinfachte Übergangsfunktion: $Q_1^{n+1} = (\neg E_1^n \wedge E_2^n) \vee (E_1^n \wedge \neg E_2^n)$ und an Hand des

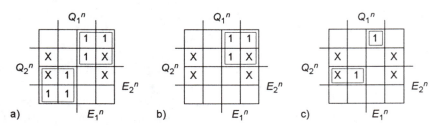

Bild 7.2-2 KV-Diagramme zur Schaltfolgetabelle nach Tabelle 7.2-1 bei Verwendung von D-Flipflops mit negativer Flankensteuerung a) für die innere Schaltvariable Q_1 b) für die innere Schaltvariable Q_2 c) für die Ausgangsvariable A

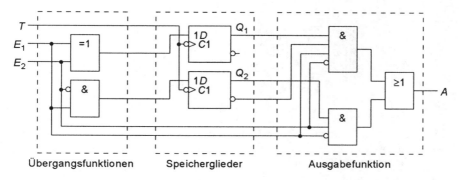

Bild 7.2-3 Schaltwerk zu Schaltfolgediagramm nach Bild 7.2-1 mit D-Flipflops mit negativer Flankensteuerung

KV-Diagramms in Bild 7.2-2b für die innere Schaltvariable Q_2 die vereinfachte Übergangsfunktion: $Q_2^{n+1} = E_1^n \wedge \neg E_2^n$. Der Vergleich der vereinfachten Übergangsfunktionen mit der charakteristischen Schaltfunktion des D-Flipflops ergibt die erforderliche Beschaltung der beiden Flipflops des Schaltwerks: $D_1^n = (\neg E_1^n \wedge E_2^n) \vee (E_1^n \wedge \neg E_2^n)$ und $D_2^n = E_1^n \wedge \neg E_2^n$. Die Ausgabefunktion für die Ausgangsvariable A läßt sich mit Hilfe des KV-Diagramms nach Bild 7.2-2c vereinfachen: $A^n = (Q_1^n \wedge \neg Q_2^n \wedge E_1^n \wedge \neg E_2^n) \vee (Q_2^n \wedge \neg E_1^n \wedge E_2^n)$. Das Bild 7.2-4 zeigt die Schaltung des Schaltwerks unter Verwendung von D-Flipflops mit negativer Flankensteuerung. Die Wahl der Flankensteuerung bestimmt sich nach dem vorgegebenen Zeitdiagramm in Bild 7.2-1. Das Schaltwerk nach Bild 7.2-3 zeigt die Struktur eines Mealy-Automaten nach Bild 7.1-2 mit einem kombinatorischen Schaltungsteil zur Erzeugung der Übergangsfunktionen, den Speichergliedern und einem kombinatorischen Schaltungsteil zur Erzeugung der Ausgabefunktion.

Für den Entwurf des Schaltwerks lassen sich auch JK-Flipflops mit negativer Flankensteuerung oder JK-Master-Slave-Flipflops verwenden. Da die charakteristische Schaltfunktion eines JK-Flipflops $Q_i^{n+1} = (J_i^n \wedge \neg Q_i^n) \vee (\neg K_i^n \wedge Q_i^n)$ lautet, darf man bei der Vereinfachung der Übergangsfunktionen in den KV-Diagrammen nur in den Feldbereichen $\neg Q_i^n$ bzw. Q_i^n zusammenfassen, um die benötigte Beschaltung der beiden Eingangsvariablen J_i^n bzw. K_i^n des Flipflops zu bestimmen. Die Übergangsfunktion für die Schaltvariable Q_1^{n+1} des Schaltwerks ergibt sich demnach an Hand des KV-Diagramms in Bild 7.2-4a zu: $Q_1^{n+1} = (((\neg E_1^n \wedge E_2^n) \vee (E_1^n \wedge \neg E_2^n)) \wedge \neg Q_1^n) \vee (((\neg E_1^n \wedge E_2^n) \vee (E_1^n \wedge \neg E_2^n)) \wedge Q_1^n)$. Der Vergleich der vereinfachten Übergangsfunktion mit der charakteristischen Schaltfunktion des JK-Flipflops ergibt die erforderliche Beschaltung des Flipflops $J_1^n = (\neg E_1^n \wedge E_2^n) \vee (E_1^n \wedge \neg E_2^n)$ und $K_1^n = \neg((\neg E_1^n \wedge E_2^n) \vee (E_1^n \wedge \neg E_2^n))$. Die vereinfachte Übergangsfunktion für die innere Schaltvariable Q_2^{n+1} des Schaltwerks läßt sich mit Hilfe des KV-Diagramms in Bild 7.2-4b wie folgt bestim-

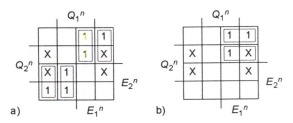

Bild 7.2-4 KV-Diagramme zur Schaltfolgetabelle nach Tabelle 7.2-1 bei Verwendung von *JK*-Flipflops mit negativer Flankensteuerung a) für die innere Schaltvariable Q_1 b) für die innere Schaltvariable Q_2

men: $Q_2^{n+1} = (E_1^n \wedge \neg E_2^n \wedge \neg Q_2^n) \vee (E_1^n \wedge \neg E_2^n \wedge Q_2^n)$. Der Vergleich dieser vereinfachten Übergangsfunktion mit der charakteristischen Schaltfunktion des *JK*-Flipflops ergibt die benötigte Beschaltung für das Flipflop des Schaltwerks $J_2^n = (E_1^n \wedge \neg E_2^n)$ und $K_2^n = \neg(E_1^n \wedge \neg E_2^n)$. Das Bild 7.2-5 zeigt die Schaltung des Schaltwerks unter Verwendung von negativflankengesteuerten *JK*-Flipflops. Der Vergleich der Bilder 7.2-4 und 7.2-6 zeigt, daß bei diesem Schaltwerk die kombinatorische Schaltung zur Erzeugung der Übergangsfunktionen bei der Verwendung von *D*-Flipflops mit einer geringeren Anzahl von Verknüpfungsgliedern realisiert werden kann.

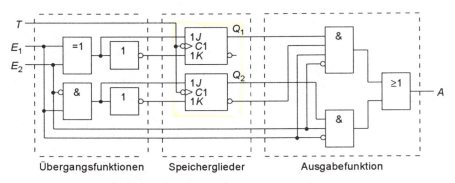

Bild 7.2-5 Schaltwerk zu Schaltfolgediagramm nach Bild 7.2-1 mit *JK*-Flipflops mit negativer Flankensteuerung

7.3 Betriebsarten von Schaltwerken

Wie in den Abschnitten 6.1.6.3 und 6.1.8.3 bereits erwähnt, unterscheidet man bei Flipflops zwischen synchronen und asynchronen Steuereingängen. Die Eingänge, die mit Hilfe eines zusätzlichen Taktes das Einstellen des Flipflops bewirken, werden synchrone Steuereingänge genannt. Zusätzliche Eingänge, die

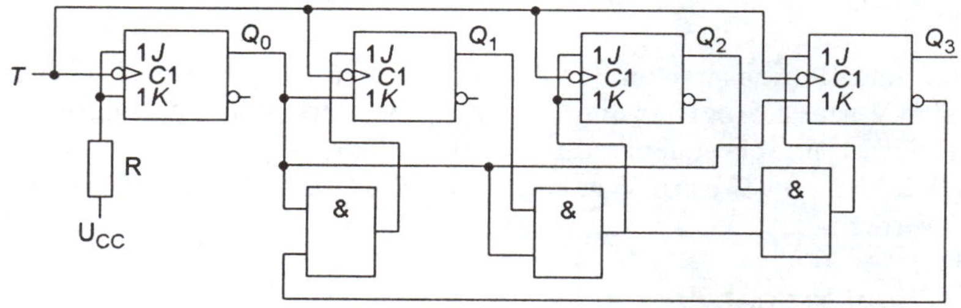

7.3 Betriebsarten von Schaltwerken

Bild 7.3-1 Schaltwerk mit synchroner Betriebsart (synchroner 8-4-2-1-BCD-Zähler)

unabhängig vom Zustand des Taktes das Setzen bzw. Zurücksetzen des Flipflops ermöglichen, bezeichnet man als asynchrone Steuereingänge. Werden nun in einem Schaltwerk mehrere Flipflops verwendet, so unterscheidet man je nach Ansteuerung der Takteingänge dieser Flipflops zwischen synchroner und asynchroner Betriebsart. Werden die Takteingänge aller Flipflops eines Schaltwerks von einem Takt gesteuert, so spricht man von einem Schaltwerk mit synchroner Betriebsart, wie das Bild 7.3-1 eines synchronen 8-4-2-1-BCD-Zählers zeigt. Die vier Flipflops dieses Schaltwerks werden alle zur gleichen Zeit, d. h. synchron, von dem Takt T eingestellt. Die Schaltzeit eines Schaltwerks mit synchroner Betriebsart entspricht daher der Schaltzeit eines Flipflops.

Werden dagegen in einem Schaltwerk die Flipflops von verschiedenen Taktsignalen gesteuert, so spricht man von einem Schaltwerk mit asynchroner Betriebsart. Die Takteingänge der Flipflops werden dabei von Ausgängen oder Ausgangsverknüpfungen anderer Flipflops gesteuert, wie das Bild 7.3-2 eines asynchronen 4-Bit-Binärzählers zeigt. Ein Flipflop eines asynchronen Schaltwerks kann daher erst dann umschalten, wenn das bzw. die steuernden Flipflops ihren Schaltschritt beendet haben. Die Schaltzeit eines Schaltwerks mit asynchroner Betriebsart berechnet sich daher als Summe der Schaltzeiten derjenigen Flipflops, die insgesamt nacheinander schalten. Während dieser Schaltzeit ergeben sich kurzzeitig ungültige Ausgangszustände des Schaltwerks; dieses muß bei der Weiterverarbeitung von Ausgangssignalen asynchroner Schaltwerke entsprechend berücksichtigt werden. Unabhängig von der Betriebsart werden bei Schaltwerken Flipflops mit Zwischenspeicher, d.h. Master-Slave- bzw. taktflankengesteuerte Flipflops, benötigt.

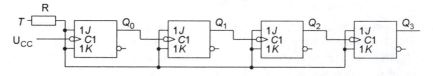

Bild 7.3-2 Schaltwerk mit asynchroner Betriebsart (asynchroner 4-Bit-Binärzähler)

7.4 Schaltwerke mit synchroner Betriebsart

Die synchrone Betriebsart von Schaltwerken hat im Gegensatz zur asynchronen Betriebsart Vorteile. Register und Schieberegister arbeiten lediglich in synchroner Betriebsart und Frequenzteiler hauptsächlich in asynchroner Betriebsart, während Zähler sowohl mit synchroner als auch asynchroner Betriebsart verwendet werden.

7.4.1 Synchroner Zähler

Die Aufgabe eines Zählers besteht in der Erfassung, Speicherung und Anzeige der Anzahl von Ereignissen einer binären Schaltvariablen. Dabei stellt der Zustandswechsel der binären Schaltvariablen das zu zählende Ereignis dar. Bei einem synchronen Zähler wird die Schaltvariable, deren Zustandswechsel gezählt werden soll, allen verwendeten Flipflops des Zählers als Taktsignal zur Verfügung gestellt. Mit zusätzlichen Eingangsvariablen können beispielsweise die Zählart (Vorwärts, Rückwärts) und der verwendete Zählcode, der bei der Anzeige der Anzahl der zu zählenden Ereignisse verwendet werden soll, vorgegeben werden. Mit seinen Ausgangsvariablen stellt der Zähler die Anzeige der Anzahl der Zählereignisse zur Verfügung.

Synchrone Zähler zeigen allgemein die Struktur eines Mealy-Automaten nach Bild 7.1-2, wobei häufig die inneren Schaltvariablen direkt als Ausgangsvariablen verwendet werden, so daß die Ausgabefunktionen entfallen. Mit Hilfe einer kombinatorischen Schaltung lassen sich jedoch die inneren Schaltvariablen unter Verwendung der Ausgabefunktionen auch in andere Ausgangsvariablen umwandeln. Mit jeder Kombination der Eingangsvariablen des Zählers kann eine bestimmte Folge der Zustände der inneren Schaltvariablen vorgegeben werden, die dann durch den Takt T ausgelöst wird. Dabei bestimmen die Anzahl und die Beschaltung der verwendeten Speicherglieder des Zählers die Anzahl der möglichen Kombinationen der inneren Schaltvariablen. Mit einer Anzahl m von Flipflops lassen sich maximal $Z_{max} = 2^m$ Kombinationen der inneren Schaltvariablen erzeugen. Nach einer Anzahl Z_{max} von Zählereignissen muß sich daher spätestens die Folge der Kombinationen der inneren Schaltvariablen des Zählers zyklisch wiederholen. Werden nicht alle möglichen Kombinationen der inneren Schaltvariablen verwendet, so wiederholt sich die Folge bereits nach einer geringeren Anzahl $Z < Z_{max}$ von Zählereignissen.

7.4.2 Entwurf synchroner Zähler

Werden die inneren Schaltvariablen eines Zählers direkt als Ausgangsvariablen zur Anzeige des Zählereignisses verwendet, so ist durch die Vorgabe des Zählcodes, der bei der Anzeige des zu zählenden Ereignisses verwendet werden soll, sowohl die zeitliche Folge der Kombinationen der inneren Schaltvariablen als auch die Anzahl der benötigten Speicherglieder festgelegt. Als Beispiel soll

7.4 Schaltwerke mit synchroner Betriebsart

nachfolgend ein Zähler im 8-4-2-1-BCD-Code für eine Dezimalstelle entworfen werden. Da die Anzahl der Kombinationen der inneren Schaltvariablen in diesem Beispiel der Anzahl der Dezimalziffern (0 ... 9) beträgt, werden mindestens vier Flipflops als Speicherglieder des Schaltwerks benötigt, wobei sowohl Master-Slave- als auch flankengesteuerte Flipflops verwendet werden können. Man bevorzugt JK-Flipflops, da sich dadurch die zusätzlich benötigte kombinatorische Schaltung auf ein Minimum reduziert. JK-Flipflops bieten durch die Beschaltung der Eingangsvariablen J^n und K^n die Einstellungsmöglichkeiten Speicherzustand, Setzzustand, Rücksetzzustand und Änderung des Ausgangszustands. D-Flipflops bieten lediglich die beiden Möglichkeiten Setzen bzw. Rücksetzen und werden daher weniger verwendet.

Für den Entwurf eines synchronen Zählers wird zunächst eine Schaltfolgetabelle aufgestellt, die auf der linken Seite alle Kombinationen der Zustände der inneren Schaltvariablen enthält, wobei die Reihenfolge der Kombinationen frei wählbar ist. Üblicherweise benutzt man aber die vorgegebene Zählfolge als Reihenfolge der Kombinationen der Schaltfolgetabelle der linken Seite. Die rechte Seite der Schaltfolgetabelle enthält zu jeder Kombination der Zustände der Flipflops des Zeitpunktes n die Folgezustände der Flipflops des Zeitpunktes $n+1$, wie die Schaltfolgetabelle der Tabelle 7.4-1 zeigt. An Hand dieser Tabelle lassen sich die KV-Diagramme nach Bild 7.4-1a,b,c,d für die Ausgangsvariablen Q_0^{n+1} ... Q_3^{n+1} angeben, wobei die sechs Pseudotetraden als Don't-Cares zur Vereinfachung herangezogen werden. An Hand der KV-Diagramme läßt sich für jedes Flipflop eine vereinfachte Übergangsfunktion aufstellen, deren allgemeine Form für das Flipflop i wie folgt lautet: $Q_i^{n+1} = f(Q_0^n, Q_1^n, Q_2^n, Q_3^n)$. Diese vereinfachte Übergangsfunktion läßt sich in die zwei Teilfunktionen umformen, wobei eine Teilfunktion die innere Schaltvariable Q_i^n und die andere Teilfunktion die Negation der inneren Schaltvariablen $\neg Q_i^n$ nicht mehr enthält:

Zählfolge	Zustände der Flipflops zum Zeitpunkt n $Q_3^n\ Q_2^n\ Q_1^n\ Q_0^n$				zum Zeitpunkt $n+1$ $Q_3^{n+1}\ Q_2^{n+1}\ Q_1^{n+1}\ Q_0^{n+1}$			
0	0	0	0	0	0	0	0	0
1	0	0	0	1	0	0	0	1
2	0	0	1	0	0	0	1	0
3	0	0	1	1	0	0	1	1
4	0	1	0	0	0	1	0	0
5	0	1	0	1	0	1	0	1
6	0	1	1	0	0	1	1	0
7	0	1	1	1	0	1	1	1
8	1	0	0	0	1	0	0	0
9	1	0	0	1	1	0	0	1

Tabelle 7.4-1 Schaltfolgetabelle des 8-4-2-1-BCD-Zählers

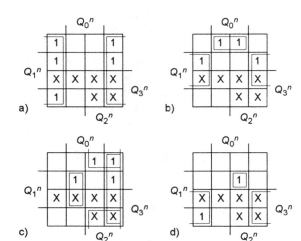

Bild 7.4-1 KV-Diagramme zur Schaltfolgetabelle nach Tabelle 7.4-1
a) für Schaltvariable Q_0^{n+1}
b) für Schaltvariable Q_1^{n+1}
c) für Schaltvariable Q_2^{n+1}
d) für Schaltvariable Q_3^{n+1}

$Q_i^{n+1} = (J_i^n \wedge \neg Q_i^n) \vee (\neg K_i^n \wedge Q_i^n)$. Diese Übergangsfunktion, die demnach aus der UND-Verknüpfung der Schaltvariablen J_i^n und der Negation der inneren Schaltvariablen $\neg Q_i^n$ sowie der UND-Verknüpfung der Schaltvariablen $\neg K_i^n$ und der inneren Schaltvariablen Q_i^n besteht, zeigt die Form der charakteristischen Schaltfunktion eines *JK*-Flipflops. Die Übergangsfunktionen lassen sich damit unter der Verwendung von *JK*-Flipflops wie folgt realisieren. Die Schaltvariablen J_i^n bzw. K_i^n, mit denen die Flipflops beschaltet werden müssen, findet man in den KV-Diagrammen durch das Zusammenfassen in den jeweiligen Feldbereichen für $\neg Q_i^n$ bzw. Q_i^n. Für das Beispiel des Zählers im 8-4-2-1-BCD-Code findet man an Hand der KV-Diagramme in Bild 7.4-1 die folgenden Übergangsfunktionen bzw. Schaltvariablen:

$Q_0^{n+1} = \neg Q_0^n = (1 \wedge \neg Q_0^n) \vee (0 \wedge Q_0^n) = (J_0^n \wedge \neg Q_0^n) \vee (\neg K_0^n \wedge Q_0^n)$,

$J_0^n = 1, K_0^n = 1$,

$Q_1^{n+1} = (Q_0^n \wedge \neg Q_3^n \wedge \neg Q_1^n) \vee (\neg Q_0^n \wedge Q_1^n) = (J_1^n \wedge \neg Q_1^n) \vee (\neg K_1^n \wedge Q_1^n)$,

$J_1^n = Q_0^n \wedge \neg Q_3^n, K_1^n = Q_1^n$,

$Q_2^{n+1} = (Q_0^n \wedge Q_1^n \wedge \neg Q_2^n) \vee ((\neg Q_0^n \vee \neg Q_1^n) \wedge Q_2^n) = (J_2^n \wedge \neg Q_2^n) \vee (\neg K_2^n \wedge Q_2^n)$,

$J_2^n = Q_0^n \wedge Q_1^n, K_2^n = Q_0^n \wedge Q_1^n$,

$Q_3^{n+1} = (Q_0^n \wedge Q_1^n \wedge Q_2^n \wedge \neg Q_3^n) \vee (\neg Q_0^n \wedge Q_3^n) = (J_3^n \wedge \neg Q_3^n) \vee (\neg K_3^n \wedge Q_3^n)$,

$J_3^n = Q_0^n \wedge Q_1^n \wedge Q_2^n, K_3^n = Q_0^n$.

Das Bild 7.4-2 zeigt die Schaltung des synchronen Zählers im 8-4-2-1-BCD-Code mit negativ flankengesteuerten *JK*-Flipflops, bei dem die negative Flanke des Taktes als Zählereignis verwendet wird.

7.4 Schaltwerke mit synchroner Betriebsart

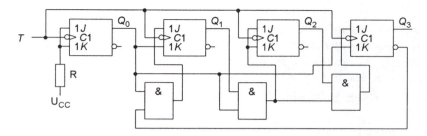

Bild 7.4-2 Synchroner 8-4-2-1-BCD-Zähler mit negativ flankengesteuerten JK-Flipflops

Soll der synchrone Zähler mit D-Flipflops aufgebaut werden, so muß die jeweilige Übergangsfunktion mit der charakteristischen Schaltfunktion des D-Flipflops $Q_i^{n+1} = D_i^n$ übereinstimmen. Man erhält daher für die Beschaltung der D-Flipflops eines synchronen Vorwärtszählers, der im 8-4-2-1-BCD-Code zählt:

$Q_0^{n+1} = \neg Q_0^n = D_0^n$,

$Q_1^{n+1} = (Q_0^n \wedge \neg Q_3^n \wedge \neg Q_1^n) \vee (\neg Q_0^n \wedge Q_1^n) = D_1^n$,

$Q_2^{n+1} = (Q_0^n \wedge Q_1^n \wedge \neg Q_2^n) \vee ((\neg Q_0^n \vee \neg Q_1^n) \wedge Q_2^n) = D_2^n$,

$Q_3^{n+1} = (Q_0^n \wedge Q_1^n \wedge Q_2^n) \vee (\neg Q_0^n \wedge Q_3^n) = D_3^n$.

Ein Vergleich mit der erforderlichen kombinatorischen Schaltung, die zur Beschaltung der JK-Flipflops benötigt wird, zeigt einen größeren Aufwand für die kombinatorische Schaltung bei der Verwendung von D-Flipflops. Wie bereits erwähnt, werden aus diesem Grund vorteilhafter JK-Flipflops verwendet, so daß die zusätzlich benötigte kombinatorische Schaltung auf ein Minimum reduziert werden kann.

Programmierbarer, synchroner 4-Bit-Vorwärts-Rückwärts-Binärzähler

Das Bild 7.4-3 zeigt das Schaltzeichen eines programmierbaren, synchronen 4-Bit-Vorwärts-Rückwärts-Binärzählers. Die in diesem Schaltzeichen verwendeten Abhängigkeiten – die G-Abhängigkeit, die M-Abhängigkeit und die C-Abhängigkeit – dienen der Beschreibung der Funktionsweise des 4-Bit-Vorwärts-Rückwärts-Binärzählers und werden nachfolgend erläutert.

G-Abhängigkeit

Die G-Abhängigkeit wird auch als UND-Abhängigkeit bezeichnet. Befindet sich ein Gm-Eingang im internen 1-Zustand, haben alle von ihm gesteuerten Eingänge den normal definierten Logik-Zustand. Der Buchstabe m wird dabei durch die jeweilige Kennzahl ersetzt. Befindet sich ein Gm-Eingang im internen 0-Zustand, dann nehmen alle von ihm gesteuerten Eingänge den internen 0-Zustand an.

M-Abhängigkeit

Die M-Abhängigkeit wird auch Mode-Abhängigkeit genannt. Befindet sich ein Mm-Eingang im internen 1-Zustand, haben alle von ihm gesteuerten Eingänge ihre normale Wirkung; die Betriebsart (der Mode) ist gewählt. Der Buchstabe m wird dabei durch die jeweilige Kennzahl ersetzt. Befindet sich ein Mm-Eingang im internen 0-Zustand, haben von ihm gesteuerte Eingänge keine Wirkung.

C-Abhängigkeit

Die C-Abhängigkeit wird auch Steuer-Abhängigkeit genannt. Befindet sich ein Cm-Eingang im internen 1-Zustand, haben alle von ihm gesteuerten Eingänge ihre normal definierte Wirkung. Der Buchstabe m wird dabei durch die jeweilige Kennzahl ersetzt. Befindet sich ein Cm-Eingang im internen 0-Zustand, haben alle von ihm gesteuerten Eingänge keine Wirkung.

Das Bild 7.4-3 zeigt einen synchronen, programmierbaren 8-Bit-Vorwärts-Rückwärts-Binärzähler, der aus zwei synchronen, programmierbaren 4-Bit-Vorwärts-Rückwärts-Binärzählern zusammengeschaltet ist. Mit der Beschreibung der oben erwähnten Abhängigkeiten läßt sich das Schaltzeichen der verwendeten programmierbaren 4-Bit-Vorwärts-Rückwärts-Binärzähler wie folgt erklären: Die Bezeichnung CTR 4 mit der Kennzeichnung CT15 am Ausgang gibt an, daß es sich um einen 4-Bit-Binärzähler (engl.: $\underline{\text{c}}$oun$\underline{\text{t}}$e$\underline{\text{r}}$) handelt, da der Zählinhalt (engl.: $\underline{\text{c}}$ontent) dem Dezimalwert 15 – das entspricht dem Dualwert 1111_2 – entspricht. Der Zähler besitzt einen Takteingang, der intern für drei verschiedene Vorgänge – vorwärts zählen, rückwärts zählen und parallele Daten laden – benutzt wird. Unter der Voraussetzung, daß sich sowohl der $M2$-Ein-

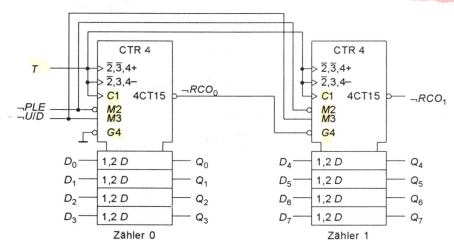

Bild 7.4-3 Synchroner, programmierbarer 8-Bit-Vorwärts-Rückwärts-Binärzähler

7.4 Schaltwerke mit synchroner Betriebsart

gang und der $M3$-Eingang im internen 0-Zustand sowie der $G4$-Eingang im internen 1-Zustand befinden, bewirkt die positive Taktflanke, daß der Zähler seinen Zählwert um Eins erhöht. Unter der Voraussetzung, daß sich der $M2$-Eingang im 0-Zustand und der $M3$-Eingang als auch der $G4$-Eingang im internen 1-Zustand befinden, bewirkt die positive Taktflanke, daß der Zähler seinen Zählwert um Eins verringert. Mit dem Mode-Eingang $M3$ – externes Signal $\neg U/D$ (engl.: up/down) – läßt sich demnach auswählen, ob der Zähler als Vorwärts- bzw. Rückwärts-Zähler arbeitet, so daß entweder der Zählimpuls mit dem Kennzeichen + bzw. mit dem Kennzeichen − aktiviert wird.

Die C-Abhängigkeit beim 1-Zustand des $M2$-Eingangs – externes Signal PLE = 0 (engl.: parallel load enable) – bewirkt bei einer positiven Flanke des Taktes, daß die parallel anliegenden Zustände der Eingangsvariablen $D_0 \ldots D_3$ des Zählers 0 als auch die Eingangsvariablen $D_4 \ldots D_7$ des Zählers 1 in die Flipflops geladen werden, so daß die Flipflopausgänge $Q_0 \ldots Q_3$ bzw. $Q_4 \ldots Q_7$ daraufhin die Zustände der Eingangsvariablen $D_0 \ldots D_3$ bzw. $D_4 \ldots D_7$ annehmen. Mit dieser Programmiermöglichkeit kann der Zähler auf einen beliebigen Zählwert vorgesetzt werden.

Mit Hilfe des $G4$-Eingangs kann die Wirkung des Taktes für den Zählvorgang und die Generierung des Ausgangssignals $\neg RCO$ (engl.: ripple carry out) beim Endwert 15 des Zählers freigegeben bzw. gesperrt werden. Dieser Ausgang dient der Erweiterung mit zusätzlichen Zählern, wie das Bild 7.4-3 zeigt. Der Zählerbaustein 0 zählt auf Grund seines beschalteten $G4$-Eingangs jede positive Taktflanke, während der Zählerbaustein 1 nur die positiven Taktflanken zählt, bei denen an seinem $G4$-Eingang der interne 1-Zustand vorhanden ist. Durch die Beschaltung des $G4$-Eingangs des Zählers 1 mit dem Ausgang $\neg RCO$ des vorgeschalteten Zählers 0 incrementiert bzw. decrementiert der Zähler 1 seinen Zählwert nur dann, wenn der Zähler 0 seinen Zählwert entweder beim Vorwärtszählen von 1111 auf 0000 bzw. beim Rückwärtszählen von 0000 auf 1111 verändert. Das Bild 7.4-4 zeigt den zeitlichen Verlauf des Taktes T und

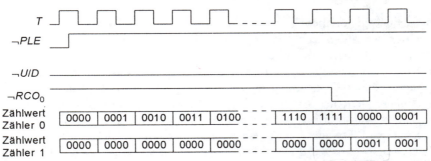

Bild 7.4-4 Zeitdiagramm einiger Signale des synchronen, programmierbaren 8-Bit-Vorwärts-Rückwärts-Binärzählers sowie deren Zählwerte

des Ausgangssignals $\neg RCO_0$ des 4-Bit-Zählers 0 sowie die Zählerwerte der beiden 4-Bit-Vorwärts-Rückwärts-Binärzähler. Zu Beginn der zeitlichen Betrachtung werden mit der positiven Flanke des Taktes T beim 0-Zustand des Signals $\neg PLE$ beide 4-Bit-Vorwärts-Rückwärts-Binärzähler auf den dualen Zählwert 0000 vorgesetzt. Danach wird der 4-Bit-Zähler 0 durch den 1-Zustand des Signals $\neg PLE$ und den 0-Zustand des Signals $\neg U/D$ in den Zählmodus versetzt.

Da der 4-Bit-Zähler 1 das Ausgangssignal $\neg RCO_0$ des 4-Bit-Zählers 0 als Taktfreigabe angeschaltet hat, ist er durch den 1-Zustand des Ausgangssignals des 4-Bit-Zählers 0 gesperrt. Auf jede nachfolgende positive Flanke des Taktes T inkrementiert daher lediglich der 4-Bit-Zähler 0 seinen Zählwert, während der 4-Bit-Zähler 1 den Zählwert 0 beibehält. Beim Zählwert 1111 schaltet der 4-Bit-Zähler 0 mit der negativen Flanke des Taktes T sein Ausgangssignal $\neg RCO_0$ in den 0-Zustand, wodurch auch der 4-Bit-Zähler 1 für den Zählmodus freigeschaltet wird. Die nachfolgende positive Flanke des Taktes T bewirkt daher, daß beide Zähler 0 und 1 ihren Zählwert um Eins erhöhen, wodurch der 4-Bit-Zähler 0 den dualen Zählwert 0000 und der 4-Bit-Zähler 1 den dualen Zählwert 0001 annimmt. Mit der negativen Flanke des Taktes T schaltet der 4-Bit-Zähler 0 seinen Übertragsausgang $\neg RCO_0$ wieder in den 1-Zustand, so daß der Takteingang des 4-Bit-Zählers 1 mit Hilfe des G-Eingangs wieder gesperrt wird. Erst beim nächsten Übertrag beim Übergang vom Zählwert 1111 zum Zählwert 0000 wird der Zähler 1 wieder freigeschaltet. Die Übertragsausgänge $\neg RCO_1$ des 4-Bit-Zählers 1 läßt sich beispielsweise zur Beschaltung des G-Eingangs eines weiteren 4-Bit-Zählers 2 verwenden. Dieser 4-Bit-Zähler 2 wird lediglich dann in den Zählmodus geschaltet, wenn sowohl der 4-Bit-Zähler 0 als auch der 4-Bit-Zähler 1 den Zählwert 1111 aufweisen, da nur in diesem Fall der Übertragsausgang $\neg RCO_1$ vom Übertragsausgang $\neg RCO_0$ über den $G4$-Eingang freigegeben wird.

7.4.3 Register

Ein n-Bit-Register dient der Speicherung eines n-Bit-Binärwortes und besteht aus einer Anzahl n von Flipflops. Das Binärwort, das in ein n-Bit-Register gespeichert werden soll, muß dem Register an den n-Dateneingängen parallel zur Verfügung gestellt werden. Mit Hilfe des Taktes C, der allen n Flipflops als gemeinsames Taktsignal zugeführt ist (synchrone Betriebsart), lassen sich die Binärzeichen der Eingänge $D_0 \ldots D_{n-1}$ in die Flipflops abspeichern. Das Bild 7.4-5a zeigt ein 4-Bit-Register mit vier D-Flipflops mit positiver Flankensteuerung und Tristate-Ausgängen (siehe Abschnitt 2.5.1.9), dessen Datenausgänge $Q_0 \ldots Q_3$ nur dann aktiviert werden, wenn der EN-Eingang des Registers den internen 1-Zustand aufweist. Das Bild 7.4-5b zeigt das Schaltzeichen des Registers. Register dienen in Geräten digitaler Rechenanlagen der Speicherung

7.4 Schaltwerke mit synchroner Betriebsart

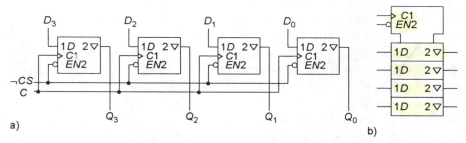

Bild 7.4-5 a) 4-Bit-Register mit taktflankengesteuerten D-Flipflops und Tristate-Ausgängen b) Schaltzeichen des 4-Bit-Registers mit Tristate-Ausgängen

einzelner Datenwörter, mit denen beispielsweise die Funktionsweise des Gerätes vorgegeben (programmiert) wird.

Bild 7.4-6 zeigt als Beispiel das Bussystem eines 8-Bit-Mikrocomputers, welcher einen Datenbus mit den acht Datensignalen $D_0 ... D_7$, einen Adreßbus mit den sechzehn Adreßsignalen $A_0 ... A_{15}$ und den Steuerbus mit den beiden Steuersignalen $\neg RE$ (engl.: read enable) und $\neg WE$ (engl.: write enable) besitzt. An dieses Bussystem ist ein Peripheriegerät angeschaltet, welches zwei interne Datenregister beinhaltet. Häufig handelt es sich bei den Registern eines Peripheriegerätes um Schreib-Lese-Register, deren Dateninhalt nicht nur vom Mikrocomputer programmiert, sondern auch gelesen werden kann. Um sowohl den Schreib- als auch den Lesevorgang mit Hilfe der Datensignale $D_0 ... D_7$ des Bussystems des Mikrocomputers zu ermöglichen, muß jeder Eingang eines Flipflops eines Schreib-Lese-Registers daher mit dem zugehörigen Ausgang des Flipflops zusammengeschaltet und an ein Datensignal $D_0 ... D_7$ des Datenbusses

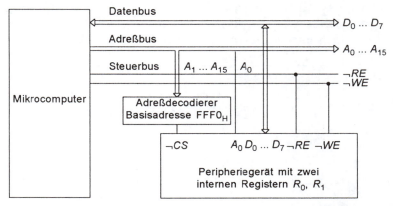

Bild 7.4-6 Bussystem eines Mikrocomputers mit einem angeschlossenen Peripheriegerät mit zwei internen Registern

angeschaltet werden. Derartige Schreib-Lese-Register benötigen daher unerläßlich Tristate-Ausgänge, da sonst die jeweiligen Ein- und Ausgänge der Flipflops nicht zusammengeschaltet werden dürfen.

Den an das Bussystem angeschlossenen Peripheriegeräten werden Adressen jeweils zugeordnet, mit deren Hilfe jedes Gerät vom Mikrocomputer zur Datenübertragung aus der Gesamtanzahl der angeschlossenen Geräte ausgewählt werden können. Entsprechend der Anzahl der Register, die ein Gerät intern aufweist, benötigt das Gerät eine gleiche Anzahl von Adressen, mit denen jedes einzelne Register des Gerätes angewählt werden kann. Da daher außerdem innerhalb eines Gerätes festgelegt werden muß, mit welchem Register die Datenübertragung erfolgen soll, unterteilt man die gesamte Adresse, die in diesem Beispiel aus den Adreßsignalen $A_0 \ldots A_{15}$ besteht, in die beiden Teile der Geräteadresse und der Registeradresse. Entsprechend einer Anzahl n von Adreßsignalen, die für die Registeradresse verwendet werden, läßt sich eine Anzahl 2^n interner Register eines Gerätes adressieren. Bei einer Anzahl von zwei internen Registern innerhalb eines Gerätes benötigt man daher lediglich ein Adreßsignal, um zwischen den beiden Registern unterscheiden zu können. In diesem Fall werden daher das Adreßsignal A_0 zur Registerauswahl und die Adreßsignale $A_1 \ldots A_{15}$ zur Geräteauswahl verwendet. Die Geräteadresse bestimmt dabei, mit welchem Gerät des Mikrocomputers die Datenübertragung durchgeführt werden soll, während die Registeradresse das entsprechende Register innerhalb des adressierten Gerätes zur Datenübertragung auswählt.

Wird beispielsweise dem Gerät die Basisadresse $FFF0_H$ aus der Anzahl der möglichen Adressen ($0000_H \ldots FFFF_H$) der Adreßsignale $A_1 \ldots A_{15}$ zugeordnet, so belegt das Gerät am Systembus des Mikrocomputers außer der Basisadresse $FFFF0_H$ noch die weitere Adresse $FFF1_H$. Zur Entschlüsselung der Basisadresse des Gerätes wird ein Decodierer benötigt, der an Hand der anliegenden Adreßsignale $A_1 \ldots A_{15}$ das Auswahlsignal $\neg CS$ (engl.: chip select) – auch mit $\neg CE$ (engl.: chip enable) bezeichnet – des Gerätes erzeugt, wie das Bild 7.4-6 zeigt, während das Adreßsignal A_0 zur Auswahl des Registers dient.

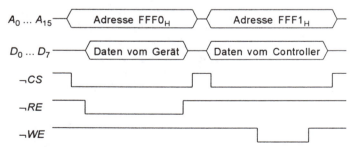

Bild 7.4-7 Zeitdiagramm der Signale des Adreß-, Daten- und Steuerbusses sowie des Auswahlsignals $\neg CS$ beim Lese- und Schreibzyklus

7.4 Schaltwerke mit synchroner Betriebsart

Bild 7.4-7 zeigt den zeitlichen Verlauf der Signale des Adreß-, Daten- und Steuerbusses beim Lese- bzw. Schreibvorgang. Bei der Vielzahl der Signale des Adreß- und Datenbusses wird nicht der zeitliche Verlauf der einzelnen Signale angegeben, sondern das Verhalten der Signale des Adreß- und Datenbusses in ihrer Gesamtheit dargestellt. Der Lesezyklus beginnt mit der Ausgabe der Geräte- und Registeradresse durch den Mikrocomputer. Die Adreßsignale $A_0 \ldots A_{15}$, die sich zu Beginn des Lesezyklus im Tristate-Zustand befinden, werden vom Mikrocomputer aktiviert und nehmen nach einer kurzen Verzögerungszeit je nach auszugebender Adresse entweder den 0- oder den 1-Zustand an.

Die am Adreßbus anliegende Adresse wird mit Hilfe eines Adreßdecodierers mit der festgelegten Adresse des peripheren Gerätes verglichen. Ergibt sich eine Übereinstimmung zwischen der am Adreßbus des Mikrocomputers anliegenden Adresse und der festgelegten Geräteadresse, erzeugt der Adreßdecodierer das Auswahlsignal $\neg CS$ des Gerätes, welches dem angeschalteten Gerät die Freigabe zur Datenübertragung anzeigt. Der Mikrocomputer aktiviert anschließend das Lesesteuersignal $\neg RE$, welches die Richtung der Datenübertragung zwischen Mikrocomputer und adressierten Gerät auf dem bidirektionalen Datenbus – in diesem Fall Datenübertragung vom Perpheriegerät zum Mikrocomputer – festlegt. Der 0-Zustand des Lesesteuersignals $\neg RE$ zeigt an, daß Daten des adressierten Gerätes, welches durch den 0-Zustand des Auswahlsignals $\neg CS$ seines Adreßdecodierers freigegeben ist, vom Mikrocomputer gelesen werden sollen.

Der 0-Zustand des Lesesteuersignals $\neg RE$ veranlaßt das adressierte Gerät bei gleichzeitigem 0-Zustand des Auswahlsignals $\neg CS$ seine Datentreiber, die sich bis zu diesem Zeitpunkt im Tristate-Zustand befanden, zu aktivieren. Nach einer kurzen Verzögerungszeit nehmen daher die Signale des Datenbusses in Abhängigkeit der gespeicherten Daten des ausgewählten Registers des adressierten Gerätes den 0- bzw. 1-Zustand an. Der Mikrocomputer übernimmt die auf dem Datenbus anliegenden Daten und deaktiviert danach das Lesesteuersignal $\neg RE$, so daß dieses wieder den 1-Zustand annimmt. Der 1-Zustand des Lesesteuersignals veranlaßt das adressierte Gerät, seine Datentreiber in den Tristate-Zustand zu schalten, so daß auch der Datenbus nach einer kurzen Verzögerungszeit wieder den Tristate-Zustand aufweist. Der Lesevorgang des Mikrocomputers wird durch die Abschaltung der Geräteadresse beendet, so daß auch der Adreßbus den Tristate-Zustand annimmt.

Den Schreibvorgang beginnt der Mikrocomputer durch die Ausgabe der Geräteadresse und der Daten, die vom Mikrocomputer in das ausgewählte Register des adressierten Gerätes eingeschrieben werden sollen. Danach aktiviert der Mikrocomputer das Schreibsteuersignal $\neg WE$, welches den 0-Zustand annimmt. Das Gerät, welches von seinem Adreßdecodierer durch den 0-Zustand des Auswahlsignals $\neg CS$ zur Datenübertragung freigegeben ist, übernimmt mit dem

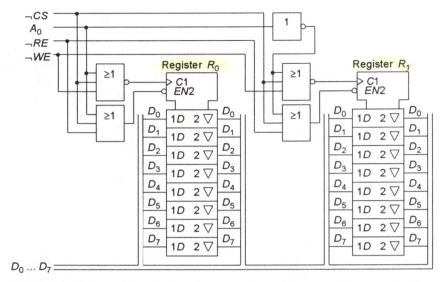

Bild 7.4-8 Schaltung eines Peripheriegerätes mit zwei internen Registern R_0, R_1

0-Zustand des Steuersignals $\neg WE$ die auf dem Datenbus anliegenden Daten in das ausgewählte Register.

Das Bild 7.4-8 zeigt als Beispiel den Aufbau eines peripheren Gerätes mit zwei internen Registern R_0, R_1. Um sowohl das Einschreiben von Daten in die Flipflops der Register als auch das Auslesen gespeicherter Daten aus den Flipflops über den Datenbus eines Mikrocomputers zu ermöglichen, müssen die Ein- und Ausgänge der Flipflops miteinander verbunden und an jeweils ein Datensignal des Datenbusses angeschaltet werden. Die verwendeten Flipflops der Register müssen daher einen Tristate-Ausgang besitzen, so daß nur beim Lesevorgang eines Registers die Ausgänge der Flipflops des durch die Adreßsignale ausgewählten Registers durch das Lesesteuersignal $\neg RE$ aus dem Tristate-Zustand geschaltet werden. Dadurch liegen die gespeicherten Daten des Registers auf den Datenbus des Mikrocomputers an, so daß dieser die Daten übernehmen kann.

In den Fällen, in denen entweder keine gültige Geräteadresse oder aber kein gültiges Lesesteuersignal ($\neg RE = 1$) vorliegt, müssen die Datentreiber der Register des Gerätes vom Bus abgeschaltet werden, damit der Datenbus für andere Datenübertragungen zur Verfügung steht. Dazu müssen die Ausgänge des Registers deaktiviert, d.h., in den Tristate-Zustand geschaltet werden. Das Register, welches seine Daten auf den Datenbus schalten soll, wird mit Hilfe des Freigabeeingangs $\neg EN$ aktiviert, so daß die Flipflops des Registers ihre Ausgänge aus dem Tristate-Zustand in den aktiven Zustand schalten und in Abhängigkeit der gespeicherten Daten die Datenleitungen $D_0 \ldots D_7$ entweder den 0- oder 1-Zustand annehmen. Die Flipflops aller Register, die nicht adressiert sind, müssen mit Hilfe ihrer Freigabeeingänge $\neg EN$ in den Tristate-Zustand geschaltet werden, so daß die Datenleitungen $D_0 \ldots D_3$ durch die Ausgänge der nicht aktivierten Register nur gering belastet werden und eine fehlerfreie Datenübertragung ermöglicht wird.

7.4.4 Schieberegister

Schieberegister ermöglichen das serielle Einschreiben von Daten und das serielle Auslesen gespeicherter Daten und werden in Rechenwerken sowohl zur seriellen Additon bzw. Multiplikation als auch zur Serien-Parallel- bzw. Parallel-Serien-Umsetzung bei der Datenübertragung verwendet. Mit Schieberegistern lassen sich aber auch Takte und Impulse verzögern und auch Taktfolgen erzeugen. Schieberegister bestehen aus einer Reihenschaltung von flankengesteuerten Flipflops oder aus Master-Slave-Flipflops.

Damit das Flipflop i einer Reihenschaltung von Flipflops zum Zeitpunkt $n+1$ den gespeicherten Dateninhalt seines vorgeschalteten Flipflops $i-1$ übernimmt, muß die folgende Übergangsfunktion gewährleistet sein: $Q_i^{n+1} = Q_{i-1}^n$, die sich auch in anderer Form angeben läßt: $Q_i^{n+1} = (Q_{i-1}^n \wedge \neg Q_i^n) \vee (Q_{i-1}^n \wedge Q_i^n)$. Wählt man für die Reihenschaltung der Flipflops eines Schieberegisters beispielsweise flankengesteuerte JK-Flipflops, so ergibt sich die Beschaltung des i-ten Flipflops durch einen Vergleich der oben angegebenen Übergangsfunktion mit der charakteristischen Schaltfunktion des JK-Flipflops: $J_i^n = Q_{i-1}^n$ und $K_i^n = \neg Q_{i-1}^n$.

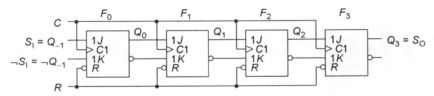

Bild 7.4-9 Schaltung eines 4-Bit-Schieberegisters mit positiv flankengesteuerten JK-Flipflops mit asynchronen Rücksetzeingängen

Das Bild 7.4-9 zeigt ein Schieberegister, welches aus der Reihenschaltung flankengesteuerter JK-Flipflops aufgebaut ist. Das Flipflop F_1 übernimmt zum Zeitpunkt $n+1$ die Information, die das Flipflop F_0 zum Zeitpunkt n gespeichert hat; das Flipflop F_2 übernimmt zum Zeitpunkt $n+1$ die Information, die das Flipflop F_1 zum Zeitpunkt n gespeichert hat, usw. Verwendet man für das Schieberegister flankengesteuerte D-Flipflops, so gilt für die Beschaltung der D-Flipflops: $D_i^n = Q_{i-1}^n$. Das Bild 7.4-10 zeigt ein Schieberegister, welches aus der Reihenschaltung von D-Flipflops mit positiver Flankensteuerung aufgebaut ist. Das Bild 7.4-11a zeigt das Schaltzeichen eines 4-Bit-Schieberegi-

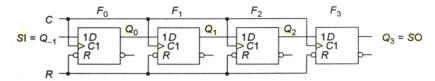

Bild 7.4-10 4-Bit-Schieberegister mit positiv flankengesteuerten D-Flipflops mit asynchronen Rücksetzeingängen

sters mit positiv flankengesteuerten D-Flipflops mit asynchronen Rücksetzeingängen, wobei die Schieberichtung $Q_0 \rightarrow Q_1 \rightarrow Q_2 \rightarrow Q_3$ durch den Pfeil bei dem zusätzlichen Clock-Eingang gekennzeichnet wird. Das Schieberegister kann mit Hilfe des seriellen Eingangs SI (engl.: serial input) und des seriellen Ausgangs SO (engl.: serial output) durch die Reihenschaltung weiterer Schaltkreise zu einem $n \cdot 4$-Bit-Schieberegister erweitert werden.

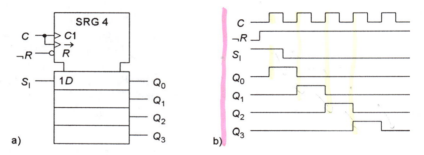

Bild 7.4-11 a) Schaltzeichen eines 4-Bit-Schieberegisters mit positiv flankengesteuerten D-Flipflops mit asynchronen Rücksetzeingängen b) Zeitdiagramm der Signale des 4-Bit-Schieberegisters

Das Bild 7.4-11b zeigt das Zeitdiagramm der Signale des 4-Bit-Schieberegisters beim Schiebevorgang. Durch den 0-Zustand des Eingangssignals $\neg R$ werden alle Flipflops zurückgesetzt. Mit der ersten positiven Flanke des Taktes C wird der Zustand des Eingangs SI in das erste Flipflop übernommen, so daß der Ausgang Q_0 den 1-Zustand aufweist. Da das Eingangssignal SI danach wieder den 0-Zustand annimmt, wird das erste Flipflop bei der zweiten positiven Flanke des Taktes zurückgesetzt, und der Ausgang Q_0 weist wieder den 0-Zustand auf. Mit den nachfolgenden Takten wird dieser 1-Zustand jeweils eine Stelle weiter geschoben, so daß nach der zweiten positiven Taktflanke der Ausgang Q_1, nach der dritten positiven Taktflanke der Ausgang Q_2 und nach der vierten positiven Taktflanke der Ausgang Q_3 den 1-Zustand aufweist. Nach der fünften positiven Taktflanke nimmt daher der Ausgang Q_3 des Schieberegisters wieder den 0-Zustand an.

7.4.4.1 Schieberegister mit umschaltbarer Schieberichtung

Bei einem Schieberegister mit umschaltbarer Schieberichtung muß in Abhängigkeit eines Steuersignals S dem i-ten Flipflop entweder das Ausgangssignal des vorgeschalteten Flipflops $i-1$ oder das Ausgangssignal des nachgeschalteten Flipflops $i+1$ zugeführt werden. Wählt man beim 0-Zustand des Steuersignals S die Schieberichtung von i zu $i-1$ und entsprechend beim 1-Zustand des Steuersignals S von i zu $i+1$, so erhält man die folgende Übergangsfunktion für das Flipflop i: $Q_i^{n+1} = (\neg S \wedge Q_{i-1}^n) \vee (S \wedge Q_{i+1}^n)$. Das Bild 7.4-12 zeigt die Schaltung eines 4-Bit-Schieberegisters mit umschaltbarer Schieberichtung, welches aus D-Flipflops mit positiver Flankensteuerung und zusätzlichen asynchronen Rücksetzeingängen aufgebaut ist. Das Steuersignal S wird dabei den 1-aus-2-Multiplexern als Auswahlsignal zugeführt, so daß den Flipflops am Eingang in Abhängigkeit des Zustands des Steuersignals S das Ausgangssignal entweder des vor- oder des nachgeschalteten Flipflops an ihren D-Eingang anlegt wird.

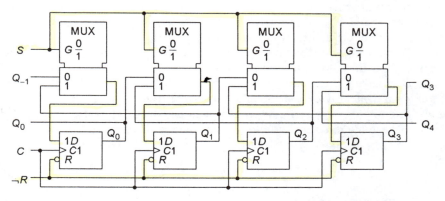

Bild 7.4-12 4-Bit-Schieberegister mit umschaltbarer Schieberrichtung und Rücksetzeingang

7.4.4.2 Schieberegister als Parallel-Serien-Umsetzer

Bei der Datenübertragung zwischen Datenverarbeitungsanlagen unterscheidet man die parallele und serielle Übertragung. Wird für jedes Bit eines Datenwortes eine Übertragungsleitung verwendet, so daß alle Bits eines Datenwortes zwar auf verschiedenen Leitungen, aber zeitgleich übertragen werden, so spricht man von einer parallelen Datenübertragung. Bei der seriellen Übertragung werden die Datenbits eines Wortes nacheinander über eine Leitung übertragen. Die serielle Übertragung wird vor allem bei längeren Übertragungsstrecken verwendet. Bei der Übertragung über Telefon- oder Richtfunkverbindungen steht nur ein Übertragungskanal zur Verfügung, so daß lediglich eine serielle Übertragung der einzelnen Datenbits möglich ist. Nachteil der seriellen Datenübertragung ist die geringere Übertragungsgeschwindigkeit. Da die Daten in einer Datenverarbeitungsanlage in paralleler Form zur Verfügung stehen, muß für eine serielle Datenübertragung eine Parallel-Serien-Umsetzung der Datenwörter erfolgen. Hierzu lassen sich Schieberegister verwenden, die sowohl das parallele Laden der Datenbits des zu übertragenden Datenwortes in die Flipflops des Schieberegisters als auch das serielle Schieben des eingespeicherten Datenwortes ermöglichen.

Das Bild 7.4-13 zeigt ein 4-Bit-Schieberegister mit einer Shift/Load-Funktion, die mit dem Takt synchronisiert ist. Mit dem Steuereingang $S/\neg L$ wird entweder die Funktion des Ladens der Datenbits in die Flipflops des Schieberegister ($S/\neg L = 0$) oder die Funktion des Schiebens der eingespeicherten Datenbits ($S/\neg L = 1$) angewählt. Befindet sich der Steuereingang $S/\neg L$ im 0-Zustand, so wird der Zustand der Dateneingänge D_0, D_1, D_2, D_3 mit Hilfe der 1-aus-2-Multiplexer bei einer positiven Taktflanke des Taktes T parallel in die Flipflops des Schieberegisters übernommen. Beim 1-Zustand des Steuereingangs wird die Schiebefunktion mit der positiven Flanke des Taktes T aktiviert. Am Ausgang SO des Schieberegisters stellt sich mit der positiven Flanke des Taktes, mit der das parallele Datenwort in die Flipflops geladen wird, das Datenbit D_3, mit der ersten positiven Flanke des Taktes T beim Schiebevorgang das Datenbit D_2, nach der zweiten positiven Flanke des Taktes T beim Schiebevorgang das Datenbit D_1 und nach der dritten positiven Flanke des Taktes T beim Schiebevorgang das Datenbit D_0 ein. Schaltet man zwei Bausteine des dargestellten Parallel-Serien-Umsetzers in Reihe, indem man den seriellen Datenausgang SO des ersten Bausteins mit dem seriellen Dateneingang SI des zweiten Bausteines verbindet, so erhält man einen 8-Bit-Parallel-Serien-Umsetzer.

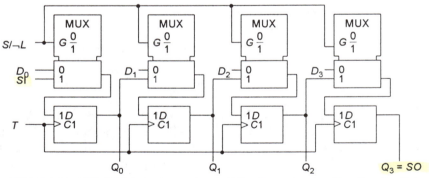

Bild 7.4-13 4-Bit-Schieberegister mit paralleler Dateneingabe (D_0, D_1, D_2, D_3) und paralleler Datenausgabe (Q_0, Q_1, Q_2, Q_3)

7.4.4.3 Schieberegister als Serien-Parallel-Umsetzer

Bei einer Datenverarbeitungsanlage muß beim Empfang serieller Daten eine entsprechende Umsetzung der seriell empfangenen Datenbits in ein paralleles

Datenwort erfolgen. Dazu läßt sich das Schieberegister nach Bild 7.4-13 ebenfalls verwenden. Die seriellen Daten werden an den Eingang SI angelegt. Beim Einsatz als Serien-Parallel-Umsetzer wird nur die Schiebefunktion verwendet. Während sich der Steuereingang $S/\neg L$ im 1-Zustand befindet, werden mit dem Takt T die seriellen Datenbits der Reihe nach in die Flipflops gespeichert und weitergeschoben. Nach dem Empfang der Anzahl der Bits des Datenwortes steht das parallele Datenwort zur parallelen Weiterverarbeitung an den Ausgängen $Q_0 ... Q_3$ zur Verfügung.

7.4.4.4 Rückgekoppelte Schieberegister

Das Bild 7.4-14 zeigt ein Schieberegister, dessen serieller Datenausgang Q_3 mit dem seriellen Dateneingang SI verbunden ist. Dieses Schieberegister wird daher als rückgekoppeltes Schieberegister bezeichnet und läßt sich als Ringzähler einsetzen. Die beim Ladevorgang eingeschriebenen Datenbits werden beim Schiebevorgang wie in einem Ring geschoben, da das am Ausgang anliegende Datenbit am Dateneingang des Schieberegisters wieder übernommen wird. Die Anzahl der möglichen Kombinationen der Datenbits, die an den parallelen Datenausgängen des Schieberegisters zur Verfügung stehen, hängt von der Anzahl n der Reihenschaltung der Flipflops ab. Allgemein gilt für die Anzahl maximal möglicher Kombinationen der parallelen Ausgangsvariablen des rückgekoppelten Schieberegisters $K_{max} = n$. Bei vier Flipflops ergeben sich daher vier mögliche Kombinationen der parallel zur Verfügung stehenden Ausgangsvariablen. Wird beispielsweise beim Ladevorgang eines rückgekoppelten 4-Bit-Schieberegisters die Kombination $Q_3 = 1$, $Q_2 = Q_1 = Q_0 = 0$ in das Schieberegister eingespeichert, so ergeben sich durch die einzelnen Schiebevorgänge die Kombinationen des Ringzählers an seinen parallelen Ausgängen zu: 0001, 0010, 0100 und 1000.

Schaltet man in Bild 7.4-14 an Stelle der nicht negierten Ausgangsvariable Q_3 die negierte Ausgangsvariable $\neg Q_3$ auf den seriellen Dateneingang zurück, so

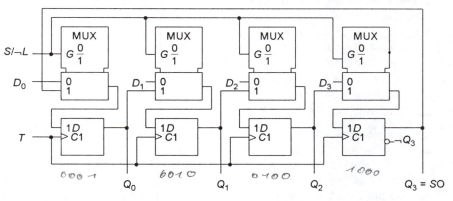

Bild 7.4-14 Rückgekoppeltes 4-Bit-Schieberegister als Ringzähler

erhält man den Möbius-Zähler, bei dem sich maximal $K_{max} = 2n$ Kombinationen der parallelen Ausgangsvariablen ergeben. Wird in einen 4-Bit-Möbius-Zähler beispielsweise das Datenwort 0001 parallel eingespeichert, so ergeben sich bei den Schiebevorgängen die Kombinationen 0011, 0111, 1111, 1110, 1100, 1000, 0000, 0001. Durch eine entsprechende kombinatorische Verknüpfung der Flipflopausgänge läßt sich ein rückgekoppeltes Schieberegister aufbauen, in dem die Ausgangsvariable der kombinatorischen Verknüpfung an den seriellen Dateneingang des Schieberegisters geschaltet wird. Ausgehend von der Kombination, mit der die Flipflops parallel geladen werden, lassen sich die einzelnen Zustände des Schieberegisters ermitteln.

7.5 Asynchroner Zähler

Während beim synchronen Zähler der zu zählende Impuls jedem Flipflop als Taktsignal dient, wird bei einem asynchronen Zähler der Zählimpuls nur dem ersten Flipflop des Zählers als Takt zugeführt, während bei den nachgeschalteten Flipflops die Ausgangsvariablen anderer Flipflops als Takt dienen. Beim Entwurf asynchroner Zähler muß daher zunächst festgelegt werden, welche Ausgangsvariablen von Flipflops für andere Flipflops als Taktsignale verwendet werden können. Nach dieser Festlegung läßt sich dann die Beschaltung der taktabhängigen Eingänge der Flipflops bestimmen. Um die Flipflops eines asynchronen Zählers einzustellen, können außer den taktabhängigen Eingängen der Flipflops auch die taktunabhängigen Eingänge benutzt werden.

7.5.1 Asynchroner Vorwärtszähler im 8-4-2-1-BCD-Code

Als Beispiel soll ein Vorwärtszähler mit positiv flankengesteuerten JK-Flipflops entworfen werden, der im 8-4-2-1-BCD-Code zählt. Zunächst trägt man in einer Schaltfolgetabelle die Zählkombinationen entsprechend der Zählfolge ein, wie die Tabelle 7.5-1 zeigt. Danach bestimmt man für jedes Flipflop das Signal, welches sich als Taktsignal verwenden läßt. Da das erste Flipflop F_0 mit jedem Zählimpuls seinen Ausgangszustand ändern muß, kommt als Taktsignal nur der Zählimpuls in Frage. Der Schaltfolgetabelle kann weiterhin entnommen werden, daß das Flipflop F_1 seinen Zustand immer bei einem 1-0-Wechsel des Ausgangs des Flipflops F_0 ändern muß. Da JK-Flipflops mit positiver Flankensteuerung verwendet werden sollen, läßt sich das Flipflop F_1 vom negierten Ausgang $\neg Q_0$ des Flipflops F_0 takten.

Das Flipflop F_2 ändert seinen Zustand immer bei einem 1-0-Wechsel des Ausgangs des Flipflops F_1. Daher läßt sich das negierte Ausgangssignal $\neg Q_1$ des Flipflops F_1 als Takt für das Flipflop F_2 verwenden. Das Flipflop F_3 kann nur vom Flipflop F_0 getaktet werden, da nur das Flipflop F_0 beim Übergang der Zählfolge von der Kombination 9 auf die Kombination 0 einen Zustandswechsel zeigt. Als Takt für das Flipflop F_3 muß daher ebenfalls die negierte Ausgangs-

7.5 Asynchroner Zähler

Zählfolge	Zustand der Flipflops zum Zeitpunkt n $Q_3^n\ Q_2^n\ Q_1^n\ Q_0^n$	Beschaltung der Flipflops $F_3\qquad F_2\qquad F_1\qquad F_0$ $J_3^n\ K_3^n\ J_2^n\ K_2^n\ J_1^n\ K_1^n\ J_0^n\ K_0^n$
0	0 0 0 0	X X X X X X 1 X
1	0 0 0 1	0 X X X 1 X X 1
2	0 0 1 0	X X X X X X 1 X
3	0 0 1 1	0 X 1 X X 1 X 1
4	0 1 0 0	X X X X X X 1 X
5	0 1 0 1	0 X X X 1 X X 1
6	0 1 1 0	X X X X X X 1 X
7	0 1 1 1	1 X X 1 X 1 X 1
8	1 0 0 0	X X X X X X 1 X
9	1 0 0 1	X 1 X X 0 X X 1

Tabelle 7.5-1 Zustandsfolgetabelle des asynchronen Vorwärtszählers im 8-4-2-1-BCD-Code

variable $\neg Q_0$ des Flipflops F_0 benutzt werden. Nach der Festlegung der Taktbeschaltung der Flipflops läßt sich nun die Beschaltung der einzelnen Flipflops bestimmen. Für alle Zählkombinationen, bei denen das Taktsignal eines Flipflops keine Taktflanke erzeugt, kann die Beschaltung der taktabhängigen Eingänge des Flipflops beliebig gewählt werden. Man trägt daher für diese Zählkombinationen Don't-Cares für die Beschaltung der taktabhängigen Eingänge ein, um nachfolgend eine möglichst einfache Beschaltung festlegen zu können. Muß ein Flipflop im 0-Zustand bei einer steuernden Taktflanke seinen Zustand beibehalten, so muß als Beschaltung bei einem JK-Flipflop $J^n = 0$, $K^n = X$ anliegen; ist ein Flipflop hingegen gesetzt und soll seinen Zustand beibehalten, so muß bei einem JK-Flipflop $J^n = X$, $K^n = 0$ als Beschaltung anliegen.

Muß ein Flipflop einen 0-1-Wechsel am Ausgang vollziehen, so wird als Beschaltung bei einem JK-Flipflop $J^n = 1$, $K^n = X$ gefordert. Eine Änderung des Flipflops vom Zustand 1 zum Zustand 0 läßt sich mit der Beschaltung $J^n = X$, $K^n = 1$ erreichen. Je nach Anforderung wird die erforderliche Beschaltung für jedes Flipflop in die rechte Spalte der Schaltfolgetabelle eingetragen. An Hand dieser Eintragungen läßt sich für die Vereinfachung der Beschaltung für jede der Ausgangsvariablen ein KV-Diagramm angeben, wie die Bilder 7.5-1a-h zeigen. Zusätzlich sind in diesen KV-Diagrammen für die nicht auftretenden Zählkombinationen Don't-Cares eingetragen. An Hand dieser KV-Diagramme läßt sich die jewils einfachste Beschaltung der taktabhängigen Eingänge der einzelnen Flipflops bestimmen: $J_3^n = Q_2^n \wedge Q_1^n$, $K_3^n = 1$, $J_2^n = K_2^n = 1$, $J_1^n = \neg Q_3^n$, $K_3^n = 1$, $J_0^n = K_0^n = 1$.

Das Bild 7.5-2 zeigt die Digitalschaltung des asynchronen Vorwärtszählers, der im 8-4-2-1-BCD-Code zählt. Ein Vergleich dieser Schaltung des asynchronen Zählers mit der Schaltung des synchronen Zählers nach Bild 7.3-1 zeigt, daß

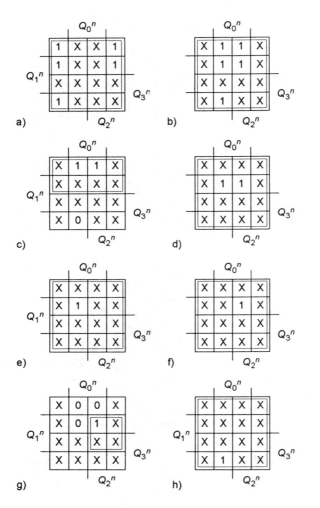

Bild 7.5-1 KV-Diagramme zur Schaltfolgetabelle nach Tabelle 7.5-1
a) für Schaltvariable J_0^n
b) für Schaltvariable K_0^n
c) für Schaltvariable J_1^n
d) für Schaltvariable K_1^n
e) für Schaltvariable J_2^n
f) für Schaltvariable K_2^n
g) für Schaltvariable J_3^n
h) für Schaltvariable K_3^n

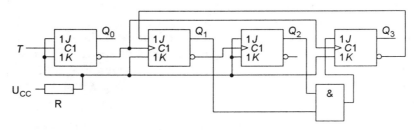

Bild 7.5-2 Asynchroner Vorwärtszähler im 8-4-2-1-BCD-Code mit positiv flankengesteuerten JK-Flipflops

die zusätzliche kombinatorische Schaltung beim asynchronen Zähler im 8-4-2-1-BCD-Code besonders einfach ist. Wie bereits erwähnt, besteht der Nachteil asynchroner Zähler aber darin, daß die Flipflopausgänge ihren Zustand nicht gleichzeitig sondern zeitlich nacheinander ändern. Dadurch ergeben sich beim Übergang von einer Zählkombination zu der nachfolgenden Zählkombination kurzzeitig fehlerhafte Zwischenkombinationen, wenn mehrere Flipflops nacheinander einen Zustandswechsel aufweisen. Besonders bei der Decodierung von Zählkombinationen asynchroner Zähler muß dieses berücksichtigt werden.

7.5.2 Asynchroner Vorwärtszähler im Aiken-Code

Im vorher behandelten Beispiel des asynchronen Dezimalzählers konnten für alle Flipflops Ausgangssignale anderer Flipflops als Taktsignale verwendet werden. Dieses ist der Fall, wenn zu einem Zeitpunkt, zu dem ein Flipflop seinen Zustand ändern muß, auch ein anderes Flipflop einen Zustandswechsel aufweist. Ist dieses nicht der Fall, wie die Schaltfolgetabelle eines asynchronen Zählers im Aiken-Code nach Tabelle 7.5-2 zeigt, so müssen zusätzlich die asynchronen, taktunabhängigen Eingänge der Flipflops verwendet werden, um das Flipflop beim Fehlen einer Taktflanke einzustellen.

Man erkennt an Hand dieser Schaltfolgetabelle, daß das Flipflop F_1 jeweils beim Übergang der Zählfolge 1 zur Zählfolge 2, beim Übergang der Zählfolge 3 zur Zählfolge 4, beim Übergang der Zählfolge 5 zur Zählfolge 6, beim Übergang der Zählfolge 7 zur Zählfolge 8 und beim Übergang der Zählfolge 9 zur Zählfolge 0 vom Ausgang des Flipflops $\neg Q_0$ bei der Verwendung von positiv flankengesteuerten JK-Flipflops taktmäßig gesteuert werden kann, da der Ausgang $\neg Q_0$ bei diesen Übergängen eine positive Flanke erzeugt. Beim Übergang der Zählfolge 4 zur Zählfolge 5 benötigt das Flipflop F_1 ebenfalls eine positive Taktflanke, die aber vom Ausgang $\neg Q_0$ des Flipflops F_0 nicht zur Verfügung

Zählfolge	Zustand der Flipflops zum Zeitpunkt n $Q_3^n\ Q_2^n\ Q_1^n\ Q_0^n$	Beschaltung der Flipflops $F_3\qquad F_2\qquad F_1\qquad F_0$ $J_3^n\ K_3^n\ J_2^n\ K_2^n\ J_1^n\ K_1^n\ J_0^n\ K_0^n$
0	0 0 0 0	X X X X X X 1 X
1	0 0 0 1	X X X X 1 X X 1
2	0 0 1 0	X X X X X X 1 X
3	0 0 1 1	X X 1 X X 1 X 1
4	0 1 0 0	1 X X X X X 1 X
5	1 0 1 1	X X 1 X X 1 X 1
6	1 1 0 0	X X X X X X 1 X
7	1 1 0 1	X X X X 1 X X 1
8	1 1 1 0	X X X X X X 1 X
9	1 1 1 1	X 1 X 1 X 1 X 1

Tabelle 7.5-2 Zustandsfolgetabelle des asynchronen Vorwärtszählers im Aiken-Code

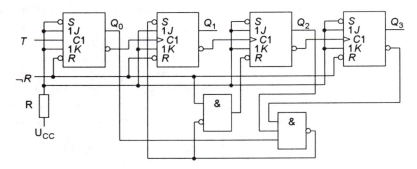

Bild 7.5-3 Asynchroner Zähler im Aiken-Code mit positiv flankengesteuerten JK-Flipflops

gestellt werden kann, da das Flipflop F_0 bei diesem Übergang seinen Zustand nicht ändert. Damit reicht eine Taktsteuerung des Flipflops F_1 durch den Ausgang $\neg Q_0$ des Flipflops F_0 allein nicht aus. In diesem Fall muß das Flipflop F_1 unter zusätzlicher Verwendung des taktunabhängigen Setzeingangs beim Übergang der Zählfolge 4 zur Zählfolge 5 gesetzt werden.

Das Flipflop F_2 kann vom Flipflop F_1 bei den Übergängen der Zählfolgen 3 auf 4, 5 auf 6 und 9 auf 0 getaktet werden. Beim Übergang von der Zählfolge 4 zur Zählfolge 5 fehlt ebenfalls eine Taktflanke, da das Flipflop F_1 bei diesem Übergang keinen Wechsel vollzieht. Bei diesem Übergang muß das Flipflop F_2 daher ebenfalls mit Hilfe des asynchronen Rücksetzeingangs zurückgesetzt werden.

Das Flipflop F_3 kann sowohl beim Übergang von der Zählfolge 4 zur Zählfolge 5 als auch beim Übergang der Zählfolge 9 zur Zählfolge 0 vom Ausgang $\neg Q_2$ des Flipflops F_2 getaktet werden. An Hand dieser Überlegungen ergibt sich, daß sich die Flipflops hintereinanderschalten lassen, wobei jeweils das nachgeschaltete Flipflop vom negierten Q-Ausgang des vorangeschalteten Flipflops getaktet wird. Zusätzlich muß beim Übergang von der Zählfolge 4 zur Zählfolge 5 das Flipflop F_1 gesetzt und das Flipflop F_2 zurückgesetzt werden, da durch die Taktsteuerung dieser Flipflops der Zähler nach der Kombination 0100 die Kombination 0101 annehmen würde. Decodiert man die Zählfolge 0101, so läßt sich das erzeugte Ausgangssignal verwenden, um das Flipflop F_1 zu setzen und das Flipflop F_2 zurückzusetzen. Damit ergibt sich die Digitalschaltung des asynchronen Zählers im Aiken-Code nach Bild 7.5-3.

7.6 Frequenzteiler

Ein Frequenzteiler ist ein Schaltwerk, welches ein periodisches Eingangssignal einer Frequenz f_E in ein periodisches Ausgangssignal einer Frequenz $f_A = f_E/n$

7.6 Frequenzteiler

teilt, wobei das Teilerverhältnis n ganzzahlig und größer als 1 ist. Man spricht allgemein von einem $1{:}n$-Frequenzteiler.

Ein Frequenzteiler mit einem Teilerverhältnis 1:2 läßt sich besonders einfach mit einem flankengesteuerten JK-Flipflop mit der Beschaltung $J^n = K^n = 1$ oder mit einem flankengesteuerten D-Flipflop mit der Rückkopplung der negierten Ausgangsvariablen $\neg Q^n$ auf den Eingang D^n aufbauen. Bei positiver Flankensteuerung schaltet zum Beispiel das Flipflop jeweils beim 0-1-Übergang des Eingangssignals um, so daß sich dadurch eine Frequenzteilung mit dem Teilerverhältnis 1:2 ergibt. Verwendet man das Ausgangssignal als Takt zur Ansteuerung eines weiteren Flipflops mit der oben angegebenen Beschaltung, so weist die Ausgangsvariable des nachgeschalteten zweiten Flipflops eine Frequenz mit einem Teilerverhältnis von 1:4 auf. Schaltet man allgemein eine Anzahl m von Flipflops in Reihe, so ergeben sich an den Ausgängen der Flipflops die Ausgangsvariablen mit einem Teilerverhältnis von 1:2, 1:4, 1:8 bis $1{:}2^m$. Frequenzteiler mit einem Teilverhältnis $n = 2^m$ lassen sich daher besonders einfach aufbauen.

7.6.1 Frequenzteiler mit geradzahligem Teilerverhältnis

Prinzipiell läßt sich jeder Zähler auch als Frequenzteiler einsetzen. Wird ein Frequenzteiler mit einem geradzahligem Teilerverhältnis gewählt, so entwirft man einen Zähler mit synchroner oder asynchroner Betriebsart, der in einem beliebigen Zählcode zählt und dessen Anzahl der Zählkombinationen der inneren Schaltvariablen der halben Anzahl des geradzahligen Teilerverhältnisses entspricht. Ist beispielsweise ein Frequenzteiler mit einem Teilerverhältnis von 1:6 gefordert, so wählt man einen synchronen oder asynchronen Zähler mit den drei Zählkombinationen 00, 01, 10. Damit erhält man einen Frequenzteiler mit einem Teilerverhältnis von 1:3, dem nun noch ein Frequenzteiler mit einem

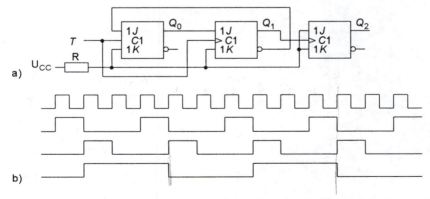

Bild 7.6-1 a) Schaltung des Frequenzteilers mit einem Teilerverhältnis von 1:6
b) Zeitdiagramm der Signale

Teilerverhältnis von 1:2 nachgeschaltet wird, der mit dem Ausgangssignal der höchsten Stelle des Zählers getaktet wird. Damit ergibt sich durch die Reihenschaltung eines 1:3- und 1:2-Frequenzteilers eine Frequenzteilung mit dem Teilerverhältnis von 1:6 mit einem Ausgangssignal, welches für die Dauer von drei Eingangstakten den 0- und ebenfalls für die Dauer von drei Eingangstakten den 1-Zustand aufweist. Das Ausgangssignal des Frequenzteilers mit dem Teilerverhältnis von 1:6 weist dabei zusätzlich noch ein Tastverhältnis von 1:1 auf, welches für Taktsignale bevorzugt wird. Ein Signal weist ein Tastverhältnis ungleich 1:1 auf, wenn die Dauer seines 0- und 1-Zustands ungleich ist.

Das Bild 7.6-1a zeigt die Digitalschaltung des Frequenzteilers mit einem Teilerverhältnis von 1:6 und das Bild 7.6-1b das Zeitdiagramm der Signale. Die Ausgangsvariable Q_2 stellt das frequenzgeteilte Signal mit einem Tastverhältnis von 1:1 zur Verfügung. Die Ausgangsvariablen Q_0 als auch Q_1 stellen beispielsweise bezüglich des Taktes T Signale mit einem Frequenzteilerverhältnis von 1:3 dar, wobei sie ein Tastverhältnis von 1:2 aufweisen, da sie für die Dauer einer Taktperiode den 1-Zustand und für die Dauer von zwei Taktperioden den 0-Zustand aufweisen.

7.6.2 Frequenzteiler mit ungeradzahligem Teilerverhältnis

Wird ein Frequenzteiler mit einem ungeradzahligem Teilerverhältnis benötigt, so entwirft man einen synchronen oder asynchronen Zähler, dessen Zählperiode entsprechend dem Teilerverhältnis n Kombinationen aufweist. Da die Kombinationen des Zählers frei wählbar sind, wählt man die Kombinationen vorzugsweise so, daß die höchstwertige Zählstelle des Zählers gleich als frequenzgeteiltes Signal verwendet werden kann. Um auch bei einem ungeradzahligem Teilerverhältnis 1:n ein Ausgangssignal mit einem Tastverhältnis von etwa 1:1

Zählfolge	Zustände der Flipflops							
	zum Zeitpunkt n				zum Zeitpunkt $n+1$			
	Q_3^n	Q_2^n	Q_1^n	Q_0^n	Q_3^{n+1}	Q_2^{n+1}	Q_1^{n+1}	Q_0^{n+1}
0	0	0	0	0	0	0	0	1
1	0	0	0	1	0	0	1	0
2	0	0	1	0	0	0	1	1
3	0	0	1	1	0	1	0	0
4	0	1	0	0	0	1	0	1
5	0	1	0	1	1	0	0	0
6	1	0	0	0	1	0	0	1
7	1	0	0	1	1	0	1	0
8	1	0	1	0	1	0	1	1
9	1	0	1	1	1	1	0	0
10	1	1	0	0	0	0	0	0

Tabelle 7.6-1 Schaltfolgetabelle des synchronen Zählers als Frequenzteiler 1:11

7.6 Frequenzteiler

zu erhalten, wählt man die Kombinationen so, daß die höchstwertige Zählstelle für $(n+1)/2$ oder für $(n-1)/2$ Kombinationen den 0-Zustand und für die anderen Kombinationen den 1-Zustand aufweist, wie die nachfolgende Tabelle in Tabelle 7.6-1 für einen 1:11 Frequenzteiler zeigt. Das Signal Q_3 stellt in diesem Fall das frequenzgeteilte Ausgangssignal dar. Auch alle geradzahligen Frequenzteiler lassen sich auf diese Art entwerfen, wobei dann genau für $n/2$ Kombinationen der 0- und 1-Zustand für die höchstwertige Schaltvariable gewählt wird.

Das Bild 7.6-2 zeigt die Schaltung des Zählers, dessen Ausgangsvariable Q_3 das frequenzgeteilte Signal zur Verfügung stellt, welches allerdings ein Tastverhältnis von 6:5 besitzt.

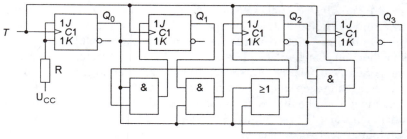

Bild 7.6-2 Synchroner Zähler als Frequenzteiler mit einem Teilerverhältnis von 1:11

8 Halbleiterspeicher

Speicher sind nach DIN 44300 Funktionseinheiten, die Daten aufnehmen, aufbewahren und abgeben. In digitalen Rechenanlagen werden Speicher sowohl zur zeitlich begrenzten als auch zeitlich unbegrenzten Aufbewahrung von Daten benötigt. Man unterscheidet daher zwischen Arbeitsspeichern (Kurzzeitspeichern), in denen Daten kurzzeitig gespeichert werden, und Hintergrundspeichern (Langzeitspeichern), die für die Speicherung von Daten über einen längeren Zeitraum eingesetzt werden. An Hand ihres Aufbaus lassen sich Halbleiterspeicher allgemein in flüchtige und nichtflüchtige Speicher einteilen.

Magnetische Speicher – wie beispielsweise Magnetkernspeicher, Magnetbandspeicher, Magnetblasenspeicher, Hard-Disk und Floppy-Disk – gehören ebenfalls zur Gruppe der nichtflüchtigen Speicher. Magnetische Speicher bzw. nichtflüchtige Halbleiterspeicher werden in digitalen Rechenanlagen als Hintergrundspeicher zur Langzeitspeicherung von Daten eingesetzt, da sie zur Aufbewahrung der Daten keine Versorgungsspannung benötigen. Flüchtige Speicher verlieren hingegen ihren gespeicherten Dateninhalt, sobald die Versorgungsspannung abgeschaltet wird, so daß sie lediglich als Arbeitsspeicher zur Kurzzeitspeicherung Verwendung finden. Bei Magnetspeichern besteht das Speicherelement entweder aus einem Magnetkern oder einem Stück Magnetschicht, während Halbleiterspeicher dagegen elektronische Bauelemente bzw. elektronische Schaltungen als Speicherelemente verwenden.

8.1 Begriffe, Kenngrößen und Arten

Zur Einführung werden in diesem Abschnitt zunächst Begriffe und Kenngrößen von Halbleiterspeichern behandelt; außerdem werden in einer Übersicht die verschiedenen Arten von Halbleiterspeichern vorgestellt, die in den Abschnitten 8.2 und 8.3 eingehend erläutert werden.

8.1.1 Speicherelement

Das Speicherelement ist der nicht weiter zerlegbare Teil eines Halbleiterspeichers, der der Aufbewahrung (Speicherung) eines Binärzeichens dient. Ist in einem Halbleiterspeicher jedem Speicherelement jeweils eine Adresse zugeordnet, so bezeichnet man ihn als bitorganisierten Halbleiterspeicher. Mit Hilfe der zugeordneten Adresse, die an den Halbleiterspeicher mit Hilfe von Adreßsignalen angelegt wird, kann in einem bitorganisierten Halbleiterspeicher jedes Speicherelement aus der Vielzahl der Speicherelemente zur Datenübertragung ausgewählt (adressiert) werden. Die Datenübertragung besteht dabei entweder aus dem Auslesen des gespeicherten Binärzeichens des adressierten Speicherelementes – dieser zeitliche Verlauf wird Lesezyklus genannt – oder aus dem

Vorgang des Einschreibens des zu speichernden Binärzeichens in das adressierte Speicherelement, der als Schreibzyklus bezeichnet wird.

8.1.2 Speicherzelle

In einem wortorganisierten Halbleiterspeicher ist jeweils eine Anzahl s von Speicherelementen zu einer Speicherzelle zusammengefaßt, wobei lediglich jeder Speicherzelle und nicht jedem einzelnen Speicherelement der Speicherzelle eine Adresse zugeordnet ist. In einer Speicherzelle eines wortorganisierten Halbleiterspeichers kann daher jeweils ein Binärwort gespeichert werden. Ein Binärwort, welches häufig einfach als Datenwort bezeichnet wird, besteht aus einer zusammenhängenden Anzahl von s Binärzeichen. Die Anzahl s der Binärzeichen, die in einer Speicherzelle eines wortorganisierten Halbleiterspeichers aufbewahrt werden kann, bezeichnet man als Wortlänge des Halbleiterspeichers. Mit Hilfe der Adresse, die an den Halbleiterspeicher angelegt wird, kann in einem wortorganisierten Halbleiterspeicher jede Speicherzelle aus der Vielzahl der Speicherzellen zur Datenübertragung ausgewählt werden.

8.1.3 Speicherkapazität

Die Anzahl der Binärzeichen bzw. der Binärwörter, die in einem bit- oder wortorganisierten Halbleiterspeicher aufbewahrt werden kann, wird als Speicherkapazität bezeichnet. Die Speicherkapazität wird bei bitorganisierten Halbleiterspeichern in Bit und bei wortorganisierten Halbleiterspeichern in Byte – darunter versteht man üblicherweise acht Bit – oder in der jeweiligen Wortlänge angegeben. Bei der Angabe der Speicherkapazität wird der Buchstabe k (Kilo) für eine Anzahl von $2^{10} = 1024$ Bit, der Buchstabe M (Mega) für eine Anzahl von $2^{20} = 1\,048\,576$ Bit und der Buchstabe G (Giga) für eine Anzahl von $2^{30} = 1\,073\,741\,824$ Bit als Abkürzung verwendet. Ein Halbleiterspeicher mit einer Speicherkapazität von 128 k Byte bzw. 128 k · 8 Bit besteht demnach aus einer Anzahl von insgesamt 131 072 Speicherzellen, wobei jede Speicherzelle aus jeweils acht Speicherelementen zusammengesetzt ist.

8.1.4 Adressierung

Bezüglich der Adressierung von Halbleiterspeichern unterscheidet man zwischen ortsadressierten und inhaltsadressierten Speichern. Bei einem ortsadressierten Speicher erfolgt die Anwahl des Speicherelementes bzw. der Speicherzelle (Adressierung) mit Hilfe der Adreßsignale, da jedes Speicherelement bzw. jede Speicherzelle durch eine fest zugeordnete Adresse gekennzeichnet ist. Ein Halbleiterspeicher mit einer Speicherkapazität S benötigt eine Anzahl $n = \operatorname{ld} S$ von Adreßsignalen $A_0 \dots A_{n-1}$. Die Speicherelemente bzw. Speicherzellen inhaltsadressierter Halbleiterspeicher werden dagegen nicht mit Hilfe einer Adresse, sondern durch eine vorgegebene Information ausgewählt.

8.1.5 Halbleiter-Speicherbausteine

Die Wortlänge des Speichers einer digitalen Rechenanlage entspricht meistens der Länge des Maschinenwortes. Übliche Wortlängen digitaler Rechenanlagen sind heutzutage 8, 16, 32, 48 und 64 Bits. Da die Hersteller von Halbleiterspeichern lediglich bitorganisierte Halbleiter-Speicherbausteine bzw. wortorganisierte Halbleiter-Speicherbausteine mit einer Wortlänge von vier bzw. acht Bits anbieten, muß der benötigte Gesamtspeicher einer digitalen Rechenanlage aus einer Anzahl von einzelnen Halbleiter-Speicherbausteinen zusammengesetzt werden. Sind in einem Halbleiter-Speicherbaustein eine Gruppe von je acht Speicherelementen zu einer Speicherzelle zusammengefaßt, so spricht man auch von einem byteorganisierten Halbleiterspeicher. Durch die Zusammenschaltung einer Anzahl von $8 \cdot n$ bitorganisierter Halbleiter-Speicherbausteine, bzw. einer Anzahl von $2 \cdot n$ wortorganisierter Halbleiter-Speicherbausteine mit einer Wortlänge von vier Bit oder einer Anzahl n byteorganisierter Halbleiter-Speicherbausteine, läßt sich ein Gesamtspeicher mit einer Wortlänge von $n \cdot 8$ Bit aufbauen, so daß die Wortlänge des Gesamtspeichers der jeweiligen Länge des Maschinenwortes der digitalen Rechenanlage angepaßt werden kann.

Da außerdem in digitalen Rechenanlagen nicht nur Halbleiterspeicher mit unterschiedlichen Wortlängen sondern auch mit verschiedener Kapazität benötigt werden, bieten die Hersteller Speicherbausteine an, die den Aufbau des Gesamtspeichers aus einer beliebigen Anzahl von einzelnen Speicherbausteinen ermöglichen. Dazu besitzen diese Schaltkreise außer den Adreßsignalen, mit denen die Speicherzellen zur Datenübertragung ausgewählt werden, noch ein zusätzliches Steuersignal, mit dem jeder Speicherbaustein aus der Vielzahl der Bausteine des Gesamtspeichers zur Datenübertragung ausgewählt werden kann. Dieses Steuersignal in negativer Logik wird mit $\neg CS$ (engl.: chip select, siehe Abschnitt 7.4.3) bzw. bei Speicherbausteinen auch häufig mit $\neg CE$ (chip enable) bezeichnet. Mit Hilfe zweier weiterer Steuersignale, die zusätzlich zu den Adreßsignalen und dem Chip-Enable-Signal an einen Speicherbaustein angeschaltet werden müssen, wird die Datenübertragungsrichtung festgelegt. Das Steuersignal $\neg RD$ (engl.: read), welches auch mit $\neg RE$ (read enable) abgekürzt wird, zeigt dem Speicherbaustein an, daß der Dateninhalt der durch die Adreßsignale ausgewählten Speicherzelle gelesen werden soll. Mit dem Steuersignal $\neg WR$ (engl.: write) – auch mit $\neg WE$ (write enable) abgekürzt – wird dem Speicherbaustein vorgegeben, daß die Daten, die an seinen Dateneingängen anliegen, in die durch die Adreßsignale ausgewählte Speicherzelle eingeschrieben werden sollen.

Das Bild 8.1-1 zeigt beispielsweise das Schaltzeichen eines Schreib-Lese-Speicherbausteins, der eine Speicherkapazität von $8 K \cdot 4$ Bit besitzt. Zur Beschreibung der Funktion des Schaltkreises werden dabei die Adressen-Abhängigkeit, die auch einfach A-Abhängigkeit genannt wird, die G-Abhängigkeit, die EN-

8.1 Begriffe, Kenngrößen und Arten

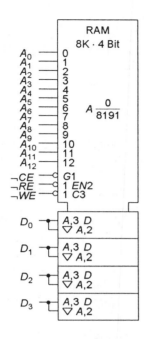

Bild 8.1-1 Schaltzeichen eines Schreib-Lese-Speicherbausteins mit einer Speicherkapazität von 8K · 4 Bit

Abhängigkeit und die C-Abhängigkeit verwendet. Die allgemeine Kennzahl m eines Am-Eingangs entspricht bei dieser Darstellung der entsprechenden Adresse der angewählten Speicherzelle. Befindet sich ein Am-Eingang im internen 1-Zustand, so haben die von ihm gesteuerten Ein- und Ausgänge ihre normal definierte Wirkung auf das Datenwort der Speicherzelle. Befindet sich ein Am-Eingang dagegen im internen 0-Zustand, so haben die von ihm gesteuerten Ein- und Ausgänge keine Wirkung. Ein Speicherbaustein mit einer Speicherkapazität von 8K · 4 Bit besitzt insgesamt 8192 Speicherzellen, in denen jeweils ein Datenwort, welches aus vier Binärzeichen besteht, gespeichert werden kann. Damit ergeben sich für die Kennzahl m der Am-Abhängigkeit die Adreßwerte 0 bis 8191. Bei den gesteuerten Ein- und Ausgängen ist daher für die allgemeine Adreßbezeichnung A der jeweilige Adreßwert 0 bis 8191 einzusetzen.

An Hand der verwendeten Kennzeichnungen läßt sich die Funktionsweise des Bausteins ersehen. Das Auswahlsignal des Bausteins (Chip-Enable-Signal $\neg CE$) besitzt eine G-Abhängigkeit, die auch als UND-Abhängigkeit bezeichnet wird. Diese UND-Abhängigkeit des Signals $\neg CE$, die durch die Kennzahl 1 angegeben ist, wirkt sich sowohl auf den Eingang des Lesesteuersignals $\neg RE$ als auch auf den Eingang des Schreibsteuersignals $\neg WE$ aus. Solange sich das Chip-Enable-Signal $\neg CE$ im 1-Zustand befindet, weist der $G1$-Eingang des Speicherbausteins den 0-Zustand auf, so daß die von ihm abhängigen Steuereingänge $\neg RE$ und $\neg WE$ keine Wirkung besitzen. Unabhängig von den Zuständen des

Lesesteuersignals $\neg RE$ und des Schreibsteuersignals $\neg WE$ nimmt daher in diesem Fall sowohl der $EN2$-Eingang als auch der $C3$-Eingang den 0-Zustand an. Die EN-Abhängigkeit, die auch als Freigabe-Abhängigkeit bezeichnet wird, beeinflußt auf Grund der angegebenen Kennzahl 2 die Tristate-Ausgänge der Datensignale $D_0 \dots D_3$ des Bausteins. Unabhängig von der anliegenden Adresse A nehmen daher alle Datenausgänge $D_0 \dots D_3$ des Bausteins den hochohmigen Zustand (High-Z, siehe Abschnitt 2.5.1.9) an, solange sich das Chip-Enable-Signal im 1-Zustand befindet. Die C-Abhängigkeit, die auch als Steuer-Abhängigkeit bezeichnet wird, wirkt sich auf Grund der Kennzahl 3 ebenfalls auf die Dateneingänge $D_0 \dots D_3$ des Bausteins aus. Da der $C3$-Eingang unabhängig vom Zustand des Schreibsteuersignals beim 1-Zustand des Chip-Enable-Signals den 0-Zustand aufweist, werden in diesem Fall jedoch die Zustände der Dateneingänge $D_0 \dots D_3$ nicht in die durch die Adreßsignale ausgewählte Adresse A der jeweiligen Speicherzelle eingeschrieben. Der Baustein ist also beim 1-Zustand des Chip-Enable-Signals sowohl für einen Lese- als auch für einen Schreibzugriff gesperrt. Wird dieser Speicherbaustein beispielsweise mit anderen Speicherbausteinen an den Datenbus einer digitalen Rechenanlage angeschlossen, so beeinflußt er daher eine Datenübertragung anderer Bausteine nicht, da seine Datenausgänge $D_0 \dots D_3$ beim 1-Zustand des Chip-Enable-Signals den hochohmigen Zustand annehmen.

Befindet sich dagegen das Chip-Enable-Signal $\neg CE$ im 0-Zustand, so weist der $G1$-Eingang des Bausteins den 1-Zustand auf; der Baustein ist in diesem Fall angewählt, so daß eine Datenübertragung erfolgen kann. Es soll vorausgesetzt werden, daß die beiden Steuersignale $\neg RE$ und $\neg WE$, die den Lese- bzw. Schreibzugriff auf den Baustein bewirken, nie gleichzeitig den 0-Zustand aufweisen können. Befindet sich daher sowohl das Chip-Enable-Signal $\neg CE$ als auch das Lesesteuersignal $\neg RE$ im 0-Zustand, so zeigt der $EN2$-Eingang den internen 1-Zustand. Die vom $EN2$-Eingang gesteuerten Datenausgänge $D_0 \dots D_3$ des Speicherbausteins werden daher freigeschaltet, so daß das gespeicherte Datenwort der Speicherzelle, die durch die anliegende Adresse $A_0 \dots A_{12}$ (0 - 8191) ausgewählt ist, zur Verfügung stehen. Befindet sich sowohl das Chip-Enable-Signal $\neg CE$ als auch das Schreibsteuersignal $\neg WE$ im 0-Zustand, so zeigt der $C3$-Eingang des Bausteins den 1-Zustand. Die vom $C3$-Eingang gesteuerten Dateneingänge $D_0 \dots D_3$ des Speicherbausteins werden in diesem Fall wirksam, so daß das anliegende Datenwort in die Speicherzelle, die durch die anliegende Adresse $A_0 \dots A_{12}$ (0 - 8191) ausgewählt ist, abgespeichert werden kann.

8.1.6 Zeitparameter

Wie bereits erwähnt, wird der zeitliche Verlauf des Auslesens gespeicherter Datenwörter aus einer adressierten Speicherzelle Lesezyklus genannt. Die Zeitdauer des Lesezyklus t_{RC} (engl.: read cycle time) beginnt mit dem Anlegen der Adresse der Speicherzelle des Bausteins, dessen gespeichertes Datenwort ge-

8.1 Begriffe, Kenngrößen und Arten 215

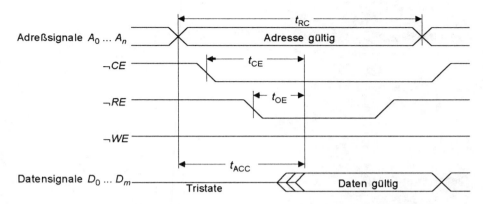

Bild 8.1-2 Zeitlicher Verlauf der Adreß-, Daten- und Steuersignale beim Lesezyklus

lesen werden soll. Außerdem ist das Anliegen des 0-Zustands des Chip-Enable-Signals $\neg CE$ am Speicherbaustein erforderlich, so daß durch den gleichzeitigen 0-Zustand des Lesesteuersignals $\neg RE$ die Datentreiber des Speicherbausteins, die sich bis zu diesem Zeitpunkt im Tristate-Zustand befinden, aktiviert werden. Bild 8.1-2 zeigt die Verzögerungszeiten t_{CE} (engl.: chip enable time) und t_{OE} (engl.: output enable time), die ein Speicherbaustein vom Zeitpunkt der Anwahl durch das Signal $\neg CE$ bzw. durch das Signal $\neg RE$ bis zur Bereitstellung der Daten $D_0 ... D_m$ am Ausgang aufweist. Wichtigster Zeitparameter des Lesezyklus ist die Zugriffszeit t_{ACC} (engl.: address access time), die die benötigte Zeit des Speicherbausteins vom Beginn der Adressierung bis zur Bereitstellung der Daten angibt. Die Hersteller der Speicherbausteine bieten Schaltkreise mit unterschiedlichen Zugriffszeiten an, so daß je nach Geschwindigkeit der digitalen Rechenanlage, die durch die Taktfrequenz des Prozessors bestimmt wird, geeignete Speicherbausteine zur Verfügung stehen.

Allgemein unterscheidet man bei Speichern zwischen seriellem und wahlfreiem Datenzugriff. Ein Speicher mit wahlfreiem Zugriff (engl.: random access memory, abgekürzt RAM) ist dadurch gekennzeichnet, daß die Zugriffszeit auf alle Speicherzellen eine Zeitdauer aufweist, die von der Reihenfolge der Adressierung unabhängig ist. Bei einem Speicher mit seriellem Zugriff weist dagegen die Zugriffszeit nur dann eine gleiche Zeitdauer auf, wenn die zeitliche Reihenfolge der Adressierung sich auf die interne Speicherfolge der Daten beschränkt, da sich sonst die Zugriffszeit durch das Übergehen nicht benötigter Daten von Speicherzellen verlängert. Das Schieberegister, welches bereits in Abschnitt 7.4.4 behandelt wurde, stellt einen Halbleiterspeicher mit seriellem Zugriff dar, da der Zugriff auf ein Datenbit eines n-Bit-Schieberegisters vom angewählten Datenbit abhängig ist. Wird jeweils das im Schieberegister nachfolgend gespeicherte Datenbit benötigt, so besteht die Zugriffszeit auf jedes

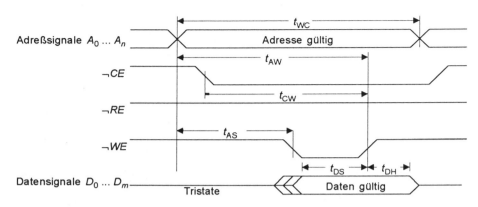

Bild 8.1-3 Zeitlicher Verlauf der Adreß-, Daten- und Steuersignale beim Schreibzyklus

Datenbit des Schieberegisters jeweils aus nur einem Schiebetakt. Wird jedoch beispielsweise das n-te Datenbit der Speicherreihenfolge benötigt, so entspricht die Zugriffszeit einer Anzahl n von Schiebetakten. Das Magnetband ist zum Beispiel ein Magnetspeicher mit seriellem Zugriff. Im ungünstigsten Fall muß das Band nahezu bis zum Bandende bzw. bis zum Bandanfang umgespult werden, um die gespeicherten Daten abfragen zu können.

Der zeitliche Verlauf des Einschreibens zu speichernder Daten in ein Speicherelement bzw. eine Speicherzelle wird Schreibzyklus genannt. Die Zeitdauer des Schreibzyklus t_{WC} (engl.: write cycle time) beginnt mit dem Anlegen der Adresse an den Speicherbaustein und der Aktivierung des Chip-Enable-Signals $\neg CE$, wie das Bild 8.1-3 zeigt. Durch den 0-Zustand des Chip-Enable-Signals $\neg CE$ und des Schreibsteuersignals $\neg WE$ wird intern im Speicherbaustein ein Clocksignal für die Speicherelemente der adressierten Speicherzelle – die beispielsweise aus Flipflops bestehen – generiert, so daß die Daten in die Flipflops der Speicherzelle übernommen werden.

Beim Schreibvorgang zeigen die Speicherbausteine Verzögerungszeiten, die in den Datenblättern der Hersteller angegeben sind: Die Zeit t_{AS} (engl.: address setup time) vom Beginn der Adressierung der Speicherzelle bis zum Beginn des Schreibimpulses, die Zeit t_{AW} (engl.: address valid to end of write) von der Anwahl des Speicherbausteins bis zum Ende des Schreibimpulses und eine Verzögerungszeit t_{CW} (engl.: chip enable to end of write). Das Einschreiben der Daten in die Speicherzelle endet mit der positiven Flanke des Schreibimpulses $\neg WE$. Um eine sichere Übernahme der Daten in die adressierte Speicherzelle zu gewährleisten, müssen die einzuschreibenden Daten sowohl eine Zeitdauer t_{DS} (engl.: data setup time) vor der positiven Flanke des Schreibimpulses zur Verfügung stehen als noch während der Zeit t_{DH} (engl.: data hold time) nach der positiven Flanke des Schreibimpulses unverändert anliegen.

8.1 Begriffe, Kenngrößen und Arten

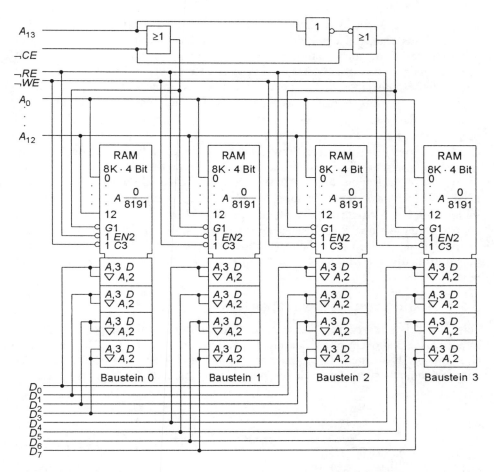

Bild 8.1-4 Zusammenschaltung von vier Halbleiter-Speicherbausteinen mit einer Speicherkapazität von jeweils 8K · 4 Bit zu einem Gesamtspeicher mit einer Speicherkapazität von 16K · 8 Bit

8.1.7 Zusammenschaltung von Halbleiter-Speicherbausteinen

Bild 8.1-4 zeigt die Zusammenschaltung von vier Halbleiter-Speicherbausteinen mit einer Speicherkapazität von jeweils 8K · 4 Bit zu einem Gesamtspeicher mit einer Wortlänge von 8 Bit und einer Speicherkapazität von 16K · 8 Bit. Um eine Wortlänge von 8 Bit für den Speicher zu realisieren, werden zwei Speicherbausteine benötigt, die bezüglich der Datensignale $D_0 ... D_7$ parallelgeschaltet werden. Der Speicherbaustein 0 ist daher an die Datensignale $D_0 ... D_3$ und der Speicherbaustein 1 an die Datensignale $D_4 ... D_7$ angeschaltet. Damit besitzt der Gesamtspeicher eine Wortlänge von acht Bit bzw. von einem Byte.

Für die vorgegebene Speicherkapazität von 16K · 8 Bit müssen zwei weitere Speicherbausteine, die ebenfalls bezüglich der Datenleitungen $D_0 ... D_7$ parallelgeschaltet sind, adreßmäßig in Reihe geschaltet werden. Dabei entscheidet das Adreßsignal A_{13} mit Hilfe der Oder-Glieder und des Negations-Glieds, welche Speicherbausteine bei einer Adressierung des Speichers durch das Steuersignal $\neg CE$ jeweils aktiviert werden. Befindet sich das Chip-Enable-Signal $\neg CE$ und das Adreßsignal A_{13} im 0-Zustand, so lassen sich bei Aktivierung der Steuersignale $\neg RE$ bzw. $\neg WE$ entweder gespeicherte Daten aus den Speicherbausteinen 0, 1 auslesen bzw. Daten in die Speicherbausteine 0, 1 einschreiben, während die Speicherbausteine 2, 3 durch die $G1$-Eingänge, die sich im 0-Zustand befinden, nicht aktiviert werden können. Befindet sich das Chip-Enable-Signal $\neg CE$ im 0-Zustand und das Adreßsignal A_{13} im 1-Zustand, so lassen sich bei Aktivierung der Steuersignale $\neg RE$ bzw. $\neg WE$ entweder gespeicherte Daten aus den Speicherbausteinen 2, 3 auslesen bzw. Daten in die Speicherbausteine 2, 3 einschreiben, während in diesem Fall die Speicherbausteine 0, 1 durch die $G1$-Eingänge, die sich im 0-Zustand befinden, nicht aktiviert werden.

8.1.8 Arten von Halbleiterspeichern

Das Bild 8.1-5 zeigt eine Übersicht ortsadressierter Halbleiterspeicher, die üblicherweise in die Gruppen der nichtflüchtigen und flüchtigen Halbleiterspeicher eingeteilt werden. Die Speicherelemente nichtflüchtiger Halbleiter-Speicherbausteine bestehen aus einem Halbleiterbauelement, einer Diode oder ei-

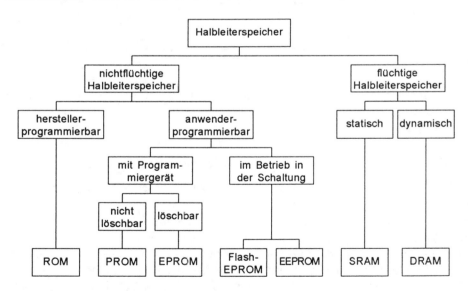

Bild 8.1-5 Übersicht der verschiedenen Arten von Halbleiterspeichern

nem Transistor, welches entweder eine leitende Verbindung oder eine Unterbrechung darstellt. Die Programmierung nichtflüchtiger Halbleiterspeicher kann entweder nach Vorgabe des Anwenders bereits vom Hersteller der Speicherbausteine festgelegt werden (ROM), oder aber vom Anwender selbst mit Hilfe eines Programmiergerätes oder sogar während des Betriebs in der Schaltung vorgegeben werden. Bei den nichtflüchtigen Halbleiterspeichern, deren Dateninhalt vom Anwender mit Hilfe eines Programmiergerätes festgelegt wird, stehen nicht löschbare und löschbare Halbleiterspeicher zur Verfügung. Der Dateninhalt eines nicht löschbaren, nichtflüchtigen Halbleiter-Speicherbausteins (PROM) läßt sich nur einmal programmieren und kann danach nicht mehr verändert werden. Die löschbaren, nichtflüchtigen Halbleiterspeicher (EPROM, EEPROM, Flash-EPROM) können dagegen nach einem Löschvorgang erneut wieder mit neuen Daten programmiert werden.

Die Speicherelemente flüchtiger Halbleiter-Speicherbausteine bestehen entweder aus einer elektronischen Transistorschaltung oder sogar lediglich aus einem Transistor, bei denen aber zum Erhalt der Daten die Versorgungsspannung der Bausteine unerläßlich ist. Während das Speicherelement eines statischen, flüchtigen Halbleiterspeichers (engl.: static random access memory, abgekürzt SRAM) aus einem Flipflop besteht, dient bei einem dynamischen, flüchtigen Halbleiterspeicher (engl.: dynamic random access memory, abgekürzt DRAM) die Gate-Kanal-Kapazität eines MOS-Feldeffekt-Transistors als Speicherelement. Da die Ladung des Gates des Transistors auch bei äußerst hochohmiger Beschaltung durch Leckströme bedingt abnimmt, muß die Gateladung in vorgegebenen Zeitabständen aufgefrischt werden. Auf Grund des einfachen Aufbaus des Speicherelementes mit einer minimalen Anzahl von Bauelementen läßt sich mit dynamischen, flüchtigen Halbleiter-Speicherbausteinen eine hohe Integrationsdichte und damit eine große Speicherkapazität erzielen.

8.2 Nichtflüchtige Halbleiterspeicher

Nichtflüchtige Halbleiterspeicher werden auch Festwertspeicher, Nur-Lese-Speicher oder ROM (engl.: read only memory) genannt und gewährleisten eine vom Anliegen einer Versorgungsspannung unabhängige Speicherung ihrer Dateninhalte. Sie werden daher in digitalen Rechenanlagen zur Langzeitspeicherung von Daten eingesetzt. Man unterscheidet bei nichtflüchtigen Halbleiterspeichern das maskenprogrammierte ROM, das anwenderprogrammierte PROM, das durch ultraviolettes Licht löschbare und elektrisch programmierbare EPROM, das sowohl elektrisch löschbare als auch programmierbare Flash-EPROM und das elektrisch löschbare als auch programmierbare EEPROM. Da die Speicherelemente nichtflüchtiger Halbleiterspeicher nur aus einem Halbleiterbauelement bestehen, weisen diese Halbleiterspeicher eine hohe Integrationsdichte und damit auch eine große Speicherkapazität auf.

8.2.1 Aufbau nichtflüchtiger Halbleiter-Speicherbausteine

Das Bild 8.2-1 zeigt den allgemeinen Aufbau eines bitorganisierten, nichtflüchtigen Halbleiter-Speicherbausteins, der aus den Teilschaltungen des Speicherfeldes, des Zeilenadreß-Decodierers, des 1-aus-2^{n-m}-Multiplexers mit Datentreiber und der Steuerlogik besteht. Das Speicherfeld – auch auf Grund der Anordnung Speichermatrix genannt – mit einer Speicherkapazität S besteht daher aus einer Anzahl S von Speicherelementen (SE), die jeweils zwischen eine Zeilen- und eine Spaltenleitung der Speichermatrix geschaltet sind. Bei einem Halbleiter-Speicherbaustein mit einer Speicherkapazität S benötigt man demnach eine Anzahl $n = \text{ld}\, S$ Adreßsignale $A_0 \ldots A_{n-1}$, um jedes einzelne Speicherelement aus der Gesamtzahl S der Speicherelemente auswählen zu können. Um einen minimalen Schaltungsaufwand für den Zeilenadreß-Decodierer sowie den 1-aus-2^{n-m}-Multiplexer zu erreichen, verwendet man nach Möglichkeit jeweils die Hälfte der Anzahl n der Adreßsignale für die Beschaltung der beiden Teilschaltungen des Speicherbausteins. Bei einer geraden Anzahl n von Adreßsignalen teilt man die Anzahl der Adreßsignale ($m = n/2$) und führt die eine Hälfte dem Zeilenadreß-Decodierer und die andere Hälfte dem 1-aus-2^{n-m}-Multiplexer zu. Bei einer ungeraden Anzahl von Adreßsignalen läßt sich eine genaue Aufteilung je zur Hälfte nicht erreichen. Allgemein ordnet man eine Anzahl m der insgesamt n Adreßsignale $A_0 \ldots A_{n-1}$ dem Zeilenadreß-Decodierer zu, der an Hand der Anzahl m dieser Adreßsignale $A_0 \ldots A_{m-1}$ eine Anzahl 2^m von Zeilensignalen $Z_0 \ldots Z_{2^m-1}$ generiert. Bei dem Zeilenadreß-Decodierer handelt

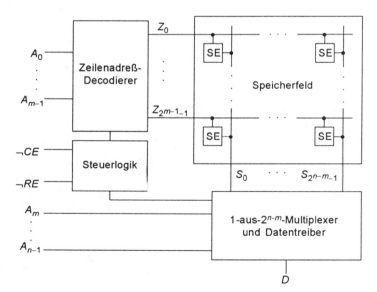

Bild 8.2-1 Allgemeiner Aufbau eines bitorganisierten, nichtflüchtigen Halbleiter-Speicherbausteins

es sich dem Prinzip nach um einen Decodierer, der die im Dualcode angegebene Adresse der Signale $A_0 ... A_{m-1}$ in den 1-aus-2^m-Code an seinen Signalausgängen $Z_0 ... Z_{2^m-1}$ umsetzt. Je nach anliegender Adresse $A_0 ... A_{m-1}$ aktiviert demnach der Zeilenadreß-Decodierer eine der 2^m Zeilensignale $Z_0 ... Z_{2^m-1}$.

Der Aufbau des Speicherelementes bestimmt dabei, ob der Zeilenadreß-Decodierer seine Ausgangssignale in positiver oder negativer Logik zur Verfügung stellt. Im Falle der positiven Logik wird nur das durch die Adresse $A_0 ... A_{m-1}$ ausgewählte Zeilensignal von Zeilenadreß-Decodierer in den 1-Zustand geschaltet, während alle anderen 2^m-1 Zeilensignale den 0-Zustand aufweisen. Im Falle der negativen Logik weist lediglich das ausgewählte Zeilensignal den 0-Zustand auf, während alle anderen 2^m-1 Zeilensignale den 1-Zustand aufweisen.

Der Anteil der Adreßsignale $A_m ... A_{n-1}$, der nicht dem Zeilenadreß-Decodierer angeschaltet ist, wird dem 1-aus-2^{n-m}-Multiplexer als Steuersignale zugeführt, der bei entsprechender Freigabe an Hand dieser Adreßsignale eines der Spaltensignale $S_0 ... S_{2^{n-m}-1}$ auf seinen Ausgang durchschaltet. Zeigt das Steuersignal $\neg CE$ den 0-Zustand, so aktiviert die Steuerlogik den Zeilenadreß-Decodierer, der eine der 2^m Zeilenleitungen aktiviert, und auch den Multiplexer, der eine der 2^{n-m} Spaltenleitungen auf seinen Ausgang durchschaltet. Der Ausgang des Multiplexers befindet sich jedoch solange im Tristate-Zustand, bis sowohl das Auswahlsignal $\neg CE$ als auch das Lesesteuersignal $\neg RE$ den 0-Zustand aufweisen. Erst der 0-Zustand der beiden Signale $\neg CE$ und $\neg RE$ sorgt dafür, daß die Steuerlogik den Datenausgangstreiber aktiviert und aus dem Tristatezustand schaltet, so daß das Datensignal D den Zustand des durch Zeilen- und Spaltenleitung ausgewählten Speicherelementes annimmt.

Stellt das ausgewählte Speicherelement zwischen der aktivierten Zeilenleitung und der durch den Multiplexer durchgeschalteten Spaltenleitung eine leitende Verbindung dar, so zeigt der Datenausgang D den 0-Zustand, wenn der Zeilenadreß-Decodierer mit der negativen Logik arbeitet. Für den Fall, daß das Speicherelement eine Unterbrechung zwischen der vom Zeilenadreß-Decodierer aktivierten Zeilenleitung und dem vom Multiplexer durchgeschalteten Zustand der Spaltenleitung darstellt, weist der Datenausgang D den 1-Zustand auf, da die Spaltenleitung über einen Pull-Up-Widerstand R an die Versorgungsspannung U_{CC} angeschaltet ist. Die verschiedenen Arten nichtflüchtiger Halbleiter-Speicherbausteine unterscheiden sich lediglich durch den Aufbau des jeweiligen Speicherelementes.

Bild 8.2-2 zeigt den allgemeinen Aufbau eines wortorganisierten, nichtflüchtigen Halbleiterspeichers, bei dem eine Gruppe von l Speicherelementen zu einer Speicherzelle zusammengefaßt sind. Man benötigt für jedes Speicherelement der Speicherzellen eine Spaltenleitung sowie einen Multiplexer und einen Datentreiber, der das jeweilige Datenbit $D_0 ... D_{l-1}$ zur Verfügung stellt.

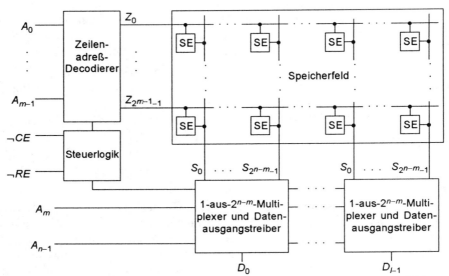

Bild 8.2-2 Allgemeiner Aufbau eines wortadressierten, nichtflüchtigen Halbleiter-Speicherbausteins

8.2.2 Read Only Memory

Ein ROM (engl.: read only memory) – auch Nur-Lese-Speicher genannt – ist ein nichtflüchtiger Halbleiterspeicher, dessen Dateninhalt nach Vorgabe des Anwenders vom Hersteller des Halbleiter-Speicherbausteins mit Hilfe einer kundenspezifischen Kontaktierungsmaske, die beim Herstellungsprozeß des Speicherbausteins die Leitungsverbindungen der Speicherelemente mit den Spalten- und Zeilenleitungen vorgibt, programmiert wird. Die einmal vom Hersteller programmierten Daten sind daher nicht veränderbar. Als Speicherelemente eines Nur-Lese-Speichers werden entweder Dioden oder Transistoren

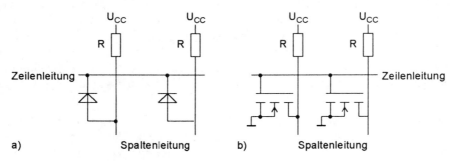

Bild 8.2-3 Speicherelemente eines nichtflüchtigen Halbleiter-Speicherbausteins
a) Diode b) N-Kanal-IG-Feldeffekt-Transistor

8.2 Nichtflüchtige Halbleiterspeicher

verwendet. Das Bild 8.2-3a zeigt eine Speicherzelle eines Nur-Lese-Speichers, die aus einer Diode besteht. Vom Hersteller werden meistens an allen Knotenpunkten der Speichermatrix Dioden implementiert und die Kathoden der Dioden mit den Zeilenleitungen verbunden. Jedoch nur an den Speicherplätzen, an denen der Anwender als Dateninhalt das Binärzeichen 0 fordert, wird mit Hilfe der kundenspezifischen Kontaktierungsmaske die Anode der Diode letztlich mit der zugehörigen Spaltenleitung verbunden. An allen Speicherplätzen der Speichermatrix, an denen der Anwender dagegen das Binärzeichen 1 vorgegeben hat, unterbleibt durch die Kontaktierungsmaske der Anschluß der Anode der Diode an die entsprechende Zeilenleitung. Der Zeilenadreß-Decodierer arbeitet bei den Speicherbausteinen mit Dioden als Speicherelement mit negativer Logik. Nimmt die entsprechende Zeilenleitung den 0-Zustand bei ihrer Aktivierung durch den Zeilenadreß-Decodierer an, so schaltet eine Diode, die sowohl an der Kathode als auch an der Anode kontaktiert ist, die zugehörige Spaltenleitung in den 0-Zustand. Ist hingegen die Diode lediglich an der Kathode kontaktiert, so hat sie keine Wirkung und die zugehörige Spaltenleitung verbleibt im 1-Zustand, da sie über einen Pull-Up-Widerstand R an die Versorgungsspannung U_{CC} geschaltet ist.

Nur-Lese-Speicher werden häufig auch in N-MOS-Technik hergestellt. Als Speicherelemente verwendet man dann einen N-Kanal-MOS-Feldeffekt-Transistor, wie das Bild 8.2-3b zeigt. Ein Speicherelement, welches das Binärzeichen 0 darstellen soll, wird durch einen N-Kanal-MOS-FET vom Anreicherungstyp dargestellt. Der Zeilenadreß-Decodierer arbeitet bei Speicherbausteinen mit N-Kanal-MOS-FET vom Anreicherungstyp mit positiver Logik. Wird eine Zeilenleitung vom Zeilenadreß-Decodierer aktiviert, so nimmt sie daher den 1-Zustand an, während alle anderen Zeilenleitungen den 0-Zustand aufweisen. Dadurch wird die Source-Drain-Strecke des Feldeffekt-Transistors leitend, und die zugehörige Spaltenleitung wird in den 0-Zustand geschaltet. Ist dagegen der Feldeffekt-Transistor im Knotenpunkt der Speichermatrix nicht mit seinem Drain-Anschluß an die Spaltenleitung kontaktiert, so weist die zugehörige Spaltenleitung auf Grund des Pull-Up-Widerstands R, der an die Versorgungsspannung U_{CC} angeschlossen ist, den 1-Zustand auf.

Wie bereits erwähnt, muß für die Herstellung eines Nur-Lese-Speichers eine kundenspezifische Kontaktierungsmaske vom Hersteller an Hand der Vorgaben des Anwenders angefertigt werden. Diese Art der Halbleiterspeicher wird daher auch maskenprogrammierbarer, nichtflüchtiger Halbleiterspeicher genannt. Da der Herstellungsprozeß der kundenspezifischen Kontaktierungsmaske zusätzliche Kosten verursacht, ist der Einsatz maskenprogrammierbarer, nichtflüchtiger Halbleiter-Speicherbausteine nur dann vertretbar, wenn eine große Anzahl von Bausteinen mit gleichen Dateninhalten benötigt werden. In Serienprodukten mit großer Stückzahl werden außer den ausgereiften Programmen auch Wertetabellen für komplexe algebraische und trigonometrische Funktionen nach Vorgabe des Anwenders in maskenprogrammierbaren, nichtflüchtigen Halbleiter-Speicherbausteinen abgelegt. Dadurch läßt sich in digitalen Rechenanlagen mit diesen Speicherbausteinen vielfach eine Berechnung umgehen, und das Ergebnis direkt und damit auch besonders schnell und ohne einen teuren Coprozessor, der für komplexe algebraische und trigonometrische Funktionen zusätzlich zum Prozessor erforderlich ist, dem maskenprogrammierten Halbleiter-Speicherbaustein entnehmen.

8.2.3 Programmable Read Only Memory

Der anwenderprogrammierbare, nichtflüchtige Halbleiterspeicher wird PROM (engl.: programmable read only memory) genannt. Bei dieser Art von Halbleiter-Speicherbausteinen werden vom Hersteller an allen Plätzen der Speichermatrix Speicherelemente eingebaut, so daß keine spezielle Kundenmaske erforderlich ist und der Speicherbaustein dadurch kostengünstiger hergestellt werden kann. Zusätzlich zu dem in Bild 8.2-2 dargestellten allgemeinen Aufbau besitzen diese Speicherbausteine eine Schaltung, die dem Anwender das Programmieren der einzelnen Speicherzellen der Speichermatrix mit Hilfe eines Programmiergerätes ermöglicht.

Am häufigsten wird für die Programmierung derartiger nichtflüchtiger Halbleiterbausteine das sogenannte Fusible-Link-Verfahren verwendet. Bild 8.2-4 zeigt den Aufbau eines Speicherelementes, welches aus der Reihenschaltung einer Diode und einem Dünnfilmwiderstand als schmelzbare Verbindung (engl.: fusible link) aus Nickel-Chrom besteht. Beim Programmiervorgang werden die Spaltenleitungen an eine Programmierspannung gelegt, deren Wert größer als die Versorgungsspannung U_{CC} des Speicherbausteins ist. Wird nun zusätzlich die zugehörige Zeilenleitung mit Hilfe des Zeilenadreß-Decodierers an das Bezugspotential GND geschaltet, so fließt über den Dünnfilmwiderstand auf Grund der erhöhten Programmierspannung ein größerer Strom, der die schmelzbare Verbindung zerstört. Die Anode der Diode ist nach einem Programmiervorgang nicht mehr mit der Spaltenleitung verbunden. Die Programmierung eines Speicherelementes kann natürlich nur einmal erfolgen, so daß bei einer erforderlichen Änderung des Speicherinhaltes auch nur eines Speicherelementes meistens ein neuer Speicherbaustein verwendet werden muß. Nur im dem Fall,

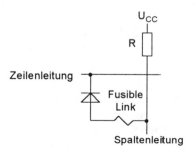

Bild 8.2-4 Speicherelement eines vom Anwender programmierbaren, nichtflüchtigen Halbleiter-Speicherbausteins

daß bei einer durchzuführenden Änderung lediglich zusätzliche Schmelzverbindungen zerstört werden müssen, kann der Speicherbaustein umprogrammiert werden. Wie bereits erwähnt, ist zur Vorgabe des Dateninhaltes ein spezielles Programmiergerät erforderlich, welches, außer der Bereitstellung der erforderlichen Programmierspannung, die Adressierung der Speicherelemente und deren Programmierung an Hand der Vorgaben des Anwenders durchführt.

8.2.4 Erasable Programmable Read Only Memory

Ein EPROM (engl.: erasable programmable read only memory) ist ein löschbarer, programmierbarer Festwertspeicher, dessen Dateninhalt vom Anwender wie beim ROM mit Hilfe eines Programmiergerätes vorgegeben werden kann. Da aber der gesamte Speicherinhalt eines EPROM-Bausteins zusätzlich durch eine Bestrahlung mit ultraviolettem Licht einer bestimmten Wellenlänge und Intensität gelöscht werden kann, wird dadurch im Gegensatz zum ROM-Baustein eine erneute Programmierung jedes Speicherelementes bzw. jeder Speicherzelle der Speichermatrix ermöglicht.

Das Speicherelement eines löschbaren, programmierbaren Halbleiter-Speicherbausteins besteht aus einem FAMOS-Feldeffekt-Transistor (engl.: floating gate avalanche injection metal oxide semiconductor field effect transistor), welcher mit seinem Gateanschluß an die Zeilenleitung und mit seinem Drainanschluß an die Spaltenleitung angeschlossen ist, während Source- und Bulkanschluß an das Bezugspotential GND geschaltet sind, wie Bild 8.2-5 zeigt. Der FAMOS-Feldeffekt-Transistor, ein spezieller selbstleitender N-Kanal-MOS-Feldeffekt-Transistor, besitzt außer dem eigentlichen Steueranschluß – dem Gate (Tor) – noch ein zusätzliches, schwebendes Gate, welches in die Isolierschicht zwischen dem steuernden Gate und dem N-Kanal eingebettet ist, wie das Bild 8.2-6 zeigt.

Zwischen den beiden N^+-dotierten Zonen, die die Source (Quelle) und die Drain (Senke) darstellen, bildet sich bei einer zwischen Gate und Source angelegten Steuerspannung $U_{GS} = 0$ V kein leitfähiger N-Kanal. Auf Grund des P-dotierten

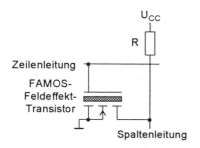

Bild 8.2-5 Speicherelement eines löschbaren, programmierbaren nichtflüchtigen Halbleiter-Speicherbausteins

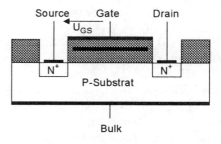

Bild 8.2-6 Floating Gate Avalanche Injection Metal Oxide Semiconductor Field Effect Transistor (FAMOS-FET)

Substrates befindet sich zwischen Source und Drain eine Sperrschicht; die Drain-Source-Strecke des FAMOS-Feldeffekt-Transistors ist daher hochohmig und der Transistor sperrt. Das Steuergate, die Isolierschicht und der darunter befindliche Halbleiter weisen die Struktur und daher auch die Wirkungsweise eines Plattenkondensators auf. Damit unterhalb der Isolierschicht im Kanal zumindest Elektronen- und Defektelektronendichte einen gleich hohen Wert aufweisen, muß mit Hilfe einer Schwellenspannung $U_{GS} = U_{GS(T0)}$ zwischen Gate und Source eine positive Ladung Q_G auf das Steuergate aufgebracht werden, so daß in einem schmalen Bereich unterhalb der Isolierschicht – im Kanal – eine negative Kanalladung $Q_K = -Q_G$ influenziert wird. Diese Ladung Q_K sorgt dafür, daß sich unterhalb der Isolierschicht ein schmaler Kanal zwischen den beiden N^+-dotierten Zonen ausbildet, in dem keine der beiden Ladungsträgerarten überwiegt.

Wird der Wert der Steuerspannung U_{GS} jedoch über den Wert der Schwellenspannung $U_{GS(T0)}$ hinaus gesteigert, so wird die positive Gateladung Q_G weiter erhöht, was eine Erhöhung der negativen Kanalladung zur Folge hat, so daß unterhalb der Isolierschicht ein schmaler N-Kanal zwischen den Anschlüssen der Drain- und der Sourcezone entsteht, da in diesem Bereich die Elektronendichte größer ist, als die Defektelektronendichte. Da in diesem Fall keine Sperrschicht mehr zwischen den N^+-Zonen der Drain und der Source vorhanden ist, wird die Drain-Source-Strecke des Feldeffekt-Transistors niederohmig und der Transistor leitet.

Befindet sich eine negative Ladung auf dem schwebenden Gate in der Isolierschicht, so wird eine um den Anteil der Ladung des schwebenden Gates positive Ladung auf dem Steuergate und damit ein größerer Wert der Schwellenspannung $U_{GS} = U_{GS(T0)+}$ benötigt, damit sich zwischen den beiden N^+-dotierten Zonen der Source und Drain ein leitfähiger N-Kanal auszubilden beginnt, und die Drain-Source-Strecke des Transistors niederohmig wird.

Wird das Speicherelement adressiert, so schaltet der Zeilenadreß-Decodierer die zugehörige Zeilenleitung in den 1-Zustand, so daß eine Gate-Source-Spannung $U_{GS(T0)} < U_{GS} < U_{GS(T0)+}$ anliegt, die zwar größer als die Schwellenspannung $U_{GS(T0)}$ aber kleiner als der größere Wert der Schwellenspannung $U_{GS(T0)+}$ ist. Mit Hilfe der angelegten Gate-Source-Spannung läßt sich daher prüfen, ob sich eine Elektronenladung auf dem schwebenden Gate befindet. Ist keine Elektronenladung auf dem schwebenden Gate vorhanden, so reicht die vom Zeilenadreß-Decodierer angelegte Gate-Source-Spannung U_{GS} der Zeilenleitung aus, die Drain-Source-Strecke des Transistors durchzuschalten. Die über den Pull-Up-Widerstand R an die Versorgungsspannung U_{CC} angeschaltete Spaltenleitung wird dadurch an Bezugspotential GND gelegt, d. h., sie zeigt den 0-Zustand. Für den Fall, daß eine Elektronenladung auf dem schwebenden Gate vorhanden ist, ist jedoch eine Gate-Source-Spannung $U_{GS} > U_{GS(T0)+}$ erforderlich, um den Transistor durchzuschalten. Da dieser Wert an der Zeilenleitung jedoch nicht zur Verfügung steht, sperrt der FAMOS-Transistor, so daß die zugehörige Spaltenleitung in diesem Fall den 1-Zustand aufweist. Der Zustand der Spaltenleitung wird bei EPROM-Bausteinen noch mit Hilfe des Ausgangsmultiplexers bzw. des Datenausgangstreibers negiert, so daß die unprogrammierten Speicherelemente als Dateninhalt immer den 1-Zustand am Ausgang erzeugen.

Bei einem Programmiervorgang der Speicherelemente wird mit Hilfe des Zeilenadreß-Decodierers je nach Typ des Speicherbausteins eine Programmierspannung von 12 ... 25 V an die ausgewählte Zeilenleitung – dem Gateanschluß – angeschaltet, während die ausgewählte Spaltenleitung – der Drainanschluß – an Bezugspotential GND gelegt wird. In der sehr dünnen Isolierschicht zwischen Gate und Drain entsteht dadurch eine große elektrische Feldstärke, so daß Elektronen durch die Isolierschicht vom Drainanschluß auf das schwebende Gate injiziert und dort nahezu dauerhaft gespeichert werden können. Daher die englische Bezeichnung „floating gate avalanche injection". Nach einem Programmiervorgang befindet sich daher eine Elektronenladung auf dem schwebenden Gate, die auf Grund der sehr guten isolierenden Eigenschaft der Isolierschicht nach Herstellerangabe selbst bei Temperaturen von über 100 °C bis über 10 Jahre erhalten bleibt.

Für den Löschvorgang besitzt der Halbleiter-Speicherbaustein auf der Oberfläche ein eingebautes Quarzglasfenster, welches UV-durchlässig ist. Durch dieses Fenster muß die darunter befindliche Isolierschicht mit den eingebetteten schwebenden Gates einer Bestrahlung mit ultraviolettem Licht einer Wellenlänge von etwa 200-300 nm und einer Leistungsdichte von ca. 10 mW/cm^2 während einer Zeitdauer von etwa zehn Minuten ausgesetzt werden, um den programmierten Dateninhalt zu löschen. Durch diese intensive UV-Bestrahlung wird die Isolierschicht ionisiert und gering leitend, so daß die Elektronenladungen, die sich auf den schwebenden Gateelektroden befinden, abfließen können. Der Dateninhalt der gesamten Speichermatrix wird jedoch durch diesen Vorgang gelöscht; ein selektives Löschen einzelner Speicherelemente bzw. Speicherzellen ist nicht möglich. Durch eine allzu häufige Bestrahlung mit ultraviolettem Licht kann die Isolierschicht zerstört werden; nach Herstellerangabe läßt sich ein EPROM-Baustein einige hundert Male löschen und neu programmieren.

8.2.5 Electrical Erasable Programmable Read Only Memory

Der Speicherinhalt eines EEPROM-Bausteins (engl.: electrical erasable programmable read only memory), welches auch als E^{2}PROM bezeichnet wird, läßt sich – wie der englische Ausdruck angibt – sowohl elektrisch löschen als auch programmieren. Das EEPROM wird daher auch als elektrisch veränderbarer, nichtflüchtiger Halbleiterspeicher EAROM (engl.: electrical alterable read only memory) bezeichnet. Das Speicherelement eines EEPROM-Speicher-

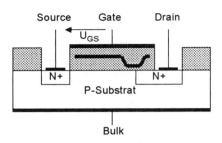

Bild 8.2-7 Floating Gate Tunnel Oxide Field Effect Transistor (FLOTOX-FET)

bausteins zeigt ebenfalls die FAMOS-Struktur des Speicherelementes eines EPROM-Speicherbausteins. Nach Bild 8.2-7 läßt sich lediglich bei dem Transistor eine besonders dünne Stelle zwischen dem schwebenden Gate und der N^+-dotierten Drainzone erkennen, die eine Dicke von etwa 10 nm aufweist. Beim Anliegen eines elektrischen Feldes zwischen Gate und Drain können Elektronen durch diese dünne Isolierschicht tunneln. Der spezielle Transistor, der das Speicherelement eines EEPROM-Bausteins bildet, wird daher als FLOTOX-FET (engl.: floting gate tunnel oxide field effect transistor) bezeichnet. Je nach Polarität des elektrischen Feldes zwischen Gate und Drain können entweder Elektronen auf das schwebende Gate geladen werden oder auch vom schwebenden Gate abfließen. Damit läßt sich das EEPROM in digitalen Rechenanlagen auch als Schreib-Lese-Speicher verwenden. Da jedoch die Zahl der möglichen Schreibzyklen der EEPROM-Bausteine nach Angabe der Hersteller auf ca. 10^6 begrenzt ist, und die Zugriffszeit beim Schreibvorgang etwa das 30fache der Zugriffszeit eines Lesezyklus beträgt, kann das EEPROM nicht als uneingeschränkter Ersatz für Schreib-Lese-Speicher eingesetzt werden. In digitalen Rechenanlagen werden in einem EEPROM-Baustein daher lediglich Daten gespeichert, die nur selten geändert werden müssen.

8.2.6 Flash-EPROM

Das Speicherelement eines Flash-EPROM's besteht ebenfalls aus dem oben erwähnten FAMOS-Transistor. Die Isolierschicht der in diesen Halbleiterspeichern verwendeten FAMOS-Transistoren zwischen Gate und Drain ist jedoch sehr viel dünner und beträgt lediglich etwa 10 nm. Dadurch ist beim Programmiervorgang keine erhöhte Programmierspannung erforderlich, so daß der Programmiervorgang dieser Halbleiter-Speicherbausteine sowohl mit Hilfe eines Programmiergerätes als auch direkt im Betrieb in der digitalen Rechenanlage erfolgen kann. Damit lassen sich zum Beispiel Änderungen an Programmen, die in digitalen Rechenanlagen in Flash-EPROM-Bausteinen abgespeichert sind, mit äußerst geringem Aufwand direkt im Rechnersystem vornehmen. Die maximale Anzahl der möglichen Programmiervorgänge, die die Hersteller der Flash-EPROM-Speicherbausteine derzeitig mit etwa 10 000 angeben, stellt bereits keine große Einschränkung für gelegentliche Software-Updates von gespeicherten Programmen dar. Von Vorteil gegenüber dem EEPROM ist außer der größeren Speicherkapazität auch die kurze Zeitdauer des Programmiervorgangs.

8.3 Flüchtige Halbleiterspeicher

Bei den flüchtigen Halbleiterspeichern, die eine Speicherung der Daten nur während des Anliegens der Versorgungsspannung gewährleisten, unterscheidet man nach dem Aufbau des Speicherelementes zwischen statischen und dynamischen Speicherbausteinen. Da der Inhalt flüchtiger Halbleiterspeicher sowohl gelesen als auch beschrieben werden kann, bezeichnet man diese Speicherart auch als Schreib-Lese-Speicher. Auch das EEPROM und Flash-EPROM zeigen den Aufbau eines Schreib-Lese-Speichers. Sie unterscheiden sich von den flüchtigen Halbleiterspeichern jedoch dadurch, daß die Zeitdauer des Schreibzyklus dieser Bausteine wesentlich länger als die Zeitdauer des Lesezyklus ist und keine große Anzahl von Schreibzyklen durchgeführt werden kann.

8.3.1 Allgemeiner Aufbau

Das Bild 8.3-1 zeigt den allgemeinen Aufbau eines wortorganisierten, flüchtigen Halbleiterspeichers, der aus den Teilschaltungen Speicherfeld, Zeilenadreß-Decodierer, Spaltenadreß-Decodierer, Steuerlogik und bidirektionalen Datentreibern besteht. Bei Schreib-Lese-Speichern ist es üblich, die Zeilenleitungen

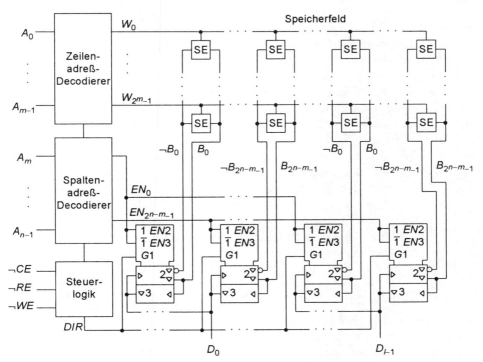

Bild 8.3-1 Allgemeiner Aufbau eines wortadressierten, flüchtigen Halbleiterspeichers

als Wortleitungen und die Spaltenleitungen als Bitleitungen zu bezeichnen. Der Zeilenadreß-Decodierer generiert an Hand der Adreßsignale $A_0 \ldots A_{m-1}$ die Wortleitungen $W_0 \ldots W_{2^m-1}$, die jeweils einen Anschluß für die zugehörigen Speicherelemente bilden. Für den Schreibvorgang benötigen statische Schreib-Lese-Speicherelemente jedoch zusätzlich zur Wortleitung noch zwei weitere Anschlußleitungen, um das Speicherelement in den 1- bzw. 0-Zustand zu schalten. Da diese Anschlußleitungen beim Schreibvorgang den Zustand bzw. den komplementären Zustand des einzuschreibenden Binärzeichens aufweisen müssen, bezeichnet man diese Anschlußleitungen als Bitleitung sowie komplementäre Bitleitung $B_0 \ldots B_{2^{n-m}-1}$ bzw. $\neg B_0 \ldots \neg B_{2^{n-m}-1}$. Die Speichermatrix besteht aus den Speicherelementen (SE), die einerseits mit einem Anschluß an die Wortleitungen $W_0 \ldots W_{2^m-1}$ und andererseits mit zwei Anschlüssen an die Bitleitungen $B_0 \ldots B_{2^{n-m}-1}$ sowie die negierten Bitleitungen $\neg B_0 \ldots \neg B_{2^{n-m}-1}$ angeschaltet sind.

Wie die Schaltzeichen der bidirektionalen Datentreiber in Bild 8.3-1 zeigen, bestehen diese aus der Parallelschaltung zweier Verstärker mit Tristate-Ausgängen, die mit Hilfe des G-Eingangs und des EN-Eingangs freigeschaltet werden können. An Hand der anliegenden Adreßsignale $A_m \ldots A_{n-1}$ generiert der Spaltenadreß-Decodierer die entsprechenden Freigabesignale $EN_0 \ldots EN_{2^{n-m}-1}$ der bidirektionalen Datentreiber. Beim 1-Zustand eines Freigabeeingangs EN eines Datentreibers entscheidet letztlich das Signal DIR (engl.: direction), welches von der Steuerlogik an Hand der Steuersignale $\neg CE$, $\neg RE$ und $\neg WE$ generiert wird, welcher der beiden Verstärker aktiviert wird. Der gleichzeitige 0-Zustand der externen Steuersignale $\neg CE$ und $\neg RE$ bewirkt, daß die Steuerlogik das Signal DIR in den 0-Zustand schaltet, so daß dadurch beim 1-Zustand des EN-Eingangs die Datenausgänge mit der Kennzahl 3 aktiviert werden. Dadurch können die gespeicherten Datenbits der adressierten Speicherzelle, die an den Bitleitungen anliegen, gelesen werden; die Datenausgänge $D_0 \ldots D_{l-1}$ weisen daher je nach anliegender Adresse den Zustand einer der Bitleitungen $B_0 \ldots B_{2^{n-m}-1}$ auf. Der gleichzeitige 0-Zustand der externen Steuersignale $\neg CE$ und $\neg WE$ bewirkt, daß die Steuerlogik das Signal DIR in den 1-Zustand schaltet, so daß dadurch beim 1-Zustand des EN-Eingangs die Datenausgänge mit der Kennzahl 2 aktiviert werden. Dadurch werden die Zustände der Daten $D_0 \ldots D_{l-1}$ auf die ausgewählten Bitleitungen bzw. die negierten Zustände der Daten $D_0 \ldots D_{l-1}$ auf die zugehörigen komplementären Bitleitungen angelegt und in die ausgewählten Speicherzellen eingeschrieben.

8.3.2 Statischer, flüchtiger Halbleiterspeicher

Die Speicherzelle eines statischen, flüchtigen Halbleiterspeichers – auch SRAM (engl.: static random access memory) genannt – besteht aus einem Flipflop, welches entweder mit bipolaren Transistoren oder mit MOS-Feldeffekt-Transistoren aufgebaut ist. Die bipolare Technik ist durch einen relativ großen Lei-

8.3 Flüchtige Halbleiterspeicher

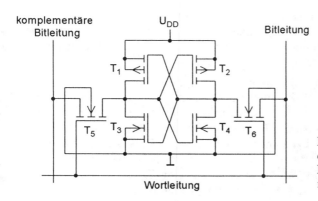

Bild 8.3-2 Speicherelement eines statischen, flüchtigen Halbleiter-Speicherbausteins in CMOS-Technik

stungsbedarf, eine geringe Integrationsdichte und kurze Zyklus- und Zugriffszeiten gekennzeichnet. Im Gegensatz dazu erreicht man mit der MOS-Technik eine hohe Integrationsdichte und einen geringen Leistungsbedarf; man muß jedoch größere Zyklus- und Zugriffszeiten in Kauf nehmen. Bild 8.3-2 zeigt beispielsweise das Speicherelement eines statischen, flüchtigen Halbleiterbausteins in komplementärer MOS-Technik, die auch CMOS-Technik genannt wird. Dieses Speicherelement, welches zwischen die Wortleitung und die komplementären Bitleitungen geschaltet ist, besteht aus insgesamt sechs IG-Feldeffekt-Transistoren. Während die Transistoren T_5 und T_6 den Anschluß des Flipflops an die beiden Bitleitungen realisieren und daher Auswahltransistoren genannt werden, bilden die komplementären Transistoren – die beiden P-Kanal-IG-Feldeffekt-Transistoren T_1 und T_2 sowie die beiden N-Kanal-IG-Feldeffekt-Transistoren T_3 und T_4 – das eigentliche Speicherelement.

Beim Einschreiben eines Binärzeichens wird das Speicherelement sowohl vom Zeilenadreß-Decodierer mit Hilfe der Wortleitung, die den 1-Zustand aufweist, als auch vom Spaltenadreß-Decodierer mit Hilfe der Bit- und komplementären Bitleitung, die den Zustand bzw. den komplementären Zustand des einzuschreibenden Binärzeichens annehmen, angewählt. Der 1-Zustand der Wortleitung bewirkt, daß die Auswahltransistoren T_5 und T_6 durchschalten, so daß der Zustand der Bitleitung an die Gateanschlüsse der Transistoren T_1 und T_3 und der Zustand der komplementären Bitleitung an die Gateanschlüsse der Transistoren T_2 und T_4 angelegt wird.

Befindet sich beim 1-Zustand der Wortleitung die Bitleitung im 1-Zustand, so bewirkt der 0-Zustand der komplementären Bitleitung, daß die Gateanschlüsse der Transistoren T_2 und T_4 an Bezugspotential GND gelegt werden. Entsprechend wird der P-Kanal-Transistor T_2 durchgeschaltet, während der N-Kanal-Transistor T_4 sperrt. Da an den Gateanschlüssen der Transistoren T_1 und T_3 nahezu die Versorgungsspannung U_{DD} anliegt, sperrt der P-Kanal-Transistor T_1, während der N-Kanal-Transistor T_3 leitet. Im Speicherelement wird in diesem Fall das Binärzeichen 1 eingeschrieben. Werden die Wortleitung durch den Zeilenadreß-Decodierer in den 0-Zustand und die Bitleitungen durch den Spaltenadreß-Decodierer in den Tristate-Zustand geschaltet, so bleibt das Binärzeichen 1 im Flipflop gespeichert.

Befindet sich beim 1-Zustand der Wortleitung die komplementäre Bitleitung in 1-Zustand, so bewirkt der 0-Zustand der Bitleitung, daß die Gateanschlüsse der Transistoren T_1 und T_3 an Bezugspotential GND gelegt werden. Entsprechend wird der P-Kanal-Transistor T_1 durchgeschaltet, während der N-Kanal-Transistor T_3 sperrt. Da an den Gateanschlüssen der Transistoren T_2 und T_4 jedoch nahezu der Wert der Versorgungsspannung U_{DD} anliegt, sperrt der P-Kanal-Transistor T_2, während der N-Kanal-Transistor T_4 leitet. Im Speicherelement wird in diesem Fall das Binärzeichen 0 eingeschrieben. Werden die Wortleitung durch den Zeilenadreß-Decodierer in den 0-Zustand und die Bitleitungen durch den Spaltenadreß-Decodierer in den Tristate-Zustand geschaltet, so bleibt das Binärzeichen 0 im Flipflop gespeichert.

Beim Lesevorgang wird die Wortleitung durch den Zeilenadreß-Decodierer in den 1-Zustand geschaltet, so daß die Auswahltransistoren T_5 und T_6 durchschalten und das gespeicherte Binärzeichen auf der Bitleitung anliegt. Da beim Lesevorgang der bidirektionale Datentreiber den Zustand der ausgewählten Bitleitung auf den Datenausgang des Speicherbausteins durchschaltet, steht am Datenausgang das gespeicherte Binärzeichen zur Verfügung.

8.3.3 Dynamischer, flüchtiger Halbleiterspeicher

Dynamische, flüchtige Halbleiterspeicher – auch DRAM (engl.: <u>d</u>ynamic <u>r</u>andom <u>a</u>ccess <u>m</u>emory, abgekürzt DRAM) genannt – verwenden als Speicherelement eine Kapazität C_S, die mit Hilfe eines Auswahltransistors T an die Bitleitung angeschaltet wird, wie das Bild 8.3-3 zeigt. Der Zeilenadreß-Decodierer schaltet an Hand der vorgegebenen Adresse die entsprechende Wortleitung in den 1-Zustand, so daß der Auswahltransistor durchschaltet. Da die Speicherkapazität C_S lediglich einen Wert von etwa 0,1 pF aufweist, befindet sich nur eine äußerst geringe Ladung im Speicherelement, wenn das Binärzeichen 1

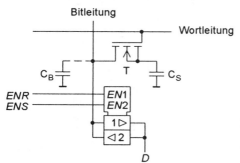

Bild 8.3-3 Speicherelement eines statischen, flüchtigen Halbleiter-Speicherbausteins in CMOS-Technik mit Lese- und Schreibverstärker

8.3 Flüchtige Halbleiterspeicher

gespeichert ist. Die parasitäre Kapazität C_B der Bitleitung, an die das Speicherelement durch den Auswahltransistor T angeschaltet wird, weist dagegen einen Wert auf, der etwa um den Faktor 10 größer ist. Ohne zusätzliche Maßnahme wird beim Lesevorgang der Dateninhalt des ausgewählten Speicherelementes durch den Ladungsausgleich der zusammengeschalteten Kapazitäten untereinander zerstört. Mit Hilfe eines Lese- und Schreibverstärkers läßt sich jedoch der Ladungszustand des Speicherelementes erhalten. Beim Lesevorgang aktiviert der Spaltenadreß-Decodierer die beiden Steuersignale *ENR* und *ENS*. Der 1-Zustand der Steuersignale bewirkt, daß der Zustand der Bitleitung über die beiden Verstärker an der Bitleitung anliegt und der Ladungszustand der Kapazität C_S dadurch erhalten bleibt bzw. sogar aufgefrischt wird.

Auch ohne einen Lesevorgang verringert sich die Ladung des Speicherelementes durch Leckströme. Daher muß der Ladungsinhalt jedes Speicherelementes eines dynamischen Schreib-Lese-Speichers nach etwa 1 ... 3 ms wieder aufgefrischt werden. Der Auffrischvorgang eines Speicherelementes wird Refresh-Zyklus genannt und entspricht dem Vorgang des Lesezyklus. Beim Schreibzyklus aktiviert die Steuerlogik nur das Steuersignal *ENS*, welches den 1-Zustand annimmt, so daß der Zustand der Datenleitung D auf die Bitleitung durchgeschaltet wird. Das durch die Wortleitung ausgewählte Speicherelement – die Speicherkapazität C_S – wird entweder durch den 0-Zustand der Bitleitung entladen oder durch den 1-Zustand der Bitleitung aufgeladen.

Dynamische Schreib-Lese-Speicherbausteine arbeiten mit einem Zeitmultiplex-Verfahren, bei dem die gesamte Adresse des Speicherelementes bzw. der Speicherzelle dem Baustein zeitlich nacheinander als Zeilenadresse und Spaltenadresse übergeben wird. Da dynamische Halbleiterspeicher eine große Integrationsdichte aufweisen, die eine große Anzahl erforderlicher Adreßsignale zur Folge hat, läßt sich so die Anzahl der benötigten Adreßanschlüsse eines Bausteins halbieren. Mit dem Steuersignal ¬*RAS* (engl.: r̲ow a̲ddress s̲elect) wird der Adreßteil, der die auszuwählende Zeile der Speichermatrix angibt, und mit dem Steuersignal ¬*CAS* (engl.: c̲olumn a̲ddress s̲elect) wird der Adreßteil, der die auszuwählende Spalte der Speichermatrix kennzeichnet, intern im Speicherbaustein in zwei Adreßspeichern aufbewahrt. Das Bild 8.3-4 zeigt die zeitlichen Abläufe des Lese-, Schreib- und Refreshzyklus. Während des Lesezyklus muß zunächst die Zeilenadresse an den Speicherbaustein angelegt werden und anschließend das Steuersignal ¬*RAS* in den 0-Zustand geschaltet werden, so daß die Zeilenadresse in Baustein abgespeichert wird. Anschließend wird die Spaltenadresse dem Baustein zur Verfügung gestellt und durch die Aktivierung des Steuersignals ¬*CAS* im Baustein gespeichert. Die Daten der ausgewählten Speicherzelle werden daraufhin nach einer Verzögerungszeit zur Verfügung gestellt. Zwischen der Aktivierung des Steuersignals ¬*RAS* und des Steuersignals ¬*CAS* muß dabei die Zeit t_{RCD} (engl.: r̲ow c̲olumn d̲elay time) und von einer Aktivierung des Steuersignals ¬*RAS* zur nachfolgenden Aktivierung die Speicher-

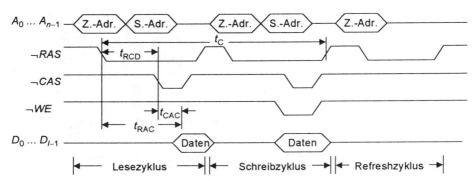

Bild 8.3-4 Zeitverlauf der Signale beim Lese-, Schreib- und Refreshzyklus eines dynamischen Schreib-Lese-Speichers

zykluszeit t_C (engl.: $\underline{c}$ycle time) eingehalten werden. Bezüglich der Zeilenadressierung bzw. der Spaltenadressierung weisen die zur Verfügung gestellten Daten die Verzögerungszeit t_{RAC} (engl.: $\underline{r}$ow address $\underline{ac}$cess time) bzw. die Zeit t_{CAC} (engl.: $\underline{c}$olumn address $\underline{ac}$cess time) auf.

Während des Schreibzyklus muß zunächst die Zeilenadresse an den Speicherbaustein angelegt und anschließend das Steuersignal ¬RAS in den 0-Zustand geschaltet werden, so daß die Zeilenadresse in Speicherbaustein abgespeichert wird. Anschließend werden dem Baustein die Spaltenadresse und die Daten angelegt. Die Aktivierung des Schreibsteuersignals ¬WE und des Steuersignals ¬CAS bewirkt, daß die anliegenden Daten in die adressierte Speicherzelle eingeschrieben werden.

Während eines Refreshzyklus können im Speicherbaustein alle Speicherelemente einer Zeile der Speichermatrix gleichzeitig aufgefrischt werden, so daß dem Baustein lediglich die Zeilenadresse zur Verfügung gestellt und das Steuersignal ¬RAS aktiviert werden muß. Für dynamische Speicherbausteine gibt es sogenannte „Dynamic-RAM-Controller", die den zyklischen Refresh-Vorgang des Speicherbausteins realisieren. Diese Controller arbeiten in der Betriebsart Burst-Mode, Cycle-Stealing-Mode oder Transparent-Mode. Ein Controller der im Burst-Mode arbeitet, unterbindet für die gesamte Zeit der Auffrischung aller Speicherzellen den Datenzugriff auf den Speicher. Dadurch steht der Speicher etwa 3 % seiner Betriebszeit nicht zur Verfügung. Ein Controller, der im Cycle-Stealing-Mode arbeitet, frischt die Speicherzellen mit einer Unterbrechung der Datenzugriffe auf. Er stiehlt, wie der englische Ausdruck aussagt, einige Zyklen, die sonst für Datenzugriffe genutzt werden könnten. Das optimale Refresh-Verfahren ist der Transparent-Mode, bei dem die Zeiten, zu denen kein Datenzugriff auf den Halbleiterspeicher erfolgt, zur Auffrischung der Speicherzellen genutzt werden.

8.4 Spezielle Halbleiterspeicher

Außer den in den vorhergehenden Abschnitten erläuterten Halbleiterspeichern werden in digitalen Rechenanlagen je nach Anforderung des Datenzugriffs, der Reihenfolge der Speicherung und der Adressierung auch Speicherbausteine mit besonderen Eigenschaften eingesetzt.

8.4.1 Dual-Port-RAM

Ein Dual-Port-RAM, der auch Zweitorspeicher genannt wird, ist ein spezieller Schreib-Lese-Speicher, der zwei unabhängigen digitalen Rechenanlagen als gemeinsamer Datenspeicher dient. Ein Dual-Port-RAM besitzt daher zwei Sätze

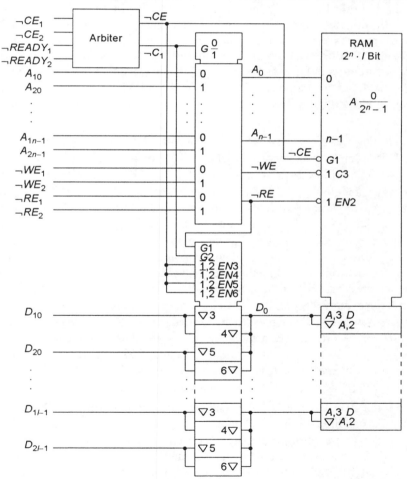

Bild 8.4-1 Allgemeiner Aufbau eines Dual-Port-RAM's

getrennter Bussignale: Die Adreßsignale $A_{10} \ldots A_{1n-1}$, die Datensignale $D_{10} \ldots D_{1l-1}$ und die Steuersignale $\neg CE_1$, $\neg RE_1$, $\neg WE_1$ zum Anschluß an den Bus eines Computers 1 und die Adreßsignale $A_{20} \ldots A_{2n-1}$, die Datensignale $D_{20} \ldots D_{2l-1}$ und die Steuersignale $\neg CE_2$, $\neg RE_2$, $\neg WE_2$ zum Anschluß an den Bus eines Computers 2. Das Bild 8.4-1 zeigt ein Dual-Port-RAM mit einer Speicherkapazität von $2^n \cdot l$ Bit. Eine Steuerlogik, die Arbiter oder auch Prioritätsdecoder genannt wird, entscheidet dabei, welcher der beiden Computer jeweils auf den gemeinsamen Schreib-Lese-Speicher zugreifen darf.

Adressieren die beiden Computer gleichzeitig den Speicherbaustein und zeigen daher durch den 0-Zustand der von den Adreßdecodierern erzeugten Auswahlsignale $\neg CE_1$ bzw. $\neg CE_2$ dem Arbiter an, daß sie einen Datenzugriff auf den gemeinsamen Schreib-Lese-Speicher anfordern, so vergibt der Arbiter dem Computer 1 die höhere Priorität. In den Fällen, in denen bereits der Datenzugriff eines Computers erfolgt und der andere Computer während dieser Zeit einen Datenzugriff anfordert, muß dieser Computer warten, bis der Datenzugriff des anderen Computers auf den Schreib-Lese-Speicher beendet ist. Der Arbiter generiert die beiden Steuersignale $\neg READY_1$ und $\neg READY_2$, mit deren Hilfe den Computern die Freigabe des Datenzugriffs auf den Zweitorspeicher angezeigt wird.

Wie die Schaltung des Dual-Port-RAM's nach Bild 8.4-1 zeigt, generiert der Arbiter an Hand der beiden Auswahlsignale $\neg CE_1$ bzw. $\neg CE_2$ außer den Signalen $\neg READY_1$ und $\neg READY_2$, mit deren Hilfe im Kollisionsfall einer der beiden Computer angehalten wird, die internen Signale $\neg CE$ bzw. $\neg C_1$, die die Adreßsignal-, Steuersignal-Multiplexer und die bidirektionalen Datentreiber steuern. Erteilt der Arbiter dem Computer 1 den Datenzugriff, so bewirkt der 0-Zustand des Signals $\neg C_1$, daß die Adreßsignale $A_{10} \ldots A_{1n-1}$ und die Steuersignale $\neg CE_1$, $\neg RE_1$, $\neg WE_1$, die an den Eingängen der 1-aus-2-Multiplexer anliegen, an den Schreib-Lese-Speicher anlegt werden. Je nachdem, ob ein Lesezugriff oder Schreibzugriff auf den Schreib-Lese-Speicher erfolgen soll, steuert das Signal $\neg RE$ die Richtung der bidirektionalen Datentreiber. Beim Zugriff des Computers 1 werden daher bei einem Lesezugriff die Tristate-Treiber mit der Kennzahl 3 aktiviert, so daß die Daten der ausgewählten Speicherzelle an den Datensignalen $D_{10} \ldots D_{1l-1}$ zur Verfügung stehen. Beim Schreibzugriff des Computers 1 werden dagegen die Tristate-Treiber mit der Kennzahl 4 aktiviert, so daß die Datensignale $D_{10} \ldots D_{1l-1}$ am Schreib-Lese-Speicher anliegen.

Erteilt der Arbiter dem Computer 2 den Datenzugriff, so bewirkt der 1-Zustand des Signals $\neg C_1$, daß die Adreßsignale $A_{20} \ldots A_{2n-1}$ und die Steuersignale $\neg CE_2$, $\neg RE_2$, $\neg WE_2$, die an den Eingängen der 1-aus-2-Multiplexer anliegen, an den Schreib-Lese-Speicher anlegt werden. Je nachdem, ob ein Lesezugriff oder Schreibzugriff auf den Schreib-Lese-Speicher erfolgen soll, steuert das Signal $\neg RE$ die Richtung der bidirektionalen Datentreiber. Beim Zugriff des Compu-

8.4 Spezielle Halbleiterspeicher

ters 2 werden daher bei einem Lesezugriff die Tristate-Treiber mit der Kennzahl 5 aktiviert, so daß die Daten der ausgewählten Speicherzelle an den Datensignalen $D_{20} \ldots D_{2l-1}$ zur Verfügung stehen. Beim Schreibzugriff des Computers 2 werden dagegen die Tristate-Treiber mit der Kennzahl 6 aktiviert, so daß die Datensignale $D_{20} \ldots D_{2l-1}$ am Schreib-Lese-Speicher anliegen.

8.4.2 First-In-First-Out-Speicher

Ein FIFO-Speicher (engl.: <u>f</u>irst <u>i</u>n <u>f</u>irst <u>o</u>ut) stellt eine besondere Form eines Schieberegisters dar, bei dem, wie die englische Bezeichnung besagt, die eingeschriebenen Daten ihrer Reihenfolge entsprechend dem First-In-First-Out-Speicher entnommen werden können. Es handelt sich im Prinzip um einen Speicher zur kurzzeitigen Zwischenspeicherung von Daten wie in einer Warteschlange. Die Bilder 8.4-2a,b zeigen das Funktionsprinzip eines FIFO-Speichers bei einer Dateneingabe bzw. bei einer Datenentnahme.

Beim Einschreibvorgang wird das Datenwort von einem freien Speicherplatz zum nächsten freien Speicherplatz weitergeschoben und gelangt so in den freien Speicherplatz mit dem geringsten Adreßwert. Im Beispiel nach Bild 8.4-2a sind bereits durch vorausgegangene Einschreibvorgänge das Datenwort m in der Adresse 0, das Datenwort $m+1$ in der Adresse 1, das Datenwort $m+2$ in der Adresse 2 und das Datenwort $m+3$ in der Adresse 3 des FIFO-Speichers abgelegt. Der Einschreibvorgang des Datenwortes $m+4$ bewirkt demnach, daß dieses

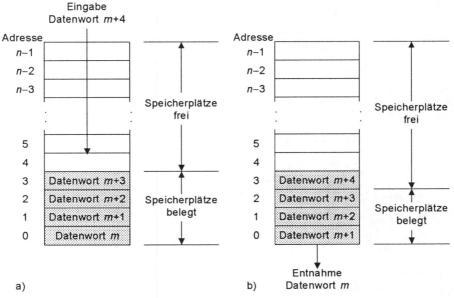

Bild 8.4-2 Funktionsprinzip eines FIFO-Speichers mit einer Speicherkapaziät einer Anzahl von n Datenwörtern a) Dateneingabe b) Datenausgabe

Datenwort durch die Speicherplätze mit den Adressen $n-1$, $n-2$ usw. bis zur Adresse 4 weitergeschoben und dort letztlich abgespeichert wird.

Bild 8.4-2b zeigt den Vorgang der Ausgabe eines Datenwortes zum Zeitpunkt nach der Eingabe des Datenwortes $m+4$ entsprechend Bild 8.4-2a. Bei der Ausgabe eines Datenwortes stellt der FIFO-Speicher immer das Datenwort der Adresse 0 zur Verfügung, so daß in diesem Fall das Datenwort m dem FIFO-Speicher entnommen wird. Dadurch wird der Speicherplatz mit der Adresse 0 für das Datenwort m nicht mehr benötigt, so daß nach der Ausgabe die Datenwörter aller belegter Speicherplätze auf den Speicherplatz der nächstniedrigeren Adresse geschoben werden. Damit gelangt nach der Ausgabe des Datenwortes m das Datenwort $m+1$ auf die Adresse 0, das Datenwort $m+2$ auf die Adresse 1, das Datenwort $m+3$ auf die Adresse 2 und das Datenwort $m+4$ auf die Adresse 3. Damit ist die Adresse 4 für die Einspeicherung eines eventuell folgenden Datenwortes $m+5$ frei.

Das Bild 8.4-3 zeigt die Schaltung eines FIFO-Speichers mit einer Anzahl n von Speicherzellen mit einer Wortlänge von l Bit, dessen n Speicherzellen mit den Adressen $0 \ldots n-1$ jeweils aus einer Anzahl l taktzustandsgesteuerter D-Flipflops bestehen. Jeder Speicherzelle ist eine SR-Flipflop zugeordnet, welches mit Hilfe eines UND-Glieds das Taktsignal für die D-Flipflops der Speicher-

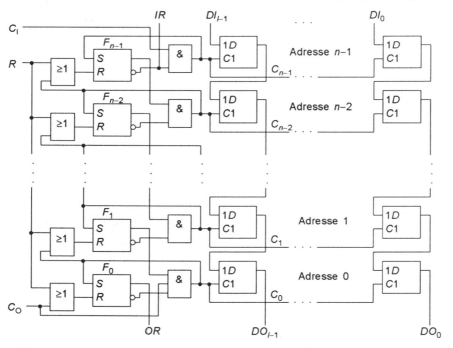

Bild 8.4-3 Schaltung eines FIFO-Speichers mit einer Speicherkapazität von $n \cdot l$ Bit

zelle erzeugt. Zunächst soll davon ausgegangen werden, daß mit dem 1-Zustand des Signals R alle SR-Flipflops zurückgesetzt werden. Damit zeigt das Signal IR (engl.: input ready) mit dem 1-Zustand an, daß der FIFO-Speicher für die Eingabe eines Datenwortes bereit ist. Das Signal OR (engl.: output ready) signalisiert mit dem 0-Zustand, daß im FIFO-Speicher kein Datenwort zur Ausgabe bereitsteht. Da alle SR-Flipflops zurückgesetzt sind, befinden sich die Taktsignale $C_0 ... C_{n-1}$ der taktzustandsgesteuerten D-Flipflops im 0-Zustand.

Steht nun an den Dateneingängen $D_0 ... D_{l-1}$ ein Datenwort zur Einspeicherung zur Verfügung, so bewirkt der 1-Zustand des Takteingangs C_I des FIFO-Speichers, daß das Taktsignal C_{n-1} der Speicherzelle der Adresse $n-1$ den 1-Zustand annimmt, so daß das anliegende Datenwort in diese Speicherzelle eingeschrieben wird. Gleichzeitig bewirkt das Taktsignal C_{n-1} jedoch, daß das SR-Flipflop F_{n-1}, welches der Speicheradresse $n-1$ als Steuer-Flipflop zugeordnet ist, zurückgesetzt wird. Dadurch nimmt das Taktsignal C_{n-1} wieder den 0-Zustand an, während gleichzeitig das Steuer-Flipflop F_{n-2} der nachfolgenden Speicheradresse $n-2$ gesetzt wird. Dadurch wird das Taktsignal C_{n-2} aktiviert, so daß das Datenwort von der Speicheradresse $n-1$ in die Speicheradresse $n-2$ übernommen und das Steuer-Flipflop dieser Speicheradresse zurückgesetzt wird. Das einzuschreibende Datenwort wird durch diesen Vorgang von der Speicherzelle zur nächsten Speicherzelle weitergeschoben. Letztlich bewirkt der 1-Zustand des Taktsignals C_0, daß das Datenwort in die Speicheradresse 0 eingeschrieben und das Steuer-Flipflop F_0 gesetzt wird. Damit zeigt das Signal OR mit dem 1-Zustand an, daß ein Datenwort zur Ausgabe bereitsteht.

Wird ein weiteres Datenwort mit Hilfe des 1-Zustands des Eingangstaktes C_I des FIFO-Speichers eingeschrieben, so wird dieses Datenwort von Speicherzelle zu Speicherzelle weitergegeben, bis es in der Adresse 1 eingeschrieben ist. Werden zwischenzeitlich keine Datenwörter entnommen, so werden die weiteren Datenwörter nacheinander in die Speicheradressen $2, 3 ... n-2$ abgelegt. Wird nun noch ein weiteres Datenwort eingeschrieben, so verbleibt dieses in der Speicheradresse $n-1$, wobei gleichzeitig das Signal IR mit dem 0-Zustand anzeigt, daß der FIFO-Speicher gefüllt ist.

Um weitere Datenwörter einspeichern zu können, muß zunächst ein Datenwort dem FIFO-Speicher entnommen werden. Dieser Zustand darf bei einem Betrieb des FIFO-Speichers üblicherweise nicht auftreten, da sonst ein Datenverlust entstehen kann, da die zur Verfügung stehenden Datenwörter nicht eingeschriebenen werden können. Daher muß je nach Länge der Zeitdauer, während der dem FIFO-Speicher kein Datenwort entnommen wird, die Anzahl der benötigten Speicheradressen erhöht werden, so daß mehr Datenwörter in der Warteschlange kurzzeitig aufbewahrt werden können. Wird dem FIFO-Speicher ein Datenwort entnommen, so bewirkt der 1-Zustand des Ausgangstaktes C_O, daß das Flipflop F_0 zurückgesetzt und damit das Taktsignal C_0 aktiviert wird, so daß das Datenwort der Speicheradresse 1 in die Speicheradresse 0 übernommen wird. Sind in den nachfolgenden Speicheradressen 2, 3, 4 usw. weitere Datenwörter abgelegt, so wird das Datenwort der Speicheradresse 2 in die Speicheradresse 1, das Datenwort der Speicheradresse 3 in die Speicheradresse 2, usw. übernommen.

8.4.3 Last-In-First-Out-Speicher

Ein Last-In-First-Out-Speicher, der auch Stack, Stapel- oder Kellerspeicher genannt wird, ist ein Speicher, bei dem die Datenwörter bei der Ausgabe in umgekehrter Reihenfolge des Einschreibens wieder zur Verfügung gestellt werden. Damit wird einem LIFO-Speicher das zuletzt eingeschriebene Datenwort zuerst wieder entnommen; daher der englische Ausdruck ,,last in first out". Ein LIFO-Speicher mit einer Speicherkapazität von $2^n \cdot l$ Bit besteht aus einer Steuerlogik, einem n-Bit-Vorwärts-Rückwärts-Binärzähler und einem Schreib-Lese-Speicher mit 2^n Speicheradressen mit einer Wortlänge von l Bit, wie das Bild 8.4-4 zeigt. Der Datenzugriff auf die Speicheradressen des Schreib-Lese-Speichers erfolgt dabei mit Hilfe des n-Bit-Vorwärts-Rückwärts-Binärzählers, der Stapelzeiger oder Stackpointer genannt wird. Es soll vorausgesetzt werden, daß der Stapelzeiger zunächst mit Hilfe des Signals R zurückgesetzt wird, so daß alle Adreßsignale $A_0 \ldots A_{n-1}$ den 0-Zustand aufweisen. Bei jedem Einschreibvorgang eines Datenwortes erzeugt die Steuerlogik zunächst einen Impuls, so daß der Adreßwert des Stapelzeigers um Eins verringert (dekrementiert) wird. Danach wird das Datenwort in die durch den Stapelzeiger ausgewählte Speicherzelle des Schreib-Lese-Speichers gespeichert. Bei jedem Auslesen eines Daten-

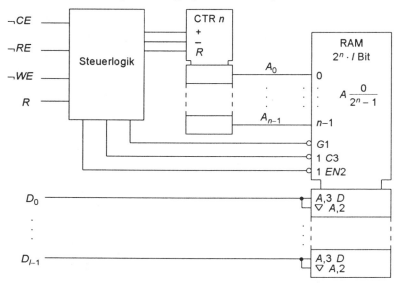

Bild 8.4-4 Aufbau eines LIFO-Speichers mit einer Speicherkapazität von $2^n \cdot l$ Bit

8.4 Spezielle Halbleiterspeicher

wortes wird dieses der Speicherzelle des Schreib-Lese-Speichers entnommen, auf die der Stapelzeiger verweist. Nach der Ausgabe des Datenwortes erzeugt die Steuerlogik einen Impuls, so daß der Adreßwert des Stapelzeigers um Eins erhöht (inkrementiert) wird.

In digitalen Rechenanlagen benötigt man einen Last-In-First-Out-Speicher (Stack) zur Speicherung von Rücksprungadressen und Dateninhalten von Register. Das Programm, welches das Unterprogramm aufruft, muß nach der Durchführung des Unterprogramms mit dem Befehl, der dem Aufruf des Unterprogramms folgt, fortgeführt werden. Auf den Stack wird daher diese Rücksprungadresse zwischengespeichert, bevor die Startadresse des Unterprogramms in den Programmzähler geladen wird. Der Rücksprungbefehl (engl.: return) des Unterprogramms bewirkt, das die Rücksprungadresse vom Stack geholt und in den Programmzähler geladen wird.

Auf den Stack werden außer den Rücksprungadressen auch die Dateninhalte der Register abgespeichert, die im Unterprogramm zwar benötigt werden, deren Dateninhalte jedoch nach Beendigung des Unterprogramms die Zustände, die vor dem Aufruf des Unterprogramms vorlagen, annehmen müssen. Die Prozessoren der Rechenanlagen besitzen einen internen Stapelzeiger, so daß ein beliebiger Bereich des Datenspeichers als Stack verwendet werden kann, der mit Hilfe des Stapelzeigers adressiert wird. Bei jedem Aufruf eines Unterprogramms wird der interne Stapelzeiger zunächst dekrementiert. Anschließend wird die Rücksprungadresse aus dem Programmzähler des Prozessors in den Stack gespeichert. Bei einem Rücksprung aus einem Unterprogramm wird an Hand der Adresse des Stapelzeigers die Rücksprungadresse aus der ausgewählten Speicheradresse des Stacks wieder in den Programmzähler geladen. Anschließend wird der Stapelzeiger inkrementiert. Damit wird nach Beendigung des Unterprogramms das Programm, welches das Unterprogramm aufgerufen hat, mit dem Befehl, der dem Unterprogrammaufruf folgt, fortgesetzt.

8.4.4 Schreib-Lese-Speicher mit seriellem Zugriff

Durch die Reihenschaltung von Speicherzellen nach dem Prinzip des Schieberegisters lassen sich Schreib-Lese-Speicher mit seriellem Zugriff (engl.: serial access memory, abgekürzt SAM) mit großer Speicherkapazität aufbauen. Insbesondere die Technik der ladungsgekoppelten Speicher (engl.: charge coupled device, abgekürzt CCD), bei denen Ladungen von Kapazitäten von MOS-Transistoren unter der Einwirkung eines elektrischen Feldes verschoben werden, gewährleistet eine große Speicherkapazität auf einer besonders kleinen Fläche.

8.4.5 Inhaltsadressierte Halbleiterspeicher

Wie bereits in Abschnitt 8.1.4 erwähnt, unterscheidet man nach der Art der Adressierung zwischen ortsadressierten und inhaltsadressierten Halbleiterspeichern. Die bisher in diesem Kapitel besprochenen Arten gehören alle zur Gruppe der ortsadressierten Halbleiterspeicher, bei denen die Anwahl der Speicherzelle (Adressierung) mit Hilfe der Adreßsignale erfolgt.

8.4.5.1 Assoziativspeicher

Wie bereits in Abschnitt 8.1.4 erwähnt, unterscheidet man nach der Art der Adressierung zwischen ortsadressierten und inhaltsadressierten Halbleiterspeichern. Die bisher in diesem Kapitel besprochenen Arten gehören alle zur Gruppe der ortsadressierten Halbleiterspeicher, bei denen die Anwahl der Speicherzelle (Adressierung) mit Hilfe der Adreßsignale erfolgt. Der Assoziativspeicher, der auch CAM (engl.: content addressable memory) genannt wird, ist ein inhaltsadressierter Halbleiterspeicher, deren Speicherzellen nicht durch eine Adresse, sondern durch vorgegebene Suchbegriffe angewählt werden. Ein Assoziativspeicher besteht aus einem Tag- und einem Buffer-Teil. Während der Tag-Teil das Suchwort enthält, ist im zugehörigen Buffer-Teil das eigentliche Datenwort gespeichert. Suchvorgänge nach bestimmten Daten lassen sich daher mit Hilfe eines Assoziativspeichers einfach durchführen.

8.4.5.2 Cache-Speicher

Zur Geschwindigkeitssteigerung digitaler Rechenanlagen verwendet man häufig einen Datenspeicher, der im Prozessorchip integriert ist. Dieser prozessorinterne Datenspeicher, der Cache-Speicher genannt wird, bietet gegenüber einem Datenspeicher, der an den Bus der digitalen Rechenanlage angeschlossen ist, den Vorteil eines wesentlich schnelleren Datenzugriffs. Häufig muß der Prozessor bei der Ausführung eines Programms wiederholt auf ein und denselben Datensatz zugreifen, so daß in diesem Fall die schnellen Datenzugriffe auf den Cache-Speicher gegenüber den langsamen Datenzugriffen auf den externen Speicher erheblich weniger Zeit benötigen. Die Speicherkapazität des internen Cache-Speichers ist jedoch durch die realisierbare Integrationsdichte des Prozessors begrenzt. Übliche Speicherkapazitäten liegen heutzutage in der Größenordnung von 256 k Byte. Benötigt ein Programm beispielsweise einen größeren Datensatz, der im Cache-Speicher nicht gespeichert werden kann, so wird lediglich ein Teil des gesamten Datensatzes aus dem externen Datenspeicher in den Cache-Speicher des Prozessors verlagert. Bei Datenzugriffen muß daher der Prozessor zunächst intern prüfen, ob sich die benötigten Daten im Cache-Speicher befinden. Diese Prüfung wird mit Hilfe eines Assoziativ-Speichers durchgeführt, dessen Tag-Teil Adreßeintragungen als Kennzeichen der zugehörigen Daten enthält, die im Buffer-Teil gespeichert sind. Die vom Prozessor dem Cache-Speicher angelegte Adresse, die aus zwei Teilen besteht, dient zum Teil der Adressierung der Tag-Register, während der andere Adreßteil mit dem Dateninhalt des adressierten Tag-Registers verglichen wird. Zeigt der Vergleich eine Übereinstimmung, so können die Daten dem Cache-Speicher entnommen werden. Im anderen Fall müssen die Daten dem externen Speicher entnommen und gegen nicht benötigte Daten im Cache-Speicher ausgetauscht werden.

9 Programmierbare Logikschaltungen

Wird eine Digitalschaltung durch eine Zusammenschaltung einer Anzahl von Schaltkreisen mit unterschiedlichen Schaltgliedern – auch Random-Logik genannt – aufgebaut, so sind der erforderliche Platzbedarf und die großen Schaltzeiten der Ausgangsvariablen, die sich durch Reihenschaltungen von Schaltgliedern ergeben, von Nachteil. Programmierbare Logikschaltungen (engl.: programmable logic device, abgekürzt PLD) gehören zur Gruppe der anwendungsspezifischen integrierten Schaltkreise (engl.: application spezific integrated circuit, abgekürzt ASIC) und ermöglichen den Aufbau von Digitalschaltungen mit nur einem integrierten Schaltkreis. Außer einem geringen Platzbedarf weisen programmierbare Logikschaltungen gegenüber der Zusammenschaltung einer Anzahl von Schaltkreisen den Vorteil äußerst geringer Schaltzeiten auf.

Die Funktion der Digitalschaltung wird der programmierbaren Logikschaltung entweder vom Hersteller oder vom Anwender durch eine entsprechende Programmierung vorgegeben. Programmierbare Logikschaltungen, bei denen für die Programmierung wie bei einem PROM das Fusible-Link-Verfahren verwendet wird, werden auch IFL-Schaltungen (engl.: integrated fuse logic, abgekürzt IFL) genannt. Diese Schaltungen besitzen schmelzbare Verbindungen innerhalb einer Matrix, mit denen die Funktion der programmierbaren Logikschaltung festgelegt wird. Beim Programmiervorgang muß daher in Abhängigkeit der zu realisierenden Funktion der programmierbaren Logikschaltung ein Teil dieser schmelzbaren Verbindungen innerhalb der Matrix zerstört werden.

Programmierbare Logikschaltungen, bei denen wie beim EPROM FAMOS-Transistoren als programmierbare Verbindungen innerhalb der Matrix verwendet werden, bezeichnet man auch als EPLD. Diese programmierbaren Logikschaltungen lassen sich elektrisch programmieren und durch Bestrahlung mit ultraviolettem Licht löschen. Es werden auch programmierbare Logikschaltungen angeboten, deren programmierbare Verbindungen wie beim EEPROM sowohl elektrisch programmierbar als auch löschbar sind. Einige programmierbare Logikschaltungen verwenden auch statische Speicherzellen, mit denen die Funktion der programmierbaren Logikschaltung festgelegt und jederzeit auch wieder verändert werden kann.

9.1 Allgemeiner Aufbau

Der allgemeine Aufbau einer programmierbaren Logikschaltung besteht im Prinzip aus einem Ausführungs- und Programmierteil, wie das Bild 9.1-1 zeigt. Während der Programmierteil die Vorgabe einer geforderten Funktion einer Digitalschaltung ermöglicht, dient der Ausführungsteil der Realisierung der vorgegebenen Funktion. Grundelement des Ausführungsteils einer program-

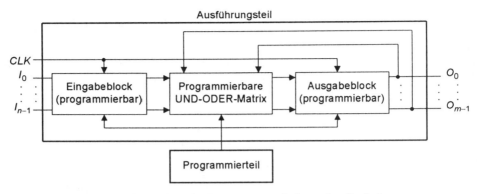

Bild 9.1-1 Allgemeiner Aufbau programmierbarer Logikschaltungen

mierbaren Logikschaltung ist eine Matrix mit programmierbaren Verbindungen. Während einige programmierbare Logikschaltungen entweder nur eine programmierbare UND-Matrix bzw. nur eine programmierbare ODER-Matrix besitzen, weisen andere Schaltungen sowohl eine programmierbare UND- als auch ODER-Matrix auf. Die im vorhergehenden Kapitel behandelten Halbleiterspeicher – ROM, PROM, EPROM, EEPROM – lassen sich ihrem Aufbau und ihrer Funktionsweise nach auch als programmierbare Logikschaltungen mit einer festverdrahteten UND-Matrix und einer programmierbaren ODER-Matrix ansehen. Die Adressierungseinheit der Speicherzellen – der Zeilenadreß- und Spaltenadreß-Decodierer – stellt dabei eine festverdrahtete UND-Matrix dar, während der programmierbare Dateninhalt der einzelnen Speicherzellen einer programmierbaren ODER-Matrix entspricht. Die meisten programmierbaren Logikschaltungen weisen jedoch eine programmierbare UND-Matrix auf, während die ODER-Matrix festverdrahtet ist. Mit den programmierbaren Logikschaltungen, die nur aus den Grundelementen einer UND- und ODER-Matrix, von denen eine oder auch beide programmierbar sind, bestehen, lassen sich lediglich kombinatorische Schaltungen – Schaltnetze – realisieren.

Zusätzlich zu den Grundelementen einer UND- und ODER-Matrix kann der Ausführungsteil einer programmierbaren Logikschaltung einen Eingabeblock bzw. auch einen Ausgabeblock mit Rückführungen aufweisen, wie der allgemeine Aufbau nach Bild 9.1-1 zeigt. Die Funktion des Ein- und Ausgabeblockes kann bei einigen Schaltungen auch programmiert werden. Ein programmierbarer Eingabeblock besteht dabei aus einer Anzahl von Eingangsschaltungen zur Verarbeitung der Eingangsvariablen der programmierbaren Logikschaltung. Programmierbare Logikschaltungen mit Eingabeblock weisen einen unterschiedlichen Aufbau der Eingangsschaltungen auf, der häufig aus Registern und Multiplexern besteht. Diese Eingangsschaltungen, die auch als Eingangs-Makrozellen bezeichnet werden, ermöglichen die Speicherung der Zustände der

9.1 Allgemeiner Aufbau

Eingangsvariablen der programmierbaren Logikschaltung zu bestimmten Zeitpunkten mit Hilfe des externen Taktsignals *CLK*. Außerdem kann mit Hilfe der Multiplexer der Eingangs-Makrozellen entweder der Zustand der Eingangsvariablen oder der im Register gespeicherte Zustand der Eingangsvariablen der nachgeschalteten UND-Matrix als Eingangsvariable zugeführt werden.

Ein programmierbarer Ausgabeblock besteht aus einer Anzahl von Ausgangsschaltungen zur Verarbeitung der Variablen am Ausgang der ODER-Matrix der programmierbaren Logikschaltung. Programmierbare Logikschaltungen mit Ausgabeblock weisen einen unterschiedlichen Aufbau der Ausgangsschaltungen auf, der häufig aus Negations-Gliedern, Registern, Multiplexern und Tristate-Ausgängen besteht. Diese Ausgangsschaltungen, die auch als Ausgangs-Makrozellen bezeichnet werden, ermöglichen die nicht negierte bzw. negierte Ausgabe der Ausgangsvariablen der ODER-Matrix entweder direkt oder über Register geführt. Programmierbare Logikschaltungen mit Ausgabeblock weisen zusätzliche Rückführungen auf, die die Ausgangsvariablen sowohl nicht negiert als auch negiert in die programmierbare UND-Matrix zurückführen. Mit den programmierbaren Logikschaltungen mit Ausgabeblock mit Rückführungen lassen sich auch sequentielle Schaltungen – Schaltwerke – realisieren.

Mit Hilfe des Programmteils einer programmierbaren Logikschaltung lassen sich je nach geforderter Funktion des Ausführungsteils die einzelnen programmierbaren Verbindungen in der UND-ODER-Matrix und den Ein- und Ausgabeblöcken auswählen und gegebenenfalls unterbinden. Da weder für die Funktion des Ausführungsteils noch für die Programmierung der Aufbau des Programmierteils von Interesse ist, werden nachfolgend nur die Elemente des Ausführungsteils näher behandelt.

9.1.1 Programmierbare UND-Matrix

Das Bild 9.1-2a zeigt den Aufbau einer programmierbaren UND-Matrix des Ausführungsteils einer programmierbaren Logikschaltung in bipolarer IFL-Technik, bei der vom Hersteller an allen Programmierplätzen der UND-Matrix eine Diode und eine in Reihe geschaltete schmelzbare Verbindung eingebaut wird, so daß im unprogrammierten Zustand des Bausteins die Eingangsvariablen $I_0 \ldots I_{n-1}$ sowie die negierten Eingangsvariablen $\neg I_0 \ldots \neg I_{n-1}$ über die Eingangslinien, die Dioden und die schmelzbaren Verbindungen an die Produktlinien der UND-Matrix angeschaltet sind.

Das Bild 9.1-2b zeigt die symbolische Darstellung der programmierbaren UND-Matrix im Logikdiagramm der Schaltung. Die Kreuze in den Schnittpunkten der Eingangs- und Produktlinien der Matrix kennzeichnen die programmierbare Verbindung. Wird bei einer Programmierung eine schmelzbare Verbindung der UND-Matrix zerstört, so wird die an der Eingangslinie anliegende Eingangsvariable dem UND-Glied nicht mehr zugeführt.

An den Ausgangslinien der UND-Matrix, die als Produktlinien bezeichnet werden, stehen die Produktterme $P_0 \ldots P_{i-1}$ zur Verfügung. Ist die UND-Matrix unprogrammiert, so weisen alle Produktterme auf Grund der Beschaltung mit den Eingangsvariablen als auch deren Negationen den 0-Zustand auf. Die Bezeichnungen Produktlinie (engl.: product line) bzw. Produktterm (engl.: product term) entstammen der booleschen Algebra, bei der für die UND-Verknüpfung – auch boolesches Produkt genannt – das Operationszeichen der Multiplikation verwendet wurde.

Die Ausgangsvariablen von Schaltnetzen lassen sich beispielsweise durch Schaltfunktionen in vollständiger disjunktiver Normalform oder disjunktiver Normalform angeben, die aus ODER-verknüpften Mintermen bzw. vereinfachten Termen bestehen, deren Schaltvariablen nicht negiert oder negiert untereinander UND-verknüpft sind. Alle Minterme bzw. vereinfachten Ausdrücke der Schaltfunktionen der Ausgangsvariablen eines Schaltnetzes lassen sich daher mit den Produkttermen der programmierbaren UND-Matrix erzeugen. Schaltet man daher einer programmierbaren UND-Matrix noch eine ODER-Matrix nach, die entweder programmierbar oder auch festverdrahtet ist, so stellen die ODER-Verknüpfungen der Produktterme die Schaltfunktionen der Ausgangsvariablen des Schaltnetzes dar. Ist die ODER-Matrix festverdrahtet, so ist eine bestimmte Anzahl von Produkttermen an ein ODER-Glied angeschaltet, während bei einer programmierbaren ODER-Matrix im unprogrammierten Zustand alle Produktterme an das ODER-Glied angeschaltet sind. Programmierbare Logikschaltungen, die sowohl eine programmierbare UND-Matrix als auch programmierbare ODER-Matrix aufweisen, besitzen daher Vorteile bei der Realisierung von

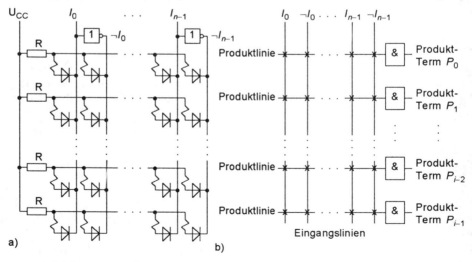

Bild 9.1-2 Programmierbare UND-Matrix einer programmierbaren Logikschaltung
a) Aufbau in bipolarer Technik b) symbolische Darstellung im Logikdiagramm

Schaltfunktionen in disjunktiver Normalform mit einer Vielzahl von Mintermen bzw. von vereinfachten Ausdrücken.

9.1.2 Programmierbare ODER-Matrix

Das Bild 9.1-3a zeigt den Aufbau einer programmierbaren ODER-Matrix einer programmierbaren Logikschaltung in bipolarer IFL-Technik, bei der vom Hersteller an allen Programmierplätzen der ODER-Matrix ein bipolarer Transistor und eine in Reihe geschaltete schmelzbare Verbindung eingebaut wird. Da der ODER-Matrix die UND-Matrix vorgeschaltet ist, stellen die Produktterme $P_0 ... P_{i-1}$ der UND-Matrix die Eingangsvariablen der ODER-Matrix dar. Die Produktterme sind daher über die Eingangslinien, die Transistoren und die schmelzbaren Verbindungen an die Ausgangslinien der ODER-Matrix angeschaltet. Das Bild 9.1-3b zeigt die symbolische Darstellung der programmierbaren ODER-Matrix, wobei ein Kreuz im Schnittpunkt einer Ein- und Ausgangslinie anzeigt, daß der an der Eingangslinie anliegende Produktterm dem ODER-Glied als Eingangsvariable zugeführt wird. An den Ausgängen der einzelnen ODER-Glieder stehen die Ausgangsvariablen $O_0 ... O_{m-1}$ zur Verfügung.

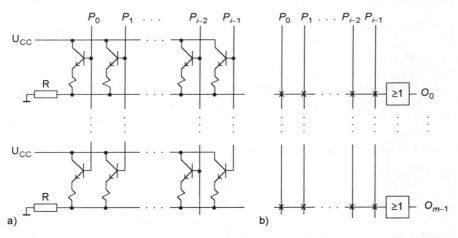

Bild 9.1-3 Programmierbare ODER-Matrix einer programmierbaren Logikschaltung
a) Aufbau in bipolarer Technik b) symbolische Darstellung im Logikdiagramm

9.1.3 Programmierbarer Eingabeblock

Ein programmierbarer Eingabeblock einer programmierbaren Logikschaltung besteht aus einer Anzahl von Schaltungen, die häufig Eingangs-Makrozellen (engl.: input logic macro cell, abgekürzt ILMC) genannt werden. Die Eingangs-Makrozellen möglichen die Zuführung der Eingangsvariablen der programmierbaren Logikschaltung entweder direkt oder über Register geführt an die Eingangslinien der programmierbaren UND-Matrix. Das Bild 9.1-4 zeigt beispiels-

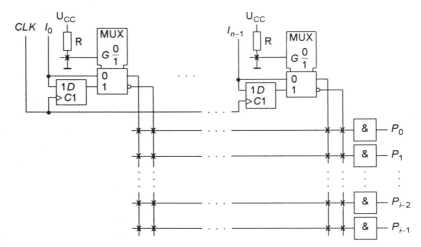

Bild 9.1-4 Ausschnitt aus dem Logikdiagramm einer programmierbaren Logikschaltung mit programmierbarem Eingabeblock und programmierbarer UND-Matrix

weise einen Ausschnitt aus dem Logikdiagramm einer programmierbaren Logikschaltung mit programmierbarem Eingabeblock. Die Eingangs-Makrozellen des Eingabeblockes bestehen in diesem Fall jeweils aus einem positiv flankengesteuerten D-Flipflop und einem 1-aus-2-Multiplexer. Mit Hilfe des Taktsignals CLK läßt sich der Zustand der Eingangsvariablen einer Eingangs-Makrozelle in das Register – das positiv flankengesteuerte D-Flipflop – abspeichern. Mit dem 1-aus-2-Multiplexer mit programmierbarem Steuersignal läßt sich festlegen, ob der Zustand der Eingangsvariablen oder der im Register gespeicherte Zustand der programmierbaren UND-Matrix zugeführt wird.

9.1.4 Programmierbare Ein-Ausgabe

Programmierbare Logikschaltungen, die eine programmierbare Ein-Ausgabe ermöglichen, besitzen an den Ausgängen der ODER-Matrix Tristate-Treiber mit programmierbaren Steuersignalen. Die Ausgänge der Tristate-Treiber sind in die programmierbare UND-Matrix zurückgeführt, wie der Ausschnitt aus dem Logikdiagramm einer programmierbaren Logikschaltung mit programmierbarer UND- und fester ODER-Matrix nach Bild 9.1-5 zeigt. Damit läßt sich ein Ausgang der programmierbaren Logikschaltung, der sich auf Grund seines nicht aktivierten Tristate-Treibers im hochohmigen Zustand befindet, als Eingang verwenden. Programmierbare Logikschaltungen mit programmierbarer Ein-Ausgabe ermöglichen daher eine bidirektionale Datenübertragung.

Befindet sich beispielsweise der Produktterm EN_0 der programmierbaren Logikschaltung nach Bild 9.1-5 im 1-Zustand, so ist der Tristate-Treiber, der das Signal I/O_0 erzeugt, auf Grund der EN-Abhängigkeit freigeschaltet, so daß das

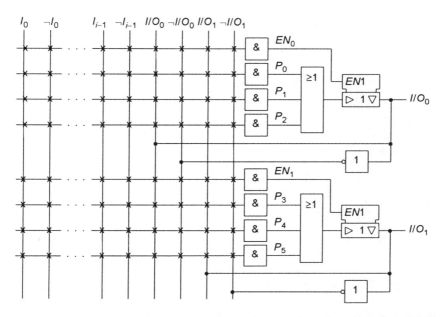

Bild 9.1-5 Ausschnitt aus dem Logikdiagramm einer programmierbaren Logikschaltung mit programmierbarer Ein-Ausgabe

Signal I/O_0 durch die ODER-Verknüpfung der Produktterme P_0, P_1 und P_2 bestimmt wird. Weist der Produktterm EN_0 dagegen den 0-Zustand auf, läßt sich der Ausgang I/O_0 als Eingang benutzen, so daß in diesem Fall die anliegende Eingangsvariable in die programmierbare UND-Matrix zurückgeführt wird und in einer Verknüpfung verwendet werden kann. Werden alle Schmelzsicherungen des Produktterms EN_0 zerstört, weist das Freigabesignal immer den 1-Zustand auf. In diesem Fall ist der Tristate-Treiber ständig aktiviert, so daß das Signal I/O als Ausgangssignal zur Verfügung steht. Die Rückführung ermöglicht die Verwendung des Ausgangssignals sowohl nicht negiert als auch negiert zur Verknüpfung in der programmierbaren UND-Matrix. Bleiben alle Schmelzverbindungen des Produktterms EN_0 erhalten, so befindet sich das Freigabesignal EN_0 immer im 0-Zustand, so daß der Tristate-Treiber ständig den hochohmigen Zustand aufweist. In diesem Fall läßt sich das Signal I/O als zusätzliches Eingangssignal für die programmierbare UND-Matrix verwenden.

9.1.5 Programmierbarer Ausgabeblock

Ein programmierbarer Ausgabeblock einer programmierbaren Logikschaltung besteht aus einer Anzahl von Schaltungen, die häufig Ausgangs-Makrozellen (engl.: output logic macro cell, abgekürzt OLMC) genannt werden. Die Aus-

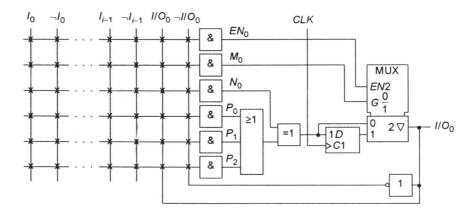

Bild 9.1-6 Ausschnitt aus dem Logikdiagramm einer programmierbaren Logikschaltung mit programmierbarem Ausgabeblock mit Rückführungen

gangs-Makrozellen möglichen die Verwendung der Ausgangsvariablen der ODER-Matrix entweder direkt oder über Register geführt als Ausgangsvariablen der programmierbaren Logikschaltung. Das Bild 9.1-6 zeigt einen Ausschnitt aus dem Logikdiagramm einer programmierbaren Logikschaltung, die eine programmierbare UND-Matrix, eine festverdrahtete ODER-Matrix und einen programmierbaren Ausgabeblock mit Rückführung besitzt. Die Ausgangs-Makrozelle der programmierbaren Logikschaltung besteht in diesem Beispiel aus einem Antivalenz-Glied, einem positiv flankengesteuerten D-Flipflop, einem 1-aus-2-Multiplexer mit Tristate-Ausgang und einer programmierbaren Rückführung, mit der die Ausgangsvariable in die UND-Matrix zurückgeführt werden kann. Der Produktterm M_0 der UND-Matrix dient als Steuersignal des 1-aus-2-Multiplexers und bestimmt, ob die Ausgangsvariable der festverdrahteten ODER-Matrix direkt oder über den Ausgang des positiv flankengesteuerten D-Flipflops als Ausgangssignal I/O_0 durchgeschaltet wird. Der Schaltungsteil wird daher auch Register-Bypass-Schaltung genannt. Der Produktterm N_0 ermöglicht die zusätzliche Negation der Ausgangsvariablen der ODER-Matrix mit Hilfe des Antivalenz-Gliedes. Der Produktterm EN_0 dient als Freigabesignal für den Tristate-Ausgangstreiber. Die Rückführung ermöglicht die Verwendung der Ausgangsvariablen in der programmierbaren UND-Matrix.

9.2 Arten programmierbarer Logikschaltungen

Das Bild 9.2-1 zeigt eine Übersicht der verschiedenen Arten programmierbarer Logikschaltungen, die sich entsprechend ihrer programmierbaren UND- bzw. ODER-Matrix als auch nach der Möglichkeit der Programmierung durch den Hersteller bzw. den Anwender einteilen lassen.

9.2 Arten programmierbarer Logikschaltungen

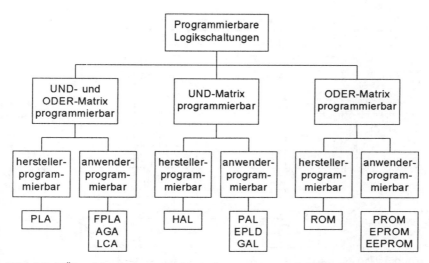

Bild 9.2-1 Übersicht der verschiedenen Arten programmierbarer Logikschaltungen

9.2.1 Halbleiterspeicher

Die Halbleiterspeicher ROM, PROM, EPROM und EEPROM besitzen eine festverdrahtete UND-Matrix – den Adreßdecodierer – und eine programmierbare ODER-Matrix – das Speicherfeld – und lassen sich daher als programmierbare Logikschaltung verwenden. Das Bild 9.2-2a zeigt beispielsweise das Logikdiagramm eines PROM-Bausteins mit einer Speicherkapazität von 256 · 8 Bit, welcher in diesem Bild entgegen der Darstellung im vorhergehenden Kapitel mit nur einem Adreßdecodierer an Stelle von getrennten Zeilenadreß-Decodierer und Spalten-Multiplexer dargestellt ist. An Hand der Eingangssignale $I_0 ... I_7$, die die Adresse der Speicherzelle festlegen, erzeugt der Adreßdecodierer insgesamt 256 Auswahlsignale, die zur Adressierung der 256 Speicherzellen des Speicherfeldes benötigt werden. Diese Auswahlsignale stellen die Produktterme $P_0 ... P_{255}$ der festverdrahteten UND-Matrix dar. Je nach anliegender Adresse $I_0 ... I_7$ schaltet der Adreßdecodierer daher einen der Produktterme in den 1-Zustand, während alle anderen Produktterme den 0-Zustand aufweisen, so daß eine der Speicherzellen 0 ... 255 angewählt wird. Der Dateninhalt der Speicherzellen stellt die programmierbaren Verbindungen zwischen den Produktlinien und den Ausgangslinien der ODER-Matrix dar, so daß der Dateninhalt der Speicherzellen über die programmierbare ODER-Matrix an den Ausgängen $O_0 ... O_7$ zur Verfügung gestellt wird. Bild 9.2-2b zeigt das zugehörige Blockschaltbild des PROM-Bausteins. Die acht Eingangssignale $I_0 ... I_7$ sowie deren Negationen $\neg I_0 ... \neg I_7$ werden der festverdrahteten UND-Matrix zugeführt, während die 256 Produktterme Eingangsvariablen der programmierbaren ODER-Matrix sind.

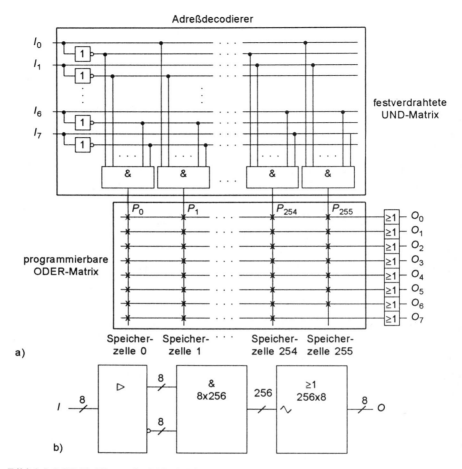

Bild 9.2-2 PROM-Baustein 256 · 8 Bit
a) Logikdiagramm mit Adreßdecodierer als festverdrahtete UND-Matrix und Speicherfeld als programmierbare ODER-Matrix b) Blockschaltbild

9.2.2 Programmable Array Logic

Die Schaltungen der programmierbaren Feldlogik (engl.: programmable array logic, abgekürzt PAL, Warenzeichen der Firma Monolithic Memories) weisen eine vom Anwender programmierbare UND-Matrix und eine festverdrahtete ODER-Matrix auf. Eine Schaltung der programmierbaren Feldlogik, bei denen der Hersteller die Verbindungen innerhalb der programmierbaren UND-Matrix festlegt, wird HAL (engl.: hardware array logic, abgekürzt HAL) genannt. Die Schaltungen der programmierbaren Feldlogik, die zusätzlich zur programmierbaren UND- und festverdrahteten ODER-Matrix noch einen Ein- bzw. Ausga-

9.2 Arten programmierbarer Logikschaltungen

beblock aufweisen können, werden einheitlich durch Zahlenwerte und Kennbuchstaben entsprechend der nachfolgend angegebenen Reihenfolge gekennzeichnet: Anzahl der Eingangsvariablen der UND-Matrix, Typ der Ausgangsvariablen, Anzahl der Ausgangsvariablen, Temperaturbereich, Gehäusetyp. Als Ausgangstypen verwenden PAL und HAL Ausgänge in positiver Logik (Kennbuchstabe H), Ausgänge in negativer Logik (Kennbuchstabe L), komplementäre Ausgänge (Kennbuchstabe C), programmierbare Polarität der Ausgänge (Kennbuchstaben P), Ausgänge über Register geführt (Kennbuchstabe R) und exklusiv-ODER-Ausgänge über Register geführt (Kennbuchstabe X). Die Schaltun-

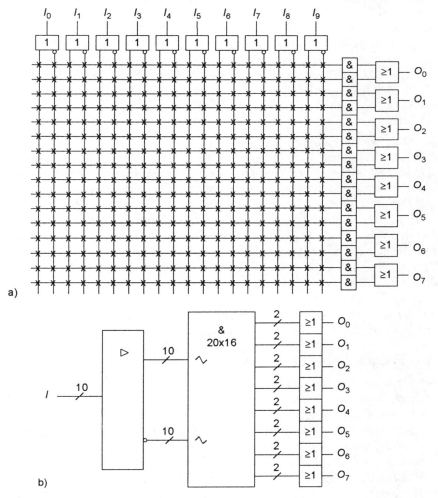

Bild 9.2-3 Programmierbare Logikschaltung PAL 10H8 a) Logikdiagramm b) Blockschaltbild

gen der programmierbaren Feldlogik werden mit einem kommerziellen Temperaturbereich 0 °C ... 75 °C (Kennbuchstabe C) als auch militärischen Temperaturbereich − 55 °C ... + 125 °C (Kennbuchstabe M) angeboten. Als Gehäuse stehen Plastik-DIL (engl.: dual in line) (Kennbuchstabe N) und Keramik-DIL (Kennbuchstabe J) zur Auswahl.

Das Bild 9.2-3a zeigt beispielsweise das Logikdiagramm und Bild 9.2-3b das Blockschaltbild der einfachen programmierbaren Logikschaltung PAL 10H8 mit den zehn Eingangsvariablen $I_0 ... I_9$, die der programmierbaren UND-Matrix zugeführt werden können, und den acht Ausgangsvariablen $O_0 ... O_7$ der festverdrahteten ODER-Matrix in positiver Logik. Die Kennzeichnung 20x16 im Blockschaltbild der Schaltung gibt an, daß der programmierbaren UND-Matrix am Eingang insgesamt zwanzig Eingangsvariablen − die nicht negierten und negierten Eingangsvariablen $I_0 ... I_9$ und $\neg I_0 ... \neg I_9$ − zugeführt werden, während die UND-Matrix sechzehn Ausgangsvariablen erzeugt, die der festverdrahteten ODER-Matrix zugeführt werden. Die Kennzeichnungen an den Eingängen der UND-Matrix geben die Programmierbarkeit der Eingangsvariablen der UND-Matrix an.

Die Schaltungen der programmierbaren Feldlogik werden in TTL- bzw. ECL-Technik hergestellt und besitzen schmelzbare Verbindungen in der UND-Matrix, die je nach geforderter Funktion bei der Programmierung zerstört werden. Bei einer fehlerhaften Programmierung muß daher in den meisten Fällen ein neuer Baustein verwendet werden. Nur für den Fall, daß eine zusätzliche Verbindung unterbrochen werden muß, läßt sich eine bereits programmierte Schaltung weiter verwenden. Als Unterstützung für den Entwurf digitaler Schaltungen mit der programmierbaren Feldlogik stellen die Hersteller Programme zur Verfügung, die die eingegebenen Schaltfunktionen, Wahrheitstabellen oder Schaltfolgetabellen der zu realisierenden Digitalschaltung in entsprechende Programmieranweisungen umsetzen. Mit Hilfe von Programmiergeräten, die auch für Halbleiterspeicher verwendet werden, lassen sich die schmelzbaren Verbindungen eines PAL nach den Programmieranweisungen zerstören.

9.2.3 Programmable Logic Array

Die Schaltungen der programmierbaren logischen Felder (engl.: programmable logic array, abgekürzt PLA bzw. field programmable logic array, abgekürzt FPLA) besitzen gegenüber den Schaltungen der programmierbaren Feldlogik den Vorteil einer sowohl programmierbaren UND- als auch ODER-Matrix, der sich bei der Realisierung von Schaltfunktionen in disjunktiver Normalform, die eine große Anzahl von Mintermen bzw. vereinfachten Ausdrücken aufweisen, zeigt. Während die Programmierung der UND- und ODER-Matrix einer PLA-Schaltung bereits vom Hersteller nach Vorgabe des Anwenders wie beim ROM festgelegt wird, läßt sich eine FPLA-Schaltung vom Anwender mit Hilfe eines Softwareprogramms und eines Programmiergerätes programmieren. Von den

9.2 Arten programmierbarer Logikschaltungen 255

Herstellern werden auch FPLA-Schaltungen angeboten, die außer der programmierbaren UND- und programmierbaren ODER-Matrix einen Ein- bzw. Ausgabeblock aufweisen.

9.2.4 Erasable Programmable Logic Device

Programmierbare Logikschaltungen, die an Stelle der IFL-Technik wie beim EPROM Transistoren mit schwebendem Gate (FAMOS-Transistoren, siehe Abschnitt 8.2.4) als programmierbare Verbindungen verwenden, werden EPLD (engl.: erasable programmable logic device, abgekürzt EPLD) genannt. Diese Schaltungen weisen die Struktur der programmierbaren Feldlogik auf und besitzen eine programmierbare UND-Matrix, eine festverdrahtete ODER-Matrix und einen Ausgabeblock, der je nach Komplexität aus einer Anzahl von bis zu sechsundneunzig programmierbaren Ausgangs-Makrozellen besteht. Bei der Programmierung einer Unterbrechung einer Verbindung wird eine Ladung auf das schwebende Gate des entsprechenden FAMOS-Transistors aufgebracht, die bei einer Bestrahlung mit ultraviolettem Licht wieder über die Isolierschicht, die durch die UV-Bestrahlung schwach leitend wird, abfließen kann, so daß eine EPLD-Schaltung wiederverwendet und neu programmiert werden kann.

9.2.5 Generic Array Logic

Bei einer GAL-Schaltung (engl.: generic array logic, abgekürzt GAL, Warenzeichen der Firma Lattice Semiconductor) werden zur Programmierung CMOS-Transistoren mit schwebendem Gate verwendet, die wie beim EEPROM (siehe Abschnitt 8.2.5) sowohl die elektrische Programmierung als auch den elektrischen Löschvorgang ermöglichen. Ein GAL besitzt eine programmierbare UND-Matrix, während die ODER-Matrix entweder festverdrahtet oder auch programmierbar ist. Zusätzlich weist eine GAL-Schaltung einen Eingabeblock mit einer Anzahl von Eingangs-Makrozellen oder einen Ausgabeblock mit einer Anzahl von Ausgangs-Makrozellen auf, die eine universelle Konfigurierbarkeit ermöglichen. Ein GAL mit der Bezeichnung ISP (engl.: in-system programmable) benötigt zur Programmierung nur eine Spannungsversorgung von 5 V und läßt sich daher auch in Schaltungen mit nur einer 5 V-Betriebsspannung programmieren bzw. umprogrammieren.

9.2.6 Alterable Gate Array

Eine AGA-Schaltung (engl.: alterable gate array, abgekürzt AGA, Warenzeichen der Firma Universal Micro Elektronic) – auch abänderbare Gatteranordnung genannt – besitzt im Vergleich mit den bisher behandelten programmierbaren Logikschaltungen einen etwas anderen Aufbau, wie das Bild 9.2-4 zeigt. Die programmierbaren Verbindungen des Ausführungsteils einer abänderbaren Gatteranordnung bestehen aus Schalttransistoren, die vom Dateninhalt der statischen Speicherzellen des Programmierteils angesteuert werden. Der Datenin-

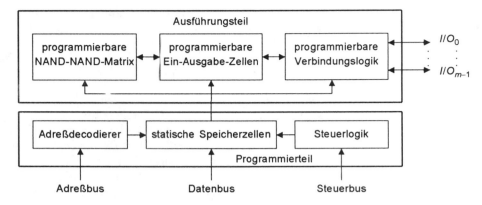

Bild 9.2-4 Allgemeiner Aufbau einer AGA-Schaltung

halt der statischen Speicherzellen läßt sich über den externen Adreß-, Daten- und Steuerbus mit Hilfe des Adreßdecodierers und der Steuerlogik des Programmierteils vorgeben, so daß die Zustände der Schalttransistoren im Ausführungsteil die Funktion bestimmen. Der Ausführungsteil besteht aus einer programmierbaren NAND-NAND-Matrix, einer Anzahl programmierbarer Ein-Ausgangs-Zellen und einer programmierbaren Verbindungslogik mit einer Anzahl von Ein-und Ausgängen.

Da sich jede Schaltfunktion nur durch NAND-Verknüpfungen darstellen läßt, verwendet die abänderbare Gatteranordnung an Stelle einer UND-ODER-Matrix eine NAND-NAND-Matrix, die entweder beide programmierbar sind oder von der die erste NAND-Matrix programmierbar ist, während die nachgeschaltete zweite NAND-Matrix festverdrahtet ist. Die für die Funktion erforderlichen Verbindungen innerhalb dieser Matrix werden durch Schalttransistoren erzeugt. Die Eingangsvariablen der NAND-NAND-Matrix können über die Verbindungslogik und die Ein-Ausgangs-Zellen, die ebenfalls Schalttransistoren als programmierbare Verbindungen aufweisen, beliebig festgelegt werden. Die Ein-Ausgangs-Zellen, die aus Antivalenz-Gliedern zur wahlweisen Negation, D-Flipflops zur Speicherung, Multiplexern zur Auswahl der Signale und der Rückführungen in die NAND-NAND-Matrix dienen, werden teilweise von Schalttransistoren und Produkttermen der Matrix gesteuert. Die Ein- und Ausgänge können wahlweise mit Hilfe der Ein-Ausgangs-Zellen und der Verbindungslogik, die ebenfalls Schalttransistoren als programmierbare Verbindungen aufweist, beliebig als Ein- bzw. Ausgänge konfiguriert werden.

Da die abänderbare Gatteranordnung statische Speicherzellen verwendet, deren Dateninhalt mit dem Abschalten der Versorgungsspannung verloren geht, muß die Funktion der Schaltung vor einer Inbetriebnahme durch die Programmierung der Speicherzellen festgelegt werden. Allerdings läßt sich die Funktion der

Schaltung auch mit Hilfe des Mikrocomputers, der für die Adressierung und Programmierung der Speicherzellen unerläßlich ist und einen zusätzlichen Datenanschluß an eine Telefonleitung verfügt, ohne Service vor Ort innerhalb kürzester Zeit beliebig umprogrammieren.

9.2.7 Logic Cell Array

Eine LCA-Schaltung (engl.: logic cell array, abgekürzt LCA, Warenzeichen der Firma Xilinx) zeigt einen der abänderbaren Gatteranordnung ähnlichen Aufbau, bei der die Ein-Ausgangs-Signale zunächst jedoch über die Ein-Ausgangs-Zellen, an die sich die Verbindungslogik anschließt, konfiguriert werden können. Für die Programmierung der Speicherzellen verfügt ein LCA gegenüber der abänderbaren Gatteranordnung über zusätzliche Betriebsarten. Die Programmierung der Speicherzellen als auch die Ausgabe des gespeicherten Dateninhalts kann über die serielle Ein-Ausgabe erfolgen. Außerdem besitzt ein LCA bezüglich der parallelen Programmierung eine Betriebsart, in der er sich selbst programmieren kann, so daß kein zusätzlicher Mikrocomputer benötigt wird. In dieser Betriebsart generiert die Schaltung die Adreß- und Steuersignale und kann die geforderten Daten daher aus einem angeschalteten nichtflüchtigen Halbleiterspeicher in die internen statischen Speicherzellen laden.

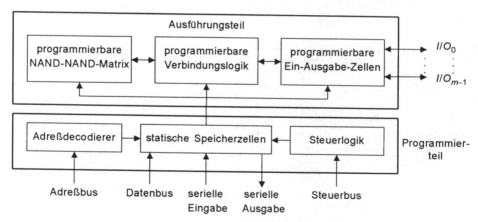

Bild 9.2-5 Allgemeiner Aufbau einer LCA-Schaltung

9.3 Schaltnetz mit programmierbarer Logikschaltung

In Kapitel 5 wurden Schaltnetze – auch als kombinatorische Schaltungen bezeichnet – behandelt, die aus Zusammenschaltungen verschiedener Schaltglieder bestehen. Jede Schaltfunktion eines Schaltnetzes läßt sich in die vollständige disjunktive Normalform umformen, die aus der ODER-Verknüpfung einer Anzahl von Mintermen besteht. Ein Minterm entspricht dabei der UND-Verknüpfung einzelner Variablen bzw. deren Negation. Die Schaltfunktion in vollständiger disjunktiver Normalform läßt sich dann noch mit Hilfe eines KV-Diagramms oder des Verfahrens nach *Quine* und *Mc Cluskey* vereinfachen. Mit Hilfe der Produktterme der programmierbaren UND-Matrix lassen sich die Minterme bzw. die vereinfachten Ausdrücke der Schaltfunktion in disjunktiver Normalform realisieren, während mit der nachgeschalteten festverdrahteten ODER-Matrix die ODER-Verknüpfung der Minterme bzw. der vereinfachten Ausdrücke der Schaltfunktion in disjunktiver Normalform gebildet werden. Als Beispiel soll nachfolgend die Schaltung des Code-Umsetzers, der den 8-4-2-1-BCD-Code in den 7-Segment-Anzeige Code umsetzt (siehe Abschnitt 5.7 Beispiel 5.7-1), mit dem einfachen PAL 10H8 realisiert werden. Die Schaltfunktionen zur Ansteuerung der sieben Segmente $a \ldots g$ der 7-Segment-Anzeige lauten wie folgt: $a = (A \land \neg B \land \neg C \land \neg D) \lor (\neg A \land \neg B \land C)$, $b = (\neg A \land B \land C) \lor (A \land \neg B \land C)$, $c = \neg A \land B \land \neg C$, $d = (A \land \neg B \land \neg C \land \neg D) \lor (A \land B \land C) \lor (\neg A \land \neg B \land C)$, $e = A \lor (\neg B \land C)$, $f = (A \land \neg C \land \neg D) \lor (A \land B) \lor (B \land \neg C)$, $g = (\neg B \land \neg C \land \neg D) \lor (A \land B \land C)$. Da die Schaltfunktionen der Schaltvariablen a, b, c, e und g alle nur zwei Produktterme aufweisen, können diese Schaltfunktionen mit je einem ODER-Glied der festverdrahteten ODER-Matrix realisiert werden, so daß bei der Beschaltung der Eingangsvariablen $I_0 \ldots I_3$ mit den Variablen $A \ldots D$ und der Programmierung nach Bild 9.3-1 der Ausgang O_0 der Variablen a, der Ausgang O_1 der Variablen

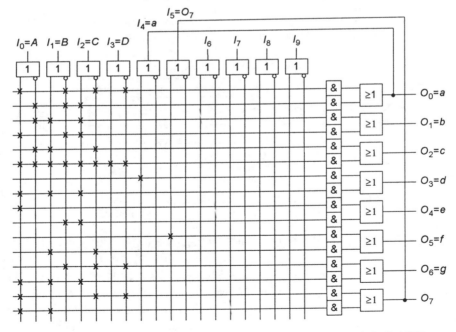

Bild 9.3-1 8-4-2-1-BCD/7-Segment-Anzeige-Code-Umsetzer mit PAL 10H8

b, der Ausgang O_2 der Variablen c, der Ausgang O_4 der Variablen e und der Ausgang O_6 der Variablen g entspricht. Die Schaltfunktion der Schaltvariablen d läßt sich auch mit $d = a \vee (A \wedge B \wedge C)$ angeben. Beschaltet man daher den Eingang I_4 mit dem Ausgang O_0, so läßt sich die Schaltvariable d ebenfalls mit einem ODER-Glied der festverdrahteten ODER-Matrix realisieren, so daß der Ausgang O_3 der Variablen d entspricht. Da die Schaltfunktion der Schaltvariablen f aus drei Produkttermen besteht, läßt sie sich nicht mit einem ODER-Glied der festverdrahteten ODER-Matrix realisieren. Da jedoch noch die beiden ODER-Glieder mit den Ausgängen O_5 und O_7 zur Verfügung stehen, läßt sich zunächst mit einem ODER-Glied die Teilfunktion $O_7 = (A \wedge \neg C \wedge \neg D) \vee (A \wedge B)$ erzeugen. Beschaltet man den Eingang I_5 mit dem Ausgang O_7, so läßt sich mit dem zweiten ODER-Glied die Schaltfunktion der Schaltvariablen f realisieren, so daß der Ausgang $O_5 = f$ entspricht. Die zusätzliche Verzögerungszeit der Variablen d und f auf Grund der Rückführung in die UND-Matrix ist in diesem Fall unerheblich.

9.4 Schaltwerk mit programmierbarer Logikschaltung

In Kapitel 7 wurden Schaltwerke – auch sequentielle Schaltungen genannt – behandelt, die aus Speichergliedern und einer kombinatorischen Schaltung bestehen. Mit Hilfe einer programmierbaren Logikschaltung, die einen Ausgabeblock mit Rückführungen besitzt, läßt sich die Funktion eines Schaltwerkes realisieren. Als Beispiel soll nachfolgend ein 8-4-2-1-BCD-Zähler, der im Abschnitt 7.4 behandelt wurde, mit der programmierbaren Logikschaltung PAL 16R8 aufgebaut werden, dessen Blockschaltbild das Bild 9.4-1 zeigt. Diese programmierbare Logikschaltung enthält acht Eingangsvariablen und einen Ausgabeblock mit acht Registern mit Tristate-Ausgängen und Rückführungen

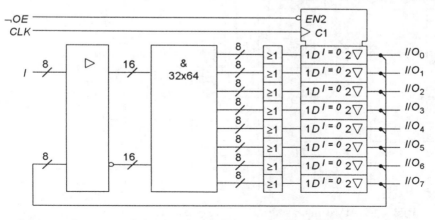

Bild 9.4-1 Blockschaltbild der programmierbaren Logikschaltung PAL 16R8

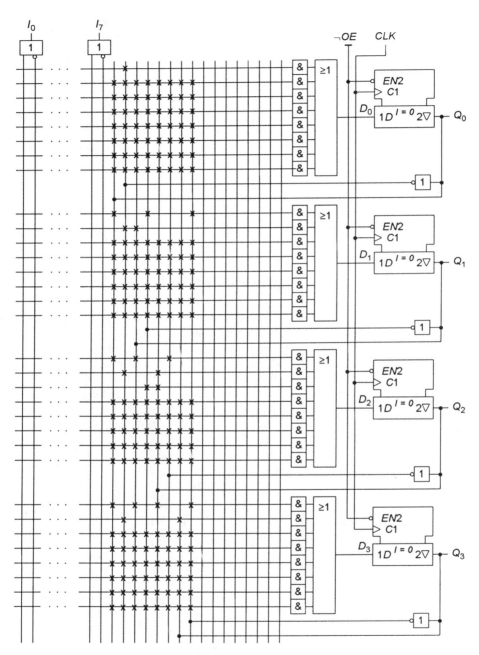

Bild 9.4-2 Ausschnitt aus dem Logikdiagramm der programmierbaren Logikschaltung PAL 10H8 mit Programmierung als 8-4-2-1-BCD-Zähler

9.4 Schaltwerk mit programmierbarer Logikschaltung

in die programmierbare UND-Matrix. Der programmierbaren UND-Matrix werden daher die sechzehn Eingangsvariablen $I_0 \ldots I_7$ bzw. $\neg I_0 \ldots \neg I_7$ sowie die sechzehn rückgeführten Ausgangsvariablen $O_0 \ldots O_7$ bzw. $\neg O_0 \ldots \neg O_7$ zugeführt. Mit Hilfe der programmierbaren UND-Matrix lassen sich insgesamt 64 Produktterme bilden, von denen jeweils acht an eine Eingangslinie der festverdrahteten ODER-Matrix angeschaltet sind. Der Ausgang der acht ODER-Glieder liegt jeweils an einem Register – ein positiv flankengesteuertes D-Flipflop mit Tristate-Ausgang – an. Die D-Flipflops besitzen das gemeinsame Taktsignal CLK und das gemeinsame Freigabesignal $\neg OE$, mit denen die Tristate-Treiber aktiviert werden können. Die Bezeichnung $I = 0$ innerhalb der Kontur der D-Flipflops gibt an, daß die D-Flipflops bei der Inbetriebnahme der programmierbaren Schaltung – beim Anlegen der Versorgungsspannung – initialisiert werden, so daß sie am Ausgang den 0-Zustand aufweisen.

Für den 8-4-2-1-BCD-Zähler werden vier der insgesamt acht D-Flipflops der programmierbaren Logikschaltung PAL 16R8 benötigt. Die charakteristischen Gleichungen, die die D-Flipflops des 8-4-2-1-BCD-Zählers realisieren müssen, wurden bereits im Abschnitt 7.4 ermittelt und sind nachfolgend angegeben:

$D_0{}^n = \neg Q_0{}^n, \qquad D_1{}^n = (Q_0{}^n \wedge \neg Q_3{}^n \wedge \neg Q_1{}^n) \vee (\neg Q_0{}^n \wedge Q_1{}^n),$

$D_2{}^n = (Q_0{}^n \wedge Q_1{}^n \wedge \neg Q_2{}^n) \vee ((\neg Q_0{}^n \wedge Q_2{}^n) \vee (\neg Q_1{}^n \wedge Q_2{}^n)),$

$D_3{}^n = (Q_0{}^n \wedge Q_1{}^n \wedge Q_2{}^n) \vee (\neg Q_0{}^n \wedge Q_3{}^n).$

Das Bild 9.4-2 zeigt den Ausschnitt aus dem Logikdiagramm der programmierbaren Logikschaltung PAL 16R8 mit den Verbindungen innerhalb der programmierbaren UND-Matrix, die für die Funktion des 8-4-2-1-BCD-Zählers erforderlich sind. Die Verbindungen zwischen den Eingangslinien der rückgeführten Ausgangsvariablen sowie den Eingangslinien der Negationen und den Produktlinien, deren Produktterme nicht benötigt werden, bewirken, daß die nicht benötigten Produktterme den 0-Zustand aufweisen. Die Eingangsvariablen der programmierbaren Logikschaltung als auch die nicht verwendeten Ausgangsvariablen sowie deren Negationen, die in die programmierbare UND-Matrix zurückgeführt sind, werden für die Funktion des 8-4-2-1-BCD-Zählers nicht benötigt.

10 Digital-Analog-Umsetzer

Um physikalische Größen – wie beispielsweise Druck, Drehmoment, Längenänderung, Temperatur – meßtechnisch erfassen zu können, werden Sensoren eingesetzt. Sensoren wandeln physikalische Meßgrößen in elektrische Analogiegrößen um und stellen das elektrische Analogsignal häufig in Form einer Spannung, in Sonderfällen auch in Form eines Stroms oder eines elektrischen Widerstands zur Verfügung. Aufgaben der Meß- und Datenverarbeitungssysteme sind die Erfassung, Übertragung, Verarbeitung und Auswertung der analogen Sensorsignale, die den jeweiligen physikalischen Meßgrößen entsprechen. Diese Aufgaben lassen sich aus Gründen der Genauigkeit, der Störsicherheit, der Geschwindigkeit und auch der Kosten wegen nur mit digitalen Meß- und Datenverarbeitungssystemen realisieren. Daher müssen die analogen Sensorsignale zunächst in eine digitale Darstellung umgesetzt werden. Eine Funktionseinheit, die analoge Spannungen oder Ströme in digitale Daten umsetzt, wird Analog-Digital-Umsetzer (engl.: $\underline{a}$nalog to $\underline{d}$igital $\underline{c}$onverter, abgekürzt ADC) genannt.

Aktoren zeigen physikalisch die umgekehrte Funktionsweise der Sensoren, da sie an Hand einer vorgegebenen elektrischen Größe eine physikalische Analogiegröße – wie beispielsweise Druck, Drehmoment, Längenänderung, Temperatur – an ihren Ausgängen zur Verfügung stellen. Um Aktoren von digitalen Meß- und Datenverarbeitungssystemen ansteuern zu können, müssen daher zunächst die digitalen Ausgabedaten in elektrische Analogiegrößen wie Spannung, Strom oder Widerstand umgesetzt werden. An Hand elektrischer Größen erzeugen die Aktoren die entsprechenden, physikalischen Größen. Eine Funktionseinheit, die digitale Daten in analoge Spannungen bzw. Ströme umsetzt, wird Digital-Analog-Umsetzer (engl.: $\underline{d}$igital to $\underline{a}$nalog $\underline{c}$onverter, abgekürzt DAC) genannt.

Da einige Analog-Digital-Umsetzer ein Umsetzverfahren verwenden, welches intern einen Digital-Analog-Umsetzer benötigt, werden in diesem Kapitel zunächst Digital-Analog-Umsetzer eingehend behandelt.

10.1 Prinzip der Digital-Analog-Umsetzung

Das Bild 10.1-1 zeigt die Prinzipschaltung eines unipolaren n-Bit-Digital-Analog-Umsetzers, die aus den Teilschaltungen des Code-Umsetzers, des Operationsverstärkers, der Referenzspannungsquelle U_{REF} sowie des Widerstands- und des Schaltnetzwerkes besteht. Mit Hilfe der internen Referenzspannung U_{REF}, die häufig an Hand einer von extern vorgegebenen Spannung erzeugt wird, ist der analoge Bereich der Ausgangsspannung des Umsetzers festgelegt. Umsetzer mit unipolarem Bereich der Ausgangsspannung stellen an ihren Ausgängen le-

10.1 Prinzip der Digital-Analog-Umsetzung

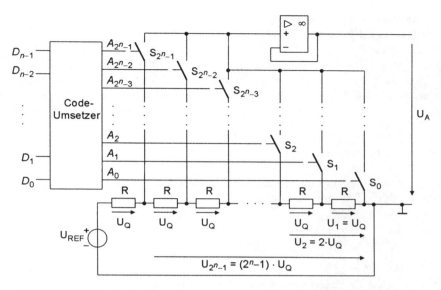

Bild 10.1-1 Prinzipschaltung eines unipolaren n-Bit-Digital-Analog-Umsetzers

diglich eine Polarität der Ausgangsspannung U_A, entweder nur einen positiven Ausgangsspannungsbereich $0 \leq U_A \leq U_{REF}$ oder nur einen negativen Bereich $-U_{REF} \leq U_A \leq 0$, zur Verfügung. Der gesamte Ausgangsspannungsbereich bipolarer Umsetzer besteht dagegen aus einem positiven und negativen Teilspannungsbereich und entspricht daher dem doppelten Wert der Referenzspannung $-U_{REF} \leq U_A \leq U_{REF}$. An Hand der internen Referenzspannung U_{REF} und des Widerstandsnetzwerkes, welches aus einer Anzahl 2^n in Reihe geschalteter Widerstände R besteht, unterteilt der Umsetzer den von der Referenzspannung U_{REF} vorgegebenen Spannungsbereich in eine Anzahl $m = 2^n$ Teilreferenzspannungen $U_0 \ldots U_{2^n-1}$, wie das Bild 10.1-1 zeigt. Die Teilreferenzspannung U_0 weist demnach den Wert des Bezugspotentials GND auf und entspricht daher dem Wert $U_0 = 0$ V. Unter der Voraussetzung, daß die jeweilige Teilreferenzspannung, die über einen der Schalter $S_0 \ldots S_{2^n-1}$ zwischen den in Reihe geschalteten Widerständen R abgegriffen wird, an eine sehr hochohmige Last angeschaltet wird, läßt sich die vom Widerstandsnetzwerk vorgenommene Teilung der Referenzspannung U_{REF} als nahezu unbelasteter Spannungsteiler betrachten. Wie man der Prinzipschaltung entnimmt, wird die jeweils abgegriffene Spannung durch einen der Schalter $S_0 \ldots S_{2^n-1}$ dem nicht negierenden Eingang des Operationsverstärkers angeschaltet. Auf Grund des sehr großen Eingangswiderstands des Operationsverstärkers benötigt dieser einen vernachlässigbar geringen Eingangsstrom. Den nachfolgenden Berechnungen wird daher vereinfacht ein unbelasteter Spannungsteiler zugrunde gelegt.

Die minimale Teilreferenzspannung U_Q – auch Quant genannt – ist die geringste Differenz, die zwischen den 2^n unterschiedlichen Werten der geteilten Referenzspannung U_{REF} auftritt. Der Quant stellt sich in der angegebenen Prinzipschaltung eines Umsetzers an jedem der 2^n Widerstände als Spannungsabfall U_Q ein. Da insgesamt 2^n Widerstände R in Reihe geschaltet sind, ergibt sich die minimale Teilreferenzspannung U_Q in Abhängigkeit der Referenzspannung U_{REF} bei der Annahme eines unbelasteten Spannungsteilers zu:

$$U_Q = U_1 = \frac{R}{2^n \cdot R} \cdot U_{REF} = \frac{U_{REF}}{2^n}. \qquad (10.1\text{-}1)$$

Die einzelnen Teilreferenzspannungen U_i ergeben sich jeweils als Summe der Anzahl i der minimalen Teilreferenzspannung U_Q:

$$U_i = \sum_0^i U_Q = \frac{i \cdot U_{REF}}{2^n} \text{ mit i = 0, 1, ..., 2n-2, 2n-1.} \qquad (10.1\text{-}2)$$

Die maximale Teilreferenzspannung U_{2^n-1} ergibt sich daher zu:

$$U_{2^n-1} = \sum_0^{2^n-1} U_Q = \frac{(2^n-1) \cdot U_{REF}}{2^n} =$$

$$= (1 - 2^{-n}) \cdot U_{REF} = U_{REF} - U_Q \qquad (10.1\text{-}3)$$

und erreicht bis auf den Anteil der minimalen Teilreferenzspannung U_Q den Wert der Referenzspannung U_{REF}. Je größer die Anzahl n der Stellen des Datenwortes am Eingang, um so größer ist die Anzahl $m = 2^n$ der Teilreferenzspannungen, und um so kleiner ist der Spannungswert des Quantes U_Q des Umsetzers. Da der gesamte Spannungsbereich der Referenzspannung U_{REF} auf Grund der größeren Stellenzahl n durch eine größere Anzahl 2^n kleinerer Teilreferenzspannungen $U_{REF}/2^n$ aufgelöst wird, verwendet man die Anzahl der Stellen n des Datenwortes als Angabe für die Auflösung eines Digital-Analog-Umsetzers. Ein unipolarer 10-Bit-Digital-Analog-Umsetzer, der intern mit einer Referenzspannung von 10 V arbeitet, besitzt beispielsweise eine Auflösung von 10 Bit, den Quant $U_Q = 0{,}9765625$ mV und eine Anzahl von insgesamt 1024 Teilreferenzspannungen U_i, wobei die maximale Teilreferenzspannung den Wert $U_{1023} = 9{,}99$ V aufweist.

Der Code-Umsetzer der Prinzipschaltung des Umsetzers nach Bild 10.1-1 erzeugt an Hand der Datenbits $D_0 ... D_{n-1}$ am Eingang eine Anzahl 2^n von Ausgangssignalen $A_0 ... A_{2^n-1}$, die die Zustände der Schalter $S_0 ... S_{2^n-1}$ steuern. Unipolare Umsetzer verwenden fast ausschließlich Datenwörter, die im Dualcode codiert sind. Bei dem Code-Umsetzer handelt es sich dann dem Prinzip nach

10.1 Prinzip der Digital-Analog-Umsetzung

um einen Decodierer, der den n-Bit-Dualcode am Eingang in den 1-aus-2^n-Code an seinem Ausgang umsetzt. Da nur eines der Ansteuersignale $A_0 \ldots A_{2^n-1}$ den 1-Zustand aufweist, ist auch immer lediglich einer der Schalter $S_0 \ldots S_{2^n-1}$ geschlossen, so daß eine der Teilreferenzspannungen $U_0 \ldots U_{2^n-1}$ an den nicht negierenden Eingang des Operationsverstärkers angeschaltet wird. Den Berechnungen der Werte der Teilreferenzspannungen U_i nach Gl. (10.1-2) wurde bereits ein unbelasteter Spannungsteiler zugrunde gelegt. Der gegengekoppelte Operationsverstärker, der sowohl als Impedanzwandler als auch als Spannungsfolger dient, belastet auf Grund seines sehr hochohmigen Eingangs die anliegende Teilreferenzspannung U_i vernachlässigbar gering. Da der Spannungsfolger außerdem einen Verstärkungsfaktors $V = 1$ aufweist, steht am Ausgang als analoge Ausgangsspannung die jeweilige Teilreferenzspannung $U_A = U_i$ zur Verfügung.

Für den Fall, daß der Umsetzer mit einem im Dualcode codiertem Datenwort am Eingang arbeitet, ergibt sich die Zuordnung der analogen Ausgangsspannungswerte zu den Kombinationen des Datenwortes am Eingang an Hand einer Multiplikation des dualen Wertes des Datenwortes mit der minimalen Teilreferenzspannung U_Q, so daß sich für die analoge Ausgangsspannung U_A allgemein angeben läßt:

$$U_A = (D_0 \cdot 2^0 + D_1 \cdot 2^1 + \ldots + D_{n-2} \cdot 2^{n-2} + D_{n-1} \cdot 2^{n-1}) \cdot \frac{U_{REF}}{2^n}. \quad (10.1\text{-}4)$$

Das Bild 10.1-2 zeigt die Übertragungskennlinie eines unipolaren n-Bit-Digital-Analog-Umsetzers mit einem Datenwort, welches im Dualcode codiert ist. Die Übertragungskennlinie stellt die Zuordnung der 2^n analogen Spannungswerte U_A am Ausgang zu den 2^n Kombinationen des Datenwortes am Eingang dar. Beim Anliegen des Datenwortes, welches in allen n Stellen das Binärzei-

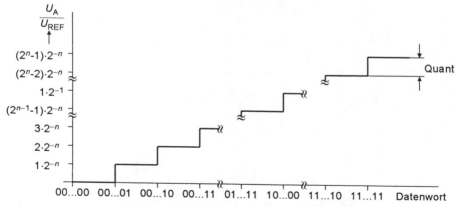

Bild 10.1-2 Übertragungskennlinie eines unipolaren n-Bit-Digital-Analog-Umsetzers mit im Dualcode codiertem Datenwort

chen 0 aufweist, aktiviert der Code-Umsetzer das Ansteuersignal A_0, so daß in der Prinzipschaltung nach Bild 10.1-1 der Schalter S_0 geschlossen ist, während alle anderen Schalter $S_1 ... S_{2^n-1}$ den geöffneten Zustand aufweisen. Am Ausgang des Operationsverstärkers stellt sich in diesem Fall der analoge Ausgangsspannungswert $U_A = U_0 = 0$ V ein. Weist das Datenwort eine Codierung im Dualcode auf, so wird die minimale Teilreferenzspannung durch die Änderung des Datenbits D_0 mit der geringsten Wertigkeit 2^0 verursacht. Das Datenwort, welches lediglich das Binärzeichen 1 in der Stelle D_0 aufweist, bewirkt daher, daß mit Hilfe des vom Code-Umsetzer erzeugten Ansteuersignals A_1 der Schalter S_1 geschlossen wird, während alle anderen Schalter $S_0, S_2 ... S_{2^n-1}$ den geöffneten Zustand annehmen. In diesem Fall liegt die minimale Teilreferenzspannung $U_A = U_Q = U_{REF}/2^n$ am Ausgang an. Beim Datenwort, welches in allen Stellen das Binärzeichen 1 aufweist, aktiviert der Codierer das Ansteuersignal A_{2^n-1}, so daß der Schalter S_{2^n-1} geschlossen ist, während die Schalter $S_0 ... S_{2^n-2}$ geöffnet sind. Die Ausgangsspannung des Digital-Analog-Umsetzers entspricht in diesem Fall der maximalen Teilreferenzspannung $U_A = U_{2^n-1} = (2^n-1) \cdot U_{REF}/2^n$.

Das Bild 10.1-3 zeigt die Übertragungskennlinie eines bipolaren n-Bit-Digital-Analog-Umsetzers, der sowohl eine analoge Ausgangsspannung positiver als auch negativer Polarität an seinem Ausgang zur Verfügung stellen kann. Der gesamte Ausgangsspannungsbereich, der durch die Anzahl $m = 2^n$ Teilreferenzspannungen unterteilt wird, entspricht bei einem bipolaren Umsetzer dem Bereich von $U_A = -U_{REF} ... U_{REF}$. Die minimale Teilreferenzspannung U_Q, die minimale Differenz, die zwischen den 2^n unterschiedlichen Werten auftreten kann, berechnet sich daher bei einem bipolaren Umsetzer zu:

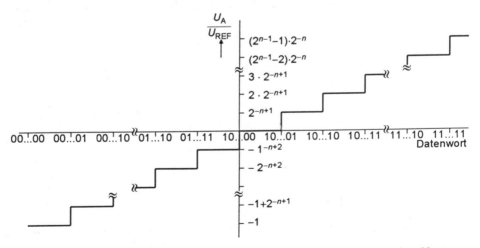

Bild 10.1-3 Übertragungskennlinie eines bipolaren n-Bit-Digital-Analog-Umsetzers mit im Dualcode codiertem Datenwort

10.1 Prinzip der Digital-Analog-Umsetzung

$$U_Q = \frac{2 \cdot U_{REF}}{2^n} = \frac{U_{REF}}{2^{n-1}}. \quad (10.1\text{-}5)$$

Die Teilreferenzspannungen U_i berechnen sich als Summe einer Anzahl i des Quantes U_Q, wobei zu berücksichtigen ist, daß die Teilreferenzspannung U_0 eines bipolaren Umsetzers dem Wert der negativen Referenzspannung U_{REF} entspricht:

$$U_i = -U_{REF} + \sum_0^i U_Q = \frac{(i - 2^{n-1}) \cdot U_{REF}}{2^{n-1}} \quad (10.1\text{-}6)$$

mit $i = 0, 1, ..., 2^n-2, 2^n-1$. Die maximale Teilreferenzspannung U_{2^n-1} eines bipolaren Umsetzers ergibt sich daher zu:

$$U_{2^n-1} = -U_{REF} + \sum_0^{2^n-1} U_Q = \frac{(2^n - 1 - 2^{n-1}) \cdot U_{REF}}{2^{n-1}} =$$

$$= (1 - 2^{-n+1}) \cdot U_{REF}. \quad (10.1\text{-}7)$$

Als Codierung für das Datenwort am Eingang verwenden bipolare Umsetzer entweder die 2^{n-1}-Offset- oder die Zweier-Komplement-Darstellung (siehe Abschnitt 1.4.3). Diese beiden Codierungen unterscheiden sich lediglich im Datenbit D_{n-1} in der Stelle mit der höchsten Wertigkeit 2^{n-1}, welches auch als Vorzeichenbit interpretiert werden kann.

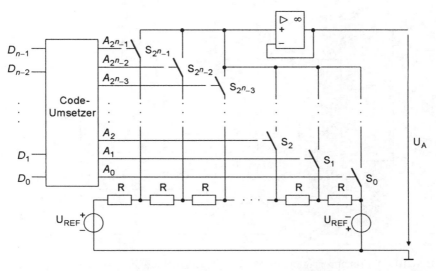

Bild 10.1-4 Prinzipschaltung eines bipolaren n-Bit-Digital-Analog-Umsetzers

Negiert man bei der Zweier-Komplement-Darstellung das Datenbit D_{n-1}, so erhält man die 2^{n-1}-Offset-Darstellung. Dem Datenwort mit dem Binärzeichen 0 in allen n Stellen ist bei der 2^{n-1}-Offset-Darstellung die Teilreferenzspannung U_0 zugeordnet, so daß sich die analoge Ausgangsspannung $U_A = U_0 = -U_{REF}$ am Ausgang des Operationsverstärkers einstellt. Dem Datenwort, welches lediglich in der Stelle mit der höchsten Wertigkeit 2^{n-1} das Binärzeichen 1 aufweist, ist dagegen der Wert der Teilreferenzspannung $U_{2^{n-1}}$ zugeordnet, so daß in diesem Fall die Ausgangsspannung $U_A = U_{2^{n-1}} = 0$ V beträgt. Das Datenwort mit dem Binärzeichen 1 in allen n Stellen bewirkt, daß die maximale Teilreferenzspannung $U_A = U_{2^n-1} = (1 - 2^{-n+1}) \cdot U_{REF}$ am Ausgang des Operationsverstärkers anliegt. Das Bild 10.1-4 zeigt die Prinzipschaltung eines n-Bit-Digital-Analog-Umsetzers mit bipolarem Ausgangsspannungsbereich, der intern sowohl mit einer Referenzspannung U_{REF} mit positiver als auch negativer Polarität arbeitet.

Bei einer Reihe von Digital-Analog-Umsetzern läßt sich durch eine entsprechende externe Beschaltung sowohl ein unipolarer als auch ein bipolarer Ausgangsspannungsbereich festlegen, wie das Bild 10.1-5 zeigt. Verbindet man den bipolaren Offseteingang des Umsetzers mit dem Referenzspannungsausgang $-U_{REF}$, so steht am Ausgang ein bipolarer Spannungsbereich zur Verfügung. Schaltet man dagegen den bipolaren Offseteingang an Bezugspotential, so stellt der Umsetzer an seinem Ausgang nur einen unipolaren Spannungsbereich zur Verfügung.

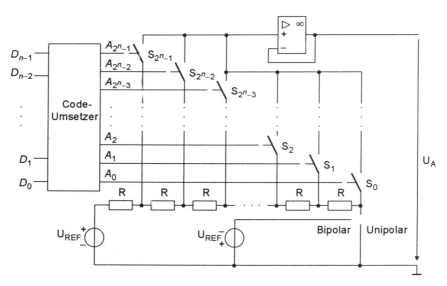

Bild 10.1-5 Prinzipschaltung eines n-Bit-Digital-Analog-Umsetzers mit unipolarem oder bipolarem Ausgangsspannungsbereich

10.2 Begriffe und Kenngrößen

An Hand von Kenngrößen, die die Hersteller in ihren Datenblättern angeben, lassen sich die Digital-Analog-Umsetzer, die unterschiedliche Umsetzverfahren benutzen, vergleichen, und je nach Anforderung können an Hand dieser Daten geeignete Umsetzer auswählt werden. Da die Hersteller ihre Datenblätter fast ausschließlich in englischer Sprache abfassen, sind bei den nachfolgenden Abschnitten zusätzlich jeweils die englischen Fachausdrücke angegeben.

10.2.1 Auflösung

Wie bereits erwähnt, besitzt ein Digital-Analog-Umsetzer, der eine Anzahl von $m = 2^n$ verschiedenen analogen Spannungswerten an seinem Ausgang zur Verfügung stellt, eine Auflösung (engl.: resolution) von n Bit bzw. von dem $1/2^n$-ten Teil seines Ausgangsspannungsbereichs. Dieser Bruchteil entspricht dabei dem Quant und stellt die kleinstmögliche Änderung der analogen Ausgangsspannung des Umsetzers dar, die durch einen Wechsel des Datenbits mit der geringsten Wertigkeit (LSB) hervorgerufen wird. Bei Umsetzern mit bipolarem Ausgangsspannungsbereich setzt sich dieser aus dem positiven und negativen Anteil zusammen. Ein unipolarer 10-Bit-Digital-Analog-Umsetzer weist demnach die minimale Teilreferenzspannung $U_Q = U_{REF}/2^{10}$ auf, die 0,0976 % des Ausgangsspannungsbereichs entspricht. Bei einem bipolaren 10-Bit-Digital-Analog-Umsetzer, bei dem das Bit mit der höchsten Wertigkeit (MSB) das Vorzeichen darstellt und die Polarität der Ausgangsspannung bestimmt, beträgt dagegen die minimale Teilreferenzspannung $U_Q = 2 \cdot U_{REF}/2^{10}$, die 0,1953 % des Ausgangsspannungsbereichs entspricht. Digital-Analog-Umsetzer weisen heutzutage übliche Werte für die Auflösung von 6, 8, 10, 12, 14, 16, 18 und 20 Bit auf.

10.2.2 Ausgangsspannungsbereich

Der Ausgangsspannungsbereich (engl.: full scale output range, abgekürzt FSR) eines Digital-Analog-Umsetzers ist der Differenzbetrag zwischen dem maximalen und minimalen Wert der analogen Ausgangsspannung. Bei einem unipolaren Umsetzer entspricht dieser Bereich dem Wert der maximalen Ausgangsspannung $U_{FSR} = U_{Amax} = (1 - 2^{-n}) \cdot U_{REF}$, da der Wert der minimalen Ausgangsspannung 0 V beträgt. Bei einem bipolaren Umsetzer entspricht der Bereich der Differenz des Maximal- und des Minimalwertes der Ausgangsspannung $U_{FSR} = U_{Amax} - U_{Amin} = (1 - 2^{-n+1}) \cdot U_{REF} - (-U_{REF}) = (2 - 2^{-n+1}) \cdot U_{REF}$. Die kleine Differenz des Maximalwertes vom positiven Wert der Referenzspannung U_{REF} wird meistens vernachlässigt, so daß unipolare Umsetzer einen Ausgangsspannungsbereich von $U_{FSR} = U_{REF}$ und bipolare Umsetzer einen Spannungsbereich $U_{FSR} = 2 \cdot U_{REF}$ aufweisen, der häufig auch mit $U_{FSR} = \pm U_{REF}$ angegeben wird. Übliche Werte des Ausgangsspannungsbereichs unipolarer Umsetzer sind 5 V bzw. 10 V, während die meisten bipolaren Umsetzer einen Ausgangsspannungsbereich von ± 5 V bzw. ± 10 V aufweisen.

10.2.3 Codierung

Als Codierung für das Datenwort am Eingang von Digital-Analog-Umsetzern werden der Dualcode, die Zweier-Komplement- und die Offset-Darstellung verwendet. Bei Umsetzern mit unipolarem Ausgangsspannungsbereich werden fast ausschließlich Datenwörter, die im Dualcode codiert sind, benutzt. Die analoge Ausgangsspannung U_A des Umsetzers nimmt daher beim Datenwort, welches in allen Stellen das Binärzeichen 0 aufweist, den Wert 0 V an; der maximale Wert der analogen Ausgangsspannung $U_{A max} = (1 - 2^{-n}) \cdot U_{REF}$ steht am Ausgang des Umsetzers für den Fall zur Verfügung, daß das Datenwort am Eingang in allen Stellen das Binärzeichen 1 aufweist.

Bei Umsetzern mit bipolarem Ausgangsspannungsbereich wird entweder die Zweier-Komplement- oder die Offset-Darstellung verwendet. Da die Digital-Analog-Umsetzer häufig an digitale Rechenschaltungen angeschlossen werden, wird die Zweier-Komplement-Darstellung bei Umsetzern mit bipolarem Ausgangsspannungsbereich bevorzugt. Positive Spannungswerte werden in diesem Fall im Dualcode und negative Spannungswerte dagegen durch das Zweier-Komplement am Eingang des Umsetzers angegeben.

Bei der Offset-Darstellung nimmt die analoge Ausgangsspannung den negativsten Wert $U_{A min} = -U_{REF}$ an, wenn am Eingang das Datenwort, welches in allen Stellen das Binärzeichen 0 aufweist, anliegt; bei dieser Darstellung stellt sich der maximale Wert der Ausgangsspannung $U_{A max} = (1 - 2^{-n+1}) \cdot U_{REF}$ dagegen für den Fall ein, daß das Datenwort am Eingang in allen Stellen das Binärzeichen 1 aufweist.

10.2.4 Einschwingzeit

Die Einschwingzeit (engl.: settling time) eines Digital-Analog-Umsetzers ist die Zeit, die der Umsetzer vom Beginn einer Änderung der Kombination des Datenwortes an seinem Eingang bis zum Einschwingen des zugehörigen Wertes der Ausgangsspannung innerhalb einer gegebenen Toleranz benötigt. Der Toleranzbereich, den die Ausgangsspannung innerhalb der Einschwingzeit erreichen muß, wird in Bit (beispielsweise ± 1 LSB) oder in Prozent des Aussteuerbereichs angegeben. Die Hersteller geben in ihren Datenblättern häufig die Einschwingzeit beim Wechsel aller Bits des Datenwortes an; das entspricht einer Änderung der Spannung am Ausgang vom minimalen auf den maximalen Wert oder umgekehrt. Außerdem wird die Einschwingzeit von den Herstellern bei einer minimalen Änderung der Ausgangsspannung um einen Quant beim Wechsel des Bits mit dem geringsten Stellenwert (LSB), welches einen Wechsel des Bits mit dem höchsten Stellenwert (MSB) zur Folge hat, angegeben. Diese

10.2 Begriffe und Kenngrößen

Änderung erfolgt beispielsweise bei einem 12-Bit-Digital-Analog-Umsetzer beim Übergang des Datenwortes vom Hexadezimalwert 7FFH auf 800H. In den Datenblättern findet man häufig zusätzlich die Angabe der Anstiegszeit (engl.: slew rate), die allgemein die Begrenzung des zeitlichen Anstiegs der Ausgangsspannung, die üblicherweise in V/µs angegeben wird, kennzeichnet.

10.2.5 Genauigkeit

Unter der Genauigkeit (engl.: accuracy) eines Digital-Analog-Umsetzers versteht man die Differenz zwischen dem analogen Spannungswert an seinem Ausgang, der sich an Hand des am Eingang anliegenden Datenwortes eigentlich einstellen müßte, und dem Wert der analogen Ausgangsspannung U_A, der sich an seinem Ausgang tatsächlich einstellt. Ursachen für eine Differenz zwischen diesen beiden Werten sind Offset-, Verstärkungs- und Linearitätsfehler. Die Genauigkeit der Umsetzer wird meistens in Bit (beispielsweise ± 1 LSB) angegeben.

10.2.6 Offsetfehler

Der Offsetfehler (engl.: offset error) wird durch die Offsetspannung des bzw. der verwendeten Operationsverstärker eines Digital-Analog-Umsetzers hervorgerufen. Der Wert der analogen Ausgangsspannung U_A, der sich bei einem unipolaren Umsetzer mit im Dualcode codiertem Datenwort, welches in allen Stellen das Binärzeichen 0 aufweist, am Ausgang einstellt, wird Offsetfehler (engl.: unipolar offset error) genannt. Das Bild 10.2-1a zeigt die Übertragungskennlinie eines unipolaren Umsetzers, der einen Offsetfehler von + 1,5 LSB aufweist. Obwohl sich der Offsetfehler über den gesamten Ausgangsspannungsbereich erstreckt, bewirkt dieser gerade bei geringen Werten der analogen Ausgangsspannung einen besonders großen Fehler. Einige unipolare Umsetzer, die sich vor allem für die Ausgabe geringer analoger Spannungswerte eignen, bieten daher die Möglichkeit eines Nullpunktabgleichs der Ausgangsspannung mit

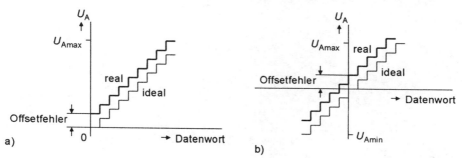

Bild 10.2-1 Übertragungskennlinie eines Digital-Analog-Umsetzers mit Offsetfehler a) mit unipolarem Ausgangsspannungsbereich b) mit bipolarem Ausgangsspannungsbereich

Hilfe eines Potentiometers, welches zwischen Anschlüsse des Umsetzers und der Versorgungsspannung geschaltet und entsprechend eingestellt werden muß. Die Angabe des Offsetfehlers erfolgt bei unipolaren Umsetzern meistens in Bit. Bei einem n-Bit-Digital-Analog-Umsetzer mit unipolarem Ausgangsspannungsbereich mit einem angegebenen Offsetfehler von beispielsweise ± 1 LSB kann beim Anliegen des Datenwortes mit dem Binärzeichen 0 in allen Stellen am Ausgang im schlechtesten Fall eine Analogspannung von $\pm 1/2^{n+1} \cdot U_{REF}$ des Ausgangsspannungsbereichs auftreten.

Das Bild 10.2-1b zeigt die Übertragungskennlinie eines Umsetzers mit bipolarem Ausgangsspannungsbereich und einem Offsetfehler. Dieser Fehler (engl.: bipolar offset error) wird bei Umsetzern mit bipolarem Ausgangsspannungsbereich meistens in Prozent des gesamten Ausgangsspannungsbereichs angegeben. Da bei einem bipolaren Umsetzer außer dem Offsetfehler auch noch der Verstärkungs- und der Linearitätsfehler eine Auswirkung auf den Wert der Ausgangsspannung U_A im Nullpunkt haben, wie die nächsten Abschnitte zeigen, ist bei einem Umsetzer mit bipolarem Ausgangsspannungsbereich ein Abgleich lediglich des Offsetfehlers nicht ausreichend.

10.2.7 Verstärkungsfehler

Unter dem Verstärkungsfehler (engl.: gain error) versteht man die Differenz zwischen dem maximalen analogen Spannungswert am Ausgang, der sich bei einem im Dualcode codiertem Datenwort, welches in allen Stellen das Binärzeichen 1 aufweist, eigentlich einstellen müßte, und dem Wert der Analogspannung, der sich am Ausgang des Umsetzers tatsächlich einstellt. Die Bilder 10.2-2a,b zeigen die Übertragungskennlinie eines unipolaren bzw. eines bipolaren Umsetzers mit einem Verstärkungsfehler von $-2,5$ LSB. Von den Herstellern werden Umsetzer angeboten, bei denen durch eine externe Beschaltung der Verstärkungsfaktor des Operationsverstärkers des Umsetzers verändert werden kann, so daß der Verstärkungsfehler verringert bzw. sogar ausgeschaltet

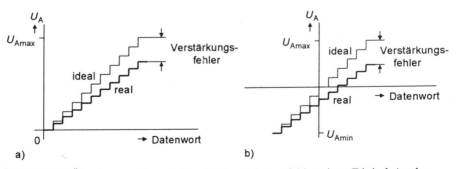

Bild 10.2-2 Übertragungskennlinie mit Verstärkungsfehler eines Digital-Analog-Umsetzers a) bei unipolarem Ausgangsspannungsbereich b) bei bipolarem Ausgangsspannungsbereich

10.2 Begriffe und Kenngrößen

wird. An Hand des Bildes 10.2-2b läßt sich absehen, daß sich der Verstärkungsfehler bei einem bipolaren Umsetzer auch auf den Nullpunkt der Übertragungskennlinie auswirkt. Verstärkungsfehler werden meistens bei unipolaren Umsetzern in Bruchteilen bzw. in Vielfachen der Stelle des Datenwortes mit der geringsten Wertigkeit (LSB) und bei bipolaren Umsetzern in Prozent des gesamten Aussteuerbereichs angegeben.

10.2.8 Linearitätsfehler

Der Linearitätsfehler eines Digital-Analog-Umsetzers (engl.: linearity error) kennzeichnet die Abweichung zwischen dem realen und idealen Verlauf der Übertragungskennlinie. Dabei ist zu beachten, daß sowohl die Anfangs- als auch Endpunkte der realen und idealen Übertragungskennlinie übereinstimmen müssen, so daß Offset- und Verstärkungsfehler durch einen entsprechenden Abgleich bereits ausgeschaltet sind, wie die Bilder 10.2-3a,b zeigen. Linearitätsfehler lassen sich durch unterschiedliche Werte der Widerstände R des Netzwerkes in der Prinzipschaltung des Umsetzers nach Bild 10.1-1 erklären. Wie dem Bild 10.2-3b zu entnehmen ist, wirkt sich bei einem bipolaren Umsetzer auch der Linearitätsfehler auf den Nullpunkt der Übertragungskennlinie aus. Die Hersteller der Bauelemente geben daher als Kennwert den Gesamtfehler im Nullpunkt an (engl.: bipolar zero error) an. Einige Umsetzer bieten die Möglichkeit eines Nullpunktabgleichs mit Hilfe eines Potentiometers, welches zwischen Anschlüsse des Umsetzers und der Versorgungsspannung geschaltet und entsprechend eingestellt werden muß.

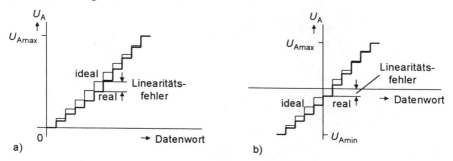

Bild 10.2-3 Übertragungskennlinie mit Linearitätsfehler eines Digital-Analog-Umsetzers a) bei unipolarem Ausgangsspannungsbereich b) bei bipolarem Ausgangsspannungsbereich

10.2.9 Temperaturdrift

Die Offset-, Verstärkungs- und Linearitätsfehler zeigen eine Abhängigkeit von der Temperatur, die durch die Temperaturdrift gekennzeichnet wird. Die Hersteller geben in ihren Datenblättern die Temperaturkoeffizienten (engl.: temperature coefficient, abgekürzt T. C.) jeweils des Offset-, Verstärkungs- und Linearitätsfehlers in Prozent bzw. Promille des gesamten Ausgangsspannungsbereiches pro Grad Celsius (%/°C bzw. ppm/°C), in Bruchteilen der Stelle mit der geringsten Wertigkeit (LSB/°C) oder auch als Änderung über einen gewissen Temperaturbereich an.

10.2.10 Monotonie

Die Übertragungskennlinie eines Digital-Analog-Umsetzers zeigt Monotonie (engl.: monotonicity), wenn bei ansteigendem dualen Wert des Datenwortes am Eingang die Ausgangsspannung U_A stetig ansteigt oder ihren Wert zumindest beibehält. Bei einigen Umsetzverfahren, die mit gewichteten Widerständen, Strömen oder Spannungen arbeiten, kann durch herstellungsbedingte Toleranzen und zusätzlichen Temperatureffekten der verwendeten Bauelemente der Fall auftreten, daß trotz ansteigendem dualen Wert des Datenwortes am Eingang die Ausgangsspannung U_A einen geringeren Wert annimmt. Dieser Fall kann bei einem Wechsel der Stelle des Datenwortes, der einen Wechsel in einer oder sogar mehreren Stellen mit einer größeren Wertigkeit zur Folge hat, auftreten (beispielsweise bei einem 12-Bit-Umsetzer von 7FFH auf 800H), wie die Bilder 10.2-4a und b zeigen. Gute Umsetzer garantieren eine Monotonie über den gesamten Temperaturbereich, für den der Umsetzer spezifiziert ist.

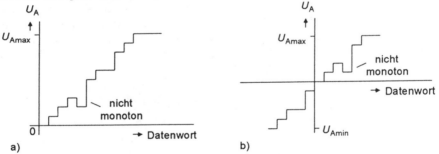

Bild 10.2-4 Übertragungskennlinie ohne Monotonie eines Digital-Analog-Umsetzers a) mit unipolarem Ausgangsspannungsbereich b) mit bipolarem Ausgangsspannungsbereich

10.2.11 Glitch

Wie bereits erwähnt, werden in Digital-Analog-Umsetzern Transistoren als elektronische Schalter verwendet. Da diese elektronischen Schalter unterschiedliche Ein- und Ausschaltzeiten aufweisen, treten bei einigen der verwendeten Verfahren der Umsetzung kurzzeitige Einbrüche oder auch Spitzen der analogen Ausgangsspannung – allgemein Glitch genannt – beim Wechsel des Datenwortes auf, wie das Bild 10.2-5a zeigt. Vornehmlich bei der Änderung des Datenwortes am Eingang, der einen Wechsel in einer oder sogar mehreren Stellen mit einer größeren Wertigkeit hervorruft, verändert eine Vielzahl elektronischer Schalter ihren Zustand.

10.3 Verfahren der Digital-Analog-Umsetzung

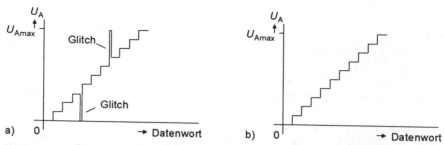

Bild 10.2-5 Übertragungskennlinie eines unipolaren Digital-Analog-Umsetzers
a) ohne Deglitcher b) mit Deglitcher

Zeigen die elektronischen Schalter des Umsetzers eine größere Einschaltzeit, so kann der Fall auftreten, daß zuvor geschlossene Schalter bereits geöffnet sind, bevor die zuvor geöffneten Schalter ihren geschlossenen Zustand annehmen. Dadurch kommt es zu einer Überschneidung, bei der zu wenige Schalter geschlossen sind. Bei einigen Umsetzverfahren kommt es daher in diesem Fall zu einer kurzzeitigen, zu geringen Ausgangsspannung. Erfolgt beispielsweise bei einem 12-Bit-Umsetzer eine Änderung des Wertes des Datenwortes von 7FFH auf 800H, so ist dadurch in diesem Fall kurzzeitig kein elektronischer Schalter geschlossen, so daß die Ausgangsspannung sogar bis auf 0 V zusammenbricht, wie das Bild 10.2-5b zeigt.

Zeigen die verwendeten elektronischen Schalter des Umsetzers dagegen eine größere Ausschaltzeit, so kann der Fall auftreten, daß zuvor geöffnete Schalter bereits geschlossen sind, bevor die zuvor geschlossenen Schalter ihren geöffneten Zustand annehmen. Dadurch kommt es zu einer Überschneidung, bei der zu viele Schalter geschlossen sind. Bei einigen Umsetzverfahren kommt es daher in diesem Fall zu einer kurzzeitigen überhöhten Ausgangsspannung, wie das Bild 10.2-5a zeigt. Erfolgt beispielsweise bei einem 12-Bit-Umsetzer eine Änderung des Wertes des Datenwortes von 7FFH auf 800H, so sind dadurch in diesem Fall kurzzeitig alle elektronischen Schalter geschlossen, so daß die Ausgangsspannung kurzzeitig sogar den Maximalwert $U_A = U_{Amax}$ annimmt, wie das Bild 10.2-5a zeigt.

Die meisten Umsetzer, bei denen durch das verwendete Verfahren der Umsetzung bedingt Glitch auftreten kann, besitzen daher einen internen Schaltungsteil, der Deglitcher genannt wird, und der Einbrüche und Spitzen der Ausgangsspannung unterdrückt, so daß sich die verbesserte Übertragungskennlinie entsprechend Bild 10.2-5b ergibt.

10.3 Verfahren der Digital-Analog-Umsetzung

Für die Digital-Analog-Umsetzung wird außer verschiedenen Parallelverfahren auch ein serielles Umsetzverfahren verwendet, bei dem Kondensatoren mit Hilfe von elektronischen Schaltern parallelgeschaltet werden, so daß eine Verteilung der Ladung stattfindet. Digital-Analog-Umsetzer mit dieser Ladungssteuerung lassen sich einfach mit wenigen Bauelementen aufbauen, weisen jedoch eine größere Einschwingzeit auf. Die Umsetzer, die ein Parallelverfahren verwenden, setzen ein n-Bit-Datenwort durch gleichzeitiges Schalten von Widerständen, Spannungs- oder Stromquellen mit Hilfe einer Anzahl von elektronischen Schaltern in eine analoge Ausgangsspannung um. Die Umsetzer mit Parallelverfahren weisen eine kurze Einschwingzeit auf; sie benötigen zwar einen großen Aufwand an Bauelementen, der aber auf Grund der erreichbaren Integrationsdichte der Schaltkreise kein großes Problem darstellt. Daher werden heutzutage fast ausschließlich Umsetzer mit unterschiedlichen Parallelverfahren verwendet, die nachfolgend behandelt werden.

10.3.1 Digital-Analog-Umsetzer mit Stromquellen

Das Bild 10.3-1 zeigt die Schaltung eines unipolaren n-Bit-Digital-Analog-Umsetzers, der nach einem Parallelverfahren arbeitet und die Zuordnung der analogen Ausgangsspannung zum Datenwort im Dualcode mit einer Anzahl 2^n-1 von Stromquellen mit dem Wert U_{REF}/R, die mit Hilfe von elektronischen Schaltern ein- bzw. ausgeschaltet werden, erzeugt. Das Umsetzverfahren ist aufwendig, da es insgesamt eine Anzahl 2^n-1 einer Reihenschaltung bestehend aus Widerstand R und Transistor T, einen Code-Umsetzer, eine Referenzspan-

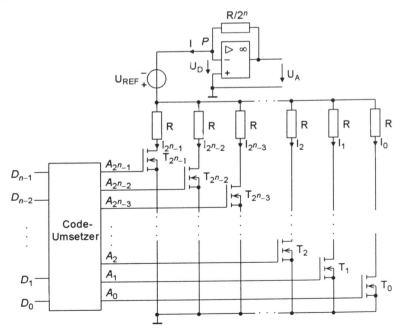

Bild 10.3-1 Unipolarer n-Bit-Digital-Analog-Umsetzer mit Stromquellen

10.3 Verfahren der Digital-Analog-Umsetzung

nungsquelle U_{REF} und einen über den Widerstand $R/2^n$ gegengekoppelten Operationsverstärker benötigt.

Bei den Transistoren, die als elektronische Schalter dienen, handelt es sich um N-Kanal-Insulated-Gate-Feldeffekt-Transistoren vom Anreicherungsytyp. Die Drain-Source-Strecke dieser Transistoren stellt bei einer Gate-Source-Spannung U_{GS}, die kleiner oder gleich der Schwellenspannung $U_{GS(T0)}$ ist, einen sehr hochohmigen Widerstand $R_{DS(OFF)}$ in der Größenordnung von 10...100 MΩ dar. In diesem Zustand des Transistors, der dem geöffneten Zustand eines Schalters entspricht, fließt ein Drainstrom I_D, der auf Grund des hochohmigen Widerstands $R_{DS(OFF)}$ vernachlässigbar gering ist, so daß in diesem Fall näherungsweise gilt: $I_D = I_{D(OFF)} \approx 0$ A. Eine Gate-Source-Spannung U_{GS}, die größer als die Schwellenspannung $U_{GS(T0)}$ ist, bewirkt dagegen, daß die Drain-Source-Strecke des Transistors einen geringen Widerstand $R_{DS(ON)}$ von nur einigen Ohm aufweist. Dieser Zustand des Transistors, entspricht daher dem geschlossenen Zustand eines Schalters.

Die Schwellenspannung $U_{GS(T0)}$ von N-Kanal-IG-Feldeffekt-Transistoren weist je nach Herstellung Werte von etwa 1 ... 3 V auf. Befindet sich daher ein Ansteuersignal A_j, welches vom Code-Umsetzer an Hand des Datenwortes erzeugt wird, im 0-Zustand, so ist der zugehörige Transistor T_j gesperrt, und der Strom in seinem Widerstandszweig beträgt $I_{D(OFF)} \approx 0$ A. Weist dagegen das Ansteuersignal A_j den 1-Zustand auf, so ist der zugehörige Transistor T_j durchgeschaltet. In diesem Zustand ist die Drain-Source-Spannung U_{DS} des Transistors T_j auf Grund des sehr geringen Widerstands $R_{DS(ON)}$ vernachlässigbar. Der Operationsverstärker ist über den Widerstand $R/2^n$ gegengekoppelt, so daß er auf dem linearen Teil seiner Eingangs-Ausgangs-Kennlinie arbeitet. Wegen der großen, offenen Verstärkung V ($V = U_A/U_D \to \infty$, daher $U_D \to 0$ V) des Operationsverstärkers ist die Differenzspannung zwischen positiven und negativen Eingang vernachlässigbar gering. Daher gilt bei Vernachlässigung der Drain-Source-Spannung U_{DS} und der Differenzspannung U_D des Operationsverstärkers für den Strom im Widerstandszweig eines durchgeschalteten Transistors:

$$I_j = I_{Dj(ON)} = \frac{U_{REF}}{R}. \qquad (10.3\text{-}1)$$

Die Ströme I_j, die in den Widerstandszweigen in Abhängigkeit des Ansteuersignals A_j durch die Transistoren T_j fließen, lassen sich daher mit

$$I_j = A_j \cdot \frac{U_{REF}}{R} \quad \text{mit } j = 1, 2, \ldots, 2n\text{-}2, 2n\text{-}1 \qquad (10.3\text{-}2)$$

angeben. Vernachlässigt man auf Grund des hohen Eingangswiderstands des Operationsverstärkers den äußerst geringen Eingangsstrom des negierenden

Eingangs, so läßt sich der Gesamtstrom I, der durch den Widerstand $R/2^n$ fließt, an Hand der Summe der Teilströme I_j angeben:

$$I = \sum_{j=0}^{2^n-1} I_j = \sum_{j=0}^{2^n-1} A_j \cdot \frac{U_{REF}}{R}. \qquad (10.3\text{-}3)$$

Auf Grund der vernachlässigbaren Differenzspannung U_D zwischen dem positiven und negativen Eingang des Operationsverstärkers weist der Punkt P der Schaltung Bezugspotential auf, so daß für die analoge Ausgangsspannung U_A des Operationsverstärkers, der als Umkehraddierer geschaltet ist, gilt:

$$U_A = \frac{I \cdot R}{2^n} = \sum_{j=0}^{2^n-1} A_j \cdot \frac{U_{REF}}{2^n}. \qquad (10.3\text{-}4)$$

Der Code-Umsetzer, der an Hand des im Dualcode codierten Datenwortes die Ansteuersignale $A_0...A_{2^n-1}$ erzeugt, schaltet immer eine Anzahl m der Ansteuersignale $A_0...A_{2^n-1}$, die dem dualen Wert des Datenwortes entspricht, in den 1-Zustand, während die Anzahl 2^n-m der insgesamt 2^n Ansteuersignale den 0-Zustand aufweist. Die Anzahl m der Ansteuersignale $A_0...A_{2^n-1}$, die den 1-Zustand aufweisen, entspricht daher der Summe der Multiplikation der einzelnen Datenbits D_i mit ihren dualen Stellenwertigkeiten 2^i mit $i = 0, 1, ..., n-1$:

$$m = \sum_{j=0}^{2^n-1} A_j = \sum_{i=0}^{n-1} D_i \cdot 2^i = D_0 \cdot 2^0 + D_1 \cdot 2^1 + ... + D_{n-1} \cdot 2^{n-1}. \qquad (10.3\text{-}5)$$

Damit läßt sich die analoge Ausgangsspannung U_A in Abhängigkeit der Bits $D_0 ... D_{n-1}$ des im Dualcode codierten Datenwortes wie folgt angeben:

$$U_A = (D_0 \cdot 2^0 + D_1 \cdot 2^1 + ... + D_{n-1} \cdot 2^{n-1}) \cdot \frac{U_{REF}}{2^n}. \qquad (10.3\text{-}6)$$

Beim Datenwort, dessen Datenbits $D_0 ... D_{n-1}$ alle das Binärzeichen 0 aufweisen, stellt sich am Ausgang des Umsetzers die Spannung $U_A = 0$ V ein. Das Datenwort, dessen Datenbit D_0 das Binärzeichen 1 und die Datenbits $D_1 ... D_{n-1}$ das Binärzeichen 0 aufweisen, bewirkt, daß sich am Ausgang des Umsetzers die analoge Ausgangsspannung $U_A = U_{REF}/2^n$ einstellt. Das Datenwort, dessen Datenbit D_{n-1} das Binärzeichen 1 und alle anderen Datenbits $D_0 ... D_{n-2}$ das Binärzeichen 0 aufweisen, bewirkt, daß sich am Ausgang des Umsetzers die analoge Ausgangsspannung $U_A = U_{REF}/2$ einstellt. Weist hingegen das Datenwort am Eingang des Umsetzers in allen n Stellen das Binärzeichen 1 auf, so steht am Ausgang der maximale Wert $U_A = (2^n-1) \cdot U_{REF}/2^n$ zur Verfügung.

10.3.2 Digital-Analog-Umsetzer mit gewichteten Stromquellen

Benutzt man Stromquellen mit dual-gewichteten Werten an Stelle von Stromquellen mit gleichen Werten, so läßt sich die Anzahl der Bauelemente, die für die Schaltung der Digital-Analog-Umsetzung benötigt wird, erheblich reduzieren. Die im vorhergehenden Abschnitt behandelte Stromsummation läßt sich in diesem Fall bereits mit einer Anzahl n von Stromquellen durchführen, deren Werte mit Zweierpotenzen gewichtet sind. Für den Aufbau eines Umsetzers mit Stromquellen mit dual-gewichteten Werten benötigt man daher lediglich eine Anzahl n unterschiedlicher Widerstände mit den dual-gewichteten Werten $2^0 \cdot R$, $2^1 \cdot R$, ... $2^{n-2} \cdot R$, $2^{n-1} \cdot R$, eine Anzahl n von N-Kanal-IG-Feldeffekt-Transistoren als elektronische Schalter, eine Referenzspannungsquelle U_{REF} und einen Operationsverstärker mit Gegenkopplungswiderstand, wie die Schaltung eines unipolaren n-Bit-Digital-Analog-Umsetzers nach Bild 10.3-2 zeigt. Da in diesem Fall die Transistoren $T_0 ... T_{n-1}$, die die Stromquellen schalten, direkt von den Datenbits $D_0 ... D_{n-1}$ angesteuert werden können, ist auch ein Code-Umsetzer nicht erforderlich. Für den Drainstrom eines Transistors T_i gilt daher in Abhängigkeit seines zugehörigen Ansteuersignals D_i und des in Reihe geschalteten Widerstands $2^{n-1-i} \cdot R$ bei Vernachlässigung der Drain-Source-Spannung U_{DS} des durchgeschalteten Transistors und der Differenzspannung U_D des Operationsverstärkers:

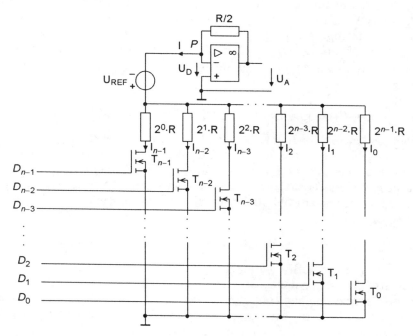

Bild 10.3-2 Unipolarer n-Bit-Digital-Analog-Umsetzer mit gewichteten Stromquellen

$$I_i = D_i \cdot \frac{U_{\text{REF}}}{2^{n-1-i} \cdot R} . \qquad (10.3\text{-}7)$$

Der Gesamtstrom I ergibt sich als Summe der Drainströme I_i der Transistoren T_i, die auf Grund des Ansteuersignals D_i durchgeschaltet sind:

$$I = \sum_{i=0}^{n-1} \frac{D_i \cdot U_{\text{REF}}}{2^{n-1-i} \cdot R} = (D_0 \cdot 2^0 + \ldots + D_{n-1} \cdot 2^{n-1}) \cdot \frac{U_{\text{REF}}}{2^{n-1} \cdot R} . \qquad (10.3\text{-}8)$$

Für die analoge Ausgangsspannung U_A des Operationsverstärkers, der als Umkehraddierer dient, gilt daher:

$$U_A = \frac{I \cdot R}{2} = (D_0 \cdot 2^0 + D_1 \cdot 2^1 + \ldots + D_{n-1} \cdot 2^{n-1}) \cdot \frac{U_{\text{REF}}}{2^n} . \qquad (10.3\text{-}9)$$

Beim Datenwort, dessen Datenbits $D_0 \ldots D_{n-1}$ das Binärzeichen 0 aufweisen, stellt sich am Ausgang des Umsetzers die Spannung $U_A = 0$ V ein. Das Datenwort, dessen Datenbit D_0 lediglich das Binärzeichen 1 und alle anderen Datenbits $D_1 \ldots D_{n-1}$ das Binärzeichen 0 aufweisen, bewirkt, daß sich am Ausgang des Umsetzers die analoge Ausgangsspannung $U_A = U_{\text{REF}}/2^n$ einstellt. Das Datenwort, dessen Datenbit D_{n-1} das Binärzeichen 1 und alle anderen Datenbits $D_0 \ldots D_{n-2}$ das Binärzeichen 0 aufweisen, bewirkt, daß sich am Ausgang des Umsetzers die analoge Ausgangsspannung $U_A = U_{\text{REF}}/2$ einstellt. Weist hingegen das Datenwort am Eingang des Umsetzers in allen n Stellen das Binärzeichen 1 auf, so steht am Ausgang der maximale Wert $U_A = (2^n-1) \cdot U_{\text{REF}}/2^n$ zur Verfügung.

10.3.3 Digital-Analog-Umsetzer mit *R-2R*-Kettenleiter

Um Stromquellen mit dual-gewichteten Stromwerten zu erzeugen, verwenden Digital-Analog-Umsetzer häufig einen *R-2R*-Kettenleiter, dessen Aufbau nur die beiden Widerstandswerte R und $2R$ erfordert. Diese beiden Widerstandswerte haben dem Widerstandsnetzwerk des Umsetzers seinen Namen gegeben. Ein *R-2R*-Kettenleiter kann sowohl als Strom- als auch als Spannungsteiler verwendet werden.

10.3.3.1 Digital-Analog-Umsetzer mit *R-2R*-Kettenleiter als Stromteiler

Bild 10.3-3 zeigt einen n-Bit-Digital-Analog-Umsetzer mit einem *R-2R*-Kettenleiter, der als Stromteiler dient. Die Schaltung des Umsetzers besteht aus den Teilen der Referenzspannung U_{REF}, der Anzahl $2n$ von Transistoren, der Anzahl n von Negations-Gliedern, dem Operationsverstärker mit Gegenkopplungswiderstand, dem *R-2R*-Kettenleiter mit einer Anzahl $n-1$ von Widerständen mit dem Wert R und einer Anzahl $n+1$ von Widerständen mit dem Wert $2R$. In

10.3 Verfahren der Digital-Analog-Umsetzung   281

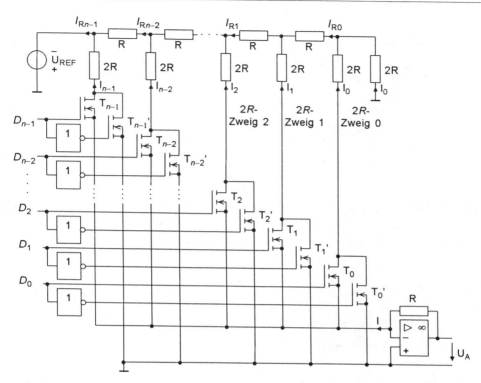

Bild 10.3-3 Unipolarer n-Bit-Digital-Analog-Umsetzer mit R-2R-Kettenleiter als Stromteiler

jedem $2R$-Zweig des Kettenleiters dienen zwei N-Kanal-IG-Feldeffekt-Transistoren als elektronische Schalter. Während die Transistoren $T_0 \ldots T_{n-1}$ von den Datenbits $D_0 \ldots D_{n-1}$ gesteuert werden, erhalten die anderen Transistoren $T_0' \ldots T_{n-1}'$ mit Hilfe der Negations-Glieder die komplementären Ansteuersignale $\neg D_0 \ldots \neg D_{n-1}$, so daß unabhängig vom Zustand eines Datenbits immer einer der beiden Transistoren eines jeden $2R$-Zweigs durchgeschaltet ist, während der andere gesperrt ist. Durch die $2R$-Widerstände des Kettenleiters fließen daher unabhängig von den Datenbits $D_0 \ldots D_{n-1}$ die Ströme $I_0 \ldots I_{n-1}$, da die Transistoren $T_0' \ldots T_{n-1}'$ gegen Bezugspotential und die Transistoren $T_0 \ldots T_{n-1}$ gegen das virtuelle Bezugspotential des negativen Eingangs des Operationsverstärkers schalten. Nur die Zweigströme $I_0 \ldots I_{n-1}$ addieren sich daher zum Gesamtstrom I, deren zugehörige Datenbits $D_0 \ldots D_{n-1}$ das Binärzeichen 1 aufweisen, da in diesem Fall die Transistoren $T_0 \ldots T_{n-1}$ der Zweige durchschalten. Für den Strom I_{R0} läßt sich an Hand des Bildes 10.3-3 angeben:

$$I_{R0} = 2 \cdot I_0 . \tag{10.3-10}$$

Damit läßt sich der Strom I_1, der im $2R$-Zweig 1 fließt, wie folgt berechnen:

$$I_1 = \frac{I_{R0} \cdot R + 2 \cdot I_0 \cdot R}{2 \cdot R} = \frac{2 \cdot I_0 \cdot R + 2 \cdot I_0 \cdot R}{2 \cdot R} = 2^1 \cdot I_0. \qquad (10.3\text{-}11)$$

Für den Strom I_{R1} erhält man demnach:

$$I_{R1} = I_{R0} + I_1 = 2 \cdot I_0 + 2 \cdot I_0 = 2^2 \cdot I_0. \qquad (10.3\text{-}12)$$

Der Strom I_2, der im 2R-Zweig 2 fließt, berechnet sich damit zu:

$$I_2 = \frac{I_{R0} \cdot R + 2 \cdot I_1 \cdot R}{2 \cdot R} = \frac{4 \cdot I_0 \cdot R + 2 \cdot 2 \cdot I_0 R}{2 \cdot R} = 2^2 \cdot I_0. \qquad (10.3\text{-}13)$$

Man erkennt bereits an den beiden berechneten Werten der Ströme $I_1 = 2^1 \cdot I_0$ und $I_2 = 2^2 \cdot I_0$, die in den 2R-Zweigen 1 und 2 fließen, daß diese jeweils dualgewichtete Werte aufweisen. Für den Strom I_{n-1} des 2R-Zweigs $n-1$ gilt demnach:

$$I_{n-1} = 2^{n-1} \cdot I_0 = \frac{U_{\text{REF}}}{2 \cdot R}. \qquad (10.3\text{-}14)$$

Mit dieser Gleichung läßt der Strom I_0 des 2R-Zweigs 0 in Abhängigkeit der Referenzspannung U_{REF} angeben:

$$I_0 = \frac{U_{\text{REF}}}{2^n \cdot R}. \qquad (10.3\text{-}15)$$

Der Gesamtstrom I setzt sich aus der Summe der Ströme $I_0 ... I_{n-1}$ der 2R-Zweige zusammen, deren zugehörige Datenbits am Eingang des Umsetzers das Binärzeichen 1 aufweisen, so daß gilt:

$$I = \sum_{i=0}^{n-1} D_i \cdot I_i = D_0 \cdot I_0 + D_1 \cdot I_1 + ... + D_{n-2} \cdot I_{n-2} + D_{n-1} \cdot I_{n-1}. \qquad (10.3\text{-}16)$$

Mit den Gln. (10.3-9), (10.3-11) und (10.3-13) läßt sich der Gesamtstrom I auch in der Form

$$I = (D_0 + D_1 \cdot 2^1 + ... + D_{n-2} \cdot 2^{n-2} + D_{n-1} \cdot 2^{n-1}) \cdot \frac{U_{\text{REF}}}{2^n \cdot R} \qquad (10.3\text{-}17)$$

angeben. Für die analoge Ausgangsspannung U_A der Operationsverstärkers, der die Funktion eines Umkehraddierers aufweist, gilt:

$$U_A = I \cdot R, \qquad (10.3\text{-}18)$$

so daß sich die analoge Ausgangsspannung U_A des Umsetzers letztlich mit

10.3 Verfahren der Digital-Analog-Umsetzung

$$U_A = (D_0 + D_1 \cdot 2^1 + \ldots + D_{n-2} \cdot 2^{n-2} + D_{n-1} \cdot 2^{n-1}) \cdot \frac{U_{REF}}{2^n} \quad (10.3\text{-}19)$$

bestimmen läßt.

10.3.3.2 Digital-Analog-Umsetzer mit R-2R-Kettenleiter als Spannungsteiler

Das Bild 10.3-4 zeigt einen n-Bit-Digital-Analog-Umsetzer mit einem R-$2R$-Kettenleiter, der als Spannungsteiler dient. Die Schaltung des Umsetzers besteht aus den Teilen der Referenzspannung U_{REF}, der Anzahl $2n$ von Transistoren, der Anzahl n von Negations-Gliedern, dem Operationsverstärker als Spannungsfolger, dem R-$2R$-Kettenleiter mit einer Anzahl $n-1$ von Widerständen mit dem Wert R und einer Anzahl $n+1$ von Widerständen mit dem Wert $2R$. In jedem $2R$-Zweig des Kettenleiters dienen jeweils zwei N-Kanal-IG-Feldeffekt-Transistoren als elektronische Schalter. Während die Transistoren $T_0 \ldots T_{n-1}$ von den Datenbits $D_0 \ldots D_{n-1}$ gesteuert werden, erhalten die Transistoren $T_0' \ldots T_{n-1}'$ mit Hilfe der Negations-Glieder die negierten Ansteuersignale $\neg D_0 \ldots \neg D_{n-1}$, so daß unabhängig vom Zustand eines Datenbits immer einer der beiden Transi-

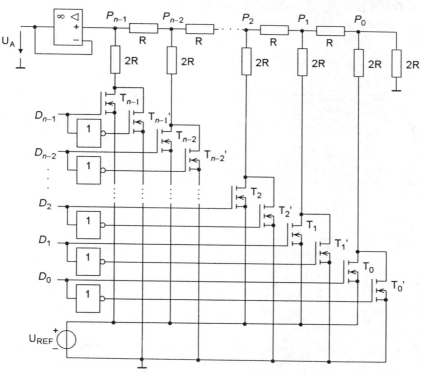

Bild 10.3-4 Unipolarer n-Bit-Digital-Analog-Umsetzer mit R-$2R$-Kettenleiter als Spannungsteiler

storen eines jeden 2R-Zweigs durchgeschaltet ist, während der andere gesperrt ist. Dabei sei vorausgesetzt, daß die Ansteuersignale $D_0 ... D_{n-1}$ einen Spannungspegel im 1-Zustand aufweisen, der positiver als die Referenzspannung U_{REF} ist, so daß eine positive Gate-Source-Spannung $U_{GS} > U_{GS(T0)}$ an den Transistoren anliegt, so daß die Transistoren $T_0 ... T_{n-1}$ durchschalten.

Jeder der 2R-Widerstände der 2R-Zweige des Kettenleiters wird in Abhängigkeit des zugehörigen Bits des Datenwortes $D_0 ... D_{n-1}$ entweder mit Hilfe eines der Transistoren $T_0 ... T_{n-1}$ an die Referenzspannung U_{REF} oder mit Hilfe eines der Transistoren $T_0' ... T_{n-1}'$ an das Bezugspotential der Schaltung gelegt. Das Bild 10.3-5a zeigt die vereinfachte Schaltung des R-2R-Kettenleiters zwischen den Punkten $P_2 ... P_0$. Weist ein Datenbit das Binärzeichen 1 auf, so wird der 2R-Widerstand im zugehörigen 2R-Zweig durch den Transistor T an die Referenzspannungsquelle U_{REF} geschaltet. Weist ein Datenbit dagegen das Binärzeichen 0 auf, so beträgt der Wert der Spannungsquelle 0 V, und der 2R-Widerstand im zugehörigen 2R-Zweig ist durch den Transistor T' an das Bezugspotential geschaltet. Für den Punkt P_0 läßt sich mit Hilfe des Satzes von der Ersatzspannungsquelle die Leerlaufspannung U_0 und der Innenwiderstand R_0 wie folgt angeben:

$$U_0 = \frac{D_0}{2^1} \cdot U_{REF} \quad \text{bzw.} \quad R_0 = R. \quad (10.3\text{-}20)$$

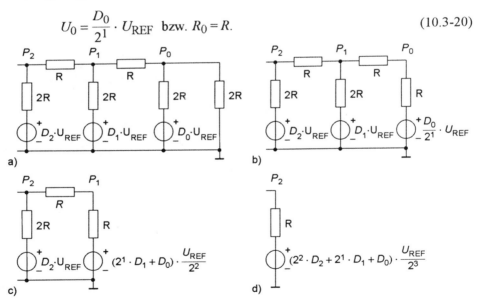

Bild 10.3-5 R-2R-Kettenleiter als Spannungsteiler zwischen den Punkten $P_2 ... P_0$
a) R-2R-Kettenleiter mit den von den Datenbits $D_2 ... D_0$ gesteuerten Referenzspannungen
b) R-2R-Kettenleiter mit Ersatzspannungsquelle bezüglich des Punktes P_0
c) R-2R-Kettenleiter mit Ersatzspannungsquelle bezüglich des Punktes P_1
d) R-2R-Kettenleiter mit Ersatzspannungsquelle bezüglich des Punktes P_2

10.3 Verfahren der Digital-Analog-Umsetzung

Das Bild 10.3-5b zeigt den R-$2R$-Kettenleiter mit der Ersatzspannungsquelle bezüglich des Punktes P_0. An Hand dieses Bildes läßt sich die Leerlaufspannung U_1 und der Innenwiderstand R_1 bezüglich des Punktes P_1 angeben:

$$U_1 = D_1 \cdot U_{REF} - \frac{D_1 \cdot U_{REF} - D_0 \cdot \frac{U_{REF}}{2}}{2} = \left(\frac{D_0}{2^2} + \frac{D_1}{2^1}\right) \cdot U_{REF}$$

bzw. $R_1 = R$. (10.3-21)

Das Bild 10.3-5c zeigt den R-$2R$-Kettenleiter mit der Ersatzspannungsquelle bezüglich des Punktes P_1. An Hand dieses Bildes läßt sich die Leerlaufspannung U_2 und der Innenwiderstand R_2 bezüglich des Punktes P_2 angeben:

$$U_2 = D_2 \cdot U_{REF} - \frac{D_2 \cdot U_{REF} - U_{L1}}{2} = \left(\frac{D_0}{2^3} + \frac{D_1}{2^2} + \frac{D_2}{2^1}\right) \cdot U_{REF}$$

bzw. $R_2 = R$. (10.3-22)

Das Bild 10.3-5d zeigt schließlich die Ersatzschaltung des R-$2R$-Kettenleiters bezüglich des Punktes P_2. An Hand dieser Ersatzschaltung läßt sich allgemein die Spannungsteilung erkennen, so daß als Ersatzschaltung für den R-$2R$-Kettenleiter bezüglich des Punktes P_{n-1} angegeben werden kann:

$$U_{n-1} = \left(\frac{D_0}{2^n} + \frac{D_1}{2^{n-1}} + \frac{D_2}{2^{n-2}} + \ldots + \frac{D_{n-2}}{2^2} + \frac{D_{n-1}}{2^1}\right) \cdot U_{REF}$$

bzw. $R_{n-1} = R$. (10.3-23)

Der Operationsverstärker in der Schaltung nach Bild 10.3-4 ist als Impedanzwandler und Spannungsfolger geschaltet, so daß er auf Grund seines sehr großen Eingangswiderstands keine Last für die Spannung am Punkte P_{n-1} darstellt. Am Ausgang des Operationsverstärkers ergibt sich daher der analoge Spannungswert der Leerlaufspannung U_{n-1} des Punktes P_{n-1}:

$$U_A = (D_0 + D_1 \cdot 2^1 + \ldots + D_{n-2} \cdot 2^{n-2} + D_{n-1} \cdot 2^{n-1}) \cdot \frac{U_{REF}}{2^n}. \quad (10.3-24)$$

11 Analog-Digital-Umsetzer

Wie bereits erwähnt, wandeln Sensoren physikalische Größen in elektrische Analogiegrößen um. Das analoge Ausgangssignal stellen die Sensoren meistens in Form einer Spannung zur Verfügung. Daher müssen die analogen Sensorsignale zunächst in eine digitale Darstellung umgesetzt werden, um sie mit digitalen Rechenanlagen erfassen, übertragen, verarbeiten und auswerten zu können. Dazu benötigt man eine Funktionseinheit, die analoge Spannungen oder Ströme in digitale Daten umsetzt. Diese Funktionseinheit wird Analog-Digital-Umsetzer (engl.: <u>a</u>nalog to <u>d</u>igital <u>c</u>onverter, abgekürzt ADC) genannt.

11.1 Prinzip der Abtastung analoger Signale

Erfolgt die zeitliche Änderung eines analogen Spannungssignals u_E mit endlicher Geschwindigkeit, so enthält das Signal nur Frequenzanteile, die innerhalb einer Bandbreite $B = f_{max} - f_{min}$ liegen. Die minimale Frequenz weist in den meisten Fällen den Wert $f_{min} = 0$ Hz auf, da die Spannungsamplitude des Signals auch während einer längeren Zeitdauer einen konstanten Wert aufweisen kann. Nach dem Abtasttheorem von *C. E. Shannon* läßt sich das Spannungssignal u_E mit der Bandbreite B wieder rekonstruieren, wenn die Augenblickswerte des Spannungssignals zu den diskreten Zeitpunkten $t = n \cdot T_A \leq n \cdot 1/f_{max}$ mit $n = 0, 1, 2$ usw. bekannt sind. Da die Spannungsamplitude des Signals u_E daher jeweils zu den Zeitpunkten $n \cdot T_A$ abgetastet werden muß, erhält man einzelne Spannungsimpulse mit der jeweiligen Amplitude A des Signals zu den Zeitpunkten $n \cdot T_A$. Führt man diese einzelnen Spannungsimpulse einem Tiefpaß mit der Grenzfrequenz $f_g = f_{max}$ zu, so läßt sich an Hand der einzelnen Stoßantworten dieses Tiefpasses der zeitliche Verlauf des analogen Spannungssignals wieder rekonstruieren.

11.1.1 Abtast-Halte-Schaltung

Die Zeit, die ein Analog-Digital-Umsetzer für die Umsetzung des analogen Spannungswertes an seinem Eingang in das zugehörige Datenwort am Ausgang benötigt, wird Umsetzzeit genannt. Je nach verwendetem Verfahren der Umsetzung weisen Analog-Digital-Umsetzer unterschiedlich große Umsetzzeiten auf. Um eine fehlerfreie Umsetzung zu gewährleisten, darf die umzusetzende analoge Spannung am Eingang des Umsetzers während der Zeitdauer der Umsetzung ihren Wert nicht verändern. In den Fällen, in denen sich daher das analoge Signal während der Umsetzzeit des Analog-Digital-Umsetzers ändern kann, muß daher dem Umsetzer eine Abtast-Halte-Schaltung (engl.: sample and hold circuit) vorgeschaltet werden, deren Prinzipschaltung das Bild 11.1-1 zeigt.

11.1 Prinzip der Abtastung analoger Signale

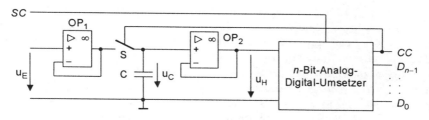

Bild 11.1-1 Prinzipschaltung einer Abtast-Halte-Schaltung

Die Abtast-Halte-Schaltung, die – wie die Bezeichnung besagt – die Zustände Abtasten und Halten des analogen Eingangssignals ermöglichen muß, besteht aus dem Schalter S, dem Kondensator C und zwei gegengekoppelten Operationsverstärkern, die als Impedanzwandler und Spannungsfolger dienen. Der Schalter S, für den je nach verwendeter Technologie des Umsetzers entweder ein bipolarer Transistor oder ein Feldeffekt-Transistor verwendet wird, wird an Hand des Statussignals CC (engl.: conversion complete) des Umsetzers gesteuert. Die Abtast-Halte-Schaltung nimmt damit entweder den Zustand Abtasten – Schalter S ist geschlossen – oder aber den Zustand Halten – Schalter S ist geöffnet – an.

Damit die Schaltung die analoge Eingangsspannung u_E nur gering belastet, dient der gegengekoppelte Operationsverstärker OP_1 als Impedanzwandler und Spannungsfolger. Auf Grund seines großen Eingangswiderstands wird die Eingangsspannung u_E nur vernachlässigbar gering belastet; der geringe Ausgangswiderstand des Operationsverstärkers gewährleistet, daß der Kondensator C ohne größere Verzögerung auf- und entladen wird, so daß bei geschlossenem Schalter S die Kondensatorspannung u_C der Eingangsspannung u_E entspricht. Mit Hilfe des gegengekoppelten Operationsverstärkers OP_2, der ebenfalls als Impedanzwandler und Spannungsfolger dient, wird der Wert der Kondensatorspannung u_C als Haltespannnung u_H dem n-Bit-Analog-Digital-Umsetzer zur Verfügung gestellt.

Der 1-Zustand des Signals SC (engl.: start conversion) bewirkt den Start einer Analog-Digital-Umsetzung und das Rücksetzen des Steuersignals CC, mit dem der Umsetzer den laufenden Umsetzvorgang anzeigt. Durch den 0-Zustand des Steuersignals CC wird der Schalter S in den geöffneten Zustand geschaltet, so daß während der Zeitdauer der Umsetzung die Kondensatorspannung u_C und damit auch die Haltespannung u_H des Umsetzers durch eine Änderung der Eingangsspannung u_E nicht beeinflußt werden. Auf Grund des großen Eingangswiderstands des Operationsverstärkers OP_2 entlädt sich der Kondensator C nur äußerst gering, so daß die Kondensatorspannung u_C während der Umsetzzeit ihren Wert nahezu nicht verändert. Am Eingang des n-Bit-Analog-Digital-Umsetzers liegt daher während der Umsetzung die Haltespannung u_H an, die der

Kondensatorspannung u_C entspricht. Nach Beendigung der Umsetzung stellt der n-Bit-Analog-Digital-Umsetzer das Datenwort am Ausgang zur Verfügung und zeigt mit dem Statussignal CC die Beendigung der Umsetzung und damit die Gültigkeit der Datensignale $D_0 ... D_{n-1}$ an. Nach dem Start einer Umsetzung durch das Signal SC zeigt der Zustand des Statussignals CC die Gültigkeit der Daten $D_0 ... D_{n-1}$ an. Sind die Daten gültig, so weist das Statussignal CC des Umsetzers den 1-Zustand auf, so daß der Schalter S den geschlossenen Zustand annimmt. Die Abtast-Halte-Schaltung wird dadurch wieder in den Zustand Abtasten geschaltet, so daß bei Bedarf eine erneute Umsetzung durch das Signal SC gestartet werden kann.

Die Güte einer Abtast-Halte-Schaltung wird in den Datenblättern der Hersteller durch die Anstiegszeit, die Aperturzeit, die Aperturunsicherheit, den Durchgriff, die Einstellzeit und die Haltezeit angegeben. Durch den Ausgangswiderstand des Operationsverstärkers OP_1 und den Widerstand des geschlossenen Schalters S – entweder ein durchgeschalteter bipolarer oder IG-Feldeffekt-Transistor – werden die Anstiegs- und Abfallgeschwindigkeit (engl.: slew rate) der Kondensatorspannung u_C bestimmt.

Die Aperturzeit (engl.: aperture time oder auch aperture delay time) ist die Verzögerungszeit, die vom Zeitpunkt der Auslösung der Umsetzung durch das Startsignal SC bis zum eigentlichen Zeitpunkt der Abtastung der Eingangsspannung u_E durch das Öffnen des Schalters S der Abtast-Halte-Schaltung vergeht. Die Schwankungen der Aperturzeit werden als Aperturunsicherheit (engl.: aperture jitter) angegeben. Der Durchgriff (engl.: feedthrough) kennzeichnet die Beeinflussung der Haltespannung u_H der Abtast-Halte-Schaltung in der Betriebsart Halten. Der elektronische Schalter der Abtast-Halte-Schaltung – der verwendete Transistor – bewirkt mit seinen Kapazitäten eine unerwünschte Kopplung der Ein- und Ausgangsspannung.

Die Einstellzeit (engl.: aquisition time) ist die Verzögerungszeit, die vom Beginn der Betriebsart Abtasten der Abtast-Halte-Schaltung vergeht, bis daß die Ausgangsspannung u_H innerhalb einer gegebenen Toleranz den Wert der Eingangsspannung u_E annimmt. Die Haltedrift (engl.: droop rate) kennzeichnet den Abfall der Ausgangsspannung u_H während der Betriebsart Halten der Abtast-Halte-Schaltung, da der Speicherkondensator C trotz des großen Eingangswiderstands des Operationsverstärkers OP_2 geringfügig entladen wird, so daß die Kondensatorspannung u_C und damit die Haltespannung u_H während der Zeit der Umsetzung geringfügig abnimmt.

11.1.2 Analog-Multiplexer

Um mit Hilfe nur eines Analog-Digital-Umsetzers eine Anzahl analoger Eingangssignale erfassen zu können, benötigt man einen Umschalter für analoge Spannungssignale, der im Gegensatz zum digitalen Umschalter als Analog-Multiplexer bezeichnet wird. Ein 1-aus-n-Analog-Multiplexer besitzt wie der Multiplexer eine Anzahl m von Eingängen, einen Ausgang und eine Anzahl ld m von Steuersignalen. Mit Hilfe dieser Steuersignale läßt sich einer der m Eingänge auf den Ausgang des Analog-Multiplexers durchschalten. Am Ausgang des 1-aus-m-Analog-Multiplexers steht in diesem Fall der analoge Spannungswert des durchgeschalteten Eingangssignals zur Verfügung. Schaltet man demnach vor einen n-Bit-Analog-Digital-Umsetzer beispielsweise einen 1-aus-m-Analog-Multiplexer, so läßt sich unter Verwendung nur eines Umsetzers eine Anzahl m analoger Spannungssignale erfassen.

11.2 Begriffe und Kenngrößen

Die Hersteller von Analog-Digital-Umsetzern benutzen in ihren Datenblättern eine Reihe von Begriffen und Kenngrößen, von denen nachfolgend einige wichtige näher erläutert werden. Auf Grund der verwendeten englischsprachigen Dokumentation der Bauelemente sind zusätzlich jeweils die englischen Fachausdrücke angegeben.

11.2.1 Auflösung

Ein Analog-Digital-Umsetzer, der den gesamten Bereich seines analogen Eingangsspannungsbereichs in eine Anzahl 2^n verschiedener analoger Spannungswerte unterteilt, besitzt eine Auflösung (engl.: resolution) von n Bit bzw. von dem $1/2^n$-ten Teil seines Eingangsspannungsbereichs. Ein Umsetzer mit einer Auflösung von n Bit vergleicht die analoge Spannung an seinem Eingang mit einer Anzahl 2^n von internen Teilreferenzspannungen und bildet an Hand dieses Vergleichs das n-Bit-Datenwort an seinem Ausgang. Die kleinstmögliche Änderung des analogen Spannungswertes am Eingang des Umsetzers, die eine Änderung des Datenwortes am Ausgang zur Folge hat, entspricht bei einer Auflösung von n Bit dem $1/2^n$-ten Teil des Eingangsspannungsbereichs; dieser Bruchteil wird Quant Q genannt und entspricht dem Wert der Teilreferenzspannung $U_Q = U_{REF}/2^n$.

Ein 10-Bit-Analog-Digital-Umsetzer mit unipolarem Eingangsspannungsbereich weist beispielsweise die minimale Teilreferenzspannung $U_Q = U_{REF}/2^{10}$ auf, die 0,09765% seines Eingangsspannungsbereichs entspricht. Bei bipolaren Analog-Digital-Umsetzern setzt sich der Eingangsspannungsbereich aus dem positiven und dem negativen Anteil zusammen. Bei einem 10-Bit-Analog-Digital-Umsetzer mit bipolarem Eingangsspannungsbereich, bei dem das Datenbit mit der höchsten Wertigkeit (MSB) das Vorzeichen darstellt und die Polarität der Eingangsspannung bestimmt, beträgt demnach die minimale Teilreferenzspannung $U_Q = 2 \cdot U_{REF}/2^{10}$, die 0,1953 % des gesamten Eingangsspannungsbereichs entspricht. Übliche Werte für die Auflösung von Analog-Digital-Umsetzern sind heutzutage 6, 8, 10, 12, 14, 16, 18 und 20 Bit.

11.2.2 Codierung

Die Darstellung des binären Ausgangswertes erfolgt bei unipolaren Analog-Digital-Umsetzern, die nur einen positiven Wertebereich der analogen Eingangsspannung umsetzen, üblicherweise im Dualcode. Bipolare Analog-Digital-Umsetzer, die sowohl einen positiven als auch negativen Wertebereich der Eingangsspannung erfassen, geben das Ergebnis am Ausgang entweder in Zweier-Komplement-Darstellung oder im Dualcode mit Offset an. Analog-Digital-Umsetzer mit sehr kurzen Umsetzzeiten stellen das Ergebnis der Umsetzung auch im einschrittigen Gray-Code zur Verfügung.

11.2.3 Eingangsspannungsbereich

Der Eingangsspannungsbereich (engl.: span bzw. full scale input range, abgekürzt FSR) eines Analog-Digital-Umsetzers ist die Differenz zwischen dem zulässigen Maximal- und dem zulässigen Minimalwert der analogen Eingangsspannung. Bei einem unipolaren Umsetzer entspricht der Bereich dabei dem zulässigen Maximalwert der Eingangsspannung. Übliche Werte des Eingangsspannungsbereichs unipolarer Umsetzer sind 5 V bzw. 10 V, während bipolare Umsetzer meistens einen Eingangsspannungsbereich von ± 5 V bzw. ± 10 V aufweisen.

11.2.4 Umsetzzeit

Die Umsetzzeit (engl.: conversion time) ist die Zeitdauer, die vom Beginn der Umsetzung bis zur Bereitstellung des Datenwortes am Ausgang des Umsetzers vergeht. Häufig wird in den Datenblättern auch die Umsetzrate (engl.: conversion rate) angegeben, die dem Kehrwert der Summe der Umsetzzeit und zusätzlicher Verzögerungszeiten entspricht. Diese Verzögerungszeiten bewirken die Abtast-Halte-Schaltung und der Analog-Multiplexer, die dem eigentlichen Analog-Digital-Umsetzer eventuell vorgeschaltet sind. Bei sehr schnellen Umsetzern benutzt man Verfahren, bei denen bereits mit einer neuen Umsetzung begonnen werden kann, bevor die vorhergehende Umsetzung beendet ist. In der Reihe der Bearbeitung (engl: pipelining) finden gleichzeitig mehr als eine Umsetzung statt. Obwohl dadurch die Umsetzzeit jeder einzelnen Umsetzung nicht verkürzt wird, läßt sich jedoch die Umsetzrate vergrößern.

11.2.5 Quantisierung

Teilt man den kontinuierlichen Wertebereich der Amplitude des analogen Eingangssignals u_E in eine endliche Anzahl m gleicher Teilbereiche (Quanten), so entspricht dem Wert der Amplitude des Signals zu einem Abtastzeitpunkt eine bestimmte Anzahl von Quanten. Je größer die Auflösung eines Analog-Digital-Umsetzers, um so größer die Anzahl der Quanten und um so genauer läßt sich die Amplitude des Signals quantisieren.

11.2.6 Quantisierungsfehler

Da die Amplitude des analogen Signals unendlich viele Werte annehmen kann, ergibt sich auf Grund der endlichen Anzahl m der Quanten, in die der Wert des analogen Signals eingeteilt wird, ein unvermeidbarer Fehler, der Quantisierungsfehler F_Q (engl.: quantization error) genannt wird. Ändert der Umsetzer den Wert des Datenwortes an seinem Ausgang jeweils bei den analogen Eingangswerten, die einer ganzen Anzahl von Quanten entsprechen, so kann der maximale Quantisierungsfehler den Wert eines Quants aufweisen. Der maximale Quantisierungsfehler ist entweder negativ bei einer Änderung des Datenwortes bei einer Anzahl von vollen Quanten oder positiv bei einer Änderung des Datenwortes bei einer Anzahl von begonnenen Quanten.

Um den Betrag des Quantisierungsfehlers möglichst gering zu halten, ändern die meisten Analog-Digital-Umsetzer ihren Datenwert am Ausgang bei Werten der analogen Eingangsspannung, die den arithmetischen Mittelwerten der Anzahl voller und begonnener Quanten Q entsprechen. Der maximale Quantisierungsfehler F_{Qmax} nimmt in diesem Fall positive und negative Werte der Hälfte des Quantes Q an. Je größer die Auflösung des Analog-Digital-Umsetzers ist, um so kleiner ist der Wert des Quantes Q und der Wert des maximalen Quantisierungsfehlers F_{Qmax}. Ein Analog-Digital-Umsetzer mit einer Auflösung von n Bit und der internen Referenzspannung U_{REF} besitzt einen maximalen Quantisierungsfehler F_{Qmax}:

$$F_{Qmax} = \pm \frac{Q}{2} = \pm \frac{U_{REF}}{2^{n+1}}. \qquad (11.2\text{-}1)$$

11.3 Verfahren der Analog-Digital-Umsetzung

Bei den Verfahren der Analog-Digital-Umsetzung unterscheidet man das Parallel-, das Kaskaden-, das Serien- und das Zählverfahren. Ein n-Bit-Analog-Digital-Umsetzer, der das Parallelverfahren verwendet, bestimmt den digitalen Ausgangswert durch den Vergleich der analogen Eingangsspannung mit einer Anzahl 2^n-1 von Teilreferenzspannungen. Umsetzer mit dem Parallelverfahren erfordern einen großen schaltungstechnischen Aufwand und weisen eine äußerst kurze Umsetzzeit auf.

Um den schaltungstechnischen Aufwand des Parallelverfahrens zu reduzieren, läßt sich das Kaskadenverfahren verwenden. Dieses besteht dem Prinzip nach aus zwei nacheinanderfolgenden Parallelverfahren, mit denen die Datenbits der höherwertigen und der niederwertigen Dualstellen des Datenwortes getrennt ermittelt werden.

Ein n-Bit-Analog-Digital-Umsetzer, der das Serienverfahren verwendet, benötigt lediglich eine Anzahl n von Teilreferenzspannungen. Dieser Umsetzer ermittelt jede Stelle des Datenwortes seriell nacheinander, so daß für eine Umsetzung insgesamt n Umsetzschritte erforderlich sind. Der geringere, schaltungstechnische Aufwand des Serienverfahrens muß mit einer größeren Umsetzzeit im Vergleich zum Parallelverfahren erkauft werden.

Umsetzer, die das Zählverfahren verwenden, zählen dem Prinzip nach, wie oft der Quant Q aufaddiert werden muß, damit er den Wert der analogen Eingangsspannung aufweist. Analog-Digital-Umsetzer mit einer Auflösung von n Bit, die dieses Zählverfahren verwenden, benötigen demnach bei dem maximalen Wert der Eingangsspannung eine maximale Anzahl von 2^n von Additionen des Quantes Q und weisen daher eine sehr große Umsetzzeit auf. Andere Umsetzer verwenden Zählverfahren, bei dem die Zeitdauer gemessen wird, die die Integration einer internen Referenzspannung U_{REF} erfordert, bis der Integrationswert der Referenzspannung dem Wert der Eingangsspannung entspricht.

11.4 Analog-Digital-Umsetzer mit dem Parallelverfahren

Analog-Digital-Umsetzer mit dem Parallelverfahren – auch Direktverfahren genannt – werden daher auch als direkte Analog-Digital-Umsetzer bzw. Flash-Analog-Digital-Umsetzer (engl.: direct analog to digital converter bzw. flash analog to digital converter) bezeichnet. Diese Umsetzer weisen einen einfachen, aber sehr umfangreichen Aufbau auf, wie die Prinzipschaltung eines unipolaren n-Bit-Analog-Digital-Umsetzers des Bildes 11.4-1 zeigt. Grundelemente dieser

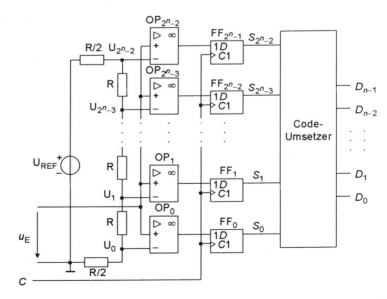

Bild 11.4-1 Unipolarer n-Bit-Analog-Digital-Umsetzer mit dem Parallelverfahren

11.4 Analog-Digital-Umsetzer mit dem Parallelverfahren

Schaltung sind eine Referenzspannungsquelle U_{REF}, ein Netzwerk mit insgesamt 2^n-2 Widerständen R und zwei Widerständen $R/2$, eine Anzahl von 2^n-1 Spannungskomparatoren mit jeweils nachgeschalteten D-Flipflops und ein Code-Umsetzer. Anhand der Referenzspannung U_{REF} ist der analoge Eingangsspannungsbereich des Analog-Digital-Umsetzer festgelegt. Mit Hilfe des Widerstandsnetzwerkes, welches aus der Reihenschaltung der Anzahl der 2^n-2 Widerstände R und der beiden Widerstände $R/2$ besteht, wird der gesamte Eingangsspannungsbereich des Umsetzers in eine Anzahl 2^n-1 von Teilreferenzspannungen $U_0 \ldots U_{2^n-2}$ unterteilt. Auf Grund des großen Eingangswiderstandes der Operationsverstärkereingänge läßt sich das Widerstandsnetzwerk als unbelasteter Spannungsteiler betrachten, so daß für die Teilreferenzspannung U_i mit $i = 0, 1, 2, \ldots, 2^n-2$ allgemein gilt:

$$U_i = \frac{\frac{R}{2} + i \cdot R}{\frac{R}{2} + (2^n - 2) \cdot R + \frac{R}{2}} \cdot U_{REF} = \frac{1 + 2 \cdot i}{2^{n+1} - 2} \cdot U_{REF}. \qquad (11.4\text{-}1)$$

Die Operationsverstärker $OP_0 \ldots OP_{2^n-2}$ vergleichen die jeweilige Teilreferenzspannung $U_1 \ldots U_{2^n-1}$ mit der analogen Eingangsspannung u_E. Ist die analoge Eingangsspannung u_E größer als die jeweilige Teilreferenzspannung U_i, so nimmt der jeweilige Operationsverstärker OP_i am Ausgang den 1-Zustand auf. Ist die analoge Eingangsspannung u_E dagegen kleiner als die Teilreferenzspannung U_i, so liegt am Ausgang des jeweiligen Operationsverstärkers OP_i der 0-Zustand. Mit der positiven Flanke des Taktes CLK werden die Zustände der Operationsverstärkerausgänge in die D-Flipflops abgespeichert. Bei dem Code-Umsetzer handelt es sich dem Prinzip nach um einen 1-Bit-Addierer für 2^n-1 Binärzeichen, der den Summencode $S_1 \ldots S_{2^n-1}$ an seinem Eingang in das n-Bit-Datenwort im Dualcode an seinem Ausgang umsetzt.

An Stelle der Umsetzzeit werden bei Analog-Digital-Umsetzern mit dem Parallelverfahren von den Herstellern meistens die Abtastfrequenz (engl.: sampling rate) angegeben, die der Takt CLK aufweisen darf. Die Genauigkeit der Umsetzung wird hauptsächlich durch die Genauigkeit der Widerstände des Netzwerkes zur Spannungsteilung bestimmt. Von den Herstellern der Umsetzer werden häufig die Teilreferenzspannungen $U_{REF}/4$, $U_{REF}/2$ und $3/4\ U_{REF}$ herausgeführt, so daß durch externe Beschaltung dieser Eingänge mit den genauen Werten dieser Teilreferenzspannungen die Ungenauigkeiten des Widerstandsnetzwerkes, die eine ungenaue Quantisierung zur Folge haben, verringert werden können. Auf Grund der Vielzahl der Bauelemente, die ein Parallel-Umsetzer benötigt, ist der Flächenbedarf der Gesamtschaltung sehr groß, so daß bei der derzeitig erreichbaren Integrationsdichte lediglich Analog-Digital-Umsetzer mit dem Parallelverfahren mit einer maximalen Auflösung von 10 Bit verfügbar sind.

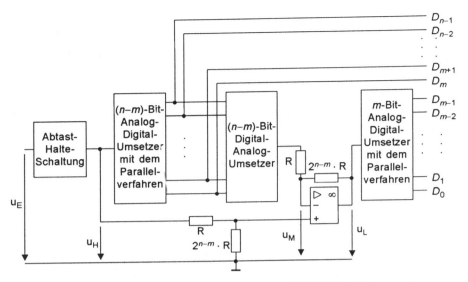

Bild 11.5-1 Prinzipschaltung eines n-Bit-Analog-Digital-Kaskadenumsetzers

11.5 Analog-Digital-Umsetzer mit dem Kaskadenverfahren

Die Anzahl der benötigten Operationsverstärker und Flipflops läßt sich beim Analog-Digital-Umsetzer mit dem Kaskadenverfahren – auch Serien-Parallel-Verfahren genannt – reduzieren. Wie die Prinzipschaltung eines n-Bit-Analog-Digital-Kaskadenumsetzers nach Bild 11.5-1 zeigt, wird die analoge Eingangsspannung u_E über eine Abtast-Halte-Schaltung einem Analog-Digital-Umsetzer mit dem Parallelverfahren mit einer Auflösung $n-m$ zugeführt, der die Datenbits $D_m \ldots D_{n-1}$ erzeugt. Diese Datenbits, die bereits das Ergebnis der Umsetzung in Form der höherwertigen Stellen des Datenwortes des Umsetzers darstellen, werden einem $(n-m)$-Bit-Digital-Analog-Umsetzer als Eingangssignale angeschaltet, der die zugehörige analoge Spannung u_M der Datenbits $D_m \ldots D_{n-1}$ der höherwertigen Stellen an seinem Ausgang zur Verfügung stellt. Der mit den Widerständen beschaltete Operationsverstärker, der als Subtrahierer dient, bildet die Differenz der Eingangsspannung u_H und der analogen Spannung u_M und verstärkt diese mit dem Faktor 2^{n-m}, der dem Verhältnis der Widerstände entspricht. Am Ausgang des Operationsverstärkers stellt sich daher die analoge Spannung $u_L = (2^{n-m}) \cdot (u_H - u_M)$ ein, die am Eingang des m-Bit-Analog-Digital-Umsetzers anliegt. An Hand dieser analogen Spannung u_L erzeugt der Umsetzer die zugehörigen Datenbits $D_0 \ldots D_{m-1}$ der niederwertigen Stellen des Ergebnisses. Auf Grund von Linearitätsfehlern der verwendeten Umsetzer kann eine zu große Spannung u_L am Eingang des m-Bit-Analog-Digital-Umsetzers auftreten. Aus diesem Grund verwendet man meistens für den Subtrahierer einen Verstärkungsfaktor 2^{n-m-1} und einen $(m+1)$-Bit-Analog-Digital-Umsetzer, so daß das Datenbit D_m von beiden Analog-Digital-Umsetzern gebildet wird und eine Fehlerkorrektur vorgenommen werden kann.

11.6 Analog-Digital-Umsetzer mit dem Serienverfahren

Ein n-Bit-Analog-Digital-Umsetzer mit dem Serienverfahren – auch Wägeverfahren genannt – ermittelt die n Ergebnisstellen des Datenwortes nacheinander, so daß dieser Umsetzer insgesamt n Umsetzschritte benötigt. Die Prinzipschaltung eines unipolaren n-Bit-Analog-Digital-Umsetzers mit dem Serienverfahren besteht aus einer Abtast-Halte-Schaltung, einem Spannungskomparator, einem n-Bit-Digital-Analog-Umsetzer und einem speziellen n-Bit-Register zur sukzessiven Approximation (engl.: successive approximation register, abgekürzt SAR), wie das Bild 11.6-1 zeigt. Auf Grund der größeren Umsetzzeit, die durch die n seriellen Umsetzschritte bedingt sind, benötigt dieser Umsetzer auch eine Abtast-Halte-Schaltung.

Das Bild 11.6.2 zeigt den Aufbau und die Beschaltung des n-Bit-Registers zur sukzessiven Approximation. Der Aufbau des Registers besteht aus einer Anzahl $2n+1$ von D-Flipflops $F_0 \ldots F_{n-1}, F'_0 \ldots F'_{n-1}, F_C$ sowie einem UND-Glied und einer Anzahl $n+1$ von ODER-Gliedern. Die Zusammenschaltung der D-Flipflops $F_0 \ldots F_{n-1}$ stellen dem Prinzip nach ein Schieberegister dar, bei dem jedoch lediglich der negierte Ausgang des Flipflops F_0 an den Eingang des Flipflops F_1 geschaltet ist. Die Flipflops $F'_0 \ldots F'_{n-1}$ dienen der Speicherung der Datenbits $D_0 \ldots D_{n-1}$, die an Hand der Umsetzung ermittelt werden. Mit Hilfe des Flipflops F_C wird das Statussignal CC erzeugt, welches die Beendigung der Umsetzung anzeigt. Der 1-Zustand des Signals SC bewirkt, daß eine Um-

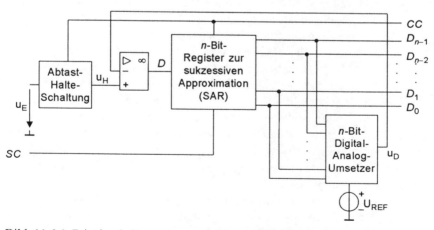

Bild 11.6-1 Prinzipschaltung eines unipolaren n-Bit-Analog-Digital-Umsetzers mit dem Serienverfahren

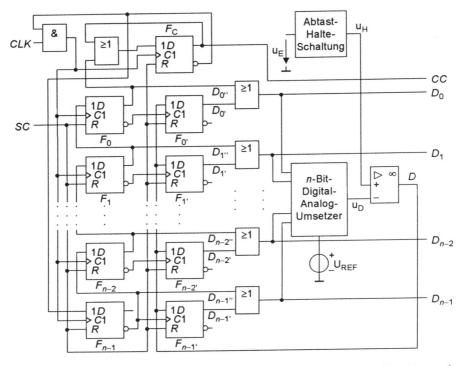

Bild 11.6-2 Aufbau und Beschaltung des n-Bit-Registers zur sukzessiven Approximation

setzung gestartet wird, so daß die Abtast-Halte-Schaltung in die Betriebsart Halten geschaltet wird und die Flipflops zurückgesetzt werden, so daß das Datensignal D_{n-1}'' den 1-Zustand und die Datensignale $D_{n-2}'' \dots D_0''$, $D_{n-1}' \dots D_0'$ und das Statussignal CC den 0-Zustand annehmen, wie das Zeitdiagramm der Signale nach Bild 11.6-3a zeigt. Die Ausgangsspannung u_D des n-Bit-Digital-Analog-Umsetzers beträgt in diesem Fall $u_D = U_{REF}/2$, wie das Bild 11.6-3b zeigt. Der Spannungskomparator, der die Haltespannung u_H und die analoge Spannung u_D vergleicht, stellt an seinem Ausgang D das Prüfergebnis des jeweiligen Datenbits zur Verfügung (Verzögerungszeiten dieser Bauelemente sind im Zeitdiagramm nach Bild 11.6-3a nicht berücksichtigt). Ist der Wert der umzusetzenden Eingangsspannung u_H größer als der Wert $U_{REF}/2$, so nimmt der Ausgang des Komparators D den 1-Zustand an. Ist dagegen der Wert der umzusetzenden Eingangsspannung u_H kleiner als der Wert $U_{REF}/2$, so nimmt der Ausgang D des Komparators den 0-Zustand an. Bei der nächsten positiven Flanke der Taktes CLK wird das Signal D_{n-1}'' zurückgesetzt, so daß der Zustand des Komparatorausgangs D als Datenbit D_{n-1}' in das Flipflop F_{n-1}' ab-

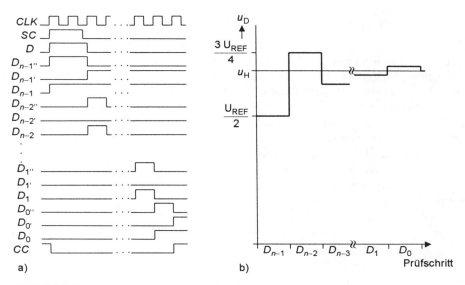

Bild 11.6-3
a) Zeitdiagramm der Signale des n-Bit-Registers zur sukzessiven Approximation
b) Erzeugung der analogen Spannung u_D des n-Bit-Digital-Analog-Umsetzers

gespeichert wird und am Ausgang des ODER-Glieds das Datenbit D_{n-1} zur Verfügung steht. Die positive Flanke der Taktes CLK bewirkt, daß das Prüfbit $D_{n-2''}$ gesetzt wird, so daß der Prüfschritt für das Datenbit D_{n-2} eingeleitet wird. Bei der gegebenen analogen Spannung u_H, die entsprechend Bild 11.6-3b am Umsetzer anliegt, sind die Datenbits D_{n-1} und D_{n-2} gesetzt, so daß die Ausgangsspannung u_D des n-Bit-Digital-Analog-Umsetzer den Wert $3\,U_{REF}/4$ aufweist. Da der Wert der umzusetzenden Spannung u_H in diesem Fall kleiner als der Wert $3\,U_{REF}/4$ ist, nimmt der Komparatorausgang D den 0-Zustand an. Dadurch übernimmt das Flipflop $F_{n-2'}$ bei der nächsten positiven Flanke des Taktes den 0-Zustand, so daß das Datenbit $D_{n-2'}$ und damit das Datenbit D_{n-2} ebenfalls den 0-Zustand annehmen. Auf diese Art werden nacheinander jeweils auch die Datenbits $D_{n-3} \ldots D_0$ geprüft, so daß die Umsetzung insgesamt eine Anzahl von n Prüfschritten benötigt. Nach der abschließenden Prüfung des Datenbits D_0 wird das Flipflop F_C gesetzt, so daß das Signal CC mit dem 1-Zustand die Gültigkeit des Datenwortes $D_{n-1} \ldots D_0$ der Umsetzung anzeigt.

11.7 Analog-Digital-Umsetzer mit dem Zählverfahren

Zu den Zählverfahren, die für die Analog-Digital-Umsetzung verwendet werden, gehören das Nachlaufverfahren, das Rampenverfahren und das Ladungs-Kompensationsverfahren.

11.7.1 Analog-Digital-Umsetzer mit dem Nachlaufverfahren

Das Bild 11.7-1 zeigt die Schaltung eines unipolaren n-Bit-Analog-Digital-Umsetzers (engl.: tracking analog to digital converter) mit dem Nachlaufverfahren, welches auch Kompensationsverfahren genannt wird. An Stelle des n-Bit-Registers zur sukzessiven Approximation enthält diese Schaltung einen n-Bit-Vorwärts-Rückwärts-Binärzähler. Der Spannungskomparator vergleicht fortlaufend die Haltespannung u_H mit der Ausgangsspannung u_D des n-Bit-Digital-Analog-Umsetzers. Solange die Differenz $u_H - u_D$ positiv ist, befindet sich das Ausgangssignal $U/\neg D$ des Spannungskomparators im 1-Zustand, so daß der n-Bit-Vorwärts-Rückwärts-Binärzähler vorwärts zählt. Mit jeder positiven Taktflanke wird daher der Wert des Binärzählers daher inkrementiert, so daß die Ausgangsspannung u_D des n-Bit-Digital-Analog-Umsetzers stetig ansteigt. Übersteigt die Spannung u_D den Wert der Haltespannung u_H, so wird die Differenz $u_H - u_D$ negativ und das Signal $U/\neg D$ des Spannnungskomparators nimmt den 0-Zustand an. Der n-Bit-Vorwärts-Rückwärts-Binärzähler wird in diesem Fall mit Hilfe des Mode-Eingangs in die Zählart Rückwärts geschaltet. Die nächste positive Flanke des Taktes CLK sorgt dafür, daß der Zähler dekrementiert wird, so daß die Spannung u_D die Haltespannung u_H wieder unterschreitet. Nachteilig ist die Tatsache, daß der Zähler zwischen dem etwas zu großen dualen Wert und dem etwas zu kleinen dualen Wert an seinem Ausgang ständig hin und her schaltet.

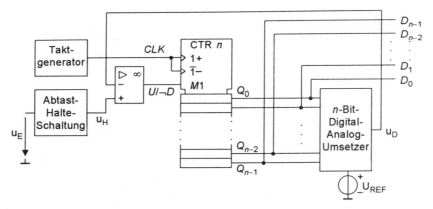

Bild 11.7-1 Prinzipschaltung eines unipolaren n-Bit-Analog-Digital-Umsetzers mit dem Nachlaufverfahren

11.7.2 Analog-Digital-Umsetzer mit dem Rampenverfahren

Umsetzer, die die analoge Eingangsspannung mit einer intern erzeugten, rampenförmigen Spannung vergleichen, werden Umsetzer mit dem Rampenverfahren (engl.: slope converter) genannt. Diese Umsetzer setzen die analoge Ein-

11.7 Analog-Digital-Umsetzer mit dem Zählverfahren

gangsspannung in eine proportionale Zeit um. Die proportionale Zwischengröße der Zeit wird mit Hilfe eines Zählers erfaßt, der einen Takt CLK mit einer Referenzfrequenz zählt und die Anzahl der gezählten Taktperioden als Datenwort an seinem Ausgang zur Verfügung stellt.

11.7.2.1 Analog-Digital-Umsetzer mit dem Ein-Rampenverfahren

Das Bild 11.7-2 zeigt die Prinzipschaltung eines unipolaren n-Bit-Analog-Digital-Umsetzers mit dem Ein-Rampenverfahren (engl.: single slope converter), die aus den Teilschaltungen einer Abtast-Halte-Schaltung, eines Integrators, eines Spannungskomparators, eines Schalters, eines Taktgenerators und eines n-Bit-Binärzählers besteht. Das Bild 11.7-3 zeigt den zeitlichen Verlauf der Signale des Umsetzers. Der 1-Zustand des Signals SC bewirkt, daß der Taktgenerator synchronisiert wird, der Schalter S schließt und der n-Bit-Binärzähler zurückgesetzt wird. Das Schließen des Schalters S bewirkt, daß der Kondensator C entladen wird, so daß die Ausgangsspannung des Integrators den Wert $u_I = 0$ V annimmt. Das Ausgangssignal CC des Spannungskomparators, der die Haltespannung u_H und die Spannung u_I vergleicht, nimmt daher den 0-Zustand an. Mit dem 0-Zustand des Statussignals CC wird die Abtast-Halte-Schaltung in die Betriebsart Halten geschaltet und der Takt CLK des Zählers mit Hilfe des G-Eingangs freigegeben. Nimmt der Startimpuls SC wieder den 0-Zustand an, so öffnet der Schalter S, und der synchronisierte Taktgenerator startet daher mit dem 1-Zustand des Taktes CLK. Für den zeitlichen Verlauf der Ausgangsspannung u_I des Integrators, der den negativen Wert der Referenzspannung U_{REF} integriert, gilt bei Annahme eines idealen Operationsverstärkers (Offsetspannung = 0 V, Eingangsströme 0 A, Ausgangswiderstand 0 Ω, Spannungsverstärkung $V \to \infty$):

$$u_I(t) = \frac{1}{R \cdot C} \cdot \int_0^t U_{REF}\, dt + u_I(t=0). \qquad (11.7\text{-}1)$$

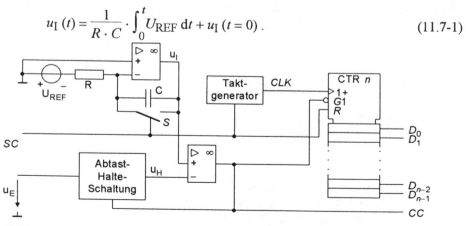

Bild 11.7-2 Prinzipschaltung eines unipolaren n-Bit-Analog-Digital-Umsetzers mit dem Ein-Rampenverfahren

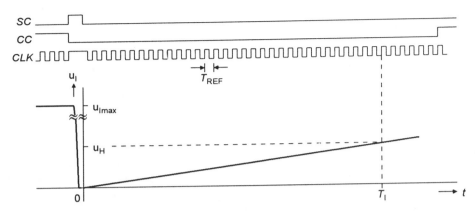

Bild 11.7-3 Zeitlicher Verlauf der Signale des unipolaren n-Bit-Analog-Digital-Umsetzers mit dem Ein-Rampen-Verfahren

Das Schließen des Schalters S bewirkt, daß die Ausgangsspannung des Integrators, die zum Zeitpunkt einer erneuten Umsetzung durch die vorangegangene Integration den Sättigungswert des Operationsverstärkers u_{Imax} aufweist, den Wert $u_I(t=0) = 0$ V annimmt. Der zeitliche Verlauf der Ausgangsspannung u_I ab dem Zeitpunkt $t = 0$, zu dem der Schalter S durch den 0-Zustand des Steuersignals SC wieder geöffnet wird, berechnet sich daher in Abhängigkeit der Zeit t wie folgt:

$$u_I(t) = \frac{1}{R \cdot C} \cdot \int_0^t U_{\text{REF}} \, dt = \frac{U_{\text{REF}} \cdot t}{R \cdot C}. \tag{11.7-2}$$

Zum Zeitpunkt $t = T_I$ erreicht der Wert der Ausgangsspannung u_I des Integrators den Wert der analogen Haltespannung u_H, wie das Bild 11.7-3 zeigt. Der Zeitpunkt T_I läßt sich daher an Hand der Gl. (11.7-2) wie folgt berechnen:

$$u_I(t = T_I) = u_H = \frac{1}{R \cdot C} \cdot \int_0^{T_I} U_{\text{REF}} \, dt = \frac{U_{\text{REF}} \cdot T_I}{R \cdot C}, \tag{11.7-3}$$

und damit gilt für die Zeit T_I:

$$T_I = R \cdot C \cdot \frac{u_H}{U_{\text{REF}}}. \tag{11.7-4}$$

Erreicht die Ausgangsspannung des Integrators zum Zeitpunkt T_I den Wert der analogen Haltespannung u_H, schaltet das Ausgangssignal CC des Spannungskomparators in den 1-Zustand, so daß mit Hilfe des negierten G-Eingangs des Zählers der Takt CLK gesperrt wird. Vom Beginn der Integration zum Zeitpunkt $t = 0$ bis zum Ende der Integration zum Zeitpunkt T_I hat der Zähler eine Anzahl

11.7 Analog-Digital-Umsetzer mit dem Zählverfahren

N von Taktperioden $T_{REF} = 1/f_{REF}$ des Taktes CLK mit der Referenzfrequenz f_{REF} gezählt, so daß gilt:

$$T_I = N \cdot T_{REF} = \frac{N}{f_{REF}}. \tag{11.7-5}$$

Die Anzahl der Taktperioden N, die der Zähler bis zum Zeitpunkt T_I gezählt hat, läßt sich daher durch Gleichsetzen der beiden Gln. (11.7-4) und (11.7-5) berechnen:

$$N = T_I \cdot f_{REF} = \frac{R \cdot C \cdot f_{REF} \cdot u_H}{U_{REF}}. \tag{11.7-6}$$

Um mit einem unipolaren Analog-Digital-Umsetzer mit dem Ein-Rampenverfahren eine Auflösung von n-Bit zu erreichen, müssen Integrationszeitkonstante $R \cdot C$ und Referenzfrequenz f_{REF} des Umsetzers entsprechend festgelegt werden. Beim maximalen Wert der Haltespannung $u_H = (1 - 2^{-n}) \cdot U_{REF}$ muß demnach der Zähler den Zählwert $N = 2^n - 1$ aufweisen, so daß nach Gl. (11.7-6) für die Integrationszeitkonstante in Abhängigkeit der Referenzfrequenz f_{REF} gilt:

$$R \cdot C = \frac{2^n - 1}{(1 - 2^{-n}) \cdot f_{REF}}. \tag{11.7-7}$$

Damit steht ab dem Zeitpunkt T_I der Wert der analogen Haltespannung u_H als Datenwort im Dualcode an den Ausgängen $D_0 \ldots D_{n-1}$ des n-Bit-Binärzählers zur Verfügung:

$$N = T_I \cdot f_{REF} = \frac{R \cdot C \cdot f_{REF} \cdot u_H}{U_{REF}} = \frac{(2^n - 1) \cdot u_H}{(1 - 2^{-n}) \cdot U_{REF}}. \tag{11.7-8}$$

Der Umsetzer nach dem Ein-Rampenverfahren benötigt zwar eine geringe Anzahl von Bauelementen; er weist aber auch eine Umsetzzeit auf, die vom Wert der umzusetzenden Haltespannung u_H abhängt. Die Umsetzzeit T_U wird abgesehen von der Zeit, die zum Zurücksetzen der Integrationsspannung u_I benötigt wird, durch die Zeit T_I entsprechend Gl. (11.7-8) bestimmt:

$$T_U \approx T_I = \frac{R \cdot C \cdot u_H}{U_{REF}} = \frac{(2^n - 1) \cdot u_H}{(1 - 2^{-n}) \cdot f_{REF} \cdot U_{REF}}. \tag{11.7-9}$$

Beim maximalen Wert der Haltespannung $u_H = (1 - 2^{-n}) \cdot U_{REF}$ ergibt sich die größte Umsetzzeit:

$$T_{Umax} \approx T_{Imax} = \frac{2^n - 1}{f_{REF}}. \tag{11.7-10}$$

Ein 10-Bit-Analog-Digital-Umsetzer mit dem Ein-Rampenverfahren, der mit einer internen Referenzfrequenz $f_{REF} = 100$ MHz arbeitet, benötigt demnach maximal etwa 10 µs für die Umsetzung. Nachteilig außer der großen Umsetzzeit des Ein-Rampen-Verfahrens ist die Tatsache, daß die Genauigkeit der Umsetzung entsprechend Gl. (11.7-6) außer von der Referenzfrequenz f_{REF} auch von den Werten der Bauelemente R und C, die sich temperatur- als auch alterungsbedingt ändern können, abhängt. Dieser Nachteil läßt sich durch das Zwei-Rampenverfahren vermeiden.

11.7.2.2 Analog-Digital-Umsetzer mit dem Zwei-Rampenverfahren

Das Bild 11.7-4 zeigt die Prinzipschaltung eines unipolaren n-Bit-Analog-Digital-Umsetzers mit dem Zwei-Rampen-Verfahren (engl.: dual slope converter), die aus den Teilschaltungen einer Abtast-Halte-Schaltung, eines Integrators, eines Spannungskomparators, der Schalter S_1, S_2 und S_3, eines Taktgenerators und eines (n+1)-Bit-Binärzählers besteht.

Das Bild 11.7-5 zeigt den zeitlichen Verlauf der Signale des Umsetzers. Der 1-Zustand des Signals SC bewirkt, daß der Taktgenerator synchronisiert wird, der Schalter S_1 schließt und der (n+1)-Bit-Binärzähler zurückgesetzt wird. Das Schließen des Schalters S_1 bewirkt die Entladung des Kondensators C, so daß die Ausgangsspannung des Integrators den Wert $u_I = 0$ V annimmt. Durch das Zurücksetzen des (n+1)-Bit-Binärzählers nimmt das Datenbit D_n, welches die Zustände der Schalter S_2, S_3 und die Betriebart der Abtast-Halte-Schaltung steuert, den 0-Zustand an, so daß der Schalter S_2 schließt, der Schalter S_3 öffnet und die Abtast-Halte-Schaltung die Betriebsart Halten annimmt. Kehrt das Startsignal SC zum 0-Zustand zurück, so wird der Schalter S_3 geöffnet, so daß der Wert der Haltespannung u_H integriert wird und die Integratorspannung u_I einen negativen Wert annimmt. Daher schaltet der Ausgang des Spannungs-

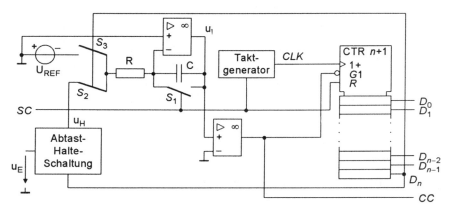

Bild 11.7-4 Prinzipschaltung eines unipolaren n-Bit-Analog-Digital-Umsetzers mit dem Zwei-Rampen-Verfahren

11.7 Analog-Digital-Umsetzer mit dem Zählverfahren

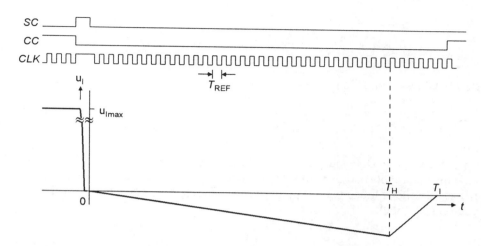

Bild 11.7-5 Zeitlicher Verlauf der Signale des unipolaren n-Bit-Analog-Digital-Umsetzers mit dem Zwei-Rampen-Verfahren

komparators CC in den 0-Zustand, so daß der Takteingang des $(n+1)$-Bit-Binärzählers freigegeben wird. Solange das Steuerbit D_n den 0-Zustand aufweist, wird daher der Wert der Haltespannung u_H integriert und die Anzahl der Taktperioden T_{REF} des Taktes CLK vom $(n+1)$-Bit-Binärzähler gezählt, wie der zeitliche Verlauf der Signale nach Bild 11.7-5 zeigt. Nach einer Anzahl von 2^n Taktperioden T_{REF} des Taktes CLK mit der Frequenz f_{REF} – zum Zeitpunkt T_H – nimmt das Steuerbit D_n den 1-Zustand an, so daß der Schalter S_2 öffnet und der Schalter S_3 schließt. Der Wert der Ausgangsspannung u_I des Integrators berechnet sich demnach zu diesem Zeitpunkt T_H wie folgt:

$$u_I(t=T_H) = -\frac{1}{R \cdot C} \cdot \int_0^{T_H} u_H \, dt = -\frac{T_H}{R \cdot C} u_H = -\frac{2^n}{R \cdot C \cdot f_{REF}} u_H \,. \quad (11.7\text{-}11)$$

Ab dem Zeitpunkt T_H wird durch das Öffnen des Schalters S_2 und das Schließen des Schalters S_3 der Wert der negativen Referenzspannung U_{REF} integriert, so daß der zeitliche Verlauf der Ausgangsspannung u_I des Integrators ab dem Zeitpunkt T_H mit:

$$u_I(t) = -\frac{1}{R \cdot C} \cdot \int_{T_H}^{t} (-U_{REF}) \, dt + u_I(T_H) \quad (11.7\text{-}12)$$

angegeben werden kann. Zum Zeitpunkt $t = T_I$ beträgt der Wert der Integrationsspannung $uI = 0$ V, so daß der Ausgang des Spannungskomparators CC den 1-Zustand annimmt und der Zähltakt gesperrt wird. Zum Zeitpunkt T_I gilt daher für die Integrationsspannung u_I:

$$u_I(t = T_I) = \frac{U_{REF} \cdot (T_I - \frac{2^n}{f_{REF}})}{R \cdot C} - \frac{u_H \cdot 2^n}{R \cdot C \cdot f_{REF}} = 0 \text{ V}. \qquad (11.7\text{-}13)$$

Damit läßt sich die Zeit T_I ermitteln:

$$T_I = \frac{2^n \cdot u_H}{U_{REF} \cdot f_{REF}} + \frac{2^n}{f_{REF}}. \qquad (11.7\text{-}14)$$

Da lediglich die Datenausgänge $D_0 \ldots D_{n-1}$ des Zählers als Ergebnis der Umsetzung verwendet werden, die das Datenwort im Dualcode darstellen, beträgt die zugehörige Meßzeit $T_I - T_H$, in der der Zähler eine Anzahl von N Taktperioden T_{REF} zählt:

$$N \cdot T_{REF} = T_I - T_H = \frac{2^n \cdot u_H}{U_{REF} \cdot f_{REF}} + \frac{2^n - 2^n}{f_{REF}} = \frac{2^n \cdot u_H}{U_{REF} \cdot f_{REF}}. \qquad (11.7\text{-}15)$$

Damit berechnet sich die Anzahl N der vom $(n+1)$-Bit-Binärzähler gezählten Taktperioden $T_{REF} = 1/f_{REF}$, die mit den Datenbits $D_0 \ldots D_{n-1}$ das Ergebnis der Umsetzung angeben, zu:

$$N = 2^n \cdot \frac{u_H}{U_{REF}}. \qquad (11.7\text{-}16)$$

Die Anzahl der Zählimpulse N des Zählers ist daher proportional zum analogen Wert der Haltespannung u_H und zeigt gegenüber dem Analog-Digital-Umsetzer mit dem Ein-Rampenverfahren den Vorteil der Unabhängigkeit der Anzahl der Zählimpulse von den verwendeten Bauelementen des Umsetzers. Die Genauigkeit des Analog-Digital-Umsetzers mit dem Zwei-Rampenverfahren wird daher nur durch die Stabilität der Taktperiode T_{REF} während der Zeit der Umsetzung bestimmt.

Weist die Haltespannung den Wert $u_H = 0$ V auf, so erreicht kein Zählimpuls in der Zeitdauer von T_H bis T_I den Zähler; beim maximalen Wert der Haltespannung $u_H = (1 - 2^{-n}) \cdot U_{REF}$ werden vom Zähler $N = 2^n - 1$ Taktperioden T_{REF} in der Zeitdauer von T_H bis T_I gezählt. Die Ausgänge des Zählers $D_0 \ldots D_{n-1}$ stellen demnach das Datenwort im Dualcode zur Verfügung, welches dem analogen Wert der Haltespannung u_H entspricht. Der Ausgang des Spannungskomparators CC läßt sich als Statussignal verwenden, mit dem der Umsetzer anzeigt, ob eine Umsetzung beendet ist und das Datenwort des Zählers verwendet werden kann. Der zeitliche Verlauf der Ausgangsspannung u_I, der zunächst ab dem Zeitpunkt $t = 0$ eine Rampe mit negativer Steigung und ab dem Zeitpunkt $t = T_H$ eine Rampe mit positiver Steigung aufweist, hat diesem Umsetzungsverfahren die Bezeichnung gegeben.

Wie das Bild 11.7-4 zeigt, benötigt der Umsetzer eine geringe Anzahl von Bauelementen. Allerdings weist der Umsetzer eine große Umsetzzeit auf, die dazu noch vom Wert der Haltespannung u_H abhängt. Für die Umsetzzeit läßt sich allgemein angeben:

$$T_U = T_I + T_H = \frac{2^n + N}{f_{REF}}. \qquad (11.7\text{-}17)$$

Beim maximalen Wert der Haltespannung $u_H = (1 - 2^{-n}) \cdot U_{REF}$ ergibt sich daher die größte Umsetzzeit:

$$T_{Umax} = T_I + T_{Hmax} = \frac{2^n + N\text{max}}{f_{REF}} = \frac{2^{n+1} - 1}{f_{REF}}. \qquad (11.7\text{-}18)$$

Ein 10-Bit-Analog-Digital-Umsetzer mit dem Zwei-Rampenverfahren, der mit einer internen Referenzfrequenz von beispielsweise 100 MHz arbeitet, benötigt maximal 20 µs für die Umsetzung. Umsetzer nach dem sogenannten Drei-Rampenverfahren (engl.: triple slope converter) verwenden für die Integration der Referenzspannung zwei unterschiedliche Werte, so daß zunächst mit einer steil abfallenden Rampe die Ausgangsspannung des Integrators in kurzer Zeit bis in die Nähe des Nullpunktes und anschließend durch einen kleineren Wert der Referenzspannung U_{REF} bis genau auf den Nullpunkt zurückintegriert wird. Dadurch läßt sich ohne einen Verlust an Genauigkeit der Auflösung die Umsetzzeit des Umsetzers verringern.

Theoretisch kann die Auflösung n dieser Umsetzer durch die Wahl der Anzahl der Taktperioden $T_{REF} = 1/f_{REF}$, aus denen sich die Integrierzeit T_I zusammensetzt, beliebig erhöht werden, wobei allerdings eine noch größere Umsetzzeit in Kauf genommen werden muß. Den Berechnungen der Gleichungen wurden ideale Operationsverstärker zugrunde gelegt. Bei größeren Integrationszeiten müssen aber Offset- und Verstärkungsfehler der verwendeten Operationsverstärker berücksichtigt werden, so daß der Genauigkeit der Auflösung Grenzen gesetzt sind. Umsetzer mit dem sogenannten Vier-Rampenverfahren (engl.: quad slope converter) erreichen eine größere Genauigkeit der Auflösung, indem sie eine zusätzliche Integration als Kalibrierungsphase benutzen, in denen die Zählimpulse, die Offset- und Verstärkungsfehler der verwendeten Operationsverstärker ermittelt werden. Diese Zählimpulse dienen der Korrektur der Anzahl der ermittelten Zählimpulse der eigentlichen Umsetzphase des analogen Spannungswertes.

11.7.3 Analog-Digital-Umsetzer mit dem Ladungs-Kompensations-Verfahren

Das Bild 11.7-6 zeigt die Schaltung eines unipolaren n-Bit-Analog-Digital-Umsetzers mit dem Ladungs-Kompensations-Verfahren (engl.: charge balancing),

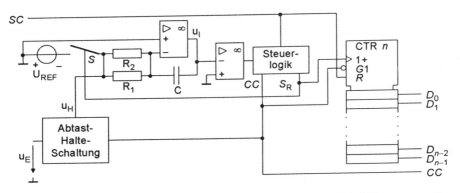

Bild 11.7-6 Prinzipschaltung eines unipolaren n-Bit-Analog-Digital-Umsetzers mit dem Ladungs-Kompensationsverfahren

die aus den Teilschaltungen einer Abtast-Halte-Schaltung, eines Integrators, eines Spannungskomparators, eines n-Bit-Binärzählers, einer Steuerlogik und einem Schalter besteht. Das Umsetzverfahren hat große Ähnlichkeit mit dem Zwei-Rampenverfahren. Bei diesem Verfahren ist jedoch im Gegensatz zum Zwei-Rampenverfahren die analoge Haltespannung u_H fortlaufend an dem Integrator angeschaltet, während mit Hilfe des Steuersignals S_R der Steuerlogik, welches für eine konstante Zeit $T_R = N_R/f_{REF}$ den 1-Zustand annimmt, zusätzlich zur Haltespannung u_H der negative Wert der Referenzspannung U_{REF} dem Integrator über den Widerstand R_2 mit Hilfe des Schalters S zugeschaltet wird. Das Bild 11.7-7 zeigt den zeitlichen Verlauf des Steuersignals S_R und der Integrationsspannung u_I. Nimmt die Integrationsspannung u_I den Wert 0 V an, so aktiviert der Spannungskomparator die Steuerlogik, die das Steuersignal S_{RH} erzeugt. Zum Zeitpunkt $t = 0$ der Betrachtung, weist die Integrationsspannung den Wert $u_I = 0$ V auf, so daß das Steuersignal S_R den 1-Zustand annimmt und der Schalter S schließt. Für den zeitlichen Verlauf der Integrationsspannung u_I im Zeitbereich $0 \leq t \leq T_R$ gilt daher:

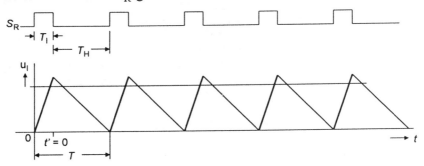

Bild 11.7-7 Zeitlicher Verlauf des Steuersignals S_R und der Integrationsspannung u_I des Analog-Digital-Umsetzers mit dem Ladungs-Kompensationsverfahren

11.7 Analog-Digital-Umsetzer mit dem Zählverfahren

$$u_I(t) = \frac{1}{C} \cdot \int_0^t (\frac{U_{REF}}{R_2} - \frac{u_H}{R_1}) \, dt. \qquad (11.7\text{-}19)$$

Der Wert der Ausgangsspannung des Spannungskomparators u_I, der sich nach der konstanten Zeit $T_R = N_R/f_{REF}$ mit einer Anzahl N_R von Taktperioden T_{REF} der internen Referenzfrequenz der Steuerlogik ergibt, beträgt daher:

$$u_I(t = T_R) = \frac{1}{C} \cdot \int_0^{T_R} (\frac{U_{REF}}{R_2} - \frac{u_H}{R_1}) \, dt = (\frac{U_{REF}}{R_2} - \frac{u_H}{R_1}) \cdot \frac{N_R}{C \cdot f_{REF}}. \qquad (11.7\text{-}20)$$

Zum Zeitpunkt $t = T_R = t' = 0$ öffnet der Schalter S, so daß für den anschließenden Zeitraum $0 \le t' \le T_H$ für den zeitlichen Verlauf der Ausgangsspannung u_I gilt:

$$u_I(t') = \frac{1}{C} \cdot \int_0^{t'} (-\frac{u_H}{R_1}) \, dt + u_I(t = T_R) =$$

$$= -\frac{u_H \cdot t'}{R_1 \cdot C} + (\frac{U_{REF}}{R_2} - \frac{u_H}{R_1}) \cdot \frac{N_R}{C \cdot f_{REF}}. \qquad (11.7\text{-}21)$$

Zum Zeitpunkt $t' = T_H$ beträgt der Wert der Ausgangsspannung des Integrators $u_I(t' = T_H) = 0$ V:

$$u_I(t' = T_H) = -\frac{u_H \cdot T_H}{R_1 \cdot C} + (\frac{U_{REF}}{R_2} - \frac{u_H}{R_1}) \cdot \frac{N_R}{C \cdot f_{REF}} = 0. \qquad (11.7\text{-}22)$$

An Hand dieser Gleichung läßt sich die Zeitdauer T_H berechnen:

$$T_H = (\frac{R_1 \cdot U_{REF}}{R_2 \cdot u_H} - 1) \cdot \frac{N_R}{f_{REF}}. \qquad (11.7\text{-}23)$$

Die Schaltfrequenz f des Steuersignals S_R läßt sich an Hand der Zeiten T_R und T_H ermitteln:

$$f = \frac{1}{T} = \frac{1}{T_R + T_H} = \frac{f_{REF} \cdot R_2 \cdot u_H}{N_R \cdot R_1 \cdot U_{REF}}. \qquad (11.7\text{-}24)$$

Wie die Gl. (11.7-24) zeigt, ist die Schaltfrequenz f der analogen Eingangsspannung u_H proportional. Analog-Digital-Umsetzer nach dem Ladungs-Kompensations-Verfahren werden daher auch als Spannungs-Frequenz-Umsetzer verwendet.

Mit dem Startimpuls SC, der den n-Bit-Binärzähler zurücksetzt und den Taktgenerator aktiviert, wird eine Umsetzung gestartet. Die Steuerlogik erzeugt das Statussignal CC, welches als Steuersignal sowohl für die Abtast-Halte-Schaltung als auch für den n-Bit-Binärzähler dient. Auf Grund des Startsignals SC schaltet die Steuerlogik das Statussignal CC für die Torzeit $T_T = (2^n-1)/f_{REF}$ in den 0-Zustand geschaltet, so daß die Abtast-Halte-Schaltung die Betriebsart Halten annimmt und der n-Bit-Binärzähler mit Hilfe des G-Eingangs freigegeben wird. Die Anzahl N der Zählimpulse, die innerhalb dieser Torzeit T_T auftreten und von n-Bit-Binärzähler erfaßt werden, läßt sich anhand der Frequenz des Steuersignals S_R der Steuerlogik nach Gl. (11.7-24) ermitteln:

$$N = T_T \cdot f = \frac{(2^n - 1) \cdot R_2 \cdot u_H}{N_R \cdot R_1 \cdot U_{REF}}. \tag{11.7-25}$$

Wählt man das Verhältnis der Widerstände

$$\frac{R_2}{R_1} = \frac{T_R}{f_{REF}} = N_R, \tag{11.7-26}$$

so ergibt sich die Anzahl N der Zählimpulse, die während der Torzeit T_T vom n-Bit-Binärzähler gezählt werden, mit:

$$N = \frac{(2^n - 1) \cdot u_H}{U_{REF}}. \tag{11.7-27}$$

Das Statussignal CC, welches bei Beendigung der Torzeit den 1-Zustand annimmt, sperrt den n-Bit-Binärzähler mit Hilfe des G-Eingangs und zeigt die Beendigung der Umsetzung an. Die Ausgänge des n-Bit-Binärzählers stellen das Datenwort $D_0 ... D_{n-1}$, welches dem analogen Wert der Haltespannung u_H entspricht, im Dualcode zur Verfügung. Wie das Bild 11.7-6 zeigt, läßt sich der Umsetzer mit einer geringen Anzahl von Bauelementen realisieren. Allerdings weist der Analog-Digital-Umsetzer mit dem Ladungs-Kompensations-Verfahren eine große Umsetzzeit auf, deren Wert der Torzeit $T_T = (2^n-1)/f_{REF}$ entspricht.

Literaturverzeichnis

Borucki, L.: Grundlagen der Digitaltechnik, 4. Aufl., B. G. Teubner Verlag Stuttgart 1996

Gelder, E.: Integrierte Digitalbausteine, Vogel-Buchverlag Würzburg 1984

Möschwitzer, A.: Integrierte Schaltkreise, Grundlagen der Halbleiter- & Mikroelektronik Band 2, Carl Hanser Verlag München Wien 1992

Lehmann, C.: Analoge und digitale Schaltungen, Elektronik-Aufgaben Band II, Fachbuchverlag Leipzig-Köln 1994

Lipp, H. M.: Grundlagen der Digitaltechnik, R. Oldenbourg Verlag, München Wien 1995

Paul, R.: Einführung in die Mikroelektronik, Dr. Alfred Hüthig Verlag, Heidelberg 1985

Pernards, P.: Digitaltechnik, 3.Aufl., Dr. Alfred Hüthig Verlag Heidelberg 1992

Pernards, P.: Digitaltechnik II, Einführung in Schaltwerke, Dr. Alfred Hüthig Verlag Heidelberg 1995

Seifart, M.: Digitale Schaltungen, Dr. Alfred Hüthig Verlag Heidelberg 1990

Tietze, U., Schenk, C.: Halbleiter-Schaltungstechnik, 10. Aufl., Springer-Verlag Berlin 1993

Weißel, R., Schubert, F.: Digitale Schaltungstechnik, Springer-Verlag Berlin 1995

Sachwortverzeichnis

A-Abhängigkeit 212
Abfallzeit 45, 46
Absorptionsgesetz 74
Abtastfrequenz 293
Abtast-Halte-Schaltung 286
Abtastung 286
accuracy 271
ADC 286
Addierer 128
address access time 215
address setup time 216
address valid to end of write 216
Adjunktion 65
Adreßdecodierer 194, 195
Adresse 210, 211
Adressen-Abhängigkeit 212
Adressierung 211
AGA 255
Aiken-Code 6
alterable gate array 255
Am-Eingang 213
analog 30, 31
Analog-Digital-Umsetzer 286
Analog-Multiplexer 288
analog to digital converter 286
Anstiegszeit 45, 46, 271, 288
Antivalenz 63, 69
Antivalenz-Glied 69
aperture delay time 288
aperture jitter 288
aperture time 288
Aperturunsicherheit 288
Aperturzeit 288
application spezific integrated circuit 243
Äquijunktion 69
aquisition time 288
Äquivalenz 63, 69
Äquivalenz-Glied 69
Arbeitsspeicher 210

Arbeitstabelle 38, 50
Arbiter 236
ASCII-Code 108, 109
ASIC 243
Assoziatives Gesetz 74
Assoziativspeicher 242
Asynchrone Betriebsart 185
Asynchroner Zähler 202
Auflösung 269, 289
Aufsaugungsgesetz 74
Ausgabefunktion 178
Ausgang 36, 151
Ausgang, retardierter 151
Ausgangslastfaktor 43
Ausgangsspannung 42, 55
Ausgangsspannungsbereich 269
Ausgangsstrom 43, 55
Ausgangsstufe 46
Ausgangsstufe, Gegentakt- 46
Ausgangsstufe, mit offenem Kollektor 46
Ausgangsstufe, Tristate- 46
Ausgangsvariable 60
Ausschließendes ODER 69

Basisadresse 194
Basis-Flipflop 148
BCD 6
BCD-Code 6, 95
BCD-Code, 8-4-2-1- 95
BCD-Gray-Code 96
Betriebsart 184
Betriebsart, asynchrone 185
Betriebsart, synchrone 185
BICMOS-Technik 37, 57
Binär 5, 33
Binärcode 90
Binäres Dezimalsystem 6
Binärsignal 33
Binärsystem 5

Sachwortverzeichnis

Binärsystem, natürliches 6
Binärwort 6, 33
binary coded decimal 6, 95
binary digit 5
Binärzahl 5
Binärzeichen 5, 33
bipolar offset error 272
bipolar zero error 273
Bisubjunktion 69
Bit 5, 33
Blockprüfung 102
Boolesch 59
Boolesche Algebra 59
Boolesches Produkt 64
Boolesche Summe 65
Boolesche Verknüpfung 59
borrow out 132
Burst-Mode 234
Byte 211

C-Abhängigkeit 190, 213, 214
Cache-Speicher 241
CAM 242
carry in 129
carry out 129
CAS-Signal 233
CCD 241
CE-Signal 212, 213
charakteristische Schaltfunktion 153
charge balancing 305
charge coupled device 241
chip enable 194, 212, 213
chip enable time 215
chip enable to end of write 216
chip select 194, 212
Cm-Ausgang 150
Cm-Eingang 150, 190
CMOS 37
CMOS-Baureihe, AC- 56, 57
CMOS-Baureihe, ACT- 56, 57
CMOS-Baureihe, CD4000A 56
CMOS-Baureihe, CD4000B 56

CMOS-Baureihe, HC- 53, 56, 57
CMOS-Baureihe, HCT- 53, 56, 57
CMOS-Baureihe, HEF4000B 56
CMOS-NAND-Glied 54
CMOS-Technik 37, 53
Code 90
Code, 1-aus-n- 101
Code, 1-aus-10- 101
Code, 2-aus-5- 101
Code, 8-4-2-1-BCD- 95
Code, alphanumerischer 108
Code, ASCII- 108, 109
Code, bewertbarer 90
Code, Biquinär- 101
Code, EBCDI- 109
Code, einschrittiger 91
Code, gleichgewichtiger 100
Code, korrigierbarer 102
Code, m-aus-n- 100
Code, numerischer 91
Code, progessiver 91
Code, prüfbarer 97
Code, Quibinär- 101
Code, stetiger 91
Code, ungesicherter 98
Code-Umsetzer 139
Codewort 90
Codierer 142
Codierung 90
column address access time 234
column address select 233
content addressable memory 242
conversion rate 290
conversion time 290
CS-Signal 212
Cycle-Stealing-Mode 234
cycle time 234

DAC 262
Darstellung 30
Darstellung, analoge 30
Darstellung, binäre 33
Darstellung, digitale 31

data hold time 216
data selector 116
data setup time 216
Daten 30
Datenselektor 116
Datentreiber, bidirektionaler 229
Datenübertragung 210
Datenwähler 116
Datenwort 211
Datenzugriff 215, 242
Datenzugriff, serieller 215
Datenzugriff, wahlfreier 215
Decodierer 144
D-Eingang 150
Demultiplexer 116, 127
Demultiplexer, 1-auf-m- 127
Dezimalsystem 2, 5
D-Flipflop, taktflankengesteuert 169
D-Flipflop, taktzustandsgesteuert 160
digit 31
digital 31
Digital-Analog-Umsetzer 262
Digital-Analog-Umsetzung 262
digital to analog converter 262
DIL 50
direct analog to digital converter 292
Direktverfahren 292
Disjunktion 65
Disjunktive Normalform 77, 78
Distributives Gesetz 74
D-Master-Slave-Flipflop 164
don't care 61, 85
Don't-Care-Term 82, 85
DRAM 219
droop rate 288
Dualcode 91
Dual-Port-RAM 235
dual slope converter 302
Dualsystem 4, 5
Dualzahl 6

Dualzahl, Addition 22, 28
Dualzahl, Division 27, 29
Dualzahl, Multiplikation 6, 29
Dualzahl, Subtraktion 23, 29
Durchgriff 288
Dynamic-RAM-Controller 234
dynamic random access memory 232
Dynamischer Eingang 151
Dynamischer Eingang, mit Negation 151

E^2PROM 227
EAROM 227
EBCDI-Code 110
ECL 37, 57
EEPROM 219, 227
Einer-Komplement 15, 24
Einer-Rückkomplement 25
Eingang 36, 149, 150
Eingang, dynamischer 151
Eingangslastfaktor 43, 48
Eingangsspannung 42, 55
Eingangsspannungsbereich 289
Eingangsstrom 43, 51, 55
Eingangsvariable 60
Ein-Rampenverfahren 299
Einschwingzeit 270
Einspeicher-Flipflop, taktflankengesteuert 167
Einspeicher-Flipflop, taktzustandsgesteuert 158
Einstellzeit 288
electrical alterable read only memory 227
electrical erasable programmable read only memory 227
emitter coupled logic 37, 57
EN-Abhängigkeit 212, 213
enable 49
Entlehnung 22
EPLD 243, 255
EPROM 219, 225

erasable programmable logic device 255
erasable programmable read only memory 225
Erweiterungseingänge 112
Exklusives ODER 69
Exklusiv-ODER-Verknüpfung 69
Exponent 19, 28

FAMOS-Feldeffekt-Transistor 225
Fan-In 43
Fan-Out 43, 51
FAST-Baureihe 53
feedthrough 288
Festkommaarithmetik 16, 21
Festkommadarstellung 16
field programmable logic array 254
FIFO 237
first in first out 237
First-In-First-Out-Speicher 237
flash analog to digital converter 292
Flash-EPROM 219, 228
Flipflop 147
floating gate avalanche injection 227
FLOTOX-Feldeffekt-Transistor 228
FPLA 254
Freigabe-Abhängigkeit 213
Frequenzteiler 207
Frequenzteiler, geradzahliges Teilerverhältnis 207
Frequenzteiler, ungeradzahliges Teilerverhältnis 208
FSR 269, 290
full scale input range 290
full scale output range 269
Funktionskennzeichen 35
Funktionstabelle 61
fusible link 224
Fusible-Link-Verfahren 224, 243

G-Abhängigkeit 190, 212, 213

GaAs-MES-FET-Technik 58
gain error 272
GAL 255
Gatter 59
Gegentakt-Ausgangsstufe 38, 46
Genauigkeit, Darstellung 31
Genauigkeit, Digital-Analog-Umsetzer 271
Genauigkeit, Dualzahlen 17, 19, 21
generic array logic 255
Gewicht 90
Gleitkommaarithmetik 28
Gleitkommadarstellung 18
Glitch 274
Glixon-Code 96
Gm-Eingang 117, 190
Gray-Code 93
Grund-Flipflop 148
Grundverknüpfungen 64

HAL 252
Halbaddierer 128
Halbleiterspeicher 210
Halbleiterspeicher, bitorganisierter 210
Halbleiterspeicher, byteorganisierter 212
Halbleiterspeicher, dynamischer 232
Halbleiterspeicher, flüchtiger 218
Halbleiterspeicher, inhaltsadressierter 211, 241
Halbleiterspeicher, nichtflüchtiger 218
Halbleiterspeicher, ortsadressierter 211
Halbleiterspeicher, statischer 230
Halbleiterspeicher, wortorganisierter 211
Halbleiter-Speicherbausteine 212
Halbsubtrahierer 132
Haltedrift 288
Haltezeit 288

Hamming-Distanz 91
Hamming-Distanz, Mindest- 91
Hamming-Verfahren 103
hardware array logic 252
Hexadezimalsystem 7
Hexadezimalzahl 7
High-Impedance 50
High-Z 50
Hintergrundspeicher 210
Horner-Schema 8
H-Pegel 34

I^2L-Technik 57
IFL 243
Implikation 63, 68
Inhibition 63, 68
in-system programmable 255
integrated fuse logic 243
integrated injection logic 57
Inverter 66
Invertierung 66
ISP 255

J-Eingang 150
JK-Flipflop, taktflankengesteuert 169
JK-Master-Slave-Flipflop 164

Kaskadenumsetzer 294
Kaskadenverfahren 291, 292
K-Eingang 150
Kellerspeicher 240
Kennzahl 213
Kippglied 147
Kippglied, astabiles 147, 174
Kippglied, bistabiles 147
Kippglied, monostabiles 147, 169
Klammerregeln 75
Kollektor 47
Kollektor, offener 47
Kommutatives Gesetz 74
Komplement 14
Komplement, Einer- 15, 24

Komplement, Einer-Rück- 25
Komplement, Zweier- 15, 26
Komplement, Zweier-Rück- 26
Konjunktion 64
Konjunktive Normalform 77, 78
Konstante 59, 63
Kurzzeitspeicher 210
KV-Diagramm 80, 81, 82

Ladungs-Kompensationsverfahren 297
Langzeitspeicher 210
Lastfaktor 43
last in first out 240
Last-In-First-Out-Speicher 240
LCA 257
least significant bit 5
LED 139
Leistungsaufnahme 51
Lesesteuersignal 213
Lesezyklus 210, 214
Leuchtdiode 139
LIFO 240
light emitting diode 139
Linearitätsfehler 273
linearity error 273
logic cell array 257
Logik 36
Logik, negative 36
Logik, positive 36
Logik-Pegel 33, 34
Logik-Polarität 36
Logik-Zustand 33, 34
L-Pegel 34
LSB 5

M-Abhängigkeit 190
Mantisse 19, 28
Master 163
Master-Slave-Flipflop 163
Maxterm 77
Mealy-Automat 179
Mindest-Hamming-Distanz 91

Sachwortverzeichnis 315

Minterm 77
Minterm-Primterm-Tabelle 85
Mm-Eingang 190
Möbius-Zähler 202
Mode-Abhängigkeit 190
Monoflop 169
Monoflop, nachtriggerbar 171
Monoflop, nicht nachtriggerbar 170
monotonicity 274
Monotonie 274
Moore-Automat 179
MOS-FET 37
most significant bit 5
MSB 5
Multi-Emitter-Transistor 38
Multiplexer 115
Multiplexer, 1-aus-n 117
Multiplexer, expandierender 116
Multiplexer, konzentrierender 116
Multiplexer, n-aus-m 116
Multiplizierer 136

Nachlaufverfahren 297, 298
NAND-Glied 38, 67
NAND-Verknüpfung 38, 63, 66
Negation 24, 63, 66
Negations-Glied 66
Negationskreis 36
Negative Logik 36
Neuner-Komplement 15
NICHT-Glied 66
NICHT-Verknüpfung 66
NOR-Glied 67
Normalform 77
Normalform, disjunktive 77, 78
Normalform, konjunktive 77, 78
NOR-Verknüpfung 63, 67
Nur-Lese-Speicher 222

O'Brien-Code 96
OC 47
ODER-Glied 65
ODER-Matrix 244, 247

ODER-Verknüpfung 65
Offener Kollektorausgang 39, 46, 47
Offset 12
Offset-Darstellung 12
Offseteingang 268
offset error 271
Offsetfehler 271
Oktalsystem 7
Oktalzahl 7
open collector 47
open drain 56
Oszillator 176, 177
Oszillator, quarzgesteuerter 177
Oszillator, Start-Stopp- 176
output enable time 215

PAL 252
Parallel-Serien-Umsetzer 199
Parallelverfahren 291, 292
Parity-Bit 99
Parity-Prüfung 99
Peirce-Funktion 67
pipelining 290
PLA 254
PLD 243
Polaritätsindikator 36
Positionssystem 1
Positive Logik 36
Postulate der Schaltalgebra 70
Primterm 84, 85
Prioritätsdecoder 236
product line 246
product term 246
Produktlinie 246
Produktterm 246
programmable array logic 252
programmable logic array 254
programmable logic device 243
programmable read only memory 224
Programmierbare Logikschaltungen 243
PROM 219, 224
Prüfbit 99

Pull-Down-Betrieb 39, 46, 47
Pull-Up-Betrieb 39, 47
Pull-Up-Widerstand 42, 48
Pseudodezimale 6
quad slope converter 305
Quant 32, 264, 289, 290
Quantisierung 32, 290
Quantisierungsfehler 32, 291
quantization error 291

R-2R-Kettenleiter 280
Radixpunkt 1
Radixschreibweise 2
Radixsystem 2
RAM 215
Rampenverfahren 297, 298
random access memory 215
Random-Logik 243
RAS-Signal 233
read cycle time 214
read enable 193
read only memory 222
Reduktionsformeln 74
Redundanz 85, 90, 91, 92
Refresh 233
Refreshzyklus 233
R-Eingang 149
Register 193
Register-Bypass-Schaltung 250
Reservestelle 24
resolution 288
Retardierter Ausgang 151
Ringzähler 201
ripple carry out 191
ROM 219, 222
row address access time 234
row address select 233
row column delay time 233
RS-Flipflop 154
RS-Flipflop, taktflankengesteuertes 168
RS-Flipflop, taktzustandsgesteuertes 159

RS-Master-Slave-Flipflop 164
Rücksetzzustand 148, 153

SAM 241
sample and hold circuit 286
sampling rate 293
SAR 295
Schaltalgebra 59
Schaltfunktion 59, 60
Schaltfunktion, charakteristische 153
Schaltfolgediagramm 181
Schaltfolgetabelle 181
Schaltglied 59
Schaltnetz 111
Schaltung, kombinatorische 111
Schaltungsvereinfachung 87
Schaltvariable 33, 59
Schaltvariable, binäre 33, 34
Schaltwerk 178
Schaltzeichen 33, 56, 60
Schaltzeiten 45
Schieberegister 215
Schieberegister, rückgekoppeltes 201
Schottky-Diode 52
Schottky-Technik 52
Schottky-Transistor 52
Schreib-Lese-Speicher 212
Schreibsteuersignal 213
Schreibzyklus 211, 216
Schwellenspannung 44, 45, 56
Sedezimalsystem 7
S-Eingang 149
serial access memory 241
Serien-Parallel-Umsetzer 201
Serien-Parallel-Verfahren 294
Serienverfahren 291, 295
settling time 270
Setzzustand 147, 153
Sheffer-Funktion 67
Signal 30
Signal, analoges 30
Signal, binäres 30
Signal, digitales 30

Sachwortverzeichnis 317

Signal, diskretes 30
Signalparameter 30, 31
single slope converter 299
slave 163
slew rate 271, 288
slope converter 298
small outline 51
SMD-Technik 51
SO-Gehäuse 51
Spaltenadreß-Decodierer 229
span 290
Spannungspegel 37
Spannungswertebereich 34
Speicher 210
Speicherelement 210
Speicherfeld 220
Speicherglied 147
Speicherkapazität 211
Speichermatrix 220
Speicherung 210
Speicherzelle 211
Speicherzustand 153
SRAM 219, 230
SR-Flipflop 154
SR-Flipflop, taktflankengesteuert 168
SR-Flipflop, taktzustandsgesteuert 159
stack 240
stackpointer 240
Stapelspeicher 240
Stapelzeiger 240
static random access memory 230
Stellenschreibweise 1
Stellenwert 1
Stellenwertprinzip 1
Stellenwertsystem 1
Steuer-Abhängigkeit 214
Steuereingang 169
Steuereingang, asynchron 169
Steuereingang, synchron 169
Steuersignal 193
Stibitz-Code 96
Störabstand 44, 56

Störabstand, dynamischer 45
Störabstand, statischer 44
Störabstand, typischer 45
Störabstand, Worst-Case- 44
Subjunktion 68
successive approximation register 295
surface mounted device 50
Synchrone Betriebsart 185
Synchroner Zähler 186

Taktflankensteuerung 148, 166
Taktsteuerung 148
Taktzustandssteuerung 148, 158
Tastverhältnis 208
T-Eingang 150
Temperaturbereich 51
Temperaturdrift 273
temperature coefficient 273
Tetrade 95
T-Flipflop 166
Theoreme 72
Theoreme, von *De Morgan* 75
threestate 50
T-Master-Slave-Flipflop 166
Tompkins-Code 96
Totem-Pole-Ausgang 46
tracking analog to digital converter 298
Transparent-Mode 234
transistor transistor logic 37
Transistor-Transistor-Logik 37
transition time 46
tripple slope converter 305
tristate 50
Tristate-Ausgang 39, 46, 49, 50
Tristate-Zustand 50
TTL-Baureihe, ALS- 51, 53
TTL-Baureihe, AS- 51, 53
TTL-Baureihe, F- 51, 53
TTL-Baureihe, H- 51, 52
TTL-Baureihe, L- 51, 52
TTL-Baureihe, LS- 51, 52

TTL-Baureihe, S- 51, 52
TTL-Baureihe, Standard- 38, 51
TTL 37

Übergangsfunktion 182
Übertrag 22
Übertragsausgang 129
Übertragseingang 129
Übertragungskennlinie 43, 56
Umsetzer 139
Umsetzrate 290
Umsetzzeit 287, 290
UND-Abhängigkeit 213
UND-Glied 64
UND-Matrix 244, 245
UND-Verknüpfung 63, 64
unipolar offset error 271

Verbindungsgesetz 74
verbotener Bereich 34, 42
Vereinfachung 79
Vereinfachung, KV-Diagramm 80
Vereinfachungsverfahren, von
Quine und *Mc Cluskey* 84
Verknüpfung 59
Verknüpfung, boolesche 59, 60
Verknüpfung, logische 59
Verknüpfungsfunktion 61
Verknüpfungsglied 38, 59
Versorgungsspannung, CMOS- 54
Versorgungsspannung, TTL- 41
Verstärkungsfehler 272
Vertauschungsgesetz 74
Verteilungsgesetz 74
Verzögerungsglied 172
Verzögerungszeit 45, 46, 51, 215
Volladdierer 129
Volladdierer, 1-Bit- 129
Volldisjunktion 77
Vollkonjunktion 77
Vollsubtrahierer 133
Vorrangregeln 75
Vorwärts-Rückwärts-Zähler 190

Vorzeichen-Betrags-Darstellung 11
Vorzeichenstelle 11, 24, 26

Wägeverfahren 295
Wahrheitstabelle 60, 61
Wert 51
Wertetabelle 61
Wertigkeit 1, 2
White-Code 6
Wichtung 2
worst case 44
Worst-Case-Störabstand 44
Wortcode 91
Wortlänge 212
write cycle time 216
write enable 193

XOR-Verknüpfung 69

Zahlenbezeichnungssystem 1
Zahlendarstellungssystem 1
Zahlenkomparator 111
Zahlensystem 1
Zahlensystem, polyadisches 2
Zähler 186
Zähler, Aiken-BCD- 202
Zähler, asynchroner 202
Zähler, 8-4-2-1-BCD- 187
Zähler, Binär- 190
Zähler, synchroner 186
Zähler, Vorwärts-Rückwärts- 190
Zählverfahren 291, 297
Zehner-Komplement 16
Zehnersystem 2
Zeichen 1
Zeichenvorrat 1, 90
Zeilenadreß-Decodierer 220, 229
Zeitdiagramm 60, 61
Ziffer 1
Ziffernaufwand 3
Zifferncode 91
Zugriffszeit 215
Zustand 61